한국의 근대 초기 페미니즘 연구

한국의 근대 초기 페미니즘 연구

서양여선교사와 조선여성들은
어떻게 만났을까

강선미

푸른사상

군 장교의 아내로서, 한 집안의 맏며느리로서, 네 자녀를 둔 어머니로서, 교회와 고교동창회의 든든한 살림꾼으로서, 어떠한 어려움에도 굴하지 않고 자유와 책임, 보살핌의 정신을 몸소 실현해 보여 주심으로써, 이 연구에 최초의 영감이 되어 주신 나의 여고동창이자 친정 어머니인 전춘택 여사에게 이 책을 바친다.

책머리에

"너는 걸을 때 어느 발을 먼저 내밀지?" 개미가 신나게 달리는 지네에게 이렇게 묻자, 멀쩡히 잘만 걷던 지네가 그만 꼼짝도 못하고 그 자리에 서 버렸다는 일화가 있다. 사실 이러한 질문은 사는 것에 불편을 느끼지 못하는 상황에서는 불필요한 것일지 모른다. 그러나 최근 들어 '성찰성' 혹은 '반성'을 키워드로 하는 연구들이 속출하고 있는 것은 더 이상 외부 세계를 향한 문제제기 만으로는 갖가지 위험이 도사리고 있는 오늘의 현실을 타개해 나갈 수 없다는 경각심이 한국의 지식인들을 사로잡고 있기 때문이다. 우리는 지금 평생을 살아 온 삶의 터전에서 갑자기 이방인이 된 듯한 착각을 불러일으킬 만큼 급변하는 사회구조와 문화를 경험하며, 앞으로 무엇을 하며 어떻게 살아야 할 지에 대해 불안을 불식시킬 수 없는 위험한 미래의 도래를 예감하고 있다.

이 연구는 서양에서 온 여선교사와 조선 여학생들의 상호작용을 통해 초기 페미니즘의 형성과정을 밝혀보고자 한 여성사 연구의 일환이다. 이는 여성의 근대화를 추동하는 근간이 된 페미니즘 이념과 의식이 어떠한 맥락에서 출발하였으며, 변화·발전하였는가 하는 문제를 구명하기 위한 것이다. 이러한 탐구는 지금까지 "한국의 여성문제는 무엇이며 계급, 민족 문제와 어떻게 연관되는가? 그리고 이를 해결하기 위한 정책과 운동의 방향은 무엇인가?"를 묻고 있는 우리 자신이 지금까지 어떠한 모습으로 어떻게 살아왔으며 그리고 현재 어떻게 살고 있는지 하는 내부로의 관심에서 출발한다.

지금까지의 생활방식대로 살아갈 수 없다면 도대체 무엇을 하며 어떻게 살아야 한다는 것일까? 70년대 대학시절부터 지금까지 여성학적 지식과 실천에 관심을 가져 온 필자가 이러한 질문에 직면해서 다시 학교로 돌아가자고 결심을 한 것은 90년대 초의 일이다. 소련사회의 붕괴와 베를린 장벽의 해체, 동구사회의 변화, 북경의 천안문 사태, 점차 개발도상국가로서의 위상을 벗어나고 있던 한국의 정치경제적 상황, 그리고 삶의 주체라는 주관적 인식과는 무관하게 여성을 배제하고 차별하는 사회문화적 현실에 대한 인내심의 고갈. 이 모두가 한국사회의 민주화와 사회구조의 변혁을 위해 일하는 사람이 되자는 젊은 날의 꿈, 이를 위해 최선이라 생각했던 이념과 의식에 대해 보다 근본적인 반성과 새로운 대안을 요구하고 있었기 때문이다.

90년대 초부터 시작한 여성학 박사과정은 그때까지 내가 익숙하게 생각하고 행동했던 많은 것들에 대해 의식적으로 거리를 두면서 앎과 삶의 분열을 치유해야 하는 시간이었고, 다른 한편으로는 90년대의 한국 사회가 요구하는 여성현실의 변혁을 위한 구체적인 교육내용과 정책 과제에 대응해야 하는 시간이었다. 사회변혁을 위한 당면과제를 소홀히 하지 않으면서, 동시에 그때까지 익혀온 사고방식 자체를 반성하는 작업은 결코 쉽지 않은 내공쌓기를 필요로 했다. 이 과정에서 나는 수없이 넘어졌다. 그래도 반복되는 좌절감을 딛고 이 앎의 추구를 끝까지 포기하지 않게 한 힘은 그간에 만난 수많은 여성들의 살아가는 이야기였다. 이들의 이야기에서 느껴지는 묵직한 삶의 부피와 자유와 해방에 대한 갈망, 그 속에는 자유주의 페미니즘·사회주의 페미니즘 등 70-80년대를 풍미했던 페미니즘의 이름으로는 건져낼 수 없는 모종의 페미니즘의 흔적이 묻혀 있는 것이 분명

했다. 만일 이러한 확신이 없었다면, 나는 결코 이 연구를 시작할 수 없었으리라.

사실 이러한 문제의식과 여성들이 이야기의 주인공이 되는 글을 쓰고 싶다는 욕망 때문에 많은 여성사 연구자들은 언제 어떻게 끝날지도 모를 무모하고 외로운 탐구여행을 감행한다. 오랜 남성중심적 역사 연구의 전통 속에서 사장되어버린 여성들의 희미한 삶의 흔적을 따라가서 새로운 이야기의 광맥을 찾을 수 있다는 아무런 보장도 없이. 이 연구 또한 오랜 시간 헛다리 집기가 반복되는 지루한 인내의 과정을 거쳐야 했다. 처음 이 연구의 막연한 의도는 페미니스트 관점에서 여자대학교의 역사와 여성교육의 이념을 재검토해보자는 것이었다. 이미 50년대부터 시작되어 수많은 논문과 저술들이 나와 있는 여성교육사 주제를 다시 건드려서 어떤 새로운 연구를 할 수 있을 것인가? 이를 고민하던 중 나는 2001년 가을 필리핀에서 열린 아시아의 기독교 여자대학교와 여성교육에 대한 국제회의에 참석할 수 있었다. 이 회의를 통해 나는 인도, 중국, 일본, 필리핀, 미국의 여자대학교의 역사에 관한 자료를 얻을 수 있었고, 아시아 최초의 여자대학교 대부분이 서양 여선교사들에 의해 설립되었다는 사실을 알게 되었다. 이들 여선교사들이 서양의 초기 자유주의 페미니즘에 의해 추동된 여성고등교육운동의 수혜자들이었다는 사실도 이 때 읽게 된 문헌들 덕분에 알게 되었다. 여선교사들의 사회문화적 배경과 아시아 각국에서의 활동에 대한 이해는 남녀보통교육을 주장한 개화파 지식인 박영효, 고종에게 여학교 설립을 청원한 찬양회에 관한 역사를 읽을 때마다 어떻게 이들이 서구의 초기 페미니스트들과 유사한 주장을 할 수 있었는가 하는 오랜 궁금증을 풀 수 있는 실마리처럼 보였다.

그렇다면 과연 근대 초기 조선에 파견되었던 서양의 여선교사들은 페미니스트라고 할 수 있을까? 많은 여성사가들이 지적하듯이 이들은 19세기 말부터 20세기 초에 출현하여 참정권 운동을 벌였던 자유주의 페미니스트들과는 구분되는 집단이었다. 그러나 아시아 각지에서 19세기 중반부터 시작된 이들의 여성교육운동에는 단지 기독교 선교정책으로만 설명할 수 없는 페미니스트적 열정과 실천이 발견되고 있다는 것이 최근 제국주의와 민족주의, 페미니즘의 관계를 연구하는 해외 여성사가들의 지적이다. 아시아에 대한 서구 제국주의세력의 팽창 과정의 이면에서 개신교 선교활동을 통해 새로운 삶을 개척해 간 서양 여성들이 조선의 왕실과 지배층의 개화정책 뿐만 아니라 일반 여성들의 일상적 삶의 양식 전반에 긍정적이든 부정적이든 지대한 영향을 미쳤으며, 그 이념적 배경에는 서구의 초기 페미니즘이 있다는 사실은 새로운 발견이었다. 이 연구는 이러한 발견을 근거로 지금까지 역사 속에 묻혀 있던 식민지에서 '제국의 어머니'로서 활약했던 서구 여성들의 존재와 그 역할을 확인하고, 이들의 역사를 제국주의, 민족주의, 페미니즘의 관계 속에서 새롭게 평가하고자 하였으며, 이들과의 상호작용 속에서 형성된 한국 여성들의 페미니즘의 특성을 밝혀보고자 하였다.

다시 돌아보면 부족한 점이 많은 연구이지만, 이 책이 나오기까지 도움을 준 많은 이들을 기억한다. 먼저 희귀한 자료들을 제공해 줌으로써 과거 여성들의 생생한 삶을 재현할 수 있도록 기적을 베풀어 준 이들에게 감사한다. 근 100년 동안 잠자고 있던 이화학당의 4대 당장 룰루 프레이의 편지사본 103통과 5대 당장 알테아 쟈넷 월터의 자서전을 열람할 수 있도록 도와 준 이화역사자료실의 강성원 선배, 그리고 2002년 정동교회에서 개최된 아펜젤러 사후 백주년 기념행사에서 처음 만난 내게 자신이 직접 수집한 엘리스 아펜젤러의 사료들을 선뜻 내어주고 미국에 돌아가서도 여러 친족들과 접촉하여 편지 사본과 사진자료를 모아서 보내 주는 수고를 아끼지 않은 Emily Crom Lyons(그녀는 엘리스의 셋째 여동생 메리 아펜젤러의 손녀였다), 그리고 무더운 여름날 수백통의 필기체 편지 사본을 컴퓨터에 입력하는 자원봉사를 아끼지 않았던 캐나다 친구 Chris Riehl의 도움은 평생 잊지 못할 것이다. 그리고 상당한 국내외의 기본 자료들을 수집·정리하여 제공함으로써 내한 여선교사들의 약력과 글들을 찾는 수고를 훨씬 덜어 준 한국 기독교 역사 연구소와 각 교단의 총회 본부, 그리고 이 여성들의 국내 활동과 여학생들과의 관계를 연구할 수 있도록 개별 학교사 자료들을 제공해 준 많은 미션계 여학교의 사료 담당 선생님들의 적극적인 도움에 대해 감사한다. 그리고 이 책의 기초가 된 나의 박사학위 논문을 집필하는 동안, 자생적인 것도 외래적인 것도 아닌 다문화간 접촉을 통해 생성된 페미니즘의 역사에 대한 새로운 탐구를 밀고 갈 수 있도록 격려해 주신 이화여대 여성학과의 장필화 교수님, 나의 작은 집필실로 거의 매일 찾아와 심신이 지치지 않도록 성심껏 보살펴 준 후배이자 동지인 박홍주, 한승희, 권수현, 김명숙, 박하연, 자료정리를 도와 준 권오분, 최현진, 오수연, 이윤경, 나김영정, 정명희, 그리고 언제나 마음의 의지처가 되어 주었던 모든 이화여대 대학원 여성학과 선후배들에게 감사한다. 그리고 대학 시절부터 지금까지 이 길을 걸을 수 있도록 정신적 길잡이가 되어 주신 이효재 교수님, 조형 교수님께 감사한다. 마지막으로 굴곡이 많았던 이 연구의 모든 과정을 중도에 포기하지 않고 헤쳐 나올 수 있도록 늘 곁을 지켜준 남편 김용호와, 극성 엄마를 둔 덕분에 일찍부터 스스로 해결해야 하는 일들이 많았지만 오히려 나를 위로해 주고 지지해 준 딸 윤영이와 아들 우중이에게 깊은 사랑과 감사를 전하고 싶다.

2005년 3월에
강선미

표차례

그림차례

제1장

근대 초기 페미니즘의 역사 재구성을 제안하며

제 1 절 문제제기와 연구목적

우리 사회의 근대적 페미니스트 의식(feminist consciousness)은 언제, 어디에서, 어떻게 시작된 것일까? 한국사회 여성들이 문학작품 등에서 개인적 자아를 표현하기 시작하는 시점은 18세기 초까지 거슬러 올라 갈 수 있다. 이 여성들의 자각된 자아의식이 집단화된 힘을 형성하는 단초들은 18세기 말부터 나타나기 시작하여 19세기 말에 이르면 동학 농민군이나 개화파 지식인들의 입을 빌려 간접적으로 나타난다. 여성 들의 자각된 의식이 집단적 성격을 띠고 직접적으로 나타난 것은 20세 기 초의 일로, 여성들은 국채보상운동이나 여성교육운동 등에서 자신 의 말과 글, 행동을 통해 사회적인 발언을 하기 시작했다.

이 책은 한국 여성의 집단적이고 직접적인 자기 표현의 시작, 즉 한 국 페미니스트 의식의 집단적 출현이 근대적 여성교육의 장에서 비롯 되었다는 입장에서 출발한다. 19세기 말까지 공적인 교육의 기회를 갖지 못했던 조선의 여성들이 민족자립과 여성교육을 위한 실천을 통해 사회·문화적으로 자신들이 어떠한 처지에 놓여 있는지에 대한 자각을 말과 글로 표현하기 시작한 것은 질적인 변화라 할 수 있다. 이들에게 무엇인가 큰 변화가 일어나고 있었던 것이다. 이러한 급진적 변화를 가져온 사회·문화적 요인이 무엇일까?

그 질문에 대한 대답을 찾기 위해서는 조선에 기독교 개신교가 처음 들어 온 1885년 이후 해외 여선교사들이 주도한 근대적 여성 교육을 빼놓을 수 없다. 1886년 5월 31일에 이화학당 문을 연 것을 시발로 늘어나기 시작한 미션계 사립 여학교는 1908년 우리 나라 최초의 여자교육령에 의해 관립여학교가 세워진 해에 이미 29개에 달하여, 1898년 조선인 민간인에 의해 순성여학교가 설립된 이래 1908년 현재 12개교에 달했던 민족계 사립 여학교 보다 양적으로 두 배 이상 앞서 있었다(김재인, 양애경, 허현란, 유현옥, 2000:77~8). 이러한 미션계 편중의 여성교육은 일제시기에도 지속되었는데, 1917년 현재 학교 상황을 보면 전체 학생 수는 일반계가 24,774명으로 종교계[1]의 18,874명보다 앞서지만, 여학생의 경우 일반계의 학생 수가 1,061명인데 비해 무려 6배에 가까운 6,045명이었다. 이후 일제의 탄압과 정책적 통제로 미션계 여학교가 조선에서 차지하는 비중은 점차 감소하는 것이 사실이지만, 1932년에도 미션계 여학생의 수는 8,913명으로 일반계 여학생 수 6,029명보다 1.5배 정도 많았다(앞글: 124~27). 이는 조선의 여성교육에서 미션계 사립의 역할이 상대적으로 컸음을 보여주는 것이다. 대부분의

---

1) 종교계 사학에는 종파별로 장로교회, 감리교회, 성공회, 강림포교교회, 각교파 합동, 천주교, 종파 미상의 기독교, 불교계 학교가 포함된다. 1910년 현재 한국학부의 통계에 의하면 종교계 사학은 거의가 미션계 학교이며 불교계는 0.6%에 불과하였다(馬越 徹, 1997:67~8).

미션계 여학교들이 여선교사들의 활동과 깊은 관련성을 가졌던 것으로 볼 때 이들의 활약은 결코 간과할 수 없는 것이다.

이러한 양적인 측면 외에도 미션계 여학교가 끼친 영향은 매우 광범위했다고 할 수 있다. 근대적 여성 교육에 대해 최초의 체계적 의지를 보인 것도, 독특한 사상과 활동을 통해 조선 여학생들에게 강력한 영향을 미친 것도, 나아가 이를 통해 초기 조선 여성 지도자의 주요 그룹을 양성한 것도 여선교사들이 세운 미션계 여학교였다. 개화기와 식민지 시기 여선교사들이 마련했던 기독교 여성 교육의 장은 근대화 초기 페미니스트 의식의 생성은 물론 이후 발전하는 민족적 페미니즘(nationalist feminism)의 발전에 강력하고 직접적인 영향을 미쳤던 모태가 되었다.

여선교사들은 조선 여성들의 페미니스트 의식발달에 중요한 영향을 미칠 수 있는 위치에 있었다. 그러나 이들의 영향력이 어떠한 것이었는지에 대해서는 아직까지 체계적인 연구가 전무한 형편이다. 이는 한국 여성 근대화의 양과 질에서 여선교사들의 활동과 역할이 제대로 평가받지 못하고 있다는 사실을 드러낸다. 나아가 여성 근대화에 대한 논의에서 역사적으로 핵심적인 고리가 상실되어 있었다는 사실을 반영한다. 본 논문이 한국 페미니스트 의식 발달에 대한 연구의 일환으로 북미 여선교사들의 여성교육 운동에 주목한 것은 바로 이 때문이다.

이 글의 목적은 구한말에서 일제 식민지 시기에 이르는 한국의 근대 초기 여성교육에 참여한 서구 여선교사들과 이들의 영향을 받은 조선 여성들의 페미니스트 의식 형성과정 및 그 특성을 연구하는 것이다.

이 주제에 접근하기 위한 연구 문제는 다음과 같다.

첫째, 여선교사들의 배경, 사상, 활동은 어떠했는가?

근대 초기 조선에 주재하던 북미 여선교사들에 대한 기존 학계의 이해는 매우 협소하고 단편적이었다고 해도 과언이 아니다. 나아가 북미 여성사나 여성 교육사에 대한 추적이 없어, 이들을 해석할 수 있는 사회·문화적 맥락이 논의 과정에 결핍되어 있었다고 할 수 있다. 이 때문에 본 연구는 조선파견 여선교사들의 배경, 사상, 활동에 대한 탐색을 시도하며, 이를 통해 당시 조선 여성에게 끼친 영향을 국제 관계 차원에서 검토하고자 한다. 그런 의미에서 이는 '여성 선교사'에 대한 종합적 해석시도라고 할 수 있다.

둘째, 여선교사와 조선 여학생들이 페미니스트 의식을 형성해 간 과정은 어떠했는가?

비록 여선교사들의 영향을 독립변수로 간주할 수 있다 하더라도, 실제 교육 과정은 일방적이고 결정론적인 방식으로 작용하지는 않았다는 것이 이 글의 해석이다. 여선교사들도 그 과정을 통해 자신의 이념과 행동 방식을 닦아 나갔으며, 학생들로부터 영향을 받기도 했다. 이 글은 식민지적 맥락 속에서 이들의 의도와 환경과의 구체적인 교섭과정을 드러내고자 한다. 그 과정을 통해 여선교사도, 조선의 여학생도 나름의 페미니스트 의식을 형성해 갔으리라는 것이 주요 가설이라 할 수 있다.

이 두 번째 연구 문제를 추적하기 위해 다음과 같은 하위 연구문제를 탐색하고자 한다.

(1) 여선교사들이 교육운동을 통해 학생들에게 전달해 준 것은 무엇인가?

(2) 조선 여학생들은 어떤 사람들인가?

(3) 조선 여학생들에 대한 여선교사들의 교육과정은 어떠했는가?

(4) 위 교육과정이 조선 여학생 및 여선교사의 주체성에 미친 영향은 무엇인가?

제 2 절 연구방법

본 연구의 대상 시기는 한국 여성교육의 시발이 된 구한말 1885년부터 이들이 일본 총독부에 의해 최종적으로 추방되는 1942년까지이며, 주요 연구 대상인 여선교사는 교단과 활동 지역을 막론하고 미국, 캐나다 등 전체 북미 출신의 여선교사들이다(주부선교사+전문직 여선교사).[2]

본 논의에서 다루는 '미션계 여학생'의 개념은 초·중·고등의 교과과정 수준을 가리지 않고 당시 미션계 학교에서 교육을 받은 모든 여성들을 포괄한다. 20세기 초까지 조선의 교육체계에는 이러한 수준의

---

2) 여기서 '여선교사'는 남선교사의 부인이자 보조 선교사로 왔던 주부 선교사와, 남선교사와 대비되는 전문직 여선교사의 두 부류를 모두 포괄한다. 기존 교회사 연구에서는 '미혼' '기혼'의 구분으로 여선교사를 나누기도 했는데(Singh, 2000), 여기서 Mrs.의 칭호 때문에 '선교사 부인' 정도로 취급되어 그 역할이 과소평가된 경우가 많았다. 또 Mrs.의 칭호를 가졌던 사람들 중에도 이혼, 사별을 거쳐 온 단신의 전문직 여선교사들도 있었다. 이글은 그 공헌에서 주부 선교사와 전문직 선교사가 구분되지 않는다는 전제 하에 양자를 포함하여 '여선교사'의 범주에서 분석코자 한다.

구분이 존재하지 않았기 때문이다. 그러나 일제 시기의 '미션계 여학생' 분석에는 주로 '고등' 이상의 교육을 받은 여성들을 다뤘다. 당시의 '고등' 교육은 현재로 말하면 12, 13세부터 18, 19세까지의 청소년을 대상으로 하며 초등교육과 고등교육의 중간단계를 이루는 제2단계의 교육, 즉 중등교육에 해당된다.3)

이러한 연구 대상에 접근하기 위한 본 연구의 방법은 다음과 같다.

1) 내용분석

이글에서는 각종 서한을 비롯한 사료들을 정리/해석하기 위해 두 가지 방법의 내용 분석을 시도한다. 하나는 통계방법을 사용하는 양적 분석이며, 다른 하나는 질적 혹은 해석적 분석이다 (Reinharz, 1992: 8장).

① 양적 내용분석

우선 1885년부터 1984년까지 세계 각국의 다양한 기독교 교단에서 조선으로 파송되었던 총 1,361명의 주부선교사와 전문직 여선교사들에 관한 자료를 수집한 후(김승태, 박혜진, 1994; 윤춘병, 2001; 이덕주, 1991; 한국기독교장로회 총회, 1998; Rhodes, [n.d.]; Shin Lee, 1989), 이들 중에서 1945년 이전 시기에 내한했던 북미출신 여선교사 772명을

---

3) 현재 우리나라에서 사용하는 '중 고등교육'이라는 용어는 19세기 말부터 20세기 초 서구에서 정립된 개념에 따른 것으로, 공동기초교육으로서의 초등교육을 토대로 실시되는 중등교육은 중·고등학교 단계의 교육이고, 고등교육은 학교교육의 최종단계로서 초·중등 교육에 이어지는 가장 높은 단계의 대학교육을 말한다.

분리해 내고 국적, 소속 교단, 내한 및 이한 연도, 내한 당시의 연령, 활동 지역, 출생 지역, 출신 학교, 결혼 지위 등을 코드화하여 통계처리 하고 그 경향을 분석하였다.

이와 관련하여 한 가지 밝혀둘 것은 양적 분석을 위한 기초 자료에는 적지 않은 문제가 있었다는 점이다. 우선은 감리교, 장로교 등 개별 교단 후원으로 출판된 각 교단 교회사나 미션계 여학교 역사가 파편적이라는 점이다. 나아가 이들 활동의 윤곽은 고사하고, 제대로 된 영문 이름조차도 남아 있지 않는 경우가 허다했다. 특히 남선교사들의 부인인 '보조 선교사'들의 경우 남편의 경력 밑에 단순히 그 부인이었다는 사실만이 기록되어 있거나 그마저도 생략된 경우가 많다. 이들의 성은 물론 이름조차도 남편의 성과 이름에 Mrs.라는 존칭을 붙이는 것으로 사라져 있다. 단신의 선교사로 왔다가 결혼한 여성의 경우 결혼 전후의 이름이 어떻게 연관되는지 알 수 없게 된 자료들도 상당수이다. 여선교사들의 소속도 교단본부에 속하는 주부 선교사였는지, 독립된 여선교회에 속했던 전문직 선교사였는지를 밝히지 않는 자료들도 많았다.

한편 주부선교사들을 포함할 경우 여선교사들은 전체 선교사들의 60%를 넘는 다수 집단이었지만, 현재 한국사 전공자들을 중심으로 진행되는 한국 교회사 연구에서는 기본적인 통계조차 잡아 놓지 않을 정도로 주변화된 위치를 차지하고 있었다.[4] 미션계 학교에서 발간된 학

---

4) 한국기독교역사연구소(1994) 발간 「내한 선교사 총람: 1884~1984」을 보면 19세기 말부터 한국에 파송되었던 총 1,529명의 선교사 명단이 수록되어 있지만, 여선교사들에 관한 기본통계가 따로 잡혀 있지도 않거니와, 보조 선교사 자격을 가지고 있었던 기혼 여선교사들의 이름이 빠져 있거나 기록이 나오는 경우에도 남편 이름에 Mrs.를 덧붙인 형태로 되어 있고, 이들의 활동 약력이 빈 상태로 남아 있는 경우가 많다.

교사의 경우 여선교사들의 영문 이름이 표기되지 않은 채 조선사회에 동화하면서 사용한 박혜선, 기애시, 명혜련, 노은혜, 반부련5) 등의 한국 이름이나, 부라이,6) 아편설라7) 등 한글 표기 영문 이름만을 밝히는 경우도 많이 있었다.

이러한 자료의 한계로 발생할 통계적 결함들을 보완하기 위해 북감리교 여선교회의 연차보고서Woman's Foreign Missionary Society of Methodist Episcopal Church(1908~1938년)에 분산되어 있는 선교사 통계들과 Rhodes([n.d.])의 미국 장로교회 선교사 관련 통계들을 연도별, 성별로 재구성하고 그 경향을 분석하였다.

한편 조선 여학생들의 사회·문화적 지위를 양적으로 분석하기 위해 현재 이화여대 학적과에 보관되어 있는 식민지 시기 이화전문 문과생 194명 중 2명의 일본인을 제외하고 192명의 학적부를 분석하여 당시 여학생들의 보호자들이 갖는 직업, 재산, 그리고 종교의 특성을 살펴 보았다. 이 자료는 이미 박지향(1988)에 의해 일차 분석된 바 있지만, 그녀의 분석에서 제외된 '절대다수의 중상층 계층에 속하지 않는' 절반 가량의 학생들에 대한 보다 세밀한 배경 분석을 위해 2002년 5월 이화여대 학적과의 허락을 받아 재조사를 실시하였다.8)

---

5) 여기 열거된 이름들은 북간도 용정 소재 명신여고 서울 동문회가 1988년에 낸 『명신창립 75주년 기념회지』에 실려 있는 여선교사들의 명단이다.
6) 이화학당의 4대 당장 Miss Lulu E. Frey를 부르는 한국이름
7) 감리교 초대 선교사 Henry G. Appenzeller, 부인 Ella D. Appenzeller, 아들 Henry D. Appenzeller, 큰 딸 Alice R. Appenzeller 등을 불렀던 이름이다.
8) 박지향(1988)은 이화전문 문과 졸업생 보호자의 재산 정도를 분석하여 이화전문 졸업생의 사회경제적 배경은 그 절대 다수가 중류층 이상인데, 특히 5만원 이상의 부유층이 과반수를 차지하고 있고, 10만원 이상 규모도 15% 가까이 차지하는 등 부유층이 다수의 분포를 보이고 있다고 하여, 당시 고등 교육을 받은 여성들의 계급적 한계를 드러내고자 하였다. 그러나 그녀가 제시한 통계는 56% 를 '절대 다수'로 표현하는 등 해석상의 문제를 안고 있으며, 절반이 넘는 여학

② 해석학적 내용분석

해석학적 방법으로 찾고자 한 것은 '여선교사와 조선 여학생들이 기독교 여성교육의 장에서 어떠한 페미니스트 의식을 형성해 갔는가' 이다. 이를 위해 페미니스트 의식의 근대 초기적 형태를 양자 모두로부터 해석해 내고자 하였다.

해석의 대상이 된 것은 전기, 자서전, 일기, 일지, 편지 등의 사적 자료와, 신문잡지 등에 직접 기고한 글, 관련 기사, 여성들의 구술이나 수기에 바탕을 둔 인물사, 학교사 등 공적 자료들을 포함한다.

사적인 자료들이 주된 해석 대상의 하나로 취급된 것은 일차적으로 여선교사나 여학생 모두가 남성들과 분리된 영역에서 일했기 때문에, 남성 지배의 교회나 정부 등 공적 기관의 자료들에서 배제·축소·왜곡되었다고 판단되기 때문이다. 선교역사, 기독교사, 민족사의 '중심적' 존재들이 아니었던 여선교사들과 조선 여학생들의 삶의 흔적은 너무나 왜소하고 미미하게 보이고 있다. 이는 남성중심의 역사가 여성들의 삶에 미치는 중요한 영향력이다. 여성학은 이러한 해석에 동의할 수 없다. 여성학은 '여성'들의 삶의 '주변적 가치'에 대해 동의하지 않을 뿐만 아니라 한 사회의 역사와 문화를 경험하는 당사자인 여성들의 삶의 시련과 극복경험에 관심을 갖고 여성 삶의 긍정적 변화에 이바지하고자 하는 학문이기 때문이다. 여성학적 역사연구에서 여성들의 사적 자료들을 중시하는 이유도 여기에 있다. 즉 이러한 자료들은 타자의 눈을 의식하지 않고 쓴 글로서 그 글을 쓴 여성들 자신에 관한 무엇인가를 전달하고 있다(Reinharz, 1992: 157). 이 자료들은 이미 역사에서 삭제되거나 배제된 여성들의 삶을 복원할 수 있는 실마리가 되는

생들의 사례를 예외적인 것으로 처리하는 오류를 범하고 있었다.

삶의 흔적들을 제공하는 중요한 원천인 것이다.

물론 사적 자료만으로는 일반화된 이야기를 구성하기가 곤란하다는 단점이 있다. 이를 보완하기 위해 위에서 제시한 다양한 공적 자료들도 해석하였다. 해석학적 접근의 분석 대상이 된 주요 자료들을 정리하면 아래와 같다. 이 자료들 중 일부는 입수 경로와 희귀성, 발견 과정 등에서 독특한 것들이 포함되어 있어 부록 1에 이를 보완 설명해 놓았다. 조선 여성들의 경험을 해석하는 데는 자서전, 추모문, 편지 등 일차적 자료와 전기, 여성인물사 등 이차적 자료들을 고루 사용하였다 (참고문헌 참조). 한편 여선교사와 조선 여학생들이 영어로 표현했던 사상을 이해하기 위해 *Korea Mission Field, Korean Repository*에서 여선교사와 조선 여학생들의 기고문 총 253편을 분석하였다.

이와 관련하여 이 책에서 사용한 주요 자료들은 다음과 같다 ;

편지, 일기 사본

Alice R. Appenzeller의 편지들 (1935~1950) 32점

Lulu Frey의 영문 편지 (1893. 9. 27 1910. 10. 20 / 1919. 1. 9.) — 113통 / Lulu Frey의 일기 (1919~1921)

한국기독교역사연구소 (1993), *The Journals of Mattie Wilcox Noble:* 1892— 1934, 서울: 한국기독교역사연구소.

Jeannette Walter.(n.d.), *Aunt Jean*, Boulder : Johnson.

여선교사의 실화소설, 회고록, 자서전

• 언더우드, L.(1904), 『언더우드 부인의 조선생활』, 김 철(역), 서울:

뿌리깊은 나무, 1984.

- 언더우드, L. H.(1904), 『상투의 나라』, 신복룡, 최수근(공역/주), 서울 : 집문당, 1999.

- 셔우드 홀(1984), 『닥터 홀의 조선회상』, 金東悅(譯), 서울 : 동아출판사

- 애니 베어드(1909), 『먼동이 틀 무렵』, 유정순(譯), 서울 : 대한기독교서회, 1981.

- Ellasue Canter Wagner (1909), *Kim Su Bang, and other stories of Korea*, *Nashville* : M. E. Church.

편지모음, 추모집, 전기

- 許吉來 선생님을 사랑하는 사람들의 모임(1996), 『유아교육의 선구자 허길래: Miss Clara Howard』, 서울:良書院. (자서전 + 제자들의 추모문 + 생전의 원고)

- Mary L. Dodson(1952), *Half a lifetime in Korea*, San Antonio : Naylor. (편지 모음)

- 백춘성 (1996), 『天國에서 만납시다 : 韓國女性 開花에 바친 看護員 宣敎師 徐舒平 一代記 = Let's meet in heaven』, 增補版, 서울 : 大韓看護協會 出版部. (전기+제자친지들의 추모문)

- Kyung-lim Shin Lee(1989), *Pear blossoms blooming : the history of American women missionaries at Ewha Womans University*, Seoul : Ewha Womans University Press.

2) 심층면접

여선교사와 조선 여학생들이 남긴 문건이나 그들에 관한 자료들이 전달할 수 없는 경험을 알아보기 위해 현재 생존하고 있는 관련 여성들을 수소문하여 면접하는 한편, 여선교사들의 가족이나 현재 선교사로 일하고 있는 캐나다, 미국 출신 여성들을 찾아 면담하였다. 아주 어

렵게 만났던 면담 대상자들이 연로했거나 직접적 당사자가 아니었기 때문에 구조화된 질문방법을 사용하는 대신 그들이 기억할 수 있는 당시의 삶이나 선배 선교사들에 대한 직·간접적 경험을 자유롭게 이야기하도록 유도하고, 녹음기를 동원하여 경청하는 형식을 취하였다.

피면담자들 및 면접 시간, 장소는 다음과 같다.

Mrs Emily Crom Lyons (Darieu, CT)

Mrs Nancy Crom (Albany, NY)

이들은 지난 2002년 6월초, 조선에 온 첫 개신교 선교사이자 정동 제일교회와 배재학당 설립자인 헨리 G. 아펜젤러 사후 100주년을 기념하여 내한했던 아펜젤러의 후손들이다. Emily Crom Lyons은 엘리스 아펜젤러의 여동생 메리 아펜젤러(Mary Appenzeller)의 손녀 딸이었으며, Nancy Crom은 그녀의 여동생이었다. 이들과는 세 번에 걸쳐 면담하였다. (1차: 2002. 6. 9. 오후 2:00~5:30, 정동감리교회 / 2차: 2002. 6. 10. 오후 5~12시, 연세대 알렌관, 여의도 6.3빌딩 스카이 라운지 / 3차: 2002. 6. 15. 12:30~13:30, 이화여대 교수회관 7층 미고)

Mrs. Sonia Reid Strawn (스트런, 이선희, 1967~현재)

스트론 여사는 남편 Mr. Dwight Jerry Strawn과 함께 현재 미연합감리교회 한국 선교사로 일하고 있다. 그녀는 1939년 10월 8일 뉴욕 트로이에서 출생한 후 로체스터 대학교와 드류대학을 각각 졸업했다. 1967년 9월 내한하여, 현재 이화여자대학교 영어영문학과 교수로 있다. (2002.5.6. 오후 2~3시, 아시아여성학센터)

Ms. Marion Current (마리온 커런트, 구애련)

구애련 여선교사는 1959년부터 1997년까지 38년 동안 한국에서 선교활동을 했다. 물리 치료사로 파송된 그는 기장에 의해 연세대 세브란스 병원으로 파견되어 22년 동안 임상 물리 치료사로서 선도적인 역할을 했으며, 재활 분야에도 남다른 공헌을 담당한 의료 선교사였다. 1981년부터 97년 은퇴할 때까지 연세대 보건학과와 재활학과 교수를 지냈다. (1차: 2002년 5월 13일 오후 4~7시 세브란스 병원 구내 및 연희동의 한 식당. / 2차: 2002년 5월 16일 오전 11~12시 연세대학교 알렌관 1층)

제 3 절 이 책의 구성

이 책의 구성은 다음과 같다.

제2장은 이 연구의 배경이 된 기존의 연구에 대한 검토와, 새로운 여성학적 연구를 추구하는 데 도움을 주었던 주요 이론적·방법론적 자원들을 설명한다. 먼저 기존 연구들은 해외의 연구들과 국내의 연구들을 여성교육사, 기독교 여성사 분야로 나누어 '기독교 복음주의' 중심의 해석, 민족주의적 입장의 해석, 페미니스트적 관점의 해석을 검토할 것이다. 다음으로 이 연구를 지도한 이론적, 방법론적 이슈들과 관점들을 정리한다.

본 연구의 제3장은 초기 페미니즘의 산파 역할을 담당했던 여선교사들의 배경, 사상, 활동을 알아보는 장이다. 이 장에서는 여선교사들에 대한 통계분석과 문헌조사 결과를 중심으로 여선교사들의 역사적 특성을 살펴보았다. 제1절에서는 여선교사의 세계사적 등장배경을 살펴보고, 제2절에서는 여선교사들을 낳은 사회·문화적 동인을 알아본다. 최초의 여선교사들은 조선에 대한 특별한 관심 때문에 온 것은 아니었다. 그들의 소명은 미국에서의 종교적 배경과 사회화 과정 속에서 나온 것이다. 당시 미국내의 사회·문화적 조류들이 이들 선교사들로 하여금 한 세대 안에 세계를 구원하기 위한 십자군이 될 것을 맹세케 했던 것이다. 제3절은 당시 미국 사회의 공사영역개념과 성별화된 조직구조와 문화를 공유하고 있었던 선교사공동체 내에서 재한 여선교사들이 어떠한 선교사명과 역할을 맡고 있었는지를 살펴보고자 한다. 마지막으로 제4절은 초기 여선교사들이 조선사회 내에서 자신을 어떻게 자리매김하고 있었는지를 고찰해보고, 이들이 취했던 정치적 입장을 간략히 살펴보고자 한다.

다음 제4장은 여선교사와 조선 여학생들이 초기 페미니즘을 형성해간 과정을 알아본다. 제1절은 여선교사들의 페미니스트 의식의 발전과정을 살펴보기 위해, 여선교사들의 교육활동의 개황을 배경으로 조선 여성들의 페미니스트 의식 발달과정에서 이들이 보여준 페미니스트 의식과 역할모델이 어떠한 것이었는지를 살펴본다.

제2절은 여선교사들이 세운 기독교 여성교육의 장에서 조선의 여학생들이 발전시켜간 민족적 페미니즘의 발전과정을 살펴본다. 이를 위해 먼저 조선 여학생들의 사회적 배경과 미션계 여학교에서 이들이 배운 교육 내용이 무엇인지 고찰한다. 다음 제3절에서는 이들이 형성한 민족과 사회에 대한 의식을 살펴보고, 이들의 여성주체성 확립을 위해 여선교사들과 민족주의자들 사이에서 어떠한 연대와 교섭을 벌였는지를 고찰한다. 마지막으로 식민지적 공간 내에서 여선교사와 조선여학생의 상호작용에 대한 여성학적 쟁점들을 중심으로 역사적 해석을 시도한다.

제 2 장

초기 페미니즘의 흔적 : 방법론의 문제

제 1 절 여선교사 연구의 주변성

종교 영역에서 여성의 역할을 복원하고자 하는 그간의 연구에서 여선교사들의 활동을 젠더 관점(gender perspective)에서 연구한 경우는 매우 드물다. 개신교 선교역사에서 여성들이 해 온 역할은 광범위한 (남성) 선교사업의 일부로서 다뤄지고 있을 뿐이다. 미국 여선교사들의 해외활동에 관한 연구는 최근의 수확이고, 아직 양적으로나 질적으로 미미한 상태에 있다.

물론 북미 여선교사들의 활동에 관한 개괄적 저서들이 없는 것은 아니다. 특정 교단의 후원으로 20세기 초기에 나온 저서들도 있고 80년대에는 특정 교파에 속한 여성들에 관한 여성사 연구도 나와 있다 (Donovan, 1986, Boyd & Brackenridge, 1983). 그리고 북미 선교사들의 선교사업 속에서 여성들의 역할을 다차원적 맥락 속에서 분석함으로써 그들의 사회·문화적 의미를 복원하고 있는 중요한 저서로서는

Patricia R. Hill(1985)의 *The World their Household*가 있다. 힐은 여성들의 해외선교운동의 지도자였던 여성들의 '천재적 조직능력'과, '여성을 위한 여성의 일(Woman's Work for Woman)'[1]에 대한 수사법을 분석하였다. 그녀의 해석에서 흥미로운 점은, 이 구호가 19세기 후반 북미의 교육받은 중산층 여성들로 하여금 해외선교를 꿈꾸게 하였고 수천 명의 교회 여성들에게 해외선교운동에 참여하는 것은 "그녀가 어머니이자 기독교인이기 때문에 기독교인 어머니의 영역에 속한다"고 하는 확신을 심어주었다는 지적이다.

최근에 나온 Ruth C. Brouwer(2002)의 *Modern Women Modernizing Men: The Changing Missions of Three Professional Women*은 인도와 한국, 우간다에서 활동한 세 명의 캐나다 여선교사들의 이야기를 다루고 있는데, 이는 한국에서 활동한 캐나다 장로교회 출신 여선교사의 활동을 서구 여성 사가의 눈으로 다룬 최초의 연구가 될 것이다. 1990년 인도에서의 여선교사 활동에 관한 책을 낸 바 있는 Brouwer는 비교문화적 맥락에서 젠더와 선교정치의 문제를 꾸준히 연구의 초점으로 삼고 있다. 특히 해외선교운동에서 캐나다의 여성들이 어떻게 "기회와 제약의 상호모순적 패턴"을 발견하게 되었는지에 대한 그녀의 분석은 이 연구를 진행하는 데 많은 도움을 주었다.

이 책의 주제가 된 여선교사들의 페미니스트 의식을 다룬 연구로는 Jane Hunter(1984)의 *The gospel of gentility: American women missionaries in turn of the century China*와 Maina Chawla Singh(2000)의 *Gender, Religion, and*

---

1) 장로교 여성들이 펴낸 잡지의 제목으로 사용되기도 한 이 구호는 인도에서의 미국 장로교 여선교사들의 활동을 연구한 Flemming, Leslie A. (1989)도 자신의 책 제목으로 전유할 만큼 당시 여선교사들의 활동을 상징적으로 압축하고 있다고 할 수 있다.

Heathen Lands: American Missionary Women in South Asia(1860s~1940s)가 있다. 전자는 19~20세기 초 미국의 문화적 제국주의와 가부장제 속에서 구성된 여선교사들의 기독교 여성 정체성에 나타나는 제국주의적 성격을 강조한 연구이다. 반면 후자는 영국 제국주의 문화의 지배 하에서 북미출신의 전문직 여선교사들이 주부선교사들과 큰 차이를 보이며 인종, 성별관계에서 상당히 진보적인 페미니스트 의식을 형성할 수 있었다는 점을 강조한 연구이다.

두 문헌을 비교하면서 한가지 흥미로웠던 점은 서구 백인여성학자의 연구가 전문직 여선교사들의 페미니스트로서의 면모보다는 제국주의적 면모를 드러내는 데 초점을 모은 반면, 인도 여성학자의 연구는 그들의 페미니스트적 면모를 부각시키는 데 초점을 두고 있다는 점이다. 이 두 저자의 여선교사 연구는 이 연구를 위한 자료 분석과 판단에 많은 도움을 준 중요한 비교 전거이다.

본 논의는 어떤 의미에서 이들의 관점을 절충하는 위치에 있다. 필자는 여선교사들이 문화적 제국주의의 영향 하에서 자신들의 페미니스트 의식을 진전시키고 절충해 간 방식을 드러냄으로써 이들을 문화적 제국주의자로 확정짓고자 하는 헌터의 논의에 틈새를 내고자 하였다. 한편 제국주의에 대한 전문직 여선교사들의 여성정체성 재구성 과정을 다룬 싱의 논의는 여선교사들의 페미니스트 의식에 대한 해석에 많은 힘을 실어 주었다. 그러나 주부선교사와 단신의 전문직 여선교사의 차이를 지나치게 과장하고 전자의 문화적 제국주의와 후자의 페미니즘을 대비시키는 싱의 해석은 보다 많은 증거 자료가 필요한 것이라고 보고 두 집단의 비교 분석에서 균형감각을 살리고자 노력하였다.

한편 한국의 선교사들에 관한 서구 사가의 연구로는 마타 헌틀리

(Martha Huntley, 1984)의 *Caring, growing, changing: a history of the Protestant Mission in Korea*가 있는데, 여선교사들을 본격적으로 다뤘다고 보기는 어렵지만 감리교, 장로교를 막론하고 여선교사들의 교육활동을 종합적으로 다루는 장을 두고 있다. 그러나 그녀의 선교사 연구에서 해외 선교활동에 참여했던 여성의 역할을 회복시킨다는 의미는 서구 중심의 선교사 서술에 국한되어 있다. 그들이 '선교 현장'이라 불렀던 중국, 일본, 조선 등지의 '원주민'은 그들의 사유공간 밖에 있거나 혹은 언어·문화적으로 근접하기 어려운 지점에 있기 때문이다.

해외 여선교사들의 삶을 한국문화의 맥락 속에서 복원하는 과제는 서구의 선교 사가들만의 몫이 아닐지도 모른다. 수용문화에서 본 선교 사업에 대한 연구라 볼 수 있는 본고는 바로 이 배제된 영역에서부터 시작되고 있다. 한국의 경우, 이에 대한 사회과학적 연구는 비교적 최근에 개척된 영역이다.2) 그러나 선교사 연구에 젠더 분석을 도입한 연구는 현재 전무한 형편이다.

한편 국내의 여선교사에 대한 연구와 해석은 크게 세 가지 관점으로 나눌 수 있다.

첫째, 여선교사를 포함한 선교사 일반에 대한 연구로, 이들의 활동을 '기독교 복음주의'의 일환으로 해석하는 입장이다(張炳旭, 1979; 이덕주, 1991). 이들은 남선교사 수의 거의 2배에 달했던 여선교사3)의 독자적 특징을 구분하지 않을 뿐 아니라, 세속적 교육 활동을 통해 그들이 추구했던 바와 실제의 효과를 좁은 의미의 기독교 복음주의의 틀 안에 가두어 놓고 있다.

---

2) 현재 국내에서는 류대영(2001)의 연구가 유일한 것으로 알려져 있다.
3) 이 책의 제 2장 3절 참조.

둘째, 여선교사들의 활동을 제국주의적 정신 침략의 일환으로 보거나(김은주, 1985; 李吉相, 1991), 이들의 이니셔티브와 영향을 축소, 은폐하려는 시각이다(박용옥, 1975; 박지향, 1988; 한국여성연구회 여성사분과 편, 1992; 박용옥, 2001). 이들은 대체로 민족주의적 입장을 견지하고 있는데, 여성 근대화 과정에서 외래 여선교사의 영향력을 최소화하고 이조 후반의 '근대화 맹아'로부터 연원하는 자생적 여성 근대화의 측면만을 강조하고 있다.

셋째, 여선교사들의 페미니즘에 초점을 맞추는 시각이다. 해방 후 80년대 초까지 국내의 일부 여성사 관련 연구들(서광선, 1972; 崔淑卿, 鄭世華, 1976; 崔淑卿, 1983)[4]과 인도, 중국 및 일본에서 활동한 여선교사에 대한 최근의 연구에서 발견된다(Jane Hunter, 1984; Rui Kohiyama, 2001c; Chawla M. Singh, 2000). 이들은 여선교사들과 그들로부터 영향 받은 지역 여학생들의 의식에서 비록 '식민지적'이라는 형용사를 붙여야 하겠지만 새로운 근대적, 주체적 여성상의 형성을 지적하고 있다.

다음에서는 이러한 세가지 입장을 하나씩 검토해보기로 한다.

1. 기독교 중심의 역사

'기독교 복음주의'의 입장에 선 근대 여성사 연구들이 이에 속한다.

---

4) 이 일련의 연구들은 여성의식의 내재적 발전역량과 외적 영향력에 대한 중심잡기에서 서로 다른 입장을 가진 연구들이지만, 여성교육에 미친 여선교사들의 영향력에 대해 긍정적인 평가를 하고 있는 연구들이다. 그러나 이 연구들은 당시 내한했던 전체 여선교사들의 존재를 부각시키지 못하고 초기 이화학당과 관련되었던 2—3명의 여선교사들만을 다룸으로써 이후 전국적으로 분포되어 활동했던 수 백명의 여선교사들의 다양한 여성교육 활동을 마치 한 대학에 국한되는 협소한 문제로 비치게 하는 한계를 노정하였다.

이러한 연구의 예로서 우선 박마리아(1958)의 "기독교와 한국여성 40년사"나 박은혜(1958)의 "한국여성교육 40년" 등을 들 수 있다. 이들은 "한국의 근대문명사 자체가 기독교에 의하여 이루어졌다"는 가정 하에 선교사들과 조선의 기독교인들을 '우리'로 놓고 일제의 탄압 하에서 추진했던 여성교육운동을 서술하고 있다. 그리고 이들 텍스트의 저자들은 이미 '우리'로 화한 선교사들과 기독교인들의 성별이나 인종, 민족관계를 문제 삼지 않고 있으며, 기독교 세력을 동일한 집단으로 보고 "한국에서 제반 여성 운동의 모체는 무엇보다도 기독교 사상이 가져 다 준 개화 사상이었다고 아니할 수 없으니 우리 나라에서의 여성 운동에 대하여도 이것을 기독교 여성운동이라고 일컬어야 할 것(박마리아, 1958:44)"이라고 주장하고 있다. 그러나 비판적 민족주의의 시선을 강하게 의식하는 1970년대 이후의 연구들과는 달리 일제 하 여성교육 현장에서 싹튼 민족의식과 여성의식을 그다지 큰 갈등 없이 다루고 있는 점은 흥미롭다.

조선에서 근대적 여성교육이 시작된 것은 개신교의 복음 전파를 위해 1885년 처음 조선에 왔던 미국의 감리교회 여선교사 스크랜튼[5] 부인이 1886년 5월 31일에 문을 연 이화학당에서부터 이다. 이렇게 시작된 기독교의 여성교육에 관한 역사 이야기에서 위 저자들이 강조하는 바는 기독교가 처음부터 남녀를 차별하지 않고 여성교육을 동시에 시작하였다는 점이다. 그리고 그러한 활동을 가능케 한 것은 선교사들의 기독교 신앙이었고, 그 결과는 선교사를 통해 복음을 소개 받고 복음을 받아들여 자아확립과 능력개발을 이룩한 근대 초기의 선구적 여성

---

5) Scranton, Mrs. Mary Fitch, 미국, M. 생몰년도: 1832.12.9~1909, 봉사기간: 1885~1909.

들의 출현이라는 것이다.

이러한 역사해석은 한국 여성들의 의식을 변화시킨 근본적 힘을 개신교 선교사들이 전한 복음에서 찾고 있는 것이다. 그러나 이러한 논의는 "그것을 누가 어떤 방식으로 전했는지?" 혹은 "누가 왜 수용하였는지?" 등 종교적 이념과 페미니스트 의식의 부상을 이어주는 사회·문화적 요인들과 그들 사이의 연관성을 묻는 질문들과 만나게 될 때 매우 추상적으로 들리게 된다. 수많은 기독교 역사에서 반복되는 바 "선교사들의 여성선교가 '여성해방'에 초점을 맞춘 것이었다"는 진술의 의미를 여성들의 일상적 삶 속에서 이해하고자 할 경우, 종교적 차원에서의 해석은 사회·문화적 구조들과 소통을 요하는 것이 된다. 이런 의미에서 대다수의 기독교 여성사 연구가 아직까지도 젠더 구조에 무관심하다는 것은 문제가 아닐 수 없다. 특히 한국 사학계의 기독교 역사학 분야의 저서들을 살펴보면 이들의 역사엔 여선교사나 여성 기독교인의 이야기가 없거나,6) 다른 사유공간, 다른 지면에 따로 존재한다.

이와 연관해서 또 하나 언급해야 할 연구들이 있다. 한국의 기독교사를 연구하는 학자들이 좁은 의미로서의 교회사 범위 내에서 선교사들의 교육활동을 정리한 저서들이 그것이다. 그 대표적인 예가 이덕주 (1991)의 『한국 감리교 여성교회의 역사: 1897~1990』와, 1985년 한국에 기독교가 전파된 지 100주년이 되는 해를 기념하여 나온 이우정 (1985)의 『한국 기독교 여성 백 년의 발자취』와 한국기독교백주년기념사업협의회 여성분과위원회(편) (1985)의 『여성 깰지어다 일어날지어

---

6) 예를 들어 류대영(2001)의 연구는 탈식민지적 관점에서 초기 내한 선교사들을 사회과학적으로 연구한 최초의 연구로 알려져 있는데, 21세기 초에 나온 이 연구 또한 당시 여선교사들의 존재에 대한 어떠한 관심도 보여주고 있지 않다.

다 노래할 지어다 : 韓國基督敎女性百年史』이다. 이들은 모두가 기독교적 여성교육이 한국 여성들의 삶에 미친 영향에 초점을 두고 있다. 대체로 이 연구들은 당시 선교사들이 낸 *Korea Mission Field*(KMF)[7]나 *Korean Repository*(KR)[8]와 같은 영문잡지의 기고문들과 ≪동아일보≫, ≪신여성≫, ≪청년≫ 등의 신문이나 잡지 기사, 미션계 여학교에서 발간한 학교사 등을 토대로 상당한 자료를 동원하여 기독교의 도래와 한국 여성교육의 시작, 여성들의 적극적 기독교 개종과 민족의식의 발전, 그리고 일제 하에서의 수난 등 장기간에 걸친 거대한 이야기를 만드는 데 주력하고 있는 것을 볼 수 있다.

그러나 북미 여성들의 해외선교운동이 갖는 정치성에 관심을 가지고 북미 개신교 교회 내의 가부장제를 배경으로 그 윤곽을 살피고자 하는 연구는 아직 시작되지 않고 있다. 조선에서의 선교사업에 헌신했던 여선교사에 관한 단편적 전기나 회고록은 그나마 몇몇이 되지만, 여성들의 해외선교운동을 유지시켜 주었던 담론들은 제대로 파악되어 본 적이 없다. 조선 여성들을 위한 여선교사들의 주도적 역할이 여성의 지위향상을 위한 미국의 국내정치 속에서 어떠한 위치를 가졌던 것인지도 구명되어야 한다. 그리고 기독교사 연구에서 동원하고 있는 자료의 문제도 짚고 넘어가야 할 것이다. 선교사들의 보고서와 공식문건들에 기초한 역사적 연구들은 이 문서들의 바탕에 깔려있는 기본 가정

---

7) KMF는 미국에 있는 독자들을 염두에 두고 조선주재 선교사들이 발행한 영문잡지로서, 선교사업과 직접적으로 관계되는 것을 주로 취급했다. 이 잡지는 선교 관계 주제를 중심으로 한국의 사람과 문물을 소개하는 이외에 한국에 대한 외국 언론의 잘못된 정보를 바로 잡아주는 일도 있었다(류대영, 2001: 179).

8) KR은 1892년에 창간된 감리교 한국 선교부의 기관지로서, 한국학에 관계된 거의 모든 분야를 포함 시사적인 내용까지 두루 취급했던, 당시로는 가장 종합적인 한국학 관계 전문지였다(류대영, 2001:180).

들을 문제 삼지 않고 있기 때문이다.

2. 민족 중심의 역사

민족주의적 입장의 연구들로서, 1970년대 이후 나온 많은 여성사 관련 논문들이 대부분 이에 속한다. 1970년대의 대표적인 연구로는 손인수(1977)의 『한국여성교육사』와 박용옥(1975)의 『韓國近代女性史』를 들 수 있다. 이들의 연구는 서구인의 문화적 간섭에 대한 직접적 저항보다는 한국 여성 근대화의 내재적 역량을 밝히는 데 초점을 둠으로써 그들의 영향력에 대해 큰 비중을 두지 않는다는 특징을 가지고 있다. 그리고 서구의 영향력을 배제하는 민족주의적 시선은 여성주체보다는 민족주체를 우선시 하는 담론으로 흐르게 된다. 이는 여성주체의 경험보다는 그들에 관한 지식인 남성들의 지적 권위에 비중을 두는 글쓰기 양식으로 나타나는데, 특히 박용옥이 한국 여성 개화의 시점을 논하는 대목에서 크게 두드러진다;9)

> "오랜 동안 한국 여성 개화의 기점은 1886년 미국의 선교사인 스크랜튼에 의하여 설립된 기독교계의 여학교(이화학당)에 두드러지고 있었다. 이 학교가 문을 열게 된 데는 국왕과 왕후의 끊임없는 배려의 힘입음도 컸으나 이 학교의 설립은 어디까지나 기독교 선교 목적의 일환으로 시도된 것이었으며, 따라서 교육 목적도 전통 사회의 생활 상태에 가장 합당한 모범적 주부로 또 이웃 친척 앞에서 십자가의 도를 전하는 전도사로 양성하는 데 있었으며 학과목도 1893년까지 성경

---

9) 2001년도에 발표된 박용옥의 기독교 수용과 여성 근대화는 한국 여성을 개화시키는 데 기독교가 했던 다각적 공헌을 논함으로써 다소 달라진 시각을 감지하게 해 준다. 그러나 박영효를 여성개화의 시점으로 삼는 그녀의 입장을 정확히 수정한 것인지는 모호하다(박용옥, 2001:247~95).

밖에 없었다. 또한 초창기에는 배우러 오는 학생이 없어서 고아거지 등 가정과 사회에서 버림받은 불쌍한 아이들을 주워다가 가르쳤다고 한다. 따라서 초창기의 이들에게서 선구자적 사명감이나 또는 전 여성을 개화의 큰 길로 이끌어 나아갈 지도력과 같은 것은 기대할 수조차 없었을 것이다.

> 근대화라고 할 적에는 거기에는 주체적인 의식이 작용해야 하는 것이며, 근대적인 것을 지향해서 발전하려는 의욕이 나타나는 현상이라야 한다고 볼 때에 1894년 이전의 이 여학교의 한국 여성 개화에 대한 기여도를 크게 평가하기는 어려울 것으로 생각되고, 주체적인 의식의 작용에서 본다면 개화 상소에 보이고 있는 남녀 6세 이상은 모두 취교 수학케 하자는 박영효의 사상은 당연히 여성 교육 문제의 시점이 되어야 하는 데 조금도 인색할 필요가 없으며, 박영효의 교육관은 또한 의무 교육에 있어 남녀 균등을 내포하고 있는 것이라 하겠다 (박용옥, 1975:52~3)."

1980년대의 여성교육사 연구들은 특히 반제국주의적 관점들을 강하게 부각시키고 있다. 김은주(1985)는 선교사의 활동이 내포한 제국주의적 측면을 지적하며 여성교육에 대한 기존의 무비판적인 업적론을 반박했다. 그는 당시 여성교육을 통해서 미개한 나라를 개화시켜준다는 선교사들의 생각에서부터 문화적 식민주의가 뿌리내리기 시작하였고, 그들의 활동이 서구의 부르주아적 문화를 전달하여 새로운 차원의 종속을 낳았다고 지적하였다. 또한 사회에 진출한 기독교 여학교 출신자들이 개인의 지위 향상을 꾀할 뿐이었다는 것이다. 그래서 일제하 기독교계의 항일운동은 제한적일 수밖에 없었고 나아가 민족문제를 완전히 내던지고 친일을 하게 된 뿌리도 여기에 있다고 지적하였다.

한편 일제시기 기독교 여성교육의 성격에 대한 연구로서는 대학수준의 여성고등교육을 다룬 박지향(1988)의 "일제 하 여성고등교육의 사회적 성격"과 1930년대 여성교육의 사회적 성격을 분석한 김성은 (1991)의 『1930년대 조선여성교육의 사회적 성격』이 있다. 전자의 논문 은 일제 시기 이화여자전문학교의 문과졸업생들의 학적부를 기초로 학생들의 사회경제적 계층분석과 지리적·종교적 구성을 살펴보고, 지식인 여성의 취업이나 결혼을 통해 여성고등교육의 성격을 밝힌 것 으로 이 분야에 관심을 가져온 여성사가들의 주목을 끈 중요한 연구이 다.[10] 한편 김성은의 연구는 1930년대 일제의 교육지배정책과 조선여 성의 교육 실태를 분석하여 일본 제국주의가 조선 여학생들의 진학, 취업, 결혼에 미친 제 문제를 밝히고 이들의 만세운동과 계몽운동, 문 자보급운동, 야학 등을 통한 항일민중교육운동의 역사를 밝히고 있다.

먼저 박지향의 연구는 한국 여성에 관한 것이기는 하지만 분석차원 에서 계급적 시각을 강조한 반면, 사회·문화적 차원에서 젠더의 작동 에 대한 비판적 시각을 견지하지 못하고 있다. 오히려 여성들의 경험 보다는 당시 남성 개화세력이나 민족주의자들의 시선에 비중을 두고 있는 연구이다. 따라서 그녀의 글이 국내외에서 대학수준의 고등교육 을 받은 여성 지식인들을 "전통사회의 굴레를 벗어나지 못했던 여성", "선구자로서의 업적을 성취하지 못한 여성"으로 재현하고 있는 것은 당연하다. 그러나 이 연구의 문제점은 이러한 결론에 이르는 논술 과 정에서 당시 민족담론 생산을 주도했던 주류 신문과 잡지에 실렸던 여 성교육에 대한 피상적 평가들을 별다른 비판 없이 객관적 사실로서 특 권화 하면서, 정작 그 당사자들의 의도나 사회·문화적 위치에 대한

---

10) 최숙경(1994), 한국여성사 연구의 성립과 과제, 한국사시민강좌, 제 15집, 서울: 일조각, 1∼19쪽.

조심스런 점검 없이 저자의 임의대로 재단하고 왜곡하고 있다는 것이다. 가령 그녀의 다음과 같은 텍스트를 예로 들어보자 ;

> "이전에 가사과가 설치된 것은 1929년인데 그 설치 이유가 당시 여성교육의 목표를 단적으로 보여준다. 당시 미국유학을 마치고 돌아온 많은 남자들은 대학졸업생인 여성을 배우자로 삼고 싶어했는데, 이러한 흐름에서 이화학생들이 외국 유학생과의 결혼에 대비하여 서양요리를 배우고자 한 것이 가사과를 설치한 동기라는 것이다(『이화가정학 50년사』에서 재인용). 따라서 이들은 학문에 대한 욕망 때문에 진학한 학구파가 아니라 '웬만큼 학문을 배우다가 마는 것보다는 가정주부로서의 자기를 만들어 좋은 집안에 시집을 가려는 현실주의파'였으며 가사과는 특히 <며느리과>라고 불리었다(<동아일보>, 1939.4.6.). 그 중 이과의 공부를 좋아한 어떤 학생들은 그 분야의 학과를 공부할 전문학교가 없었기 때문에 할 수 없이 비교적 이과과정이 많은 가사과를 택하게 되었다는 것이다. 여자가 택할 수 있는 전공과목이 이처럼 국내에서는 문과, 음악과, 가사과 및 보통학교 교사양성의 사법학교와 유치원 보모양성의 보육학교뿐이었으니 좀더 다양한 학문을 원하는 이들은 자연히 일본유학을 생각하지 않을 수 없었다(박지향, 1988:259~60. 괄호 안은 필자)."

이 텍스트는 이화전문 가사과의 설치동기나 진학동기가 다양할 수 있다는 사실을 부정하지는 않지만 미국 유학생들과의 결혼이 주 목표이고 나머지 이유는 부수적인 것처럼 다루고 있을 뿐만 아니라, 이러한 교육과정을 제공한 당시 선교사들과 이를 경험한 여학생들이 무엇을 의도했고 무엇을 느꼈으며 어떠한 생각을 했는지에 대한 아무런 탐색도 없이 '며느리과', '현실주의파'라는 야유 섞인 라벨을 붙이고 있는 것이다.

한편 김성은(1988)의 연구는 일본의 제국주의의 민족차별에 초점을 두고 일본과 조선의 여성교육을 비교하는 한편, 조선 여학생들의 민족적 운동을 통한 저항을 강조하고 있다. 페미니스트 방법론적 측면에서 볼 때 이 연구는 일본 제국주의에 의해 억압을 경험했던 '피해자'인 조선여성을 강조하는 반면, 여학생들의 가부장제에 대한 저항의 측면을 다루지 못했던 80년대의 전반적인 여성사 연구 경향을 따르고 있다. 그리고 이 연구는 일본과의 민족적 대립을 강조하기 위해 여성교육기관의 범주를 사립학교와 공립학교로 구분하여 미션계 사립학교와 민족계 사립학교를 구분하지 않음으로써 조선의 여성교육의 정신을 단순히 '민족정신'의 범주로 일반화하는 오류를 범하고 있다.

이와 관련하여 최근에 발간된 김재인, 양애경, 허현란, 유현옥(2000)의 『한국 여성교육의 변천과정 연구』는 우리나라 여성교육의 변천과정을 전통적, 근대적, 현대적 여성교육기로 분류하고 각 시대를 지배한 여성교육의 이념과 목적, 제도적 과정을 살펴보고 앞으로의 여성교육의 발전방향을 모색하는 데 목적을 둔 연구이다. 본 연구의 주제와 관련되는 부분은 이 책의 제 3장 근대 여성교육의 형성과 제한적 성장이다. 페미니스트적 관점에서 여성교육사를 대할 경우 가장 관심의 초점이 되는 것은 여성교육의 역사가 여성들의 사고능력을 어떻게 발전시키고 있는지, 또 그 의식의 발전과 어떻게 맞물리는지 혹은 어긋나는지에 대한 것이다. 그러나 이 책은 각 시기를 지배하는 이념과 제도적 현상만을 분석대상으로 삼고 기술할 뿐, 그 현상이 갖는 특성들이 어떠한 구조적 연관성을 가지고 등장하고 변화하는지를 문제삼고 있지 않다. 이 때문에 개화기에 여성교육의 권리를 요구하고 실천했던 여성들의 등장 이후 이들의 정신을 잇는 페미니스트 의식의 성장에 대한 관심은 역사기술에서 축소되고 결국 사라지고 만다.

3. 한국 여성중심의 역사

마지막으로 지배적인 경향은 아니었지만 여선교사들의 페미니스트 의식에 초점을 두었던 연구들을 검토하고자 한다. 이러한 연구 경향에는 최숙경, 정세화 (1976)의 "개화기 한국여성의 근대의식의 형성," 최숙경(1983)의 "한말 여성해방 이론의 전개와 그 한계점" 등이 있다. 이 연구들은 '여성의 근대의식의 양성에 있어 선구적인 요소(1976)' 혹은 '여성해방 사상의 보급'에 대한 것으로, 보다 구체적으로 말하면 '여성해방의 당위성이 구체적으로 당시 어떻게 인식되며 어떤 모양으로 소화되어 갔는지(1983)'를 문제로 삼았던 연구들이다.

이 보다 앞서 서광선(1972)은 "한국여성과 종교"에 관한 글에서 "왜 스크랜튼 부인은 여성교육에 몰두하였을까?" "'기독교 정신'이 어떻게 '여성교육'과 연결되는가?" 하는 문제를 파고 들어 기독교적, 선교적 정신으로서는 해명될 수 없는 이화학당의 스크랜튼, 로스와일러,[11] 페인,[12] 프라이[13] 당장 등 '초대여류선교사'들의 여성교육 이념과 철학을 분석한 바 있다. 그의 연구는 "초기여류선교사들의 이념은 여성교육으로부터 여성해방으로 확대되고 있다는 것을 지적(503)" 하고 있었다. 또 여선교사들의 여성교육운동과 교육적 배경 그리고 19세기 후반 미국교회의 사회적·신학적 정황을 살펴서 그네들의 '여성해방을 위한 여성으로서의 사명감'을 강조한 바 있다(507~12). 위의 두 연구는

---

11) Rothweiler, Miss Louisa C., 미국, M., 생몰년도: 1853.3.9.~1921, 봉사기간: 1887~1899.
12) Paine, Miss Josephin Ophellia, 미국, M., 생몰년도: 1869.2.21.~1909.9.25, 봉사기간: 1892~1909.
13) Frey, Miss Lulu, 미국, M., 생몰년도: 1868.3.9.~1921.3.18. 봉사기간: 1893~1920.

이러한 서광선의 주장을 '하나의 주장(최숙경, 정세화, 1976:7)'으로 받아들여 초기 기독교 선교사들의 여성교육 사상과 그들의 여성교육 실천이 암시하는 일종의 'vision(8)'을 인정하고 그들을 '한국여성개문(韓國女性開門)의 실천자(9)'로 명명하고 있다.

서광선, 최숙경, 정세화 등이 '한국 여성 근대의식의 개화'를 위한 여선교사들의 선취적 행동에 착안한 것은 높이 평가할 만한 것이다. 그러나 이들의 글에서 다루는 여성교육은 개화사상가의 등장 혹은 한국의 기독교 여성들이 사회에 참여하게 되는 시기 이전까지로 국한되어 있다. 그리고 이들이 "여류선교사"라 불렀던 집단의 교육사상도 이화학당에 파견되었던 일부 미국 북감리회 여선교사들의 것으로 국한되어 있기 때문에, 당시 여선교사들이 기독교 및 선교사 공동체에서 차지하던 비중이나 이들이 교육영역에서 개척한 여성교육기관들이 가졌던 전반적인 사회적 위치 등을 구명하기에는 한계가 분명했다. 그러나 이후 미국과 일본의 제국주의에 대한 강력한 저항의 성격을 갖는 여성사 연구가 진행되면서 여선교사들의 교육활동에 대한 연구는 지지부진해지고 만다. 개화사상가들의 영향력을 초기 기독교 선교사들의 영향력과 대등하게 다루고 있는 최숙경, 정세화의 1976년도 논문은 이미 한국의 근대 여성의식의 형성 과정에서 여선교사들의 영향력을 배제 혹은 축소하려는 민족주의 사가들의 담론과 경쟁하고 협상해야 할 소수자의 입장에서 쓰여진 것이었다.

이후 여선교사의 활동에 관한 기록이나 그들을 스승이자 역할모델로 생각했던 한국의 여성들의 경험은 공적 역사서술의 장에서 아예 배제되거나, 민족경계 내의 역사 이야기 주변에서 희미한 흔적으로만 남아 빛을 바래가고 있다. 본고는 바로 이 사라져 가는 여성들의 경험을 복원하고 이들의 페미니스트 저항을 되살려 내고자 하는 의도에서 출발하고 있다. 구한 말부터 미션계 여학교를 중심으로 여선교사와 조선 여학생들의 페미니스트 의식 형성 과정을 분석하고자 하는 것은, 여선교사들이 전달한 19세기 미국의 '모성적 페미니즘'과 이들의 영향을 받아 조선 (기독) 여성들이 새롭게 발전시켜 간 페미니스트 의식이 가졌던 관계에 대한 고정관념에서 벗어날 필요가 있다고 생각되기 때문이다.

여기서 말하는 '(기독) 여성'은 기독교 사상의 영향을 받은 여성을 말한다. '기독'이라는 용어에 괄호를 친 것은 '(기독) 여성'이 반드시 '기독인'으로서의 정체성을 갖는 여성을 의미하지 않는다는 것을 강조하기 위해서 이다. (기독) 여성은 다음을 전제하는 것이다. 첫째, 미션계 여학생들이 예배와 성경공부 시간에 참여한 것은 사실이지만 이들이 모두 기독교인은 아니었다는 것이다. 둘째, 이들이 발전시켜 간 페미니스트 의식 또한 미국의 교회공동체나 조선의 교회공동체가 기대했던 '기독교 여성'에 대한 문화적 규정을 넘어서 있었다. (기독) 여성은 나름대로 그리스도를 이해하고 있었지만 그들이 형성한 기독인 정체성은 지배적인 기독교 이념에 완전히 포섭된 형태는 아니었다.

기존의 여성사 연구에서 (기독) 여성들이 형성한 페미니스트 의식이 평가절하된 근본적인 이유는 다음 가정에 근거한다. 즉 (기독) 여성들에게 영향을 미친 기독교 이념이 서구로부터 유래한 것으로, 선교사들의 영향력 하에 있었던 조선의 (기독) 여성들이 갖게 된 페미니스트 의식은 민족 내부에서 싹튼 것으로 볼 수 없다는 것이다. 이 때문에 한국의 페미니즘에 대한 연구는 1920~30년대 현대적 의미의 고등교육을 받은 여성들을 중심으로 하는 자유주의 페미니즘이나 사회주의 페미니즘에 초점을 두는 경우가 많다.[14] 그러나 '참된 신여성'[15]의 범주에 들지 않았던 많은 미션계 여학교 졸업생들은 다수가 현대적 개념의 고등교육을 받았던 여성들도 아니었고 '직업부인들'에 속하지도 않았지만, 이들의 초기 페미니스트 의식은 분명 새로운 페미니즘으로 묶어내어 그 성격을 보다 분명하게 파악해야 할 살아 있는 힘이다. 이 책에서는 이러한 (기독) 여성들이 중심이 되어 형성한 페미니스트 의식을 '초기 페미니즘'이라고 부르고자 한다. '초기 페미니즘'은 1920년대의 자유주의 혹은 사회주의 페미니즘을 주장했던 신여성들 이전부터, 나아가 그들 주변에 넓게 퍼져 있었던 또 하나의 페미니즘의 실체를 부르는 이름이다.

여선교사는 이러한 조선의 (기독) 여성들이 발전시켜 간 페미니스트 의식을 이해하기 위한 관건이 되는 여성집단이다. 구한 말부터 식민지 시기에 형성된 초기 페미니즘은 19세기 미국의 '모성적 페미니즘'에 기반한 여선교사들의 페미니스트 의식과의 비교를 통해서 그것이 갖는 독자성이 납득될 때에야 비로소 한국 여성사에서 그 위치를 정립할 수 있다고 보기 때문이다. 여기서 말하는 모성적 페미니즘은 19세기 말에서 20세기 초까지 미국에서 참정권운동, 절제운동을 벌였던 페미니스트들의 이념을 기술하는 용어이다. 가정성(domesticity)에 기초한 이 이념은 여성들로 하여금 사회를 개선하기 위해, 특히 여성과 어린이의 고통을 경감시켜 주기 위해 여성, 자매, 어머니로서의 공적 역할을 규정할 것을 호소하였다. 당시 미국의 여성들은 가정에서 여성들이

---

14) 예를 들어 이화여자대학교 한국 여성연구소에서 나온 『한국 여성사 정립을 위한 인물 유형 연구』 I, II, III.

15) 최숙경, 이배용, 신영숙, 안연선(1993) 등이 정의한 '참된 신여성'은 자신의 발전은 물론 사회에 대한 투철한 의식을 가지고 실천에 매진하는 여성이고 여성운동가로 혹은 사회와 여성단체 회원으로 동참, 후원하는 자를 의미한다 (16).

담당하는 전통적 역할과 공적 생활 참여 사이에서 별다른 모순을 느끼지 않았다. 공적 영역에서의 그들의 활동은 사적 영역에서 맡고 있는 역할의 연장에 불과했다. 모성적 페미니스트들은 자신들의 모성적 역할을 가족생활에 한정시키지 않고, 한 사회의 자매와 어머니로서 가난, 학대, 알코올중독 등으로 시련을 겪는 여성들의 구체적인 삶의 현실로부터 나오는 독특한 관점을 정치에 도입할 수 있다고 믿었다.[16]

이 모성적 페미니즘과 근대 초기 조선 여성들이 형성한 페미니스트 의식 사이에는 분명한 상관관계가 있었다고 보여진다. 그러나 해외여행이 자유롭게 된 오늘날에도 한국의 초기 페미니스트 의식 형성에 중요한 영향을 미친 여선교사들이 어떤 역사적·문화적 문맥에서 나온 사람들이며, 어떠한 동기에서 한국 땅을 찾았는지에 대한 탐구여행은 국경을 넘어서지 못하고 있다. 그리고 남성중심의 근대 민족주의 패러다임에 압도되어온 여성사의 상당 부분이 아직도 이 여성들의 경험을 기존의 지식생산방식에 종속 시켜 초기 여성들의 저항을 외면하는 것은 현대 여성의 건전한 주체성 확립마저 방해하고 있다. 그러나 한국 여성의 페미니스트 의식 성장과정에 개입하고 있는 외부의 억압적 힘과 내적 두려움의 결합에 대한 이해와 반성을 통해 민족주의와 페미니즘의 새로운 균형을 잡는 것은 반드시 필요한 일이다.

제 2 절 페미니즘의 한국적 변형이해를 위한 방법론

본 절에서는 북미 여선교사들이 개입했던 기독교 여성교육의 역사

---

16) 이에 대한 상세한 논의는 에반스(1989), 193~276쪽을 참조할 것.

속에서 진행된 페미니즘의 한국적 변형을 이해하기 위해, 본 연구가 취하고 있는 방법론의 문제를 간략히 기술하고자 한다.

1. 페미니스트 의식과 페미니즘

우선 본 연구는 한국 여성들의 페미니스트 의식(feminist consciousness)의 발달에 관한 연구의 일환이다.[17]

여기서 페미니스트 의식은 특정 역사와 문화 속에서 여성('여성'이 된 개인)이 스스로 사물을 규정하고 명명하는 힘 즉 '사고력'을 가지고 자신과 세계를 인지한 바를 표현하는 인식(awareness)을 말한다. 구체적으로 페미니스트 의식은 여성의 1) 자아(self), 2) 주변상황, 3) 그 상황을 개선하기 위한 사회적 해결책에 대한 인식이다 (Lerner, 1993: 10, 14). 러너가 규정하는 페미니스트 의식은 다음과 같은 인식 요소들로 구성된다. 1) 여성은 하나의 종속집단에 속해 있다. 2) 여성들은 집단으로서 부당한 대접을 받아 왔다. 3) 여성종속의 조건은 자연적인 것이 아니라 사회적으로 결정된 것이다. 4) 이러한 부당함을 치유하기 위해서는 다른 여성들과 힘을 결합해야 한다. 5) 남성뿐만 아니라 여성들도 자율성

---

17) 로시(Rossi, 1974)에 따르면 '페미니즘(feminism)'이 사회적 차원의 성평등에 대한 하나의 관점을 의미하는 것으로 사용된 것은 1895년 4월 27일 *The Athenaeum*에 실렸던 한 기사에서였다. 그러나 이것은 하나의 운동으로서의 페미니즘의 시작은 아니었다. 이보다 전에는 성평등 이슈에 대한 관심에 대해 '우머니즘(womanism)'이라는 말이 사용되었다. 터틀(Tuttle, 1986:349)에 의하면 여성의 조건에 대한 관심을 뜻하는 19세기의 '여성문제(The Woman Question)'라는 용어는 오늘날과 같이 하나의 정치적 운동으로서의 페미니즘이 아니라 페미니즘 이전의 의식(pre-feminist consciousness)을 의미했다고 한다(Weiner, Gaby, 1997; 144). 그러나 본 연구에서는 우머니즘(womanism) 또한 페미니즘 혹은 페미니스트 의식의 일환으로 포괄시키는 러너(Gerda Lerner)의 정의를 따르기로 하고, feminist consciousness를 '페미니스트 의식'으로 번역하였다.

과 자기결정권을 향유할 수 있는 사회조직에 대한 대안적 비전을 마련해야 하며 그럴 수 있다(Lerner, ibid: 14).

연구자는 이러한 페미니스트 의식에 대한 정의는 한국사회에도 보편적으로 적용될 수 있는 것이라고 생각한다. 만일 페미니스트 의식이 여성들에게 영향을 미치는 사회·문화적 이슈들에 대응하여 여성들의 이해관심을 진전시키기 위한 이론적·실천적 노력의 결과라면, 이는 문화적·역사적 특수성과 관계없이 여성들에 대한 사회·문화적 규정이 존재하는 곳에서는 어디에서나 형성될 수 있는 개연성이 있다. 다시 말해서, 페미니스트 의식은 사회·문화적으로 규정된 '여성'에 대한 비판의식에서 출발한다. '여성'에 대한 이해는 사회와 문화마다 다를 수 있지만, 이를 의식하는 행위 주체로서의 자격은 보편성을 부정당할 수 없는 것이다.

한편 페미니즘은 많은 서구의 여성학자들이 페미니스트 의식의 다른 이름으로 이해하는 개념이다. 러너의 경우에도 페미니스트 의식과 페미니즘은 상호 치환이 가능한 용어이다. 그러나 제3세계의 경우 페미니스트 의식과 페미니즘을 등치 시키고자 하는 여성학자들의 의도는 종종 일상 여성들의 저항에 직면하게 된다. 제3세계에서 진행되고 있는 각 정부의 여성발전 프로그램은 페미니스트 의식을 기초로 하여 구성된 것이지만, 정작 이에 참여하는 여성들의 경우 자신들은 페미니즘이나 페미니스트와는 상관이 없는 것처럼 이해하는 것은 이러한 저항을 말해주는 것이다. 이는 페미니스트 의식이 내적으로 성숙하기도 전에, 다른 말로 하면 페미니스트 의식이 나름대로의 사상체계와 이름을 지닌 페미니즘으로 발전할 만큼 무르익기도 전에 서구에서 들어온 다양한 페미니즘과 경합해야 했던 역사적 경험과 관련되는 것이다

(Roces, 2000 참조).

인도네시아 여성학자들의 '페미니스트 의식'을 연구한 캐나다의 여성학자 메릴린 포터(Merilyn Porter)와 인도네시아의 티타 말리타(Tita Marlita)는 서구 페미니즘에 대한 동조와 반감에 기인하는 이러한 현상이 '도치된 경험(reversed experience)'에서 온다고 말한다. 포터는 인도네시아의 여성과 여성들의 지위강화를 지향하는 발전계획을 형성하는 데 서구로부터 온 다양한 페미니즘 사조들이 점차 중요한 영향력을 미치고 있다는 것을 발견하였다. 이와 동시에 인도네시아의 여성들은 '페미니즘'이라는 용어에 대해 깊고 넓은 의구심을 가지고 있다는 것을 발견하였다. 예를 들어 인도네시아의 한 연구소 소장이었던 한 여성은 이렇게 말했다;

> "나는 페미니스트가 아니다. 나는 내가 해야 하고, 하고 싶은 일을 할 뿐이다. 모든 일이 내가 선택하거나 좋아해서 하는 것이 아니라, 반대로 나는 먼저 일을 한 연후에야 거기에 관심을 갖게 되는 것이다."

이것은 페미니즘과 페미니스트에 대한 이해와 관련되는 문제로서, 위 여성학자의 경우 여성문제에 대한 관심은 자신의 개인적, 정치적 선택이 아니라 학자로서의 활동에 의해 시작된 것이었다. 이는 페미니스트라고 할 경우 거의가 개인적·정치적 선택과 관계된다고 하는 서구 페미니즘의 관념과는 정반대되는 것이다. 그녀의 여성학에 대한 참여는 여성의 권리와 억압적 가부장제 사회의 변혁 필요성에 대한 자각에서 시작된 것이 아니었다. 반대로 연구소 소장으로서의 그녀의 일상 활동이 그녀의 여성이슈에 대한 관심을 강화시켰던 것이다. 이러한

'도치된 경험' 때문에 그녀는 자신을 페미니스트라고 부르기를 기피했던 것이다.

그러나 페미니즘은 페미니스트 의식이 깊어지면서 형성되는 것으로 특정 사회·문화 속에서 동원 가능한 이론적·실천적 자원들과 결합되어 형성되는 사상체계이다. 그리고 여성의 사회적 위치와 문화적 의미에 대한 이론적 이해와 그 변화를 위한 실천의 전략은 각 페미니즘이 채택하는 이데올로기적, 정치적 입장에 따라 매우 다양할 수 있다. 이는 각 여성이 속한 사회의 역사와 문화, 그리고 계층에 따라서 페미니즘 또한 달라질 수 있다는 것을 말하는 것이다.

이러한 페미니즘의 문화적, 역사적 특수성에 대한 논의는 서구에서 들어온 다양한 페미니즘 분류방식에 따라 자국 여성들이 발전시킨 페미니스트 의식을 가려보는 인식방법에 대한 근본적인 성찰을 요하는 것으로 특히 제3세계 여성학자들의 페미니즘 연구에서 초미의 관심사가 되어 왔다.[18] 그러나 제3세계 페미니스트들의 외래 페미니즘에 대한 저항은 '민족'의 이름으로 자국 내 페미니스트 의식의 발전 마저 부정하고자 하는 가부장적 저항에 대한 경계를 늦출 수 없다. 자국 내부에서 발전하는 페미니스트 의식에 대한 관심은 연구자로 하여금 외래 선교사들에 대한 텍스트를 다시 읽게 하는 출발점이 된 것이다.

이런 관점에서 볼 때, 서양 선교사들에 의해 '서구화'되고 전통 가족의 가부장들의 영향으로 '보수화'된 조선의 여성들을 재현하는 많은 텍스트들이 서양 선교사들과 조선사회 가부장들의 주도성을 지나치게 강조하는 반면 한국 여성들의 행위성에 대해 지극히 무관심한 글쓰기

---

18) 예를 들어 한국여성학회가 출범하여 최초로 내 놓은 『한국여성학』 제1집은 바로 이 문제를 다루고 있다.

패턴을 보여주는 것은 문제인 것이다. 특히 민족과 여성을 상호 대립적 개념으로 이해하고자 하는 경향, 즉 페미니스트 의식의 발전이 민족의식의 발전에 걸림돌이 되는 것으로 보거나 페미니스트 의식과 페미니즘을 별개의 문제로 보거나 모든 페미니즘을 서구적인 것으로 규정하고 그에 대한 접근을 거부하는 경향 등은 여성들의 자유로운 사고와 사회발전 참여를 가로막는 것으로 궁극적으로 국가의 발전을 저해하는 것이다. 따라서 민족에 대한 규범적 동일시에 의한 정체성 구성을 당연시하는 동시에 여성들의 자기의식적인 인식 발달을 이야기할 여지를 남겨 놓지 않는 것은 큰 문제가 아닐 수 없다.[19]

분명 우리 사회에서 널리 번역되어 읽히고 있는 엘리슨 제거(Alison Jaggar, 1983)의 자유주의, 급진주의, 사회주의, 마르크스주의적 페미니즘 분류나, 로즈마리 통(Tong, 1989)의 자유주의, 마르크스주의, 급진주의, 심리분석학, 사회주의, 실존주의, 포스트모더니즘에 근거한 페미니즘만으로 우리 사회에서 "형성되었던" 혹은 "형성되고 있는" 페미니스트 의식을 담아내는 것은 불가능하다는 자각은 중요한 것이다. 페미니스트 의식은 하나의 연구분야로 확립될 수 있지만, 민족, 계급, 인종 등이 다른 모든 여성들을 특정 페미니즘의 영역으로 포섭할 수는 없기 때문이다. 그러나 이러한 자각과 더불어 병행되어야 하는 것은 자국에서 형성된 역사적, 문화적 특수성을 지닌 페미니스트 의식이 심화되어 형성되는 이론과 실천으로서의 페미니즘이 있을 수 있고 또 있어야 한다는 의식의 전환인 것이다. 이는 페미니즘을 구성하는 사상이 반드시 우리 내부에서 발전한 이론이나 실천에 바탕을 두어야 한다는 주장과

---

19) McNay는 1999에 발표한 Gender, Habitus and the Field: Pierre Bourdieu and the Limits of Reflexivity라는 논문에서 인지적 동일시와 규범적 동일시를 구분한 Luhmann의 논의를 소개하고 있다(110).

는 다른 것이다.

2. 페미니스트 의식의 변화 요인과 시대구분의 문제

기존의 많은 여성사 연구들이 한국의 근대적 페미니스트 의식[20]이 맹아되는 시점을 18세기 초로 보고 있다. 유교적인 윤리 도덕관과 생활 규범에 대한 비판과 반성이 행해지던 즈음에 유교적인 사회 체제 유지를 위한 과부 재가의 금지에 관한 비판과 시정의 의식이 싹트고 있었으며, 남자의 전유물로 알았던 학문의 연구가 부녀들 사이에서 행해지기도 했었고 또 자유 결혼을 주장하는 여인도 나타나게 되었다는 것이다 (박용옥, 1975:38). 예를 들어, 박광용의 연구(1999)는 소농적 집약농업의 발달과 더불어 양반계층에서 경전과 역사서(經史), 특히 논어(論語), 모시(毛詩), 소학(小學), 여사서(女四書) 등을 교육 받을 수 있었던 여성들의 전통적 성별관계에 대한 의식변화를 보여 주고 있다.

그에 따르면 사족이나 중간계층 여성들이 붕당, 벌열, 관료등용 등 정치 문제에 관심을 표현하는 경우도 적지 않았다고 한다. 그는 한 예로 윤지당 임 씨[21]가 스스로 공자의 제자 안회(顔回) 사실에 대해서 강경(講經)한 『극기복례위인설(克己復禮爲仁說)』을 들고 있다. 윤지당 임 씨는 이 글에서 16세기 후반 성리학의 인성론이 완성되면서 일반화된 여성의 편성론을 반박하면서 "내가 비록 부인이지만 받은 바 본성은 처음부터 남성과 여성의 차별성이 없었다. [⋯] 그래서 성인 안회를 본

---

20) 박용옥은 이를 여성의 개화성이라 표현하고 있지만, 여기서는 논지를 분명히 하기 위해 여성의식으로 통일한다.
21) 윤지당 임 씨에 대한 역사학계의 최근 관심은 李迎春 (1996)의 논문 "임윤지당의 성리학", 이영춘 (1998)의 저서 『임윤지당 : 국역 윤지당유고』 등에서 확인할 수 있다.

받으려는 뜻이 절실하기 때문에 그 견해를 풀어서 서술하였다(박광용, 1999; 144쪽에서 재인용)"고 적고 있다.

한편 집단적 페미니스트 의식의 존재와 관련하여 많은 연구들이 1780년대부터 천주교에서 박해를 받은 여성들의 존재, 1894년 동학농민군들이 올린 "폐정개혁 12개조" 중 제 7조에서 명시되었던 '청춘과부의 개가를 허가할 것'이라는 요구사항, 이후 갑오개혁을 주도했던 개화파 지식인들이 요구한 '과부재가(寡婦再嫁), 무론귀천(無論貴賤), 임기자유(任基自由)'의 조항을 들어 당시 한국 사회에 존재했던 의식의 단초들을 입증하고 있다.

그러나 이러한 사실만으로는 19세기말~20세기 초 페미니스트 의식의 개화가 여성교육운동을 비롯한 여러 여성사회운동으로 발전하는 도약과정을 설명할 수 없다. 근세에 나타난 페미니스트 의식이 근대사회의 공적 영역에서 변화의 힘으로 작용하기 위해서는 다양한 사회·문화적 조건들이 갖추어져야 하기 때문이다. 러너에 따르면, 서구의 경우 페미니스트 의식의 단초가 되는 여성들의 부당한 성차별 행위에 대한 자각은 가부장적 교육과 종교문화 속에서 1500년 이상 자라온 것이다. 그러나 이들이 다음 단계의 자각, 즉 다른 여성들과 함께 해야만 자신들이 겪고 있는 부당 행위를 고칠 수 있다는 자각을 얻기는 더욱 어려웠다는 것이다(1993: 363).

여기서 우리는 근대 여성교육의 시작에서부터 한국의 첫 여자대학의 출현에 이르기까지 걸린 시간을 음미해 볼 필요가 있다. 1885년 이화학당을 필두로 시작된 선교사들의 여성교육은 불과 25년 만인 1910년에 이르러 여성고등교육을 위한 대학과를 신설하고 1925년에 이르게 되면 총독부의 정식인가를 받아 이화여자전문학교를 출범시키게 된다. 이는 1630년 미국에 상륙했을 당시 이미 문맹을 면할 정도의 기초 교육을 받을 수 있었던 청교도 여성들에게 근 200년이 지난 1836년에 가서야 고등교육의 기회가 열린 미국 여성교육의 역사를 살펴 볼 때 거의 기적에 가까운 속도이다(Solomon, 1985).

이러한 여성교육의 빠른 발전은 조선 사회에서 진행되었던 페미니스트 의식의 급성장을 말해주는 지표라고 생각된다. 이러한 가설을 추구하기 위해서는 당시 여선교사들과 주부선교사, 민간인 사립학교 지도자, 개화파 사회개혁 인사들 간의 관계만이 아니라, 1890년대 중반부터 배출되기 시작한 미션계 여학교의 졸업생들이 인종, 문화, 종교의 차이를 넘어 여선교사들과 가졌던 긴밀한 공조와 협력관계 등에 대한 보다 진지한 연구가 필요하다. 박영효, 서재필 등 개화파 인사들이 여성교육을 지지해 준 것은 사실이지만, 여성교육제도의 지속성을 보장하고 교육의 질을 높이는 데 보다 큰 공헌을 한 것은 여선교사들과 조선의 (기독) 여성들이었기 때문이다.[22]

그러면 19세기 말까지 공적인 교육의 기회도 없었던 조선 여성들에게서 무슨 일이 일어났기에 페미니스트 의식이 그토록 급성장 하게 된 것일까? 러너에 따르면, 페미니스트 의식이 발전하기 위해서는 다양한 요소가 필요하다. 즉 결혼 외에도 경제적으로 자립을 이루면서 살 수 있는 여성들의 능력, 많은 집단의 여성들이 출산활동을 그만두거나 자

---

22) 감리교 여선교사들의 연차보고서에 실린 통계자료를 보면, 이들이 주력한 의료 봉사, 전도, 교육 활동 등에 협력하였던 조선 여성들의 존재를 확인할 수 있다. 특히 교육활동에 참여했던 여성들은 주로 선교사들이 세운 기숙학교의 부속으로 설치된 매일학교에서 다수 발견되는데, 1914년 현재 14명의 선교사들이 교육 활동에 참여하고 있는 것에 비해 이들의 수는 100명으로 집계되고 있다. 이것은 이 시기에 한국에 주재했던 모든 교육선교사들과 매일학교 교사의 극히 일부만을 대표하는 수치이지만, 이들의 비율은 선교사와 한국여성의 협력관계를 짐작할 수 있는 예로서 적절할 것이다.

녀 수를 제한할 수 있도록 해준 인구학적·의학적 변화, 여성의 교육 기회의 균등과 마지막으로 '여성의 공간'을 만들어낼 수 있는 가능성 등이 그 요소가 된다 (러너, 1993; 308). 미국 근대 여성운동의 발달을 연구한 역사학자 사라 에반스(Sara Evans)도 이 현상에 관심을 기울였는데, 그녀는 "반동적인 집단 정체감"을 발전시키려면 다음과 같은 전제 조건이 있어야 한다고 말했다. "1) 피압박 집단이 이류 시민이라든가 열등 시민이라는 기존 개념에 맞설 수 있도록 독자적인 가치 의식을 키울 수 있는 사회적 공간, 2) 피동성의 양태를 깰 수 있는 사람들의 역할 모델, 3) 억압의 근원을 설명할 수 있는 이데올로기, 4) 기존의 문화 정의와 맞설 수 있도록 만드는 새로운 자아 의식의 발현, 5) 마지막으로 새로운 해석이 퍼져 나가면서 반동적인 의식이 사회 운동으로 활성화될 수 있는 소통 조직이나 우애조직" 등이 그 전제조건이다.[23]

에반스의 전제조건들 중에서 러너가 강조하는 것은 첫 번째와 다섯 번째 조건이다. 즉 여성들이 페미니스트 의식의 한 단계에서 다음 단계로 이동하기 위해서는 사회 공간이 특히 필요하다는 것인데, 역사적으로 보아, 남성들 또한 해방 이데올로기를 형성하기 위해서는 그러한 사회 공간을 필요로 했다고 역설한다. 바로 대학, 노동조합, 정당들 속에 있는 남성들의 제도는 이미 그러한 것을 가능하게 했다는 것이다 (308). 러너에 따르면, 19세기 미국에서 설립된 여성교육기관이 바로 이러한 기능을 하는 '여성의 공간'이 되어 주었다. 미국의 공적 교육 분야에서 남성과 분리된 여성만의 공간이 생겨난 것은 19세기 중반으로, 이는 남성들의 여성배제를 여성들에 대한 부당 행위로 보았던 여

---

23) Sara Evans (1979), *Personal Politics: The Roots of Women's Liberation in the Civil Rights Movement and the New Left*, New York: A. Knopf. pp.219~20 (러너, 1993; 308에서 재인용).

성교육기관의 설립자들이 여성들에게 고등교육의 기회를 제공하기 위한 것이었다. 그러나 이 목적을 이루는 과정에서 겪게 된 저항과 투쟁은 이들로 하여금 자매애 감각을 발전시키고 여성만의 특수한 형태의 문화, 제도, 생활양식을 창조하게 해 주었다는 것이다(368).

구한 말 초기 페미니스트 의식의 발달과 관련하여 눈여겨보아야 할 것은 한국 사회 최초로 공적 영역에 마련된 '여성의 공간,' 초기 여학교의 모델이 된 미션계 여자기숙학교와 성인 여성들을 위해 마련되었던 각종 성경학교의 존재이다. 페미니스트 의식의 등장조건에 관한 러너의 이론을 놓고 볼 때, 여선교사들이 창조한 '여성의 일' 영역과 '여성교육의 공간'에서 전개된 여선교사들과 한국 여성들의 페미니스트 의식 발달은 새로운 눈으로 고찰해 보아야 할 중요한 연구 대상임에 틀림없다.

문제는 구한 말에 처음으로 조선사회에 근대적 여성교육을 소개했던 북미 선교사들을 언급하지 않고 조선 여성들의 페미니스트 의식 발달을 이야기 할 수 있는 방법이 없음에도 불구하고, 이들의 이야기를 민족사에 포함시키는 일에 대한 거부감이 우리 사회에 팽배해 있다는 것이다. 무엇보다도 민족담론이 우세한 사학계에서 서구 여선교사들의 영향력을 다루는 것은 대단한 심리적 부담인 것 같다. 예를 들어 앞서 인용한 대로 『한국근대여성사』(1975)를 쓴 박용옥이 근대화의 기점과 관련하여 한국 여성교육의 기점을 1886년 미국의 선교사인 스크랜튼[24]에 의하여 설립된 기독교계의 여학교(이화학당)에 둘 것이 아니라 1894년의 박영효의 사상에 두어야 한다는 주장을 편 것은 이를 말해

---

24) Scranton, Mrs. Mary Fitch, 미국, M. 생몰년도: 1832.12.9~1909, 봉사기간: 1885~1909.

준다.

세상에 나온 지 근 30년이 다되어 오는 그녀의 텍스트는 '여성 개화' 개념의 모호성뿐만 아니라, 당시 여선교사들의 페미니스트 의식이 갖는 역사성·정치성을 간과한 교육내용의 곡해, 당시 개화 지식인들의 사상의 배경이 된 교육적, 계급적, 성적 특권에 대한 무감각 등 많은 문제점을 안고 있다. 그러나 필자는 이 텍스트의 기본 논리가 아직도 많은 남녀 사학자들의 민족사 텍스트 안에서 건재한다고 생각한다.

그러나 박영효의 여성교육 사상이 흘러 들어온 경로를 살펴보면, 당시 아시아의 근대사에 광범위한 영향력을 행사했던 선교사 공동체의 지배담론이 눈에 들어오게 된다. 박영효는 갑신정변 실패 후 일본에 망명하여 1888년 고종에게 올린 상소문에서 여성의 불평등한 지위의 개선을 건의하는 가운데 남녀 6세 이상이면 모두 취학 시켜야 한다고 적고 있다. 이는 제도를 통한 여성교육과 여성의 지위향상이 부국의 지름길이라는 논리에 근거한 것으로, 이 논리는 1895년 출간된 유길준의 『서유견문』에서도 반복되고 있다. 그는 "여자를 가르치지 않는 나라는 인구가 1000만이 달해도 실상 500만의 수에 불과하다"고 주장했다(이화여자대학교, 1994:30에서 재인용). 이러한 주장은 1870년부터 시작하여 아시아 전역에 파송되었던 여선교사들이 즐겨 사용하던 다음과 같은 문구들과 상통하는 주장이다. 아시아의 첫 여선교사였던 인도주재 선교사 이사벨라 토번(Isabella Thoburn, 1840~1901)은 한 연설에서 다음과 같이 말했다고 한다. "어느 민족의 수준도 그들이 높이는 여성의 지위 이상으로 발전하지 못한다(James Thoburn, 1903:78; Singh, 2000:249에서 재인용)." 조선에 왔던 여선교사 룰루 프라이(Lulu Frey)도 "국가는 그 어머니들의 수준을 앞지를 수 없다(1910)"는 표현을 사용하고 있다.

이러한 주장은 조선 여성들의 페미니스트 의식 발달과정을 일직선적으로 상승·발전하는 민족의식 내에서 이해하고자 하는 강박적 역사해석이 낳고 있는 역효과를 지적하기 위한 것이다. 이러한 해석방식은 오랜 기간 한국사회에 영향을 미쳤던 19세기 서구의 모성적 페미니즘에 기반한 여성교육 사상을 전파한 서구 선교사 공동체와 조선 여성들의 상호 교류의 역사를 간과하거나 과소평가함으로써, 그들의 사상을 접하면서 조선 여성들이 발전시켜 온 페미니스트 의식에 관한 접근을 방해하고 부정하는 역효과를 낳고 있다.

물론 이러한 민족중심적 역사 쓰기에는 그만한 이유가 있는 것은 사실이다. 한국의 역사를 서구에 비해 수 백 년이 낙후된 열등한 것으로 차별화하는 데서 출발하는 서구중심의 역사 서술 또한 조선 여성들의 페미니스트 의식 발전에 대한 공로를 전적으로 여선교사의 영향으로 보고 싶어하는 경향을 띠고 있기 때문이다. 예를 들어 한국의 개신교 선교의 역사를 연구한 마타 헌틀리(Martha Huntley)는 책의 서두에서 한국의 19세기를 유럽의 14세기와 같이 "인류를 위해 나쁜 시간"이었다고 적고 있다. 그 이유는 양대의 시간대가 모두 과거의 에너지가 고갈되고, 수세기 동안 그 사회를 지탱해주던 철학의 상당부분이 낡아버렸으며, 전통적 종교들은 새로운 위기에 부적절하다는 것이 입증되고 있었기 때문이라는 것이다. 기근과 부패, 농민반란, 박해, 전염병이 빈발한 것도 유사한 점으로 꼽힌다 (Huntley, 1984:1). 이러한 비교와 함께 그녀가 조선의 교육선교 사업에 대해서 내린 결론은 다음과 같다;

"미션계 학교들은 소녀들과 여성들을 위한 교육을 개척하였으며, 그들을 수세기 동안의 격리와 지적 노예상태로부터 해방 시켰다. 선교사들은 기독교적 이상과 가치관을 모든 학생들에게는 아니더라도 몇몇 학생들에게 심어주고, 활기찬 젊은 한국 교회의 지도자들을 훈련시켜 냄으로써 그들의 초기 목적을 성취하였다(96)."

선교사업의 초기 목적 성취에 초점을 둔 헌틀리의 이러한 결론은 조선의 여성을 노예상태에서 해방시킨 선교사들의 행위성에 방점이 있는 것으로, 백인중심주의, 서구문명의 우월성에 대한 맹신을 담고 있다고 볼 수 있을 것이다. 그러나 이러한 지적이 당시 조선의 페미니스트 의식 발전을 촉발시켰던 모든 공로를 한 개화파 남성지식인에게 돌리는 것을 정당화할 수는 없다고 본다. 그리고 선교사들의 기독교 복음주의의 영향과 개화파 지식인의 계몽사상의 영향에 대한 논공서열은 그러한 사상을 받아들여 독자적으로 페미니스트 의식을 형성해 간 조선 여성들의 행위성을 중심에 두고 볼 때 생산적인 것이 될 수 없다. 조선 여성들의 페미니스트 의식 발달 과정에서 중요한 것은 누가 더 많은 공로를 세웠느냐에 있는 것이 아니라, 조선 여성들이 이러한 계몽활동을 통해 어떻게 독자적인 페미니스트 의식을 발전시켜 갔느냐에 있기 때문이다.

본 논의는 미션계 여학교라는 공간이 조선 여성들의 비약적 페미니스트 의식 발전을 위한 중요한 발판이 되었다는 점을 주장한다는 점에서 앞에서 인용한 헌틀리의 진술에 일부 동의하는 입장에 있다. 그러나 조선 여성들의 해방이 선교사들의 기독교적 이상과 가치관에 의한 일방적 영향관계에 의해서 성취된 것이 아니라고 보는 점에서 견해를 달리 한다. 또한 선교사들의 기독교적 이상과 가치관보다는 그것을 전달했던 여선교사들의 페미니스트 의식에 초점을 둔다는 것도 그녀와 입장을 달리하는 부분이다.

3. 페미니즘과 제국주의의 관계

여선교사와 조선의 여학생들은 일본의 제국주의에 의해 식민화된 공간 속에서 각자가 처한 제국주의적 가부장제, 식민지적 가부장제 하에 놓여 있었다. 이들은 모성적 제국주의 명분 하에 새롭게 열린 기독교 여성교육의 공간에서 만나 자신들의 위치를 새롭게 자리매김 할 수 있는 기회를 갖게 되었으며, 식민주의, 교회, 민족 내부에 구성된 가부장제에 대응하면서 새로운 페미니스트 의식을 구성해 갔다. 여기서 초점이 되는 것은 여선교사들의 페미니즘과 제국주의를 어떻게 볼 것인가 하는 문제이다.

제국주의는 근대적 형태의 경제적 지배를 포함하여, 국가 간의 지배와 종속의 관계를 의미하는 개념이다. 식민주의는 제국주의의 특정한 역사적 형태로서 직접적인 군사적, 경제적, 정치적 통제를 포함한다(Magdoff, 1978:117, 139). 1980년대까지만 해도 제국주의에 대한 연구들은 지배와 통제, 불평등한 권력구조 등의 필수적 요소들을 강조하여 그 남성적 특성을 강조해 왔다. 정치적, 경제적 권력과 지배의 관점에서 표현되는 식민지적 경험 자체가 역사 연구의 주요 초점이었다. 대부분의 연구들은 식민지가 '백인여성들을 위한 공간'이 아니었다는 제국주의자들의 일반적 신념을 강화시켜 주었다. 그리고 식민주의의 남성적 속성을 의식적, 무의식적으로 받아들이면서 서구여성들을 단순히 배제하거나 주변화시켰다. 그리고 식민지에서 서구 여성들이 취했던 역할을 언급하는 일부 학자들의 경우, 백인여성들의 인종주의적 태도와 식민지의 여성들에 비해 사치스러운 생활스타일 만을 강조하는 경향을 보여주었다. 그러나 그들은 식민지 역사에서 서구 여성들이 해온 역할의 복잡성을 분석하지는 않았던 것이다(Chaudhuri, Nupur & Margaret Strobel ed., 1992:3).

앞서 언급한 헌터(1984)의 연구도 여선교사들의 문화적 제국주의자로서의 면모를 강조한다는 점에서 이러한 범주에 속하는 것이다. 그녀에 따르면 기독교 여성교육 분야의 여선교사들이 가졌던 페미니스트 의식은 자신의 삶보다는 타인의 삶을 규정하는 과정에서 표면화되었던 것으로, 선교 초기 미국출신 여선교사들의 중국 여성들을 위한 인권옹호 행위는 전술적인(tactical) 것이었다 (Hunter, 1984: 174~7). '전술적'이라는 용어는 단신의 여선교사들이 아시아의 선교지를 찾았던 주 목적이 페미니스트 의식의 구현에 있었던 것이 아니라 하느님과 한국의 기독교 공동체에 봉사할 수 있는 한국 여성들을 교회로 불러모으기 위한 것이었다는 점을 강조하고, 자신들의 권력을 강화시키거나 한국 여성들의 지위를 높이고자 의식적인 노력을 기울인 것이 아니었다는 점을 주장하기 위해 채택한 것 같다.

그러나 이러한 언술은 자칫 이들에게 페미니스트 의식이 본래 있었는지, 없었는지를 추궁하는 심문으로 빠져드는 것을 경계해야 할 것이다. 자신과 세계를 생각하고 느끼는 주체로서의 자각 혹은 그러한 주체로의 의지에 기초한 "페미니스트 의식은 사상, 가치, 제도, 자원 모두가 가부장제의 헤게모니 하에 있는 상황에서 수많은 시련과 투쟁을 겪으며 구성되는 것(Lerner, 1993:14)"으로, 근대의식이 부상하는 각 역사의 장에서 나름대로의 궤적을 그리며 형성되고 있었다. 여선교사들의 개신교 선교활동에서 연구자가 초점을 맞췄던 문제는 이들이 식민지적 맥락에서 여성 주체로서 어떻게 자신의 위치를 자리매김 하고 교섭해 갔는지에 대한 것이다.

이러한 문제의식을 추구할 수 있는 실마리는 90년대 들어 인종, 젠더, 제국주의에 관한 연구들이 활발해지면서 전개된 가부장적 젠더권력과 제국주의가 상호 교차하는 다양하고 다중적인 지점들에 대한 광범위한 여성사적 토론에서 찾을 수 있다(Chaudhuri, Nupur & Margaret Strobel ed., 1992 참조). 특히 여선교사들의 선교사업은 인종, 젠더, 권력, 자아정체성, 능력감각의 고양(empowerment) 등의 이슈 등과 관련되어 90년대 여성사가들의 주목을 받고 있는 연구 주제이다.

여선교사들의 페미니즘을 선교전략을 위한 전술로만 보고자 하는 관점에 대한 본고의 문제제기는 바로 이러한 연구들의 통찰에 근거한다. 식민지의 백인여성에 대한 많은 기존의 연구들이 지적하는 것은, 제국의 어머니로서 낙후된 '이방'의 여성을 돌보고자 했던 여선교사들은 해외 선교지에서 거둔 기대 이상의 성취감에 의해 제국이 갖는 가부장적 위계질서를 문제삼지 않는 맹점을 드러냈다는 것이다. 그러나 실제로 여선교사들의 정체성은 일본의 제국주의적 지배 하에 흡수되어 간 식민지 조선으로 옮겨오면서 많은 부분 재구성된 것으로, 식민지 후기로 가면서 점차 발전사업을 위한 촉매자의 모습을 띠어 가는 모습을 보여주기도 했다.

이는 여선교사들을 가부장적 제국주의 구조의 피해자인 동시에 행위주체였다는 역설로서 밖에는 설명할 수 없는 현상이다. 통일성, 일관성보다 불연속성을 특징으로 하는 여성 정체성은 1990년대 페미니즘과 여성사 연구에서 주요 핵심이 되고 있는 이슈이다. 베네트(Judith M. Bennett)는 "페미니즘과 역사(Feminism and History)"라는 글에서 희생자 여성과 행위주체 여성을 별개의 것으로 보지 말 것을 제안하였

다. 그녀에 따르면, 양 개념의 한쪽 면만을 강조할 경우 불균형한 역사를 만들게 된다는 것이다;

> "여성들은 단순히 가부장제의 수동적 희생자가 아니었다. 그들은 가부장제와 공모하기도 하고, 그 토대를 침식하기도 하고, 때로는 그 속에서 목숨을 부지하기도 했다. 그러나 어떠한 여성들도 자유로운 행위책임자는 아니었다. 그들은 언제나 남성들과(그리고 실제로 다른 여성들과도) 동등한 결속에 대한 이데올로기적, 제도적, 실천적 장벽들을 직면해 왔다. 여성들은 단순한 희생자로서만이 아니라 행위자로서 가부장제에 대한 역사연구에서 큰 역할을 담당하고 있다. 여성들의 지지는 가부장제의 지속과정에서 언제나 중요한 것이었다; 따라서 우리들은 자신들의 억압에 공모했던 여성들의 동기를 검토하고 이해해야 한다(Judith,1989:262~3)."

여선교사들이 선교공동체의 가부장적 권력구조와 제국주의에 대해 어떻게 공모하고 저항했는지를 주제로 다룬 시론적 연구들을 보면 식민지의 백인 여성들이 성별, 인종, 계급의 관계에 대처하는 양식은 매우 다양할 수 있음을 보여주고 있다(Chaudhuri, Nupur & Margaret Strobel ed., 1992). 서구의 문명을 전적으로 부정하고 식민지의 문화를 전적으로 옹호하고 지지하는 여성, 자신의 페미니스트적 원칙을 희생하면서 원주민들의 민족주의를 지지하는 여성, 인종과 문화의 위계 속에서 식민지의 문화가 갖는 젠더위계 질서의 문제를 제기하는 여성, 식민지 문화의 열등성을 인정하면서도 인종차별주의에 대해서는 반대하는 여성, 인종적, 문화적 차별의식은 초월하였지만 계급적 위계의식은 지지하는 여성 등 여성들의 대응 양식에는 다양한 차이들이 존재했다.

이러한 연구들은 지금까지 우리 사회가 지녀왔던 여선교사들에 대한 편견, 즉 한국의 근대사 과정에서 '현모양처 이데올로기를 심어준 교육의 장본인들'에 대한 고정관념을 반성하게 만든다. '현모양처' 이미지를 만들어 낸 가정성(domesticity) 이념의 제약 내에서 이들이 벌여온 페미니스트적 교섭(negotiation)이 무엇이었으며 어떠하였는지를 밝혀내는 것이 초기 조선 여성들의 저항을 이해하는 데 더욱 중요할 수도 있는 것이다. 가정성을 정치화시켜 공적 영역 내에 여성의 영역을 창조해 넘으로써 페미니스트 의식을 진전시켰던 미국 19세기 초반의 문화적 경험이 19세기 말부터 시작된 조선주재 여선교사들의 기독교 여성교육을 위한 실천 속에서 재현되는 현상과, 이것이 시간과 공간이 다른 권력의 장에서 전개되면서 어떻게 다른 효과를 낼 수 있었는지는 이미 우리가 알고 있는 문제가 아니라 우리가 새롭게 풀어보아야 할 화두인 것이다.

이러한 화두를 풀기 위해서는 제국주의 구조 속에서 지배자 집단에 속했던 여성들의 해방된 삶을 강조하거나, 피해자 집단에 속했던 여성들의 억압된 삶을 강조하는 담론들과 거리를 두지 않을 수 없다. 전자의 논의는 서구에서 온 여선교사들을 '이미 해방된 자'로 조선 여성들을 '전통 속에 억압되어 있는 자'로만 오해할 여지를 주며, 후자의 논의는 조선 여성들의 '말하고 생각하는 주체'로서의 자격을 박탈한 채이미 '민족 안에서 해방된 자'로 간주하여 페미니스트 의식의 발전을 억제하는 부정적 힘을 발휘하고 있기 때문이다. 여선교사들과 조선 여성들의 페미니스트 의식 형성과정에 대한 이해에서 중요한 것은 '구조로부터 전적으로 자유로운 개인'이 아니라 지배구조의 구속력 하에 있지만 부단히 변화를 시도하는 여성들의 이야기이다. 이는 이들이 사회·문화적으로 생산된 존재일 뿐만 아니라 자신의 정체성과 자신을 둘러싼 환경에 대해 반성하여 자신을 변혁시킬 수 있는 가능성을 지닌 존재였다는 이해에 입각한 것이다.

'역사는 살아있다'고 한다. 매우 단순해 보이는 이 명제도 실제 연구에 들어가면 종종 상반된 상으로 나타난다. 그것은 살아 있는 역사를 논리화·정식화하는 과정에서, 수단인 논리와 정식화된 이념에 역사가 소외되는 과정이다. 페미니스트 의식의 형성에 초점을 맞출 때에도, 외부의 힘에 의해 일방적으로 세뇌된 것으로 보든, 외적 영향과는 무관하게 내부자가 독자적으로 만든 것으로 보든 역사는 기계주의적 논리 속으로 함몰되어 간다.

살아 있는 모든 것은 환경과 상호 작용을 하면서 자신을 변화시키고, 환경에도 영향을 주게 되어 있다. 서구의 근대화 과정도 유럽 내부적 요인만으로는 설명할 수 없는 것과 마찬가지로, 여타 지역의 근대화도 외부 요인만으로 설명할 수 없다. 외적 영향을 내면화하는 과정에서 전통이 개입하고, 당시 문화가 개입하고, 자신을 살리고 발전시키려는 내부자들의 의도가 꿈틀거린다. 그리하여 외적 요인은 내부의 연속성과 만나면서 재창조된다. 이 과정에서 외부 요인을 갖고 들어온 사람들조차도 변형, 재창조되는 것이 살아 있는 역사의 일반적 과정이다.

내적 요인만을 강조함으로써 자존심의 일단을 세울 수는 있을지 모르나, 세계로 개방된 환경을 소화해 들이고, 그 과정에서 자신을 다시 창조해간 조선의 생생한 역동은 잊혀 진다. 외적 요인만을 강조함으로써 제국주의를 비판하는 데 유용할 수는 있으나, 외부의 요인이 내부의 생명력으로 전환되어 변화된 환경에 적절한 힘을 확장시킬 수도 있다는 데 대해서는 눈을 감게 된다.

페미니즘의 경우도 마찬가지다. 페미니즘은 20세기 후반 한국에 갑자기 외삽된 것이 아니다. 혹 외삽되었다 해도 그러한 페미니즘을 받아들일 만한 내부 환경이 성숙되어 있지 않다면 소화될 수가 없다. 그런 점에서 페미니즘도 환경과의 상호 작용 속에서 씨앗이 트고 성장해 가는 생명체이다.

나무가 스스로 컸다고 말하는 것도, 공기와 물이 나무를 키웠다고 말하는 것도 나무의 생명과정을 충분히 설명할 수 없다는 단순한 사실을 본 논의는 재확인하려고 한다. 이는 본 논의의 한 눈이 한국의 여성사를 보는 시선이다.

다른 하나는 나무가 씨앗을 기억하는 시선이다. 성숙한 나무가 씨앗을 부정하는 것은 현재의 자신을 부정하는 일이다. 그런 자기 부정에서 벗어나 더욱 성장하기 위해, 나무는 과거와 화해하려 한다. 땅의 온도와 습기와 바람의 때를 맞추기 위한 씨앗의 인내, 딱딱한 땅을 올라와 경쟁적인 이웃의 큰 나무 속에서 햇볕을 흡인하려고 애를 쓴 떡잎의 몸부림을 기억함으로써 현재의 우리를 키우려는 것이다.

제3장

초기 페미니즘의 산파, 조선파견 여선교사들

제 1 절 여선교사의 역사적 배경

1. 미국 정부와 해외선교사업

미국의 해외선교사업은 1812년 미국해외선교회(American Board of Commissioners for Foreign Missions, ABCFM)가 인도에 파견한 선교사들로부터 시작되어 19세기 중반부터 쇠퇴하다가 1880년대 말부터 다시 극적인 상승세로 돌아섰다. 류대영에 따르면 이러한 해외선교에 대한 관심과 지원이 1880년대 말 급증한 현상에 대한 요인은 크게 세 가지이다. 첫째 1880년 북미 대륙이 완전히 정복되어 개척지가 사라지면서 미국인들로 하여금 해외의 개척지에 눈을 돌려 진출을 도모하게 만든 개척지에 대한 정복 욕구, 다른 말로 하면 제국주의적 욕망이다. 둘째는 1870년대부터 등장하기 시작하여 19세기말부터 20세기 초를 풍미한 '전천년주의자'(premillennialist)들의 종말론적 위기감이다. 마지막은 뉴잉글랜드 청교도들이 가졌던 '광야' 즉 원주민 세계에 대한 종교적·문화적 사명감이다(2001; 36~40).

　조선에 해외 선교사들이 들어오는 시기는 이러한 미국의 선교역사와 맞물리는 시기였다. 1876년 2월에 동양 3국 가운데서는 가장 늦게 그것도 이웃 나라인 일본에 의해 개항을 한 조선은 1882년 미국과 조미수호통상조약을 체결하고 이후 서양 각국들과도 외교 관계를 수립하여 자본주의 세계질서에 편입되었다. 이와 함께 조선의 서구문물과 문명에 대한 긍정적 관심이 생겨나면서 미국의 선교사들이 들어오기 시작하였다.

　이 기간 동안 미국의 선교사들이 채택한 선교전략은 19세기 내내 조선에서 박해를 당했던 프랑스 신부들과는 달리, 군사력보다는 교육, 의료기술 등 자신들의 문화가 갖는 광범위한 호소력에 의존하는 것이었다. 이는 기독교 사회 내부의 역사과정에서 나온 것이지만 당시 미국 정부의 이해관심과 맞아 떨어졌기 때문에 정치적으로도 상당한 지지를 얻고 있었던 선교전략이었다. 제인 헌터(Hunter, 1984)에 따르면, 당시 미국정부는 중국이나 일본을 정치적인 식민지로 만드는 데 드는 비용을 감당하느니, 선교 조직을 지원함으로써 미국문화의 영향력을 높이는 부분적 제국주의화 전략을 선택하였다. 당시 미국정부의 주요 목표는 중국에 대한 일본의 증대되는 영향력을 견제하고 일본의 통제 하에 아시아가 통일되는 것을 효과적으로 막는 것이었다.

　미국의 루즈벨트 대통령은 1908년 *The Outlook*이라는 글에서 중국주재 선교사들을 향해 이렇게 말했다. "이제 서구는 자신의 이상을 동양에 심을 때이다. 이는 두 개의 근본적으로 다르고 적대적인 문명이 충돌할 가공할 미래를 최소화하는 방식으로 수행되어야 한다. 만일 우리

가 이를 내일로 미룬다면 너무 늦게 될 지도 모른다." 이를 막는 방법
은 "삶을 교화하는 것이고 삶의 방향을 제시하는 것이다." 루즈벨트는
1890년대 자신이 가졌던 정치적 제국에 대한 꿈을 접고 문화적 제국이
라는 보다 성숙하고 고양된 개념을 들고 나온 것이다. 그의 선교에 대
한 찬사는 이러한 새로운 캠페인과 관련된 선교사들의 유용성을 높이
평가한 것이었다(Hunter, 1984:8). 이 밖에도 당시 미국의 많은 정치 지
도자들이 세계의 문화변혁을 위한 국가적 · 선교적 이해관심의 일치를
주장하고 나섰다.

미국 정부의 기독교 선교활동에 대한 이와 같은 태도는 청일전쟁이
일어날 무렵까지 조선에 대한 선교활동에도 똑같이 적용되었던 것 같
다. 이 무렵 미국정부가 조선의 피해를 염려하여 도쿄 주재 미국공사
에게 보낸 다음과 같은 전문은 당시 미국의 중국 · 일본 · 조선에 대한
입장을 짐작할 수 있게 한다.

> "당신의 지난 5일자 암호 전보는 받았습니다. 미국 정부는 한국에
> 서 폭동이 진압되었고 평화가 정착되었는데도 불구하고 일본이 군대
> 를 철수하기를 거부하고 한국 내각에 급진적인 변혁을 요구한다는 소
> 식을 매우 유감스럽게 듣고 있습니다. 이 요구는 중국이 일본군과 중
> 국군을 동시에 철수하고자 하는 사실에 비추어 볼 때 더욱 주목됩니
> 다. 일본과 한국 두 나라 모두에 신실한 우호를 가지고 있는 미국은
> 한국의 독립과 주권이 존중되어 지기를 간절히 바랍니다.
>   당신은 도쿄 정부에 미국 대통령(G. Cleveland)은 일본이 약하고 방
> 위력이 없는 이웃에게 불의한 전쟁의 공포를 가져다 준다면 매우 실
> 망할 것이라고 말할 것을 지시합니다(Gresham, telegram to Dun,
> 1894.7.8)."

한편 19세기 말 미국의 선교사회는 초기 중국이나 인도에서와 같은

전도 위주의 선교전략에서 벗어나서 교육, 의료, 복지 활동 등을 포괄하는 확장된 사업틀을 갖고 있었다. 해외선교활동의 역사로 보면 전도활동을 통한 개종을 고집하는 선교전략 만으로는 하위 카스트나 신분의 빈곤층 신도들만을 확보할 수 있을 뿐 동양사회 전반으로 기독교를 확산시키는 데는 한계가 있다는 판단이 분명해졌기 때문이다. 그리고 미국 내부의 역사로 보면, 1880년대와 90년대 미국 도시의 이민자 집단에서 생겨난 복음주의의 도전을 통해 모든 남녀의 교육과 고용, 보건, 생활환경에 대한 요구를 해결하는 것이 진정한 기독교인의 책임이라는 사회적 복음이 확산되어 있었다는 점을 들 수 있다.

이는 조선에 입국한 초기 선교사들이 처음 몇 년 동안 미국의 문명을 전파하는 교사나 의사로서 간접적인 선교활동만을 허용하는 조건에서도 입국을 결심할 수 있었던 배경인 것이다. 이로써 미국의 선교사들은 서양 의학과 서구적인 신교육, 청년운동과 여성운동, 서양음악과 스포츠에서부터 과수원 재배법에 이르기까지 새로운 지식과 서양의 문물을 한국에 도입하였다. 그리고 교회는 그 통로로서 역할을 하게 된 것이다(김영재, 1997:10~11).

초기 개신교 선교사들은 교단마다 약간의 차이는 있었지만 처음부터 학교 교육사업을 중시하는 전략을 전개하였다. 이것은 19세기 초·중반 중국이나 인도의 선교사들이 교육을 설교보다 뒷전으로 생각했던 것과는 사뭇 다른 태도였다. 그리고 미국의 선교사들은 처음부터 한국어에 능통한 조선인의 도움을 전도사업에 적극적으로 활용하였다. 조선의 "선교사들은 교육, 조선인들은 설교"라는 원칙을 준수하여 조선에서의 교육사업 확산을 꾀하였다.

20세기 초 사회적 복음에 대한 관심이 확대되면서, 선교사들의 서구

기독교 문화의 도덕적 우월성이 갖는 이상과 현실에 대한 문제의식 또한 깊어져 갔다. 많은 미국의 교회 지도자들이 하느님 나라가 실현되는 과정에 있는 문명과 미완성의 상태에 있는 문명과는 구분되어야 한다는 입장을 취하고 있었다. 스페인-미국전쟁 이후 미국이 보여준 팽창주의에 대해 무관심할 수 없었던 월터 라우셴부쉬(Walter Rauschenbusch)는 1907년 *Christianity and the Social Crisis* 라는 저서에서 다음과 같이 주장하였다. "우리가 허용하는 사회적 악은 해외에서 전하는 우리들의 복음에 위배되며 국내의 선교에 대한 열정을 쇠퇴시키는 것이다(318~9; Hutchinson, 1974:121에서 재인용)." 이는 조선의 식민지화 과정에서 일단의 조선주재 선교사들이 보여준 일본의 조선침략과 이에 대한 미국정부의 묵인에 대한 비판과 저항의 근거였다(김승태, 1997 참조). 이는 조선주재 선교사들이 청일전쟁 이후 얻게 된 조선인들과의 신뢰관계를 지속시키기 위해서도 꼭 필요한 일이었다.

그러나 미국과의 외교관계가 단절되고 일본정부의 식민지 지배 체제로 진입하기 시작한 조선에서 선교사들이 표출하는 정치윤리에 대한 발언에는 한계가 있었다. 중국의 경우 중국정부와 우호적 관계를 갖기를 원했던 미국정부는 중국인에 대한 윤리적 관계를 주장하는 선교사들을 지지하는 쪽이 국익에 유리하다고 판단했던 것 같다(Hunter, 1984:10 참조). 그러나 조선의 경우 조선 주재 선교사들의 정치적 입장 표방은 조선인들의 일본에 대한 저항을 강화시킬 수 있는 힘이었으며, 이는 일본과 미국정부 모두가 원치 않는 사태였다. 청일전쟁 이후 일본정부는 갑신정변 이후 일제의 노력으로 조선에서의 선교활동이 거점을 확보할 수 있었다는 점을 내세워 선교활동을 보장하는 대신 조선에 대한 내정 불간섭을 요구하였다(조영열, 1987: 302~3). 이에 대해 미국정부 또한 조선 내정에 대한 선교사들의 개입을 극구 만류하였다. 미국정부의 입장은 다음과 같았다.

> "모국을 떠나 타국에 머무는 미국 시민들의 올바른 길은 외지에 머무는 동안 선교사업이나 교육사업이거나 환자를 돌보는 일이나 어떤 다른 직업이나 사업에 있어서 합법적인 일에만 종사함으로써 본국정부에 충성하는 것이요, 또한 외지에서 지속적이고 유효한 보호를 받을 수 있다 (주한 미국영사관 거주지 총영사 John M. B. Sill의 조선 주재 선교사들에 대한 공문, 1897.5.11, 김승태, 1997:71에서 재인용)."

이러한 일본의 조선 식민지화 정책과 미국정부의 이해 관계가 조선 주재 선교사들의 자유로운 복음전파를 한정 짓게 된 상황에서, 선교사들이 지키고자 한 것은 조선이라는 선교지와 선교사업을 계속할 수 있는 합법적 지위였다(조영열, 1987; 김승태, 1997 참조). 당시 미국선교 본부의 방침에 나타난 입장은 '정교분리'와 '내정불간섭'을 기조로 한 것이었다. 이러한 선교사들의 방침은 일제의 불법적인 한국의 국권 침탈 후에도 고수되었다. 이는 조선기독교인들의 민족주의 의식 성장을 저해한 요인으로서 국내 지식인들의 많은 비판을 받고 있는 대목이다. 그러나 당시 조선주재 선교사들은 자신들의 선택이 초래할 이러한 효과에 대해 맹목이었다.

이들에게 식민지 조선에서의 선교는 어떠한 어려움에 처해서도 선교사명을 포기하지 않겠다고 하는 선교사들의 의지가 미국인들의 '순수한' 동기에서 출발한다는 것을 입증할 수 있는 좋은 예증이었다. 특히 전통적으로 정치로부터 분리되어 있었던 여선교사들은 그 중에서도 고도의 민족적 이타심을 대표했다. 여선교사들은 그들의 의도가 명예로운 것이었다는 것을 보장해주는 상징이었다.

2. 여선교사의 등장 배경

개신교 선교사업에서 조선 여성을 위한 여성교육이 처음부터 남성
들을 위한 교육, 의료, 전도, 사회사업 등 여타 선교사업과 동시에 진
행될 수 있었던 것은 괄목할 만한 일이다. 그러나 초기 전문직 여선교
사의 내한 경위에 대한 역사를 살펴보면, 조선에 대한 선교사 파송을
요청한 일본이나 중국의 선교사 쪽에서 여선교사를 특별히 언급한 바
가 없다는 사실을 알 수 있다. 미국과의 조약이 체결되면서 조선에 대
한 선교사 파송 요청을 내었던 일본의 장로교 선교사 죠지 녹스(George
W. Knox)는 1883년 미국의 선교부에 보낸 편지에서 두 명의 목사와 한
명의 의사, 즉 세 명의 남성을 파송해 달라고 요청하였다.   1884년 길
버트 레이드(Gilbert Reid)의 편지에서도 교사와 의사자격이 있는 두 명
의 남성을 보내달라고 요청하고 있다. 그들의 영문편지에서 'men'으로
표기한 것을 단순히 남성이라고 읽는 것은 당시의 언어용법에 비추어
볼 때 지나친 편견일까?

여하튼 1883년 9월 미국 오하이오주 레베나 시의 북감리교 여선교
회 지방선교회에 참석했던 볼드윈 부인(Mrs. L. B. Baldwin)이 이름도 없
이 목소리도 없이 집안에서 가사일과 임신, 출산, 육아 일에 얽매어 사
는 조선의 여성들을 처음으로 '이름조차 갖지 못한 소녀와 여성'으로
집단화 시켜 명명하고 이들을 위한 선교사업을 위해 헌금을 내기 전까
지 조선에 대한 전문직 여선교사 파견은 고려된 것 같지 않다.[1]

---

1) Mrs. Baldwin에 대한 기록은 Scranton(1896), "Women's Work in Korea", *The Korean Repository*. III−1.에 나와 있는 기록이 전부이다.

남선교사들이 남선교사들의 파견을 요청하고, 미국의 한 여성이 개인적 헌금을 통해 전문직 여선교사의 파견을 지지하는 이 두 가지의 이야기는 어떠한 맥락 속에 있는 것일까? 남선교사와 여선교사의 관계는 어떤 것일까? 여기서 남선교사들이 '남성'만을 요청했다는 사실보다 더욱 낯설게 들리는 이야기는 19세기 말에 '조선의 여성들'을 언급하고 '(미국) 여성'의 파견을 요청하는 여성들이 있었다는 이야기이다. 남선교사가 해외선교를 위해 아내를 동반하고, 그 아내가 선교지에서 남편을 돕는 일을 하는 정도라면 굳이 여선교사를 따로 언급할 필요가 없지 않은가? 그러나 아시아에 왔던 여선교사들의 이야기를 조금만 깊이 들어가 보면 선교사의 아내가 아닌 수많은 단신의 전문직 여선교사의 존재가 참으로 낯설게 드러난다.

　　전문직 여선교사라는 직분은 서구 선교사들이 인도, 중국 등지에서 선교사업을 펼치는 과정에서 창출된 것이다. 동양의 성별문화가 갖는 금기에 의해 인구의 절반을 차지하는 여성들이 교회에 참석하여 남선교사가 전하는 설교를 들을 수 없는 현실이 분리된 '여성의 일' 영역을 불가피하게 만들었던 것이다. 기독교가 아시아에 뿌리를 내리려면 기독교 가정이 생겨나야 한다고 믿었던 선교사들은 교인의 아내와 어머니인 여성들에 대한 복음전파의 중요성을 누구보다도 시급하게 생각하고 있었기 때문이다.

　　따라서 이들은 이러한 필요에 의해 조직된 자율적 의사결정구조를 갖는 여선교회와 전문직 여선교사들의 존재를 잘 알고 있었다. 당시 미국의 전문직 여선교사들은 남선교사들의 사업지원을 중심으로 하는 선교부와 분리된 자율적 조직구조를 확립하고 그들과 대등한 관계는 아니었지만 일종의 협력관계를 맺고 있었던 여선교회 소속이었으며,

해외의 이방종교를 믿는 '여성들을 위한 일'을 전담하고 있었던 것이다.

그러나 전문직 여선교사는 미국의 해외선교 초기부터 존재했던 직분은 아니었다. 아시아의 선교역사를 보면 전문직 여선교사들의 등장 이전에 오랜 기간 동안 주부선교사들이 '여성의 일'에 대한 책임을 지고 있었다는 사실을 알 수 있다. "여성은 남성을 위해 창조된 존재로서, 남성들은 여성의 조력 없이는 한 곳에 오래 머물 수 없는 것이 일반적"이라고 믿고 있었던 미국의 선교부는, 남선교사들은 같은 생각을 가진 여성과 결혼하는 것이 불가피한 의무라는 점을 강조하였다.

예를 들어 조선에 독신으로 온 최초의 장로교 선교사 언더우드[2]를 만난 후 일본 미국성서회의 헨리 루미스(Henry Loomis)는 1884년 12월 미국의 장로회에 다음과 같은 글을 보냈다. "나는 언더우드 목사를 여기서 만나게 되어 기쁩니다. 그는 그 선교지(조선)에 적합한 사람 같습니다. 그러나 그는 아내를 데려와야 했습니다." 호레이스 알렌(Horace Allen, 생몰연도: 1858~1932, 선교봉사기간: 1884~1905)도 이에 동의했다. 그는 어느 날 언더우드에게 보낸 편지에 이렇게 썼다. "일본에서 기다리는 동안 혼인해서 조선으로 들어갈 수 있다면 최선의 기다림이 될 것입니다 (Underwood letter to Ellinwood, Yokohama, Feb. 18, 1885. Huntley, 1984; 20에서 재인용)."

문제는 주부선교사들이 '여성의 일'을 전담하기에는 선교사 가정의 아내와 어머니로서 맡은 책임이 너무 무거웠다는 것이다. 오랜 동안 이들이 개척해 온 '여성교육'은 주부이자 남편을 보조하는 선교사인 이 여성들이 "많은 영향력을 행사할 수 있는 영역"이지만 "자신이 마

---

2) Horace G. Underwood, 생몰연도: 1859~1916, 선교봉사기간.

땅히 있어야 할 영역의 중심인 가정"을 챙기고 나서야 지속할 수 있는 일이었다. 이러한 현실은 선교사업의 발전을 위해 선교일과 가정에 대한 이중의 책임부담 없이 '여성의 일'을 전담할 수 있는 단신의 전문직 여성집단을 생산하는 배경이 된 것이다.

그러나 전문직 여선교사들의 등장은 단지 필요에 의해 창출된 것은 아니었다. 미국의 남북전쟁 이전까지 단신 여선교사들의 봉사는 부적절하다는 것이 일반적인 여론이었다. 그럼에도 불구하고 1860년 이전 미국의 해외 선교지에는 10여명의 단신 여성들이 봉사활동을 개척하고 있었다. 1840년대 실론의 엘라이자 에뉴(Eliza Agnew)[3]나 페르시아의 피델리아 피스크(Fidelia Fiske)[4]같은 여성들은 친척이나 선교사 부부들과의 개인적 관계를 이용하여 교육과 전도사업을 개척하였다. 이와 같은 여성의 등장 배경에는 미국 여성들의 남북전쟁 경험과 여성고등교육 경험이 자리하고 있다.

우선 남북전쟁 동안 미국의 여성들은 열정적인 동정심과 애국심으로 군인들을 지원하기 위한 원조물자를 모으고 분배하는 위대한 사업을 위해 다양한 조직경험을 하게 되면서 자신들도 몰랐던 엄청난 힘을 발견하게 된다. 따라서 미국의 남북전쟁 이후 조직되는 수많은 여선교사 협회들을 비롯한 수십 개의 여성 조직들은 결코 우연이 아니었다.

한편 여선교사 협회의 조직은 당시 여성들이 주도한 많은 조직들이

---

3) Eliza Agnew(1807~1883)는 1838년 뉴욕을 출발하여 선교일을 위하여 스리랑카에 도착하였다. 그녀는 쟈프나(Jaffna)에서 근 40년 동안 안식년 휴가도 없이 교육사업에 헌신하였다(Singh, 2000:203).
4) Fedelia Fiske는 1843년 미국 마운트 홀리요크 기숙학교의 학생이었는데, 교사로 일할 선교사를 찾는다는 소식을 듣고 페르시아로 향하였다. 네스토리우스 교파의 첫 단신 여선교사로서 그녀는 페리시아에서 15년 동안 봉사하다가, 1958년 귀국하였다(위책, 203).

그렇듯이 초기 여자대학 졸업생들의 영향력을 반영하는 것이다. 특히 복음주의에 기반했던 동부의 여자대학 마운트 홀리요크(Mount Holyoke)나 서부의 남녀공학대학 오벨린(Oberlin) 등의 영향이 컸다. 1837년 미국여자대학의 진정한 효시로 손꼽히는 마운트 홀리요크 (Mount Holyoke)를 창설한 메리 라이언(Mary Lyon)은 이 '개신교 수녀원 '에서 학생들에게 기독교 봉사정신을 일깨웠고 선교사업을 고려하도 록 가르쳤다 (Horowitz, 1993:9～27). 그녀는 자신의 성공을 개종한 여 학생들의 수로 판단할 만큼 자신의 학교를 하느님의 일을 대리하는 기 관으로 생각하였다. 이 대학은 1859년까지 60명의 해외 선교사를 배출 하였다(27). 그리고 이들 초기의 졸업생들은 대부분 선교사의 아내가 되어 선교지로 떠났다(Hunter, 1984:12).

메리 라이언은 당시 대졸 여성들의 새로운 역할 모델이었다. 전후의 새로운 문화환경에서 선교사업에 대한 야망을 가졌던 여성들은 그녀 를 본보기 삼아 예수 그리스도의 이름으로 "여성을 위한 여성의 일"을 시작하였다. 조선에서 가장 중심적으로 활약했던 감리교 해외 여선교 사회(The Woman's Foreign Missionary Society of the Methodist Episcopal Church)는 이러한 여성들의 힘으로 조직된 것으로, 조합교회 산하 여선 교부(Women's Board of Missions of the Congregational Church)에 이어 1869 년 미국에서 두 번째로 조직된 전문직 여선교사 파송 기구였다.

분명 여선교회는 여성 일꾼들에 대한 선교지의 요구를 충당하기 위 해 결성되고 있었다. 그러나 남선교사 중심의 선교본부는 여선교회의 형성과 기능을 제한하고 견제하는 주요 장애 세력이었다. 전직 선교보 조단체의 여성 간부들이었던 여선교회의 여성 지도자들은 그들의 공 포를 누그러뜨리기 위해 부단한 노력을 기울여야 했다. 대부분의 여선교회는 선교본부의 자원을 고갈시키지 않을 것이라는 것을 보증하기 위해 자신들의 사업자금은 '2차 헌금'으로만 충당한다는 원칙을 천명하였다. 따라서 여성들이 여선교회의 일을 돕기 위해서는 일반 헌금 외에 특별헌금을 더 내야 하는 상황이었음에도 불구하고, 선교본부는 여성들의 모금능력을 부러워하였다. 그들은 여성들의 모금운동을 자신들의 활동을 보조하는 기능에 한정시키고 여선교사의 선발과 지원은 여전히 선교본부의 책임 산하에 두고자 하였다.

이러한 긴장은 교단마다 여성의 일을 통제하는 방식에서 광범위한 다양성을 초래하였다. 앞서 언급한 북감리교 해외 여선교회는 그 중에서 가장 독립적으로 운영된 기구였다. 이 기구의 여성지도자들은 선교본부와의 관계에서 전통적인 보조관계가 아닌 동등한 협력관계를 원했으며, 재정관리에 대한 완전한 자율권을 보유하고 있었다. 당시 북감리교 선교본부는 여성들의 독립선언에 대한 보복으로, 여선교회가 공공 집회에서 모금하는 것을 금했으며 주일학교를 통한 선교사 모집을 금하였다는 의심을 받고 있다.

미국 북부에 비해 보수적이었던 남부의 경우, 분리된 여성의 일에 대한 반대는 북부보다 항상 거세었다. 조선에서는 1897년 활동을 시작했던 남감리교회 여선교회는 여성들을 위한 분리된 선교훈련학교를 위한 모금활동을 전개하면서 선교본부의 맹렬한 반대에 직면해야 했다. 많은 여성들이 자신들의 현상적인 성공이 선교지에서 이미 진행되고 있는 일을 그만두게 하는 결과를 초래할 까봐 노심초사해야 했다.

헌터에 따르면 1900년 미국 각 교단의 여선교회는 마흔 한 개가 존재했다. 그리고 이들 중에서 남북전쟁 이전의 보조적 위치를 넘어서서 전문직 여선교사들을 지원하기 위한 모금 이상으로 권위를 신장한 기구는 많지 않다. 그러나 선교사 선발과 정책에 대한 최종적 권위를 선교본부에 양도한 여선교회 지도자들의 경우에도 선교지의 사업에 대한 책임의식에서 이전 시대의 여성들을 능가하였다. 많은 여선교회가 선교지에 대한 미국 내의 관심을 증대시키기 위해 잡지와 뉴스를 발간하였다. 대형 조직들은 월간 잡지를 발간하였다. 1869년 감리교 여선교회가 발간한 *Heathen Woman's Friend*, 1871년 장로교 여선교회가 발간한 *Woman's Work for Woman*은 조선을 포함하여 많은 선교지의 여선교사들을 혹사하는 동시에 지원했던 이들의 선교사업의 규모를 대표하는 것이었다.

1880년대, 90년대 여선교사들이 세계 각지의 선교지에 집결하게 되면서, 일부 선교회의 관료들은 여성들의 '적절한' 위치를 재확인시키고자 하였다. 그러나 1880년대 말이 되면 미국 교회 남성 지도자들은 여성사업을 무시하거나 배제하는 대신 여성사업을 통합하되 성별 분리구조를 통해 다수 여선교사들을 통제하는 쪽으로 방향을 돌렸다. 이는 남성들의 선교에 대한 관심이 1880년대 이후 하향세로 돌아섰고, 여선교사의 다수화 현상이 두드러지게 된 역사적 배경에서 나온 정책 변화였다. 20세기 초 일반 선교회의 관심은 시들어가는 선교사업의 특권을 복원코자 하는 노력에 기울여 졌다. 그리고 각 교단의 남성 지도자들은 선교를 남성적 사명으로 만들고 싶어하였다. 당시 미국의 남성 지도자들은 일반적인 선교조직에 대한 통제력을 보유하고 있었으며 여성들은 제한적인 시민적 권리만을 행사하였다. 그럼에도 불구하고 해외선교 사업의 다수를 차지하는 것은 여선교회 소속의 여선교사들이었다. 따라서 미국의 해외선교사업은 미국의 프로테스탄티즘과 여성문화를 대표하는 것이었다고 할 수 있을 것이다.

3. 조선에 파송된 여선교사들

조선에 개신교 선교사들이 처음으로 입국하는 1885년은 조선이 새로운 미국의 문화수출 캠페인을 더 이상 외면할 수 없게 된 시점이었다. 이러한 조선 조정의 미국에 대한 개항과 수교 이후, 이 캠페인에 주역을 담당했던 것은 미선교회의 다수를 점하기 시작한 여성들이었다.

여선교사들은 선교사들의 입국 초기부터 전체 선교사의 근 60% 이상을 점하고 있었으며, 조선에 대한 미국의 영향력 확대를 위한 성전(聖戰)에서 특히 강한 설득력을 발휘하였다. 그리고 이들 여선교사들은 1885년부터 처음 10여 년에 걸쳐 조선 민들의 경계를 늦추게 하고, 미국인들이 한국인 · 한국문화에 대한 '문화 제국주의'적 편견을 벗도록 한국문화의 지킴이(cultural gatekeeper) 기능을 담당하는 데에도 한 몫을 담당하였다.

그러면 여기서 여선교사들이 조선의 선교사 공동체 내에서 어떠한 위치를 차지하고 있었으며 어떠한 사람들이었는지를 연구자가 실시한 통계조사를 중심으로 개괄해 보기로 한다.

〈표 1〉 1945년 이전 남녀 선교사들의 입국 당시의 지위　　　(단위: 명, %)

소속교단	선교사 총수₁	남선교사	여선교사₂			여선교사 비율(전체대비)	
			총수	주부₃	전문직₄		
미국 감리교회(남북)	462	166	296	111	185	— —	40%(111%)
미국 장로교회(남북)	528	294	234	95	139	— —	26%(47%)
캐나다 장로교회	82	55	27	1	26	—	32%(47%)
기타 교단들	115	106	9	1	8	— —	7%(8%)
							30%(58%)
Total	1,187(1,559)*	621	566	208	358	— —	30%(58%)

1 선교사 총수는 김승태·박혜진(1994)의 책, 4~5쪽을 참조 북미출신의 선교사들을 가려내고, 필자가 새로 얻은 30명의 여선교사 자료를 추가하여 합계한 것이다.

2 여선교사에 관한 통계는 필자가 김승태·박혜진(공편)(1994), 『내한선교사총람, 1884~1984』(서울: 한국기독교역사연구소)와 윤춘병(2001), 「한국 감리교회 외국인 선교사」, (서울: 한국 감리교회 사학회). 한국기독교장로회 총회(1998), 「한국. 카나다교회 선교협력 100주년 기념문집」, (서울: 한국기독교장로회 출판사). 이덕주(1991), 「한국 감리교 여성교회의 역사: 1897~1990」, (서울: 기독교 대한 감리회 여선교회 전국연합회). 미국장로교회(Presbyterian Church, U.S.A.)가 1984년에 내 놓은 History of the Korea Mission: Presbyterian Church, U.S.A. 1884~1934, Vol.1 등을 참조하여 작성한 것이다.

3 여기서 '주부'란 무급으로 일했던 남선교사의 부인을 칭하는 것으로, 부인선교사가 곧잘 Mrs.선교사로 불려지면서 단신의 선교사들이 Miss 선교사로 오인되는 것을 피하고자 여기서는 주부선교사라고 부르기로 한다.

4 '전문직'은 독신선교사 혹은 미쓰 선교사로 불렸던 전문직 여선교사를 말한다. 실제 전문직 여선교사들은 미혼과 사별한 여성들로 구성되어 있었기 때문에 이들을 미쓰 선교사로 부르는 것은 잘못이다. 그리고 독신 선교사 또한 오해를 부를 수 있고, '부인선교사'나 '독신선교사'라는 호칭이 이들의 직급을 나타나 주는 말이 아니기 때문에 본 논문에서는 이들의 직급별 지위를 분명히 하기 위해 무급의 주부선교사와 전문직 여선교사라 부르기로 한다.

* 괄호 속의 숫자는 영국, 호주, 스웨덴, 독일 등에서 왔던 모든 선교사들을 포함한 총계이다.

위의 <표 1>은 1885년부터 1945년까지 조선에 주재했던 북미출신 선교사들에 대한 통계이다. 본 조사에 의하면 이 기간에 조선에 주재했던 선교사 총수는 1,559명이었으며, 이중 영국, 호주, 스웨덴, 독일 등에서 왔던 선교사들을 제외한 북미 출신 선교사들의 총수는 1,187명이었다.[5] 그리고 전문직 여선교사들의 비율은 한국 선교 초기부터 이미 남선교사들보다 웃돌아서 교단마다 차이는 있었지만, 전체 전문직 선교사들 중 평균 58%를 차지했다.

그러나 이 통계가 드러내는 여선교사들에 대한 진술은 해명보다는

---

5) 이 통계조사에서 연구 범위를 북미선교사로 한정하게 된 것은 여타 지역의 여선교사들에 대한 연구자료들을 구할 수 없었기 때문이다.

많은 문제들을 던져 주고 있다. 우선 위 통계에서 주부, 전문직 여선교사의 구분문제부터 살펴보기로 한다. 해당 기간의 선교사들과 관련된 자료들은 두 가지 다른 범주의 여성 선교사를 지칭하는 용어를 사용하고 있다. 한 집단의 여성들은 '아내(Wives)' 혹은 '보조 선교사(Assistant Missionary)'로 표기되며, 다른 집단은 '단신 여성(Single Woman)' 혹은 '여성해외선교사(Women Foreign Missionary)'로 표기되고 있다. 아내와 단신여성의 구분은 미국 장로교의 경우이고 보조선교사와 여성해외선교사의 구분은 미국 감리교의 구분으로, 이러한 여성의 혼인지위와 직위 중에서 무엇을 기준으로 여성을 부르는가에 대한 호명법 자체가 각 교단의 여성에 대한 시각에 차이가 났다는 것을 말해주고 있다.

이는 남선교사들과는 달리 남편과의 관계여부가 여성들의 직업구분에 명백히 중요했다는 사실을 알려주고 있다. 이러한 구분은 1) 선교사는 남성만을 뜻하는 것이고 그 아내는 남편선교사를 보조하는 역할을 맡았다는 뜻이고, 2) 남성 선교사와 그 아내와 구분되는 단신의 여성 선교사는 성별을 밝혀서 따로 구분하고 있었다는 것을 말하는 것이다.

연구자는 두 집단의 여성들을 부르는 용어가 불러일으키는 많은 오해들을 불식시키기 위해서 전자의 여성들을 '주부선교사,' 후자의 여성들을 '전문직 여선교사'로 부르고자 한다. '주부선교사'라는 용어는 '(선교사) 아내'로 부를 경우 이들이 참여했던 많은 선교활동들을 은폐시키는 효과를 낳게 되고, '보조선교사'로 부를 경우 이들이 남자 선교사의 아내이자 아이들의 어머니로서 담당해야 했던 육아와 가사일을 포함하는 가정살림 활동이 드러나지 않게 되는 것을 피하기 위한 것이다. 다음 기존의 기독교 역사연구에서 '여선교사'로 불렸던 단신여성 혹은 여성해외선교사들을 '전문직 여선교사'로 부르고자 하는 것은,

이들만을 '여선교사'라 부르게 될 경우 남선교사 부인의 지위로 선교사업에 참여했던 주부선교사들의 존재를 드러낼 수 없다는 문제의식 때문이다. 그리고 여선교사 모두가 현존하는 성편견에 의해 오히려 주부선교사로 오인되는 것을 피하기 위한 것이다. "여선교사가 무슨 뜻인지 아세요?" 하고 물으면 "남편 선교사를 따라왔던 부인들을 말하는 것이 아닌가요?"라고 대답하는 사람들이 많다는 이야기다.

따라서 본 연구에서 별다른 구분 없이 여선교사라고 할 경우 주부선교사와 전문직 여선교사 모두를 지칭하는 것이다. 호칭이야 어찌되었든 모두가 같은 여성이라는 의식이 여선교사들을 하나로 묶는 역할을 해주었다고 보기 때문이다. 실제로 1901년 노블 주부선교사의 글에는 "우리 여선교사들(we missionary women)"이라는 표현이 나온다. 이는 본 논문에서의 용법과 마찬가지로 주부선교사와 전문직 선교사 모두를 일컫는 말로서, 비록 선교사 부인의 자격이지만 그녀가 다른 전문직 여선교사들과 함께 같은 여성이라는 정체성을 소유하고 있었다는 것을 말해 준다(한국기독교역사연구소, 1993:85)

다음 이러한 이해를 가지고 다시 위의 통계를 들여 다 볼 경우 갖게 되는 둘째 의문은 주부선교사가 통계상에서 차지하는 비율에 관한 것이다. 명단이 확인된 774명의 여선교사들 중에서 연구자가 주부선교사로서 확인할 수 있었던 여성은 남선교사들의 절반이 안 되는 208명 (48%)에 불과하였다. 이는 1) 독신 남선교사들의 비중이 컸거나 아니면 2) 주부선교사들의 자료가 다수 누락되었다는 것을 말해주는 것이다. 그러나 전자의 가능성은 희박하다. 남선교사들의 결혼을 적극적으로 권했던 당시 선교사 정책을 감안해 볼 때 거의 모든 교단 소속 주부선교사들의 수가 남성들보다 거의 같거나 약간 적었다고 보여진다.[6] 이들의 실제 이름(남편의 이름에 Mrs.를 덧붙인 것이 아닌 이름)이 무엇이었으며 무슨 일을 했는지에 대한 자료는 매우 드물고 불완전하다. 만일 이러한 자료 누락 가정이 맞는다면 당시 주부선교사들의 존재는 약 490명 전후였던 것으로 추산해 볼 수 있을 것이다.

셋째 전체 북미출신 선교사 집단의 32%로 나타나 있는 전문직 여선교사들의 존재이다. 이들은 취업규정 상 모두가 미혼 혹은 사별한 여성들로 구성된 독신 여성들이었다. 20세기 초 미국은 역사상 그 어느 때 보다도 많은 여성들이 독신으로 남아 있었던 시대로 유명하다. 1919년 당시 미국에는 25세 이상의 여성 중 독신여성이 14%였으며, 이는 전체 인구 중 약 7%를 차지하는 것이었다 (Hunter, 1984:52, 277). 연령 요인을 차치하면, 조선주재 여선교사들의 공동체 내에서 독신여성의 밀도는 이보다 거의 4.5배나 높은 것이다. 남선교사와 분리된 여선교사의 존재, 그리고 이들의 높은 비중은 선교사공동체와 조선사회의 특수성이 만들어 낸 특이한 현상으로 이에 대해서는 다음 절에서 다시 기술하기로 한다.

다음 당시 선교사회가 주부선교사와 단신의 전문직 선교사를 구분하고 있다는 사실은 전문직 여선교사로 와서 결혼한 여성들을 어떻게 위치 시켰을 지에 대한 의문을 제기한다. 독신으로 와서 결혼한 여성은 없었을까? 이를 알아보기 위해 여선교사들의 입국 당시 혼인지위와 이후의 변화과정을 추적해 보고자 했다. 다음의 <표 2>는 그 결과이다.

우선 입국 당시 혼인지위를 파악할 수 있었던 여성들은 총 577명이

---

6) 미국장로교회(Presbyterian Church, U.S.A.)가 1984년에 내 놓은 *History of the Korea Mission: Presbyterian Church, U.S.A. 1884~1934* Vol.1의 부록에 수록된 통계 참조.

었다. 이중 내한 당시 주부선교사였던 여성들은 251명이었으며, 전문직 여선교사는 294명이었다. 이 통계에서 주목해 보아야 할 것은 294명의 전문직 여성들 중에서 일어난 혼인지위의 변화이다. 이들 중 91명(27.9%)이 미혼으로 와서 조선에서 결혼하였으며, 221명(67.8%)은 출국 전까지 미혼의 독신 여성이었으며, 8명(2.5%)은 사별한 독신 여성으로서 조선 땅을 밟은 경우였다. 이는 독신으로 내한했던 전문직 여선교사들의 1/4 이상이 조선에서 결혼하여 주부선교사로 일했다는 것이고, 총 472명의 남선교사들의 적어도 약 20% 가량은 조선에서 전문직 여선교사와 결혼하였다는 이야기가 된다.

〈표 2〉 여선교사들의 결혼지위의 변화 (단위: 명, %)

	빈도	퍼센트
주부선교사		
내한 시 기혼	251	43.5
소계	251	
전문직 여선교사		
조선에서 결혼 후 주부선교사로 체류	91	27.9
조선에서 결혼 즉시 귀국	5	1.5
미혼	221	67.8
사별	8	2.5
소계	294	100.0
총계	577	

또 한국에서 선교활동을 했던 북미 선교사들은 전문직 남선교사·여선교사와 무급의 주부선교사가 거의 동수로 구성되어 있었다고 추정해 볼 때, 전문직 여선교사들 중 약 1/4 가량이 주부선교사로 지위변동을 하였다는 이야기는 내한 당시 전문직 여성들의 수가 주부선교사보다 많았다는 것을 의미한다.

이들의 활동에 대한 추적을 더욱 어렵게 만드는 요소는 전문직 여선교사들이 결혼을 하게 될 경우 독립된 여선교회를 통해[7] 재정적 지원을 받을 수 있는 자격이 박탈되고 이들의 소속은 그 남편이 소속된 교단본부로 옮겨졌다는 데 있다. 이들 중에는 소속교단이 다른 남성들과 결혼하는 경우도 있었는데, <표 3>은 교단을 이적한 11명의 전문직 여선교사들의 흔적을 보여주고 있다.

〈표 3〉 여선교사들의 입국 당시 소속교단과 교단 이적상황　　　　(단위 : 명)

	전문직	교단이적	주부	전체
미북감리회	113		60	173
미북장로회		1		
미남장로회		1		
미남감리회	72		51	123
미북장로회		2		
미북감리회		1		
미북장로회	102		80	181
캐나다 장로회		1		
독립교회파		1		
미북감리회		2		
정통장로교회		1	3	
미연합장로회		1		
미남장로회	37		12	49
성결교회-동양선교회	1			1
구세군	2		1	3
엘라딩 기념선교회	2			2
캐나다 장로회	26		1	27
캐나다 연합교회	3			3
전체	357	11	208	565

여선교사들의 조선사회에 대한 관심과 헌신의 정도는 어떠하였을

---

7) 미국의 해외선교회는 (남)선교사와 주부선교사가 소속되어 있는 각 교단의 선교본부와, 전문직 여선교사들이 소속되어 있었던 자율적 결정권을 갖는 여선교회로 분리되어 있었다. 이에 대한 이야기는 다음 절에서 후술할 것이다.

까? 이러한 질문과 관련하여 통계상으로 표현할 수 있는 자료는 이들의 내한시기와 이한시기, 체류기간, 그리고 활동영역에 관한 것이다. 우선 아래 <표 4>는 여선교사들의 내한, 이한 시기를 나타낸 것이다. 여선교사들의 내한, 이한 시기에 대한 자료는 각각 769개, 581개로 이한 시기보다는 내한 시기에 더욱 치우쳐 있는 것을 볼 수 있다. 이는 여선교사들의 결혼과 교단 이적 등으로 이들의 활동을 추적할 수 있는 자료들이 분산되어 있다는 점을 시사하고 있다.

다음 이 도표는 여선교사들의 내한 시기별 분포와 연평균 신규채용 인원과 이직 인원을 보여주고 있다. 연구자는 이들의 내한·이한 시기가 조선정부와 일본, 미국의 국제적 관계의 역사적 변동에 따라 어떻게 변화하는지를 알아보기 위해 김승태(1997)가 제시한 일제와 선교사의 관계에 대한 시대구분을 적용하여 이와 같은 통계를 얻을 수 있었다.

〈표 4〉 여선교사들의 내한 및 이한의 시기와 연평균 증감율 　　　　(단위: 명, %)

시기구분		내한여성			이한여성		
		빈도	퍼센트	연평균	빈도	퍼센트	연평균
제1기: 견제기	1885~1905	190	24.7	19.0	31	5.3	3.1
제2기: 회유이용기	1906~1910	189	24.6	37.8	33	5.7	6.6
제3기: 억압제한기	1911~1919	193	25.1	21.4	85	14.6	9.4
제4기: 회유분열책동기	1920~1935	197	25.6	12.3	236	40.6	14.8
제5기: 탄압추방기	1936~1942	0	0.0	0.0	196	33.7	28.0
합계		769	100.0		581	100.0	

여선교사들은 조선과 일본 사이의 을사 늑약과 일본과 미국 사이의 가쓰라-테프트 조약이 맺어지고 조선에 통감부가 설치되는 1905년까

지 연평균 19명이 내한하고 3.1명이 이한 함으로써 매년 16명 정도의 증가추세를 보여주었다. 기독교 선교사업에 대한 수요가 급증하기 시작하는 1905년부터 1910년 한일합병 이전까지의 기간은 연평균 37.8명이 내한하여 6.6명이 이한 함으로써 연평균 31.2명의 증가추세를 보이고 있다. 다음 3·1운동이 발발하는 1919년까지 내한하는 여선교사는 초기 20년 동안의 증가속도 보다 약간 높은 연평균 21.4명으로 나타나지만 이한 여성들의 수 또한 14.8명으로 높아져서 실제 증가인원은 15.7명에 불과하였다.

3·1운동 이후 1935년 이전까지 일제의 선교사들에 대한 회유와 분열책동으로 일제와의 대립갈등이 심화되는 시기에, 내한 여선교사들의 내한 규모는 연평균 12.3명으로 이한 여성 14.8명에 비해 오히려 적었다는 것을 알 수 있다. 즉 1920년대부터는 매년 2.5명의 선교사들이 줄어들고 있었다는 이야기다. 이후 일제의 선교사들에 대한 탄압과 추방이 진행되면서 일제와의 극단적인 대립이 노골화되어 최후의 선교사가 추방되는 1942년까지는 신규로 내한하는 선교사들이 전무하였으며 매년 28명의 여성들이 조선을 떠나갔다.

많은 자료들이 누락되어 있는 이러한 통계적 진술은 당시의 사실을 그대로 재현해주는 것은 아니다. 이미 여선교사들의 내한, 이한 연도에 대한 자료 사이에 188명이라는 격차가 존재하고 있기 때문이다. 그리고 1920년대 이후 여선교사들의 감소추세는 미국과 식민지 조선에서의 사회적 맥락을 함께 추적해 보아야 하는 문제이다. 그러나 이 자료는 여선교사들의 내한과 이한이 당시의 식민지 조선의 정치적 지배구조에 의해 명백한 영향을 받고 있었다는 것을 짐작하게 해준다. 내한 여선교사들은 그들에 대한 수요가 급등했던 1905~1910년 사이에 가장 증가속도가 빨랐으며 합병시기 이후 성장이 둔화되어 3 · 1운동 이후 감소 추세로 접어들어 일제의 강제추방 시기에 대거 이한하였다.

한편 이들의 체류기간은 다음 <표 5>와 같다. 이 표는 체류기간을 알 수 있었던 774명의 여성들 중에서 약 77%가 조선사회에서 10년 이상 봉사하였으며 30년 이상 봉사한 여성들도 약 28%에 이른다는 사실을 알려주고 있다. 이는 많은 여선교사들이 조선을 제 2의 고향으로 생각할 만큼 자신의 삶의 터전으로 삼고 있었다는 것을 말해주는 것이다. 그리고 이들의 체류기간은 일제에 의한 강제추방에 의해 자신의 의도와는 상관없이 축소된 경우도 많았던 것으로 보인다. 해방 후 재내한 했던 여선교사들이 총 773명 중에서 70명으로 약 9%에 달했다는 사실이 이를 말해준다.

〈표 5〉 체류기간 분류　　　　　　　（단위: 명, %）

	빈도	퍼센트	누적퍼센트
1~5년	177	22.9	22.9
6~10년	104	13.4	36.3
11~20년	161	20.8	57.1
21~29년	116	15.0	72.1
30년 이상	216	27.9	100.0
Total	774	100.0	

〈표 6〉 혼인지위별 평균 체류기간 　　　　　　　（단위: 년, 명）

	평균체류년수	명
내한 시 기혼	20	243
단신으로 내한/ 결혼	21	88
단신으로 내한/ 결혼 후 이한	9	3
평생 단신생활	19	218
사별	23	8
이혼	18	1
합계	18	551

〈표 7〉　　소속교단별 여선교사들의 체류기간

（단위: 명, %）

소속교단	체류기간별					전체
	1~5년	6~10년	11~20년	21~29년	30년이상	
감리교회(남북)	72	46	78	46	71	313
장로교회(남북)	76	51	62	48	109	346
캐나다장로교회	5	3	11	9	10	38
기타 교단들	24	4	9	13	25	75
전체	177	104	160	116	215	772
	소속교단별 백분율					
감리교회(남북)	23	15	25	15	23	100
장로교회(남북)	22	15	18	14	32	100
캐나다장로교회	13	8	29	24	26	100
기타 교단들	32	5	12	17	33	100
전체 %	23	13	21	15	28	100

한편 전문직, 주부의 구분은 이들의 체류기간에서 유의미한 차이를

나타내지는 않았으며, 소속 교단 별 차이만이 통계 상 유의미한 것이 었다(<표 6>, <표 7> 참조).

이러한 여선교사들의 체류기간은 이들이 인종의 장벽을 넘어 조선 여성들과 협력할 수 있는 동맹자가 될 수 있는 가능성이 있었는지를 가늠할 수 있는 매우 중요한 척도이다(Ramusack, 1992:130). 조선에서의 오랜 체류는 이들에게 자신들의 문화를 상대주의적 입장에서 볼 수 있는 관점전환을 가능케 해 주었으며, 때때로 조선 여성들의 투쟁에 페미니스트적 동지가 될 수 있는 여지를 갖게 해 주었기 때문이다. 이에 대해서는 다음 장에서 다시 논하게 될 것이다.

제 2 절 여선교사직의 사회·문화적 동인

최초의 여선교사들은 조선에 대한 특별한 관심 때문에 온 것은 아니 었다. 그들의 소명은 미국에서의 종교적 배경과 사회화 과정 속에서 나온 것이다. 당시 미국내의 사회·문화적 조류들이 이들 선교사들로 하여금 한 세대 안에 세계를 구원하기 위한 십자군이 될 것을 맹세케 했던 것이다.

여선교사들을 조선에까지 오게 했던 사회·문화적 동인과 관련하여 이 절에서는 북미선교사들에 관한 매우 제한적이고 파편적인 기록들을 자료화하고 분석한다. 그리고 부족한 자료에 대한 해석을 보완하기 위해 1900년부터 1920년 사이에 중국에 주재했던 북감리회(Methodist Episcopal Board) 소속 여선교사 247명 중 신상기록이 남아 있는 138명 (56%)과 해외선교위원회(American Board of Commis sioners for Foreign Missions:이하 ABCFM) 소속 187명을 분석한 헌터의 중국 여선교사에 대한 통계 자료를 참조하였다(Hunter, 1984:27~51).

1. 종교적 · 계층적 요인

미국의 해외선교운동의 진원지는 뉴잉글랜드였다. 20세기 들어 중
국에 왔던 다수의 선교봉사 지원자들의 출신지 중에서 절반 이상을 차
지하는 것은 미국의 중서부지역이었다. 조선의 경우 여선교사들에 관
한 신상자료에서 이들의 출신지역을 알 수 있는 자료는 총 81건이었는
데, 이를 지역별로 구분해 보면 동부 출신이 19.8%, 서부출신이 3.7%,
남부출신이 30.9%, 중서부 출신이 37.0%로서 중서부 출신이 가장 많았
으며, 캐나다 출신은 7% 였다. 그리고 1906~1919년 사이에 내한한 선
교사들 중에서 중서부 출신이 차지하는 비중은 총 42 (24+18)명 중
14(8+6)명으로 33%를 차지하여 중국의 경우와는 차이가 났다(<표
8>, <표 9> 참조).

〈표 8〉 여선교사의 출신지역　　　　(단위: 년, %)

	체류기간 분류	전체
동부[1] 서부[2] 남부[3] 중서부[4] 캐나다	16 3 25 30 7	19.8 3.7 30.9 37.0 8.6
Total	81	100.0

1) 동부: 동부의 주들은 대부분 면적이 작은 편이며 메인, 뉴햄프셔, 버몬트, 메사추
세츠, 로드아일랜드, 코네티컷, 메릴랜드, 펜실베니아, 뉴욕, 뉴저지, 델라웨어 등
뉴잉글랜드 6개 주와 메릴랜드, 펜실베니아 주까지를 동부로 일컫는다.

2) 서부: 서부는 캘리포니아 주를 중심으로 오레곤, 와싱턴, 몬태나, 아이다호, 와이
   오밍, 네바다, 유타, 콜로라도, 아리조나, 뉴멕시코 주 등을 포함한다.
3) 남부: 웨스트 버지니아로부터 시작하여 버지니아, 노스캐롤라이나, 사우스캐롤라
   이나, 조지아, 테네시, 미시시피, 알칸소, 오클라호마, 텍사스, 루이지애나, 알라
   바마, 플로리다 주 등이 남부로 분류된다.
4) 중서부: 오하이오로 부터 시작하여 미시간, 인디애나, 일리노이스, 위스콘신 등
   오대호지역과 켄터키, 미네소타, 아이오와, 미주리, 네브라스카, 캔사스, 그리고
   노스다코타와 사우스다코타를 포함한다.

〈표 9〉북미 여선교사들의 내한 시기별 출신지역 분포   (단위: 명)

내한 시기 구분 출신지역	1884~1905	1906~1910	1906~1910	1920~1935	전체
동부	8	3	2	3	16
서부			2	1	3
남부	6	13	4	2	25
중서부	12	8	6	4	30
캐나다	1		4	2	7
전체	27	24	18	12	81

　　이러한 출신지에 대한 자료는 조선주재 여선교사들이 서부로 향하
던 이민자들의 자녀로서 미국의 이민 일 세대와는 달리 출신지역에 대
한 애착심을 갖게 된 처음 세대였음을 말해주는 것이다.

　　본 조사의 자료로는 밝힐 수 없지만 이들의 출신지와 관련하여 밝혀
진 중요한 사실은, 선교 지원자들의 가족들이 가지고 있었던 공통적인
계층적 특징이다. 즉 이들은 대부분 "가난하지만 착실하고(개척에 대
한) 야망을 가졌던 기독교인들"이었다는 것이다(Hunter, 1984:29~30).
이 집단은 출신지로 보면 농촌출신이 다수를 이룬다. 해외 여선교사의
약 60% 정도가 대도시보다는 소도시나 농촌출신이었다는 것이다(28).
그리고 계층별로 보면, 미국 선교사회 지원자들의 1/4 가량이 농부의

딸이었다. 이는 미국의 국내 선교사나 목사의 딸 다음으로 가장 큰 범주를 차지하는 것이었다(이들 중 25%는 미국 내 혹은 해외에서 선교일을 한 부모였으며, 18%는 목사가정 출신이었다). 다음으로 소기업가, 자영 무역업자들의 딸은 약 14%였으며, 단 한 명만이 임금노동자의 딸이었다. 이렇듯 지원자들이 개척시대를 막 지나 농촌에 정착한 집단이거나 도시의 임노동자가 아닌 구중산층 집단에 속했었다는 사실은, 당시 미국 도시지역에서 출생한 대학출신의 개신교 여성들이 선교사와 비슷한 일을 하는 도시 이민정착촌의 사회복지사업 종사자나 노동계급 여성이 되었던 것과는 대조적으로 이들이 해외 봉사를 지원하게 만든 중요한 요인이었다.

우선 당시 미국 서부 농촌출신 여성들의 특징은, 새로운 마을이 건설되고 모든 것이 처음으로 시작해야 하는 일들로 가득 차 있었던 농촌과 연관된 것이었다. 이러한 환경은 여성들로 하여금 '결단과 용기' '해방감'을 맛보게 해 주었다. 이러한 성품의 구성은 기꺼이 선교지 탐험에 임하고자 하는 준비된 자세를 형성하는 바탕이 되었던 것으로, 역사적으로는 이전 세대가 추구했던 '개척정신'과도 상통하는 것이었다.

다음 이들의 출신계층이 도시의 사회사업 종사자들과 달랐다는 증거는 여선교사들의 가계에 대한 책임감에서 두드러진다. 도시의 사회사업가들은 일정한 봉급을 받지 않고도 자급자족할 수 있을 만한 부는 가지고 있어야 했다. 그러나 중하층 출신의 여선교사 지원자들은 현금자원이 부족한 가정환경 때문에 불가피하게 혼전 직업생활을 해야만 했다. 부모를 농촌에 두고 온 중국주재 여선교사들은 자신들의 약소한 봉급을 쪼개어 집으로 송금하였으며 송금액이 적어 걱정을 하기도 했다. 조선의 경우 이러한 선교사들의 자료가 많지 않기 때문에 일반화할 수는 없지만, 유일하게 사적 편지를 얻을 수 있었던 룰루 프라이의 경우, 그녀의 편지는 고향 집의 은행대부금, 세금, 보험금, 집수리 비용, 장례비용 등 크고 작은 가계재정에 대한 걱정으로 점철되어 있었다.

이와 관련하여 조선주재 여선교사들의 현실을 짐작할 수 있는 자료는 이들의 내한 당시 연령과 내한 이전의 직업경험에 관한 것이었다. 여선교사들의 내한 당시 연령을 알 수 있는 자료는 총 128개였으며, 이들의 교단별·연령별 분포는 <표 10>과 같다. 여선교사들의 입국 당시 나이는 20세 미만에서 55세 이상까지 넓게 분포되어 있었으며, <표 11>에서 보는 대로 26세에서 35세 사이의 여성들이 64.8%로 다수를 차지하였다.

〈표 10〉 내한 당시 소속교단별 연령분포 (단위: 명)

| 내한 당시 연령 | 소속교단 | | | | 전체 |
	감리교회 (남북)	장로교회 (남북)	캐나다 장로교회	기타 교단들	
20세 이하	1				1
21~25세	18	7		3	28
26~35세	27	47	5	4	83
36~45세	3	3	3		9
46~55세	1	4	1		6
55세 이상		1			1
전체	50	62	9	7	128

여선교사들의 내한 당시 연령은 전문직, 주부선교사의 범주에 따라 유의미한 차이를 보였는데, 전문직의 경우 평균 30.0세로 주부선교사

의 평균 28.3세보다 2세 가량 높았다 (<표 12> 참조).8)

〈표 11〉 내한 당시 연령 (전체 여선교사)　　　(단위: 명, %)

	빈도	퍼센트	누적퍼센트
20세 이하	1	0.8	0.8
21~25세	28	21.9	22.7
26~35세	83	64.8	87.5
36~45세	9	7.0	94.5
46~55세	6	4.7	99.2
55세 이상	1	0.8	100.0
Total	128	100.0	

여기에서 중요한 것은 전문직 여선교사들의 평균나이이다. <표 13>에서 보는 대로 전문직 여선교사들의 연령이 주부선교사보다 넓은 폭으로 펼쳐져 있는 것을 볼 수 있다. 이러한 통계는 단신의 전문직 여선교사들이 조선에 내한하기 이전에 이미 다양한 삶의 경험을 거쳤다는 사실을 암시한다. 실제로 이들의 선교사 지원이 경제적 필요성과 연관된 것이었다는 정황적 증거는 사료 곳곳에서 발견되었다. 이에 대해서는 다음 절에서 다시 언급하게 될 것이다.

〈표 12〉 내한 당시의 평균 연령(전문직 여선교사, 주부선교사 비교)

(단위: 세, 명)

	평균	누적퍼센트
전문직 여선교사	30.0	106
주부 선교사	28.3	14
합 계	29.8	120

---

8) 여기서 주부선교사들에 대한 통계는 매우 적은 수의 자료에 근거한 것으로 그 대표성을 장담할 수 없다고 본다.

〈표 13〉 내한 당시 연령 (전문직 여선교사, 주부선교사 비교) (단위: 세)

	20세 이하	21~25세	26~35세	36~45세	46~55세	전체
전문직 여선교사		21	71	9	5	106
주부선교사	1	5	7		1	14
전체	1	26	78	9	6	120

(df=4, P=.028)

한편 선교 지원자들은 내한 이전부터 제도 교회뿐만 아니라 학교와
도 관계를 맺고 있었다. 주일학교에서 배우고 가르쳤던 경험, 기독교
적 삶을 훈련시켜 준 기독교 청년운동에 대한 언급은 많은 선교사들의
자서전, 전기 등에서 발견되는 내용이다. 헌터에 따르면, 그러한 여성
들은 아주 많았다. 그리고 이들의 종교적 헌신은 20세기 초입의 농촌
여성들에게 교회에서의 무료식사 제공에서부터 자선모금까지 모든 종
류의 사회활동의 장을 제공해 주었다. 이렇게 볼 때 조선에서의 선교
활동은 교회조직을 통해 집단경험을 쌓아온 활동의 논리적 연장선 상
에 있었다고 볼 수 있을 것이다.

이상 여선교사들의 종교적·계층적 배경을 살펴보았다. 여기서 한
가지 분명히 해야 할 사실은 여선교사들의 종교적·계급적 배경을 밝
히는 것만으로 이들의 복음주의적 종교와 선교사로서의 헌신을 모두
설명할 수 없다는 것이다. 이들의 선교사 자원에는 일종의 환상을 보
는 극적인 회심 경험으로부터 "선교사로서 봉사하는 것이 하느님이 원
하시는 일임을 안다(Shin Lee, 1989:25),"는 확신 혹은 "하느님, 당신이
가라시는 데면 어디든지 가겠습니다(Walter, 〔1968〕, 28),"고 말할 수
있는 결단이 동반되었다. 분명 선교의 명분은 집단적 십자군들에게 만
족감과 예수 그리스도에 대한 개인적 신앙고백의 기회를 제공해 주는

것이었다.

그러나 선교봉사가 인간적으로 많은 회열을 선사했다는 것도 사실이다. 선교사들은 미국 내 교회에서 영웅적 인물이었으며, 안식년 휴가를 받아 귀국할 때면 그 보람을 맛볼 수 있었다. 전통적으로 여성들에게 폐쇄되어 있었던 교단이 선교지에서 휴가 차 돌아온 여선교사들에게 개방되었으며, 선교계통의 잡지들은 여걸들이 남자들보다 훨씬 효과적이라는 글을 싣기도 했다. 특히 대중지들은 여선교사들의 이국적 모험이 갖는 호소력에 주목하여 많은 이야기를 다루었다. 로맨스 소설 읽기에서 검열을 받아야 했던 소녀들은 그와 못지 않게 선정적인 선교사들에 대한 실제 삶의 이야기를 읽으며 고조되는 감정을 느낄 수 있었다. 삶의 선택기회가 제한되어 있었던 19세기 미국의 소녀들은 선교사직을 영광의 길로 파악하고 있었던 것이다.

2. 가정배경적 요인

전문직 여선교사들의 부모는 어떠한 사람들이었을까? 여선교사의 길을 택한 많은 여성들의 집안에는 이미 그러한 선택을 한 전례들이 있었다. 앞에서 살펴본 대로 중국의 통계는 여선교사의 40% 이상이 교회 일을 한 어머니나 아버지의 딸이었다는 것을 말해주고 있다.[9] 미국

---

9) 이는 전문직 여선교사에 국한된 자료이지만 주부선교사들의 경우에도 사정은 유사하였다고 보여진다. 예를 들어 조선의 경우 1941년 *KMF* 자료에 의하면 조선에서 태어나 부모를 이어 조선에서 선교활동을 하고 있는 2세대 선교사는 27명이었으며, 이들 중 여성은 9명이었다. 이 중 단 한 명만이 전문직 여선교사가 된 경우였다. 나머지 여덟 명의 여성 중, 세 명은 남편 또한 조선에서 출생한 2세대 선교사였고 또 다른 세 명은 미국에서 남편을 동반하고 조선에 온 경우였으며, 나머지 두 명은 미국에서 대학을 졸업하고 부모를 방문하러 내한하였다가 남편을 만난 경우였다 (*KMF*, 1941:61~64). 이는 많은 선교사 가정의 딸들이

내 혹은 해외에서 일했던 선교사나 목사 가정출신의 여성들이 여선교사 중에서 큰 비중을 차지하고 있다는 사실은 이들의 소명의식과 종교적 정서를 이해할 수 있는 중요한 지표이다.

한마디로 전문직 여선교사들은 성역할이 뚜렷이 구분되었던 양 부모의 기대에 응해서 모두를 만족시키고자 했던 여성의 정체성 구성 패턴을 보여주고 있다. 즉 딸들은 아버지와의 동일시를 통해 고독한 선교봉사를 자신의 소명으로 삼을 수 있었으며, 어머니의 종교적, 정서적 지지를 통해 자신의 목표를 성취할 수 있었다. 우선 딸이 아버지와 동일시 하는 현상은 어떻게 가능했을까? 헌터는 그 증거로서 전문직 여선교사를 자원했던 상당수의 여성들이 장녀였고 많은 경우 딸만 있는 가정 출신이었다는 점을 들고 있다. 예를 들어 형제자매 관계가 알려진 ABCFM 소속 여성들 중 30%가 장녀였고 이중 절반 가량이 딸만 있는 집안 출신이었다. (그리고 54%는 장녀도 막내도 아닌 중간 위치였고, 15%는 막내였다).[10] 당시 미국 농촌가정의 부모들은 특히 아들이 없을 경우, 일반적으로 아들에게 주는 특권을 장녀에게 부여하여 많은 관심을 쏟았다는 것이다.

이러한 아버지의 딸에 대한 영향력은 크게 두 가지로 나타났다. 여선교사들의 사적 기록들은 자신들의 종교적 사명감 혹은 성취욕과 자기주장에 대한 욕구 중 어디에 초점을 맞추느냐에 따라 아버지의 직업 혹은 아버지와의 관계를 강조하고 있었다는 것이다. 즉 종교적 소명을 강조할 경우 목사나 선교사였던 아버지의 직업과 아버지와의 관계 모

다시 주부선교사가 되었다는 증거가 아닌가?

10) 이 통계는 중국 여선교사들을 연구한 Jane Hunter가 미국해외선교위원회가 보관하고 있는 선교지원자의 보건관련 자료들 중에서 형제-자매관계에 관한 자료가 포함되어 있는 68%의 파일들에 근거하여 집계한 것이다. (Hunter, 1984: 32, 274)

두를 강조한 반면, 성취욕과 자기주장에 대한 욕구가 강조될 경우 아버지와의 친밀하고 돈독한 관계를 강조하는 것을 볼 수 있다.

한편 어머니의 영향력은 크게 세 가지로 대별된다. 우선 모성적 역할을 집안에만 한정하지 않고 공적 영역으로 넓혀서 다양한 봉사활동을 전개하면서 이들이 보여준 삶에 대한 열정과 강인한 정신력이었다. 특히 19세기 사랑의 제국 건설을 위해 조직적인 종교활동을 펼쳤던 어머니들은 딸의 선교봉사 활동 참여에 적지 않은 영향을 미쳤다. 1902년 중국주재 선교사 베르타 리드(Bertha Reed)는 아이 때부터 어머니의 극기와 선교사업을 도왔던 자신의 경험을 이야기하면서 자신의 어머니가 보여준 역할 모델을 이렇게 설명하고 있었다; "그녀는 어떠한 좌절과 어려움에도 불구하고 삶에서 언제나 최선과 최고를 기대하고 일상적 돌봄의 책임에 압도되기를 거부하는 강인한 정신력을 보여준 여성이었다."

둘째로 어머니들이 오히려 단신으로 떠나야 하는 딸의 험난한 해외선교활동을 기대하고 있었던 경우이다. 이 이야기는 당시 청소녀들 만이 아니라 일반 부녀자나 목사 부인들도 세계 오지에서 전개되는 여걸들의 이야기에 전율하고 있었다는 사실을 배경으로 한다. 이러한 관찰은 조선에 왔던 여선교사들의 어머니에 대한 짧은 이야기들을 이해하는 데 많은 도움을 주었다. 예를 들어 호레이스 언더우드의 부인이 된 릴리아스 호튼의 경우, 고등학교를 졸업하고 바사(Vassar) 여대에 진학하고자 했던 꿈이 어머니의 반대로 무산되자 어머니가 자신에게 그토록 기대했던 해외선교사 지망을 거부하였다는 이야기가 있다. 헌틀리는 릴리아스의 어머니가 딸의 해외선교사 지망을 강박에 가까울 정도로 열망했다고 적고 있다(Hntley, 1984:50∼1). 이미 삶이 규정되어 더 이상 모험을 꿈꿀 수 없을 경우 어머니들은 그 계획을 자신의 딸들에게 개방하고자 하였다는 것이다(Hunter, 1984:33 참조).

많은 경우 어머니들의 이러한 꿈은 딸의 결단 이후에야 밝혀지는 경우가 많았다. 조선에 왔던 여선교사 클라라 하워드(Clara Howard)의 어머니도 이러한 경우였다. 1912년 10월 선교사가 될 결심을 하고 부모님께 편지로 알렸을 때 어머니의 답신은 다음과 같았다: "나는 네가 태어났을 때부터 그러한 일을 할 수 있게 되기를 기도드렸단다. 하지만 선교에 대한 부르심은 인간이 시켜서가 아니라 하나님으로부터 와야 하기 때문에 오로지 하나님께만 말씀 드렸단다 (許吉來 선생님을 사랑하는 사람들의 모임 편, 1996:24)."

셋째 딸들에게 특별한 선교적 야망을 기대하지 않았더라도 많은 어머니들이 영감과 경건에 찬 신앙생활의 본보기를 보여주고 넌지시 선교봉사 활동을 지지해 줌으로써 딸들의 꿈을 키워주는 원천이 되어 주었다는 것이다. 연구자의 자료에서 이와 똑 같은 예는 찾아볼 수 없었지만 엘리스 아펜젤러(Alice Appenzeller)의 경우가 이에 해당될 것으로 보인다. 엘리스는 1885년 처음 조선에 왔던 개신교 선교사 헨리 게하르트 아펜젤러(Henry Gerhart Appenzeller)의 장녀로서 1885년 11월 조선에서 처음 태어난 백인 아이였다. 엘리스는 아버지의 두 번째 안식년인 1902년에 미국으로 건너가서 학업을 시작했다. 그녀의 아버지 헨리 아펜젤러가 불의의 사고로 사망하기 바로 직전의 일이었다. 이후 엘리스는 1915년 자신의 '고향'인 조선으로 돌아오기 전까지 홀로 남은 어머니 엘라 더지(Ella Dodge)의 적극적 지지와 희생으로 세 동생과 함께 대학교육까지 마칠 수 있었다(Reninger, 1970:111~123).

엘리스의 조카손주 에밀리 크롬 라이언스(Emily Crom Lyons)에 의하면 당시 어머니 혼자의 힘으로 자식들을 대학까지 교육시키는 것은 매우 드문 일이었으며, 엘라 더지의 오빠 바이런 더지(Byron Dodge)의 도움이 없었다면 불가능한 일이었다. 그리고 모든 자식교육이 끝난 후 아펜젤러의 집안에는 아무 것도 남은 것이 없었다. 엘라 더지가 어떤 여성이었는지에 대한 이야기는 더 이상 들을 수 없었다. 그러나 1948년 엘리스가 쓴 편지의 한 대목은 그녀의 어머니에 대한 마음을 읽을 수 있게 한다. "내 어머니가 홀로 네 명의 자식을 교육시키기 위해 얼마나 애쓰셨는지 기억하는 나는 강씨 부인을 돕게 되어 기쁘다(letter to Friends, 1948.6.26)." 주부선교사로서 사별하고 홀로 네 명의 자식들을 교육시켜서 한 명의 딸을 제외하고 모두가 조선에 와서 선교사 혹은 교사로서 봉사하도록 했던 엘리스의 어머니는 그녀의 몸 속에 살아 있는 신앙이었다. 엘리스는 아버지의 모범이 딸로 하여금 전문직 선교사가 되는 길을 꿈꾸게 해주고, 어머니의 격려와 희생이 그 결정을 실행에 옮기게 해주고 그 직분을 통해 보여줘야 할 신앙의 형태가 어떠해야 할지를 제시해 준 대표적인 예일 것이다.

여선교사들은 자신의 삶이 어머니의 희생에 대한 보답이기를 바라고 있었다. 자매만 있는 집안의 장녀였던 룰루 프라이가 어머니에게 쓴 다음과 같은 편지는 그녀의 이런 마음을 엿보게 한다;

"사랑하는 어머니 나는 내가 가진 것에 대해 이기적이지 않아요. 내가 가진 모든 것은 당신이 살아 있는 한 당신 것입니다. 내가 할 수 있는 것이 너무 적다는 것만이 불만입니다. 그러나 나는 죠지아와 부모님 그리고 내가 서로 돕는다면 언젠가 근심을 덜 수 있을 것이라 확신합니다. 어머니의 편지에서 단 한 줄만이 내게 상처를 줍니다. 모든 내용이 좋았지만 나는 네가 가진 돈을 빼앗지 않았으면 한다고 한 대목 말입니다. 제 편지가 그렇게 들렸나요? 나는 그럴 의도가 아니었어요. 그렇게 이기적이기에는 나는 엄마를 너무 사랑하니까요. 내가 바라는 것은 무엇이 필요한지 말해주시는 거예요. 그리고 내가 보내는 돈이 어머니의 필요를 얼마나 채워드리는 것인지 말해주시는 거예요 (Frey's to her mother, 1900.10.18)."

이 편지의 내용은 딸의 송금에 의지해서 사는 어머니의 미안해 하는 마음을 달래주고자 쓴 프라이의 답신이었다. 프라이가 자신에 대해서 강조하고 있는 바는 '이기적이지 않다'는 것이다. 가족을 위한 자신의 희생과 헌신이 얼마나 집안에 도움이 되는지를 말해주는 대신 오히려 미안함을 표하는 어머니에 대해 '나는 어머니를 사랑한다'고 답한 프라이는, 자신이 어머니와 닮은 딸임을 잊은 듯한 어머니에 대해 섭섭함을 표하고 있는 것이다.

한마디로 당시 여선교사의 일은 아들과 같은 책임감과 성취욕을 보여줌으로써 아버지의 기대에 부응하고, 여성적 헌신과 봉사를 구현함으로써 어머니의 기대 또한 저버리지 않았던 여성의 독특한 삶의 모델이었다.

3. 여성노동시장적 요인

이절에서는 당시 북미지역의 수많은 고학력 여성들을 여선교사직으로 불러모은 노동시장적 요인을 살펴보고자 한다.

다음의 <표 14>는 내한 전에 여선교사들이 가졌던 직업을 알 수 있었던 32명의 직업을 분야별로 분류해 본 것이다. 이들은 모두 전문직 여선교사로 왔던 집단으로 초등학교부터 대학교 수준까지 다양한 교육기관에서 교사로서 일한 경험이 있는 여성들이 19명으로 근 60%

를 차지했으며, 다음으로 필리핀, 중국, 인도 등지에서 선교사로 일했던 여성들이 9명으로 28.1%를 차지했다. 그밖에도 의료분야, 사회사업 분야에서 일했던 경험이 있는 여성들이 포함되어 있었다.

내한 전 여선교사의 직업에 대한 자료는 일반화하기에는 매우 적은 양이었다. 그러나 중국의 경우를 보면 대다수의 여성들이 이미 미국에서 직업을 가지고 있었다는 것을 알 수 있다. 많은 이들이 선교사 지원 이전부터 경제적, 가족적 필요와 긴밀히 연동되어 있었다. 순탄히 공부를 무사히 마칠 수 있는 여성들은 극히 드물었다. 이들은 대부분 사범학교를 다녔으며, 상업대학이나 인문대학을 나온 여성들도 간헐적으로 있었다. 집안에 병자가 생기거나 금고가 바닥나면 공부를 그만두고 이를 돌봐야 했다. 학교를 쉬는 동안 이들이 한 일의 종류는 수없이 많다. 일부는 타이피스트, 속기사로 일했다. 그리고 감리교 여선교사들의 1/5정도가 일종의 '사업' 경험을 가지고 있었다. 그리고 이들 중 가장 많은 직업경험은 시골학교 교사였으며, 전체 샘플의 약 70% 정도가 이 범주에 속했다 (36).

〈표 14〉 전문직 여선교사들의 내한 전 직업　(단위: 명, %)

	빈도	퍼센트
선교관련	9	28.1
교육관련	19	59.4
의료관련	1	3.1
사회사업관련	3	9.4
Total	32	100.0

그리고 다음 <표 15>는 이들이 내한하여 조선에서 활동했던 기관들을 분야별로 나눠본 것이다. 활동영역을 알 수 있었던 299명에 한정된 자료이기는 하지만, 교육기관에서 활동한 여성들이 45.4%, 사경회

및 성경학교가 32.8%, 의료기관이 19.4%, 복지관이 7%로 성경학교를 넓은 범위의 여성교육분야에 넣을 경우 대부분(78.2%)이 교육분야에서 일했던 여성들임을 알 수 있다.

〈표 15〉 여선교사들의 조선에서의 활동기관　(단위: 명, %)

	빈도	퍼센트
초중고 교육기관	104	34.8
대학 교육기관	10	3.3
신학교	4	1.3
기타 교육기관	18	6.0
의료기관	58	19.4
복지관	7	2.3
사경회 & 성경학교	98	32.8
합계	32	100.0

위의 두 가지 통계자료를 통해 묻게 되는 질문은 미국에서도 유사한 일을 했던 여성들이 왜 굳이 해외로 나와 선교봉사에 나서게 된 것일까 하는 점이다. 그 이유는 크게 다섯 가지로 나눠 볼 수 있다.

첫째 이유는 전문직 여선교사의 직분이 다양한 가족의 기대를 만족시키는 것과 더불어, 당시 미국의 고등교육을 받은 여성들이 갈등을 느끼면서도 해결할 수 없었던 직업과 전문성에 대한 동시적 욕구를 혼합할 수 있었기 때문이다. 선교사역은 전 생애를 걸어야 하는 일이었고, 그 헌신에 대한 대가로 적절한 경제적 안정과 해외에서의 성취기회, 국내에서의 명성이 주어지는 일이었다. 그것은 모든 이들이 위대하다고 동의하는 사업이었고, 이를 통해 작은 개인적 승리감을 얻을 수 있는 기회도 되었다. 선교사역은 새로운 전문직 여성들에게 요구되는 여성적 전통에 대한 과감한 공격성을 요구하지 않으면서도 목적,

지위, 영구적인 전문성 개발에서 오는 만족감을 제공해 주었다(Hunter, 1984:35~6).

우선 가장 다수를 차지했던 전직 교사의 경우, 이들이 교사생활을 청산하고 해외봉사에 나서는 결정을 했다는 것은 그 직업이 가졌던 한계를 보여주는 것이다. 19세기 중반 미국의 교직은 대체적으로 젊은 여성들이 혼전에 일시적으로 자신의 생계유지를 위해 찾는 일반적 직업이었다. 케슬러-해리스(Kessler-Harris, 1981)에 의하면 1900년 이전에 대학을 졸업한 여성들 중에서 75%가 결혼을 거부당하고 독신으로 살아야 했다. 그리고 사회는 새로운 활동영역을 찾고 있는 그들을 받아들일 준비가 되어있지 않았다. 교사직은 이러한 여성들 대부분이 찾는 일이었다(109). 임금은 낮고 조건은 천차만별이었으며 진급의 기회는 거의 없었다. 이러한 조건에서의 교직은 말하자면 간이역 일 뿐이었다. 교직의 체계화, 전문화는 20세기로 들어오는 전환기에 이뤄졌다. 그러나 이러한 불규칙한 운동은 다수의 여교사들에게까지 미치지 못했다. 선교지원자들이 속출한 집단은 바로 이 인구 층이었다(Hunter, 1984:36). 후에 선교사가 된 여교사들은 클라라 하워드처럼 동생들의 교육을 위해 혹은 가족의 빚 상환을 위해 일을 해야 했다. 그러나 이들 중 교직을 성스러운 천직이나 만족스런 사명으로 생각하는 사람은 없었다. "하나님의 뜻이 어디에 있는지 찾으려 하고 또 그 뜻을 따르려고 했던" 많은 여성들이 교직을 떠나 선교사직을 지원하면서, 그것이 자신들의 하느님에 대한 기도의 응답이었다고 고백했다는 사실 자체가 이를 말해준다.

둘째, 이들이 선교봉사를 지원한 것은 이들의 신앙과 관련된 것이었다. 이들의 표현에 따르면, 조선에 왔던 처음 동기는 높은 지위나 보다 큰 안정감을 위해서라기보다는 선한 일을 위한 것이었다. 인도 등지에서 온 선교사들이 전하는 '이방종교' 하에서 신음하는 여성들과 아이들에 대한 이야기는 이들로 하여금 정의감과 사명의식에 불타게 하였다. 피라면 질겁을 하던 엘리아스 호튼이 새롭게 마음을 잡고 여선교사가 되기 위해 늦은 나이에[11] 의학공부를 마칠 수 있었던 것은 인도에 파견되었던 한 영국출신 여선교사의 연설 때문이었다. 그녀는 어떻게 그 어려움을 견뎌냈냐는 물음에 "내게 힘을 주는 그리스도를 통해 나는 무슨 일이든지 할 수 있다"고 대답하곤 하였다(Huntley, 1984:51). "내 생명을 가장 유용하게 쓸 수 있는 길을 찾고 싶은 욕망", "나를 가장 필요로 하는 곳에서 예수 그리스도에게 봉사하고 싶은 욕망"은 당시 여선교사들의 공통된 희망이었다. 이러한 종교적 동기는 19세기 말에 일어난 미국의 전천년설(premillennialism)에 입각한 선교운동과 관련되는 것이다. 전천년주의자들은 모든 세계인들이 그의 메시지를 듣기 전까지 예수의 재림은 불가능하다고 믿었던 사람들이다. 이는 자신들의 삶이 조선에서 더욱 중요할 것이라는 미국 복음주의자들의 확신을 이해하는 데 도움을 준다.[12]

---

11) 1888년 릴리아스 호튼의 내한 당시 연령은 37세였다.
12) 유대영(2001)은, 해외 선교에 대한 관심 증가의 이면에는 19세기 말에 복음권에서 위세를 떨친 새로운 종말론적 믿음이 있다고 보았던 Sydney E. Ahlstrom, William Hutchison 등 일단의 종교사학자들의 이론을 소개하고 있다. 19세기 후반, 대부분의 미국 중산층 기독교인들은 후천년주의자(postmillennialist)에 가깝다고 본 알스트롬은 그 이유에 대해 그들이 인류 역사의 발전적 진보에 대한 믿음과 미국이 지복천년의 역사적 실현을 주도할 것이라는 믿음을 공유했다는 점을 들고 있다. 한편 전천년주의자(premillennialist)들은 보다 비극적인 종말관을 가지고 있어서, 지복천년 같은 낙원이 종말 이전에 완성될 수 있을 것이라 믿지 않았다는 것이다. 전천년주의자들의 등장이 눈에 띄기 시작한 것은 1870년대로서 수적인 면에서는 소수에 속했지만, 19세기말부터 20세기 초에 이르는 기간 동안에 주류 교단 내에 깊이 침투하여 영향을 미쳤다고 한다. 이에 대한 자세한 논의는 유대영(2001)의 『초기미국선교사연구』, 36~40쪽 참조할 것.

셋째 전문직 여선교사들은 자신들이 중시하는 가치를 과소평가 하는 미국사회에 대해 일종의 좌절감을 가지고 있었다. 전문직 여선교사들이 미국의 민주주의의 장래에 매우 중요한 교사직 대신 해외 여성들을 위한 선교사직을 택했다는 사실이 그 증거이다. 즉 전문직 여선교사들은 미국의 장래보다도 자신들의 일이 보다 값진 것으로 평가되는 곳에서 일하는 것을 더욱 중시했다는 것이다(Hunter, 1984:37). "그 어떤 것보다도 기독교 교육을 더욱 필요로 하는 곳에서 일하고 싶다"는 이들의 표현은 자신들의 삶을 미국에서보다 더욱 가치 있는 것으로 만들겠다고 하는 욕망을 드러내는 것이었다. 실제로 그녀가 제시하는 여선교사들의 선교 지원서 내용분석을 보면 많은 여성들이 자신들의 개인적 능력을 사회적으로 인정받을 수 있는 보다 많은 기회를 열망하였다는 것을 알 수 있다. 여성들은 능력발휘의 여지와 그에 대한 인정을 갈망하였을 뿐만 아니라 직업적 안정을 원했던 것이다. 19세기말 미국의 여성들에게 결혼에 필적하는 삶의 대안이 될 만한 직업은 거의 없었기 때문이다.

넷째, 전문직 여선교사직은 결혼압력을 벗어나서 외국에서 생계 걱정 없이 지속할 수 있는 평생직이었다. 지원자들 중에서는 결혼을 거부해서 이상하다는 소리를 들을지언정 독립적 생활을 선호했던 여성들도 있고, 혹은 적령기를 놓쳤으면서도 계속해서 결혼압력에 시달리는 생활에서 벗어날 수 있다는 판단을 한 여성들도 있었다. 여하튼 결혼에 대한 사회적 기대와 어긋나는 개인적 성향이나 삶의 조건 때문에 전전긍긍하는 대신 무엇인가를 창조할 수 있는 기회였던 해외 선교봉사활동은 많은 여성들에게 새로운 가능성으로 다가갔던 것이 사실인 것 같다.

다섯째, 선교사역이 독립성, 안정된 지위, 성취의 기회를 제공했지만 일반적인 직업과는 달리 하느님이 명령한 바를 받드는 일로서 개인적 야망보다는 자기부정을 요하는 것이었다는 점도 하나의 매력이었다. 세기말 남성들의 무서운 경쟁세계에 적응하기 위해 여성적 본성을 던져버린 '직업 여성'과는 달리, 여선교사들은 감정이입이라는 여성적 자질을 평생 직업의 중심에 놓고 있었다. 여선교사들은 당시 직업세계로 뛰어들었던 많은 여성들과 마찬가지로 대단한 성취욕구와 개인적 야망을 가지고 있었지만, 이들에게만 독특했던 욕구 중의 하나는 자신의 여성적인 기독교적 미덕에 대한 감수성을 해치지 않고 그것을 표현하는 것이었다.

한마디로 여선교사들의 선교사역은 농촌지역 출신, 복음주의적 신앙, 가족의 전통, 부모의 기대, 전문직에 대한 욕구 등이 복합적으로 작용하여 중층 결정된 것이다. 그러나 이러한 요인들만으로 여성들이 고향을 등지고 선교지로 향할 수 있었다고 설명할 수는 없다. 대부분의 여성들이 선교사역을 시작하기 위해서는 하느님의 부르심에 대한 신비체험, 가족적 비극, 선교사로 오라고 불러준 사람, 대학에서의 맹약 등 성인으로서 뚜렷한 경험을 필요로 했다. 많은 여성들이 미국 내에서 밖으로 밀어내는 요인들 혹은 조선으로부터의 강력한 개인적 유인 요인들을 필요로 했다.

4. 조선파견 선교사가 된 직접적 요인들

헌터에 따르면 고학력 여성들의 선교에 대한 모호한 관심을 구체적 행동으로 옮기게 한 중요한 계기는 가족상실에 따른 고통과 불안정한 상황이었다. 중국의 경우 파견 당시 가족환경이 알려져 있는 ABCFM 소속 선교사들 중에서 17%가 양 부모가 모두 없는 상태였으며, 51%는 편부모 가족 출신이었다. 이중 절반 정도는 출국 시 불안정하거나 분열된 가족을 등지고 나온 경우였다. 이는 여성들을 미국 사회 밖으로 밀어낸 중요한 개인적 요인이었지만, 연구자에겐 이를 지지할 수 있는 보다 구체적인 자료가 많지 않기 때문에 이에 대한 논의는 더 이상 진전시킬 수가 없다. 다만 여기서는 이들을 조선으로 이끌었던 사회적 요인들만을 검토하기로 한다.

1) 조선에서의 유인 요인들

여선교사를 지원했던 미국의 젊은 여성들은 여러 면에서 자신의 자격을 의심하며 주저하는 경향을 가지고 있었다. 이들은 타인을 위해 봉사하는 삶, 쓸모 있는 삶을 살고자 했지만, 때때로 그러한 삶을 추켜주는 사람들 앞에서 그 야망조차 뻔뻔스럽다고 생각할 정도로 나서기를 싫어하는 자기 부정에 익숙한 여성들이었다. 따라서 많은 여성들이 천직과 변할 수 없는 삶의 목적에 대한 욕망에도 불구하고, 거듭된 확신이나 자신의 헌신을 봉인해 줄 집단적 열광의 경험을 요했다.

① 아내를 필요로 하는 남선교사들:

가장 활발하게 여성들을 조선으로 유인했던 사회적 요인은 아내를 필요로 하는 독신 남선교사들이었다. 앞서 밝힌 대로 총 472명의 남선교사들의 적어도 약 20% 가량은 조선에서 전문직 여선교사와 결혼하였다. 그리고 많은 선교사들이 선교지로 떠나던 해에 결혼하였다. 남편과 함께 중국에 파견되었던 미선교회 부인 선교사들의 2/3가 선교지로 떠나던 해에 결혼한 경우였다. 본 연구에서는 조선 주재 여선교사들의 결혼시점에 대하여 정확한 통계를 파악할 수 있을 만큼은 아니지만, 이러한 사례들을 다수 발견할 수 있었다. 예를 들어, 1885년 4월 5일 한국에 처음으로 상륙했던 개신교 선교사 헨리 아펜젤러(Henry G. Appenzeller)는 1883년 10월 선교사가 될 결심을 굳힌 뒤에야 엘라 더지(Ella Dodge)에게 청혼하여 1884년 12월 17일에 결혼식을 올렸다. 조선 주재 주부선교사로서는 유일하게 조선체류기간 동안의 일지가 자료집으로 소개되어 있는 마티 윌콕스 노블 (Mattie Wilcox Noble)의 일기는 1892년 6월 30일 자신의 결혼식에서부터 시작되는데, 그녀가 윌리엄 아더 노블(William Arthur Noble)과 조선에 도착한 날짜는 1892년 10월 21일이었다(한국기독교역사연구소, 1993:4~5, 20~1).

남편과 함께 온 주부선교사들의 결혼의 의미는 크게 두 가지로 나눠볼 수 있다. 다수의 여성들에게 결혼은 타협이었다. 많은 주부선교사들이 미래의 남편을 만나기 전에 이미 선교사 훈련과정에 등록하고 있었다(Hunter, 1984:42). 따라서 이들에게 남편과 함께 선교지로 가겠다고 하는 결단은 원래 계획에 대한 약간의 타협이었다. 또 다른 여성들에게 결혼은 신의 섭리였다. 이러한 해석은 확신이 부족하거나 스스로 선교봉사를 자원하기에는 자신이 없던 여성들이 결혼을 계기로 선교봉사에 참여하게 되는 경우에 해당되었다. 결혼을 통한 충원은 그들의 선교봉사 결심에 중대한 영향을 미치는 요소였다. 이들은 선교봉사에 대한 관심과 남편에 대한 관심을 동일시하고, 선교지로 떠나는 남편을 신의 중재로 받아들이는 경향을 보였다.

그러나 선교사의 아내가 되기 위해 결혼한 것도 아니고 선교사로 채용된 것도 아니지만 남편을 따라 선교지로 간 여성들도 있었다. 선교지로 파견되기 오래 전에 결혼한 여성의 경우, 이 범주에 속하는 경우가 많았다. 헌터의 자료에는, **ABCFM** 소속 주부선교사들의 약 17%가 자신들이 선교지로 간 것은 오로지 남편을 위한 것이었다고 답한 것으로 나타나 있다. 이들에겐 전도사업도 아내로서의 의무도 자신을 부정하고 희생해야 하는 일이었다. 이렇듯 결혼에 의한 충원은 여성들에게 비상한 압력을 행사하였으며, 내키지 않아 하는 소수의 여성 자원자들을 선교지에 불러들이는 결과를 가져왔다.

② 선교사들에 의한 충원:

이 밖에 여선교사들을 충원하는 중요한 방식으로는 해외선교사들이 연설과 설득으로 지원자들의 소명감에 호소하는 것이었다. 안식년 동안 선교사들은 직접적 설득 방법부터 영감을 주는 연설 등 다양한 방법으로 선교사들을 충원하였다.

이러한 충원의 다수가 간접적으로 이루어졌다는 사실은 당시 많은 여성들의 선교 열정이 멀리서 일깨워주기만을 기다리며 잠재되어 있었다는 점을 암시한다. 그리고 그들의 관심이 흔히 한 사람의 영웅이나 역할모델에 집중되었다는 것은 여성들이 그와 같은 소명에 대한 책임성과 과감성을 공유하고 싶어했다는 점을 보여준다. 선교사적 사명을 개인화하는 것은 그들의 야심을 대치하고 비개인적인 것으로 변화시키는 한 방식이었다. 자신들의 욕망에 대한 전적이고 개인적인 책임을 지는 소명을 선택한 여성들의 마지못해 함은 여성적인 망설임 뿐만아니라 자아성취를 기독교적 정숙함보다 덜 칭찬할 만한 것으로 보는 문화에 대한 감수성을 반영하는 것이다.

2) 학생자원봉사운동의 영향

젊은 남녀의 삶에서 아마도 선교봉사에 가장 영향력을 발휘했던 촉매자는 복음주의적 전천년주의자들의 학생자원 봉사운동이었다(Student Volunteer Movement, 이하 SVM). 학생자원봉사운동 출신은 20세기 초 중국주재 해외선교사들의 절반 가량을 차지하였다. 조선에 왔던 여선교사들 중에서 SVM과 관련되었던 여성들이 얼마나 되는지는 현재로서는 파악하기 어렵다. 그러나 류대영(2001)에 따르면 조선주재 미국 선교사들이 공통적으로 보여주었던 신학적 보수성과 개인구원에 대한 절대적 관심은 사실상 SVM의 기본적 특성이었다. SVM 출신들은 젊은 대학생들의 책임의식과 열정에 호소하였다. "우리 세대가 세계를 복음화시키자(The Evangelization of the World in This Generation)"는 구호는 20세기 초 미국의 민족주의를 고무시키는 젊은 세대의 이상이었다.

대학교육을 받은 초기 세대의 여성들은 이미 자신들이 특권층이라는 사실을 감지하고 있었다. 대부분이 독신이었던 이들은 남북전쟁에서 여성들이 발휘했던 모성적 역할을 본받아 국가의 복지와 세계에 대한 특수한 책임의식을 자신들의 소명으로 받아 들였다. 이들은 가족과 국가 전체의 도덕을 수호하고자 하였으며, 제국을 건설하고 있는 미국의 어머니로서 '세계의 어머니(World's Mothers)'를 자처하기도 했다(Kessler-Harries, 1981:109).

이들 여성들에게 대학교육의 의미는 각별한 것이었다. 중국주재 여선교사 제시 안케니(Jessie Ankeny)는 대학교육에서 얻는 무형의 자산에 대해 이렇게 말했다: "대학교육과 견줄 만한 것은 없다. 그것은 돈보다도 나은 특권과 지위를 너에게 줄 것이다. … 그것은 지위와 무엇을 할 수 있는 능력에서 차이를 준다. 그리고 너는 그것 없이는 전혀 가질 수 없는 특별한 자신감을 얻게 될 것이다(Jessie Ankeny to family, 1909.7.10. Hunt, 1984:47에서 재인용)." 미국 농촌지역에 사는 소녀들의 삶에서 자신감은 처음으로 갖게 되는 소중한 것이었다. 대학교육이 준 "뭔가 할 수 있는 능력" 중에서 또 하나 중요한 것은 보다 공적인 사회적 공헌을 계획하기 위해 결혼과 가족에 대한 전통적 기대를 넘어설 용기였다. 많은 여성들이 대학에서의 사회적 경험은 학문적 이득보다 더욱 중요한 것이었다는 데 동의했다. 이들의 특권의식은 구체적인 삶에서 자신의 가치와 능력, 보다 큰 책임감으로 나타났다.

YMCA, YWCA, SVM운동은 대학경험에 의해 해방된 사회적 에너지를 끌어 모으는 역할을 하였으며 이를 매개한 것은 신앙부흥운동이었다. SVM은 1886년 복음주의자 드와이트 무디에 의해 조직된 학생을 위한 첫 여름성서연회의 후속으로 창설되었다. 이 회의의 열기에 감명을 받아 일단의 동급생들이 선교활동에 자신을 바칠 것을 서약하였다. 이후 이들은 1888년까지 약 200개의 캠퍼스를 여행하며 2,200명에게서 서약서를 받음으로써 다음 35년 동안 영향력을 발휘하는 운동단체의 창설에 이르게 되었다.

이들의 모임은 많은 여대생들에게 회심과 유사한 강력한 경험을 제공하였다. 그리고 한정된 대학 과정기간이 끝나면 새로운 삶의 관점을 얻을 수 있는 기회도 끝날 수 있다는 위기의식이 선교봉사를 지원하는 촉매역할을 하기도 하였다. 선교사의 삶은 학생자원봉사대의 엘리트적 동지애를 익히 알고 있던 사람들에게 대학생활에서 맛본 집단적 열정의 연속선 상에 있는 것처럼 보였던 것이다. 20세기의 선교전위 집단에 들어갔던 선교사들의 대부분은 학생 자원 봉사대를 통한 세대내적 압력에 의해 그 가입이 촉진된 것이었다. 그러나 이러한 자원자들이 새로운 선교소명에 대응하기까지는 그들의 종교적, 가족적 배경이 있었다.

그러나 이러한 가족적 배경과 캠퍼스 자원봉사대가 반드시 전문직 여선교사를 생성시켰다고 말할 수는 없다. 부모의 직업, 가족의 정향, 일 경험 등은 여성들의 개인적 의지에 더해지는 보충적 요인들이었다. 무엇보다도 선교봉사를 지원한 여성들은 전통적인 삶의 대안들보다 더한 것을 원했던 사람들이다. 어떤 이들은 보다 큰 성취기회를 원했고, 어떤 이들은 보다 큰 명성을, 어떤 이들은 만족감, 독립성, 모험, 지위를 원했다. 그러나 그들은 자신들의 초월(transcendence. 보봐르의 용어)을 가능케 해 줄 프로젝트에 참여하기를 원했다.

여기서 자아해방에 대한 이들의 열망이 자기희생의 언어로 표현되었다는 것은 하나의 역설이다. 이들의 영광과 모험에 대한 야망은 극단적 이기심과 극단적 이타심이 갈등하는 장소였다. 해외선교봉사는 분명 결혼에 대한 관심을 포기해야 하는 이타적 행위였지만, 영웅적 삶을 통해 독립적으로 무엇인가를 성취하는 삶을 살고자 하는 야망은 이기적인 것에 속했기 때문이다. 이렇게 볼 때 여성적 자기희생이라는 수사법은 해외 선교지에서의 자유가 활성화시켜줄 이들의 열정을 감추는 것이었다.

제 3 절 성별화된 선교사명과 역할

이 절에서는 미국 사회의 당시 공사영역개념과 성별화된 조직구조와 문화를 가지고 있었던 선교사공동체 내에서 재한 여선교사들이 어떠한 선교사명과 역할을 맡고 있었는지를 살펴보고자 한다.

비록 조선에 주재했던 주부, 전문직 여선교사들의 교육적 메시지가 다를 수 없었고 이들의 역할도 교회와 학교를 교차하고 있었지만, 기독교 가정의 이상적 여성상을 구현해야 했던 선교사 부인과 이러한 여성상을 공적 영역에서 구현하기 위해 독신생활을 강요 받았던 전문직 여선교사들에게 기대되는 선교사명과 역할은 크게 달랐다. 그리고 양 집단이 갖는 권한에서도 차이가 났으며, 그 차이는 시간이 흐를수록 더욱 확대되었던 것으로 보인다.

1. 주부선교사

19세기 말−20세기 초 미국 여성들이 선교사와 결혼하는 것은 낭만적인 결정인 동시에 직업적, 종교적 결정이었다. 선교사 훈련학교나 혹은 학생자원봉사운동(Student Volunteer Movement)에서 남편을 만난 여성들은 이미 선교봉사를 결심한 상태였으며 결혼은 이러한 결심을 강화시켜주었을 뿐이다. 다른 말로 하면, 선교사 남편과의 결혼은 하느님의 도구로서 소명을 완수하고자 하는 의지가 없이 함부로 결정할 수 없는 문제였다. 예를 들어 이화학당의 교육전문 선교사였던 쟈넷 월터(Jeannette Walter)는 1905년 한 교회부흥회에서 선교를 위해 헌신할 것을 결심하였는데, 마침 같은 뜻을 가진 한 청년의 제안으로 선교봉사활동 지원서를 함께 내게 된다. 그녀의 약혼은 그 이후에 이루어졌다. 그녀는 그 당시를 이렇게 회고했다; "학생 자원봉사자가 되겠다고 하는 우리들의 결심은 완전히 개인적인 것이었다. 다만 그 때부터 우리는 함께 계획을 세우기 시작한 것이다(Walter, [1969];29)."[13] 월터

---

13) 월터의 약혼자는 1907년 멕시코에서 선교활동을 벌이던 중 천연두에 걸려 사망하게 되는데, 월터의 조선행은 이후에 결정된 것이다. 그녀는 그 후 60년 동

는 약혼자의 예기치 못한 죽음 이후 다시 결혼을 생각해 보지 않았다고 전한다. 이렇듯 기·미혼을 막론하고 대부분의 여선교사들에겐 함께 하느님을 섬기는 동반자적 관계에 기초한 결혼만이 의미가 있었던 것이다.

주부 선교사들은 일반적으로 자신들이 꿈꾸어 온 선교사업을 수행하고자 하는 야망과 개인적 재능과 자원을 갖추고 있었다. 아내와 남편은 자신들이 하느님의 일을 함께 한다는 가정을 공유하였다. 이러한 생각은 조선의 성별에 따른 공사영역 분리와 사적 영역 내의 엄격한 공간·역할분리 문화에 의해 더욱 강화되었다. 즉 이러한 문화를 바탕으로 남편은 이방의 남성들을, 아내는 사적 영역 내의 여성공간과 역할에 묻혀 살았던 여성들을 돌본다는 기획이 수립되었던 것이다. 분명 선교사 남편과 아내는 완전하게 평등한 관계가 아니었다. 그러나 그들은 '이방 종교들이 여성에게 부여하는 열등한 지위를 기억'하면서 자신들의 불평등보다는 그리스도의 축복으로 인해 남녀가 함께 '보다 풍요로운' 삶을 살 수 있게 된 것에 감사하며 살았다 (Noble, 1931: 75~6). 새로 부임한 선교사들에겐 자신들이 공유하는 목적이 더욱 중요했다. 즉 남편과 아내는 하느님이 명하시는 곳에 가서 복음을 전하는 일에 헌신하는 것을 자신의 소명으로 알았으며, '그들의 백성들'[14]과 동등한 관계를 가지기를 기대했다. 그들은 각각 조선의 남녀신자를 돌보는 목자이자, 예수의 제자, 형제·자매였다.

한마디로 남편과 함께 오랜 항해 끝에서 기다리고 있을 자신들의 운

안 한번도 관심을 가질만한 사람을 만나지 못했다고 적고 있다 (Walter, [1969]; 38).

14) 그들은 조선을 자신들의 선교지라 불렀으며, 조선인들을 하느님이 자신에게 전도를 명하신 하느님의 백성이란 뜻에서 '나의 백성들'이라 부르기를 좋아했다.

명을 향해 고향을 떠나 온 이 여성들은 순진하였으며 용감하였다. 이들은 1870년대 초부터 1920년대까지 전 북미지역을 지배했던 해외 선교사 부인들에 대한 신기하고 낭만적인 이야기에 자신들의 신앙과 소명의식을 덧대어 자신들의 삶을 계획했던 것이다. 그들이 기대하는 대가는 오직 하느님께서 명백히 원하시는 일을 하도록 자신에게 허락해 줌으로써 자신의 헌신적 결단을 명예롭게 해 주는 것이었다. 그러나 대부분의 경우 이들은 물 설고 낯 설은 이방에서 '선교사 가정(missionary home)'을 이루고 살면서 자신의 가장 신성한 야망을 이루는 것이 어떠한 것인지에 대해 구체적으로 따져볼 여지도 없이 하느님이 그들을 위해 예비하신 계획을 믿고 왔을 뿐이었다. 이들에겐 자신들의 선교사명과 임신, 출산, 양육과 가사일에 대한 책임을 어떻게 감당할 것인지에 대한 구체적인 계획도 없었거니와, 제도 내에서 자신들이 차지하는 모호한 지위가 어떠한 결과를 초래할 지에 대해서도 별다른 계산이 없었다.

그러나 이상적인 기독교 가정을 구현하는 일 자체가 중요한 선교사업의 일환이라고 하는 남녀, 기·미혼을 막론한 선교사 공동체의 일치된 합의에도 불구하고, 주부선교사들이 겪는 내적 갈등과 생활 상의 어려움은 "무엇이 정상적인 주부선교사의 삶인가?"에 대한 끊임없는 논란을 불러 일으켰다. 낯선 이방에서 새로운 삶을 개척하는 선교공동체에 속한 주부선교사의 선교영역과 일은 그것이 기존의 공사구분의 경계를 무너뜨리는 측면이 있었던 만큼 끊임없는 논쟁의 주제가 되었던 것이다. 또 주부선교사의 구성으로 볼 때에도 어떠한 적극적 활동도 마다하는 경우부터 거의 전일제로 일하고 싶어하는 경우까지 다양한 견해들을 둘러싼 갈등이 상존했다. 이러한 사실은 *The Korea Mission*

Field 에 실렸던 '선교사 가정'에 대한 남편, 주부선교사들의 여러 기고문들을 통해서 확인된다 (The Husband of One of Them, 1920; 255~8, Scott, W. M. et. al., 1922:219~223, Preston, Annie S. Wiley et. al., 1931: 67~72).

주부선교사들의 일은 실로 다양했다. 전도사업에 참여해야 하는 것은 물론이고, 모범적 기독교 가정과 가족관계를 유지해야 하는 것은 기본이었다. 한편 자신들을 지켜보는 모든 사람들, 즉 다양한 국적을 가진 친구와 방문객들, 가사일을 위해 고용했던 하인들[15]에게 그리스도의 사랑을 보여줘야 하는 삶을 통해 당시 미국의 중산층 주부들 중에는 흔치 않았던 가사와 일의 병행 과제를 수행해야 했다. 케슬러-해리스에 의하면 1920년대 미국에서도 아이양육과 경력을 병행하는 것은 단지 용감한 일부 여성들에게나 가능한 일이었다. 이러한 여성들은 과히 '신여성'이라 부를 만한 사람들이었으며, 대부분의 여성들은 가사일에 전념하였다. 1920년 인구조사에 의하면 미국의 유배우 기혼여성 중에서 임노동에 종사하는 여성들은 9% 정도였으며, 이들 대부분은 저소득 계층에 속했다 (Kessler-Harris, 1981:126).

---

15) 선교사 가정의 구성에 개입하는 다양한 관계에 대해서는 Mattie W. Noble의 다음 글을 참조하였다; Yes, the missionary home should be a blessed light lighting many other homes in the beauty and peace of a well guided household; with its daily family devotions; its fellowship of the husband and wife' its comradeship of well disciplined, respectful, joyous children; in the gracious entertainment of friends and strangers of the various nationalities; in the co-operating fellowship between mistress and servants; in the observance of special Christian anniversaries' in the various kinds of Christian service that emanate from the home (Noble, 1931:78).

1) 주부선교사들의 임신·출산·양육과 가사일

전문직 여선교사와 다른 주부선교사들의 경험의 차이를 가져오는 주요한 요인 중의 하나는 결혼으로 인한 가사일과 임신·출산·육아의 부담이었다. 이 때문에 주부선교사은 독신 여선교사들만큼 일을 통한 보람을 느끼지 못한 것도 사실이었다. 그러나 이들은 만일 하느님의 뜻이 아니었다면 내게 남편과 아이들을 주시지 않았을 것(Van Buskirk, 1931:71)이라는 신앙으로 살았으며, 생명의 출생과 죽음을 신의 손에 맡긴 사람들처럼 살았다. 예를 들어 감리교 최초의 선교사 헨리 아펜젤러(Henry G. Appenzeller)의 아내 엘라(Ella)는 1885년 6월 임신한 몸으로 조선에 입국하여 그 해 11월 9일 딸 엘리스(Alice)를 낳게 되는데, 그녀의 출산을 도와 준 이는 이화학당의 초대 당장이었던 메리 스트랜톤(Mary F. Scranton)이었다. 엘라는 얼음처럼 찬 방에서 아이를 낳게 되었으며 아이를 찬 데 누일 수 없었던 스크랜톤 여사는 아이를 밤새 품에 안고 있었다고 전한다 (Shin Lee, 1989:10).

아마도 이들을 가장 괴롭힌 문제는 육아과정에서 겪게 되는 아이들의 질병과 죽음이었다. 선교활동을 위해 자신들이 아이를 위해 최선이라고 생각하는 육아법을 그대로 실천할 수 없는 조선의 현실과 어쩔 수 없이 타협해야 했을 때, 말라리아, 이질, 콜레라 등으로 아이를 잃는 일을 운명처럼 받아 들여야 했을 때, 이들은 자신을 조선과 조선인들에게 보낸 신의 뜻에 순종하는 신앙으로 쓰라린 마음을 달래야 했다. 마티 노블(Mattie W. Noble)은 1898년 8월 15일 죽어가는 딸을 간호하면서 그녀의 일기에 이렇게 적어 놓았다; "조선과 조선인들이 우리들에게 엄청난 값을 지불케 하고 있구나!" 그러나 1899년 5월 다시 두 아이들이 동시에 아파서 오랜 시간 간병으로 집을 떠날 수 없었을 때,

일기에서 조차 좀처럼 자신의 부정적 감정을 표현하지 않는 그녀였지만 "모든 시간과 힘을 송두리채 앗아가는 사건 앞에서 많은 어려움을 겪자니 외로운 것 같다"고 고백하고 있다(한국기독교역사연구소, 1993:72, 76). 낯설고 두려운 조선의 환경은 처음 도착한 선교사 부부들이 적어도 일시적으로 함께 가사와 양육에 참여할 수 밖에 없는 조건이 되어 주었다.

헌터에 따르면 남선교사가 아내를 도와 가사일을 하는 것은 당시 해외 선교사 가정들에서만 볼 수 있었던 새로운 패턴이었다. 당시 미국 사회에서는 아들이 가사일을 돕는 것은 보통이었지만 남편이 아내를 돕는 것은 드문 일이었다는 것이다(Hunter, 1984:92~3). 여기서 다시 마티 노블의 1894년 12월 26일의 일기를 인용하면, 마티와 그녀의 남편 아더(Arthur)는 자신들이 초대한 이웃에 사는 스무 명의 한국 여성들과 경비대 남성들을 위한 파티를 위해 주방에서 케이크와 팝콘을 각각 준비하였으며, 사람들이 모인 후에는 아더는 자신의 방에 몇몇 남성들을 모이게 하고 마티는 아홉 명의 여성들과 열 명의 아이들을 모아놓고 말씀을 전했다. 그러나 가정은 전통적으로 여성의 영역이었기 때문에, 서너 명의 하인들을 통솔하면서 대부분의 육아와 가사일을 지휘하는 것은 마티의 몫이었다. 이로 미루어 조선의 선교사 가정의 관리와 경영을 주도한 것은 주부선교사들이었다는 점은 쉽게 짐작할 수 있다.

그리고 자녀의 출산시기나 간병시기 또한 남성들이 아내를 도와야 하는 중요한 시기였다. 초기 조선의 선교사 부부의 관계는 동반자적 관계를 보여준 측면이 있었다. 그러나 이는 선교사업 참여의 측면이 아니라 가사의 유지와 관리에서의 동반자 관계였다.

2) 주부선교사의 이중역할

임신·출산·육아 외에 당시 선교사회 내에서 주부선교사들이 맡았던 역할은 크게 두 가지 범주로 나눠질 수 있다. 그 하나는 남편을 돕는 내조자로서 선교회의 전도사업에 참여하는 종교적 책임이었고, 다른 하나는 남다른 부부관계와 부모─자녀관계를 통해 기독교 가정으로서의 향기를 전하는 동시에 모든 지역사회 사람들에게 가정을 개방하는 친절과 기독교적 가치관을 지닌 모범적인 선교사 가정을 유지하는 아내와 어머니로서의 가정적 의무였다.

우선 이들의 종교적 책임을 살펴보면, 주부선교사들은 자신들의 '직무'를 자동적으로 수용하였으며 교회는 그녀의 봉사를 당연히 기대했다. 교회의 가부장들은 이들의 전도사업이 선교사와 결혼하여 성서적 의미의 "내조자(Helpmeet)"가 된 여성의 의무라고 간주했던 것이다. 대부분 무급으로 일했던 주부선교사들에게 이들이 기대한 것은 남성이 접근할 수 없었던 조선의 여성들을 가가호호 방문하고 여학교를 운영하면서 남편의 전도사업을 돕는 것이었다. 그들은 남편이 하는 일에 따라 전도자도 되고, 교육자도 되고, 의료선교사도 되고, 사회사업가, 가정학 교사, 어린이 양육법 지도자, 음악교사, 유치원 교사 무엇이든 되어야 했다(The Husband of One of Them, 1920; 255). 그리고 이들 전도사업에 대한 관심의 비중은 자신의 욕구보다는 자신이 처한 교회와 선교회의 필요에 달린 문제였다.

이러한 타자에 의해 제한된 역할기대는 처음 내한하여 받는 한국어 훈련과정에서부터 남성들에게 뒤지는 결과를 가져왔던 것 같다. 분명 한국어를 모르고서는 선교사들의 학력도 교양도 아무런 소용이 없는 것이었다. 헌틀리(Huntley)에 따르면 한국어 학습은 선교사들의 자신감을 크게 높여주지는 못했지만, 그들의 오만함을 벗겨내고 겸손을 되찾게 해주었다(1984; 26). 그만큼 한국어 습득이 어려웠다는 이야기다. 애니 베어드(Annie Baird)에 따르면, 한국어 학습은 처음 삼년 동안은 자신의 문학적, 사회적 취향을 단념하고 한국어 학습에만 매달려야 '하느님이 약속하신 땅'이 멀리 보일 만큼 결코 나태해서는 습득될 수 없는 것이었기 때문이다.16) 그러나 아이가 없이 처음 도착한 선교사 부부들에겐 이것이 큰 문제는 아니었던 것 같다. 함께 언어를 배우고 각자가 맡은 성별화된 집단에서 말씀을 전하는 일 모두가 자신들이 꿈꾸었던 이상에 근접하는 것이었다.17)

언어훈련 초기의 평등은 선교사회의 남편과 아내에 대한 역할기대의 불평등 때문에 깨져 버리기 일쑤였다. 기록에 의하면 선교사들의 언어능력의 중요성 때문에 19세기 말부터 조선의 선교사회는 3년에 걸친 삼 단계의 언어시험을 제도화하였다. 그러나 이러한 시험은 선교사 남편들을 겨냥한 것이었기 때문에 주부선교사들의 수행에 거는 기대는 크지 않았다. 한 익명의 남선교사는 그의 기고문에서 다음과 같이 적고 있다. 주부선교사들이 "적어도 첫해의 언어시험을 치르지 않는 것은 변명의 여지가 없는 것이다; 두 번째 시험도 기대하는 것이 당연하다; 세 번째 시험도 꽤 가능한 일이다. 여기에 예외는 있을 수 있겠지만 많아서는 안 된다 (The Husband of One of Them, 1920: 257~8)." 물론 이것은 여성들의 임신·출산·양육책임과 학력, 건강상태 등을

---

16) Annie Baird (1913), *Inside Views of Mission Life*, Cambridge: Harvard University Press, pp.28~30 (Huntley, 1984:27에서 재인용).
17) Noble 일기 1892년 11월 27일에는 이들 부부가 함께 아침부터 주기도문을 배우고 오후에는 동산에 올라 저녁식사 전까지 그것을 외웠다는 기록이 있다(한국기독교역사연구소, 1993:23).

고려하여 여성들을 보호하고자 하는 남성들의 기사도 정신(chivalry)에 기인하는 것이었다.

그러나 이러한 주부선교사들의 한국어 능력에 대한 차별화된 기대 수준은 주부선교사들의 권리를 제한하는 힘으로 작용하였다. 예를 들어 1910년대 선교사회는 주부선교사의 투표권 자격을 3차 언어시험에 통과한 사람으로 제한하는 규정을 둘 것인지에 관한 논쟁을 벌이고 있었다. 이에 대해 베어드(Baird)는 그녀의 *KMF* 기고문에서 주부선교사들에게 이러한 기준에 의해 투표권을 주지 않는다는 것은 부당하다는 논지를 분명히 하고 있다. 왜냐하면 주부선교사들이 2차·3차의 언어시험을 미루게 되는 이유는 어린 아이들을 돌보고 훈련시키는 데 오랜 시간이 걸리기 때문이지 여성들의 언어능력이나 배우고자 하는 의지가 부족해서가 아니라는 것이다.

> "지난 22년 동안 나는 기혼 여성들이 2차, 3차 시험을 신청하여 실패하는 경우를 보지 못했다. 한국어 수강생들에게 모든 도움이 개방되어 있는 지금 언어시험은 누구에게도 걱정거리가 아니다. […] 그들은 모두 어린 아이들의 어머니였고 이들 중 몇몇은 건강문제로 방해를 받았지만, […] '백년이 걸려도 이 언어를 습득하고야 말겠다'는 이들의 결심에는 변함이 없었다(Baird, 1913:36)."

이 모두는 남성들의 일을 암암리에 우선시하는 선교사회의 권력구조가 남편들로 하여금 언어능력과 성취도에서 아내들보다 앞서게 하는 배경이었다는 것을 말해주는 것이다.

이렇듯 주부선교사들이 자신들의 직분을 수행하는 데서 만나게 되는 어려움은 제도 내에서 그들이 가졌던 모호한 지위와 연관되어 배가되었다. 즉 이들은 조직상 남선교사 중심의 선교회 본부의 연봉과 지원을 받고 있었지만, 그들의 일은 분리된 여선교회의 통제와 행정지도를 받는 분야에 속한 것이었다. 중국, 인도의 선교활동[18]을 통해 '여성의 일'을 개척해 낸 선구자였던 주부선교사들은 점차 자신들의 위치가 불확실하며 권위에도 문제가 많고, 노력에 대한 보상도 따르지 않는다는 것을 깨닫게 되었다. 선교자금의 지속적 확보를 위해서는 확실한 성과를 우선시 할 수밖에 없었던 여선교회 본부가 아이들이 달린 주부선교사들을 지원하는 일은 거의 없었다. 여선교회는 선교지의 주부선교사들의 일에 대해 적대적이지는 않았지만, 이들의 일을 특별히 지원하지도 않았다. 그들은 주부선교사들과 그들의 일은 선교회 본부의 재정적, 행정적 책임 소관으로 간주했던 것이다.

2. 전문직 여선교사

조선 주재 선교사 공동체 내에서 전문직 여성들이 다른 선교사들과 한 가족처럼 어울렸으며 하나의 공동체 의식을 가졌던 것은 사실이지만, 그로 인해 이들 사이에 내재하는 정치적 권력관계에 변화가 있었던 것은 아니었다. 이들의 분리된 영역은 선교사회 전체에 대한 영향력의 범위를 축소하고, '여성의 일'에 속하는 문제로 그들의 공식적 목소리를 제한하였다. 이런 점에서 전문직 여선교사라는 직업은 미국의 교사직, 간호직과 같은 성분리적 서비스직을 닮아 있었다. 역사가들은 선교직이 여성들이 남성들과 상대적인 평등 속에서 여성으로서의 성

---

18) 미국의 북감리교 여선교회의 역사에 따르면 중국선교는 1848년, 인도선교는 1856년에 시작되었다. 1869년 인도에 처음으로 전문직 여선교사가 파견되기 전까지 중국과 인도에서 여성의 일을 개척한 여성들은 선교사들의 아내, 즉 주부선교사들이었다 (Isham, 1936).

취감을 맛볼 수 있는 분야였다고 주장했다.[19] 그러나 선거권, 임금, 결혼의 권리에서 여성들이 경험했던 불평등은 선교사들의 성취가 다른 방식으로 평가되어야 한다는 점을 제시한다.

1) 선거권, 임금, 결혼의 권리에서의 불평등

여성들의 선거권에 대한 정책은 교단마다 달랐지만, 여성들의 권리를 제한하는 것은 공통적이었다. 예를 들어 1899년 조직된 '미감리회 부인회(Korea Woman's Conference)'와 1905년 조직된 남감리회의 '국내외여선교회(Woman's Home and Foreign Mission Society)'[20]는 1930년 남·북 감리교가 합동해서 이루어진 '기독교조선감리회'가 탄생하고 1931년 남·북감리교 여선교회가 합동한 '기독교조선감리회 여선교회'가 결성되기까지 분리된 여성연회를 유지하였다. 그리고 여성들도 목사안수를 받게 된 1931년까지[21] 자문 자격을 제외하곤 안수 받은 목사로 제한되어 있었던 선교회 총회의 의결과정에는 참여하지 못했다. 한편 1898년 평양 널다리골에서 시작된 장로교회 여선교회의 경우, 해방 후까지 여성들의 선거권, 발언권은 부여되지 않았다. 일반적으로 조선 주재 여선교사들은 "여성들의 일에 관한 문제에 한하여" 참여 권

---

19) Page Smith(1970)는 *Daughters of the Promised Land*의 181쪽에서 선교분야는 실제로 미국생활에서 여성들이 남성들과 다소 평등한 직업적 지위를 누릴 수 있는 첫 영역이었다고 말했다.(Taylor, 1979;27에서 재인용).
20) 이덕주의 연구에 따르면, 남감리회 여선교회 기원에 관해서는 자료마다 해석이 다르다고 한다. 이에 관한 자세한 논의는 이덕주(1991), 『한국감리교 여선교회의 역사』, 189~93쪽을 참조.
21) 한국에서 여선교사들에게 목사 안수 자격이 주어진 것은 감리교회가 처음으로, 1930년 남북 감리교가 합동해서 이루어진 '기독교조선감리회' 탄생 이듬 해인 1931년 6월 14일 처음으로 14명의 여선교사들에 대한 목사 안수식이 이루어 졌다(이덕주, 1991:177, 354).

한을 부여받았으며, 그나마 중요한 정책위원회의 여성참여 자격도 여성의 일을 대표하는 상징적인 인물들로 제한되었던 것이다.[22]

그러나 여성들의 종속적 지위는 각 교단의 법규 때문만은 아니었다. 교회정책과 교단들이 미국 내에서의 안수자격과 선교지에서의 선거권 자격을 규정했지만, 전문직 여선교사들의 임금과 봉사기간, 선발조건을 규정한 것은 독립된 여선교회였기 때문이다. 이들 여선교회의 결성목적은 직접적인 여성들의 평등증진이 아니었다. 예를 들어1869년 처음 결성된 미국의 북감리교 여선교회(Woman's Foreign Missionary Society of the Methodist Episcopal Church: 이하 WFMS) 는 같은 해 6월에 발간한 첫 정간물인 *Heathen Woman's Friend*에 조직의 목적과 관련한 의결사항을 발표했다. 이 조직은 "이방의 여성들을 위한 선교사역에 대한 요구에 응하려는 노력"의 일환이며, 선교사 총회의 보조기구는 아니지만 총회의 자문과 승인 하에 일을 추진할 것이라는 점을 명시하고 있다. 한마디로 여선교회는 공적 영역에서 조직된 '세계의 어머니'를 대표하는 기구[23]였으며, 이는 곧 당시 성별 위계구조 내에서 전문직 여선교사들이 차지하는 위치를 말해 주고 있는 것이다.

한편 여선교사들의 연봉수준은 여선교회의 평등에 대한 입장을 말

22) 예를 들어 이덕주의 연구에 따르면, 1931년 '기독교조선감리회 여선교회' 결성을 주도한 미감리회 부인회의 경우, 초기엔 독신, 기혼 선교사들간의 협력 기구로 출발했으나 점차 그 권한이 강화되어 선교비 분급과 선교학교 운영, 선교사와 전도부인 파송 및 임명 권한을 갖는 실질적인 정책기구로 발전했다. 그런데 여선교사와 전도부인 파송 권한을 갖고 있는 '평가위원회(Committee on Estimates for Appropriations and on Appointment of Workers)'는 미감리회 해외여선교회 소속 선교사들로만 구성하도록 되어 있었다고 한다. 이는 실질적인 권한은 전문직 여선교사들에게만 주어져 있었다는 것을 말한다(1991; 176~7 참조).

23) 이러한 표현은 WFMS 결성을 주도한 Mrs. McDowell의 남편이었던 McDowell감독이 1911년에 했다는 다음과 같은 말에 근거한다; "The Woman's Foreign Missionary Society is organized motherhood for the world (Isham, 1936:61)."

해주는 것이었다. 여선교사 제도에 대한 미국 내 역사가들의 연구는 "모든 선교사들이 희생적으로 봉사하였지만, 여선교사들은 일반적으로 단순한 생계유지 수준의 임금을 받았다는 것이다."[24] 미국 내의 교회사업에 종사하던 여성들과 마찬가지로, 여선교회 조직들은 일반 사회조직이 남성들에게 지불하는 평균임금보다 적은 임금을 지불하였다. 조선의 경우, 1888년 8월 장로교 선교회 예산에 따르면, 1887년 북장로교단의 알렌(Allen) 부부는 1,400달러, 헤론(Heron) 부부는 1,300달러, 언더우드(Underwood)는 800달러, 전문직 여선교사 에니어 엘러스(Annie Ellers) 또한 800달러의 연봉을 받았다. 감리교 선교사들의 경우 부부 선교사들은 1,200달러에 아이 한 명 당 100달러를 추가로 받았으며, 전문직 여선교사들의 경우 정규급 600달러에 '예비비' 명목으로 150달러를 받았다. "두 집단 모두 해외 선교회로부터 주택을 제공 받았으며, 감리교인들은 '주요 가구(heavy furniture)'도 제공받았다 (letter from S. L. Baldwin to Ellingwood, 1888년 10월, 〔Huntley, 1984:189〕에서 재인용)."

한편 류대영의 연구에 따르면, 19세기 말 미국의 장로교 (남녀) "독신 선교사의 연봉은 대체로 700불에서 900불 정도였으며,[25] 기혼자는

---

24) 이러한 진술에 대해 류대영(2001)은 당시 미국인들의 소득수준을 조사하여, 미국 내의 기독교 교역자들과 당시 조선에 진출했던 유럽출신의 개신교·천주교 선교사, 캐나다 개신교 선교사, 공·영사관 직원들, 그리고 미국 선교사들이 고용했던 한국인 조사들의 임금 등을 비교하여 이들의 생활수준이 상당히 높았다는 점을 지적하고 있다. 미국과 조선사회의 생활수준의 엄청난 격차가 존재했다는 사실은 여선교사들이 남선교사들과의 임금차별에도 불구하고 이를 크게 문제 삼지 않을 수 있었던 조건이 된다고 생각한다. 그러나 이 장에서 연구자가 다루고자 하는 것은 미국사회의 가부장적 성별위계 질서의 지배를 받던 조선 주재 여선교사들의 문제이기 때문에, 당시 한국인들과의 생활수준 비교는 따로 다루지 않을 것이다 (류대영, 2001:81~7).

25) 류대영이 Willford I. King, et al., Income in the United States: Its Amount and Distribution, 1909~1919 (New York: National Bureau of Economic Research, 1921), pp.98~104의 자료를 인용하여 제시한 〔미국 근로자의 연평균 수입〕에 관한 자

1,100달러에서 1,200달러를 받았다고 한다. 선교사 부인은 사실상 선교사로서 활동했지만 따로 보수를 받지 못하였다. 자녀가 있을 경우에는 그 수에 따라 수당이 더해졌는데, 선교사들 중에는 여러 명의 자녀를 두고 있는 경우가 많아서 봉급과 수당을 합하여 1년에 2,000달러씩 받는 경우도 적지 않았다(류대영, 2001: 81)." 이와 같이 일반 선교회 본부는 부양가족에 대한 지원을 포함하는 일종의 가족임금을 지불하고 있었기 때문에 의미 있는 임금수준 비교는 어렵지만, 전문직 여선교사들의 생활수준은 선교회 본부 소속 선교사들의 생활수준보다 떨어졌던 것 같다.

선교회 본부와 여선교회 모두 봉사기간에 대한 규정은 엄격했다. 감리교 여선교회에서는 최소한 5년의 봉사기간을 규정하고 있었다. 전문직 여선교사의 가장 논쟁적인 조건은 독신으로 남아있어야 한다는 유언·무언의 기대였다. 예를 들어 1888년 의료선교사로 부임했던 릴리아스 호턴(Horton, Lillias Stirling)의 경우 도착 직후부터 '곧 결혼할 것'이라는 근거 없는 추측에 시달려야 했다. 이에 마음이 쓰인 릴리아스는 어머니에게 다음과 같은 편지를 썼다; "엄마, 전 결혼하지 않을 거예요. 나는 그리스도와 그의 사역에 바친 몸인걸요(Leonora Egan, *Fifteen Years Among the Top-Knots*, p.380. Huntley, 1984:51에서 재인용)." 따라서 이러한 기대와 맹세를 깨고자 할 경우, 여성들은 여선교회 본부와 조선의 선교사업 전체 계획에 큰 차질을 초래하는 만큼 많은 선교사들의 비난과 불평을 감수해야 했다.[26]

료에 의하면, 1913년도 가치를 기준으로 할 때 1909년 평균수입은 656달러, 1910년 671달러, 1911년 659달러였다.

26) WFMS의 경우 최소임기 5년의 규정은 1872년 Carrie McMillan이 선교회 총회 소속 P.M. Buck목사와 결혼했던 사건과 관련된다. 결혼한 여성의 경우 소속을 선교회 총회로 옮겨야 하는 규정 때문에, 그녀의 일을 지속할 수 없게 되면서 미

실제로 릴리아스의 결혼으로 유능한 일꾼을 잃게 된 의료선교사 헤론(Heron, John, W.)은 '일년 내에 결혼할 것이 뻔한' 여의사를 그래도 요청해야 하는지를 묻는 반 농담 반 진담의 편지를 미국 북장로교 선교회 총회 본부로 보낸 바 있다(Heron to Ellinwood, Nov.6, 1888. Huntley, 1984;53에서 재인용). 그러나 여선교회 본부는 궁극적으로 결혼을 막을 수는 없었다. 다만 첫 임기기간 동안 결혼을 '선택'할 경우 설사 남선교사와의 결혼이라도 여행비에 대한 상환을 요구하였다(Isham, 1936:36).[27]

이렇듯 여선교회의 성공은 기독교 여성의 여성적인 자기희생을 제도적으로 전유하는 것에 달려 있었다. 전문직 여성들에 대한 저임금과 위약 시 상환요구는 여선교회가 부양 가족들까지 지원해야 했던 선교회 본부보다 훨씬 많은 비율의 지원금을 사업비로 돌릴 수 있게 해주었다. 여선교회를 관리했던 여성들은 노동에 대한 부적절한 보상을 이용하여 전문직 여선교사들을 착취하고 있었는지 모르지만, 여선교사들은 기꺼이 착취당하기를 원했다. 자기 희생을 통한 봉사는 여성들이 자신의 일을 정당화할 수 있는 명분이었으며, 그들의 사회적 자원들을 용이하게 이용할 수 있도록 해주었다. 한마디로 여선교회는 당시 미국이 보유했던 풍부한 고학력 여성들의 노동력과 자기부정의 에너지를 활용하여 단체의 집단적 평판과 도덕적 입지를 높일 수 있었다고 할 것이다.

국 여선교회 본부의 계획에 큰 차질이 생기게 되었던 것이다(Isham, 1936;35~6).
27) 이 사건에 대한 조선 주재 여선교사들의 반응이 어떠하였는지는 알 수 없으나, 같은 일을 겪었던 중국 주재 조합교회(Congregational Church) 여선교사들의 경우 주부, 전문직을 막론하고 "결혼과 같이 신성하고 개인적인 일에서 한 여성의 양심과 그녀의 하느님 사이에 들어서고자 하는 개신교 기관의 정책"에 대해 항의문을 보냈다는 기록이 있다(Hunter, 1984:86).

헌터의 연구에 따르면, 여성들이 선교지에서 종속적 지위를 차지할수록, 연봉이 적고 주거환경이 열악할수록, 미국의 여선교회 본부는보다 큰 지급 능력을 가질 수 있었다. 이는 남선교회보다 여선교회가 돈이 많아서가 아니라, 기금을 보다 더 경제적으로 할당하였기 때문이다(Hunter, 1984:86~7). 본부의 모금운동에 영향을 미칠지도 모를 여선교회의 독자적 모금운동은 모금과 관리방식을 둘러싸고 본부 지도자들과의 수도 없는 논쟁과 문서교환을 통한 협상 끝에 승인된 것이었다. 그 협상의 주요 내용은, 여선교회가 선교회 본부의 활동을 위한 모금을 방해하지 않는다면, 선교회 본부는 "선교회 본부에서 파견한 가족들이 있는 선교지에만 여선교사들이 들어갈 수 있다"는 규정 하에 본부 선교사들과 강한 연동관계를 가졌던 여선교사들의 활동을 보장한다는 것이었다(Hunter, 1984:86, Isham, 1936:15~7).

2) 페미니스트 의식의 은폐와 분산

이러한 여선교회 본부의 모금운동과 사업수행 능력은 사업자금 조달에 어려움을 겪고 있는 선교회 본부들로서는 매우 매력적이었던 것으로, '여성의 일' 영역이 도입된 이후에도 각 선교회 본부는 여성의 일을 자신들의 통제 하에 재통합코자 지속적으로 노력을 기울였다. 미국의 선교회 본부가 '종속이 아닌 협력'[28]을 외친 '이방 여성들을 위한 여성들만의' 자율적 조직인 여선교회 활동에 대해 이와 같이 큰 관심을 갖게 된 동기는 무엇일까? 이는 페미니스트 의식과 관련하여 많은

---

28) *Valorous Ventures*라는 미국 북감리회 여선교회의 역사를 저술한 Isham(1936)에 따르면, WFMS의 창설자들은 자신들의 일이 남성들에 의한 남성들을 위한 일에 종속되는 것이 아니라, 협력관계를 가질 것을 원했다 (Isham, 1936:14).

역사가들의 관심을 끈 대목이다.

이들의 의견은 대개 두 가지로 대별된다. 하나는 "여선교회의 노력이 여성참정권운동과 여권운동을 위장한 것이 아닐까 하는, 당시 널리 퍼져 있었던 남성적 두려움"을 동기로 제시하는 이론이다 (페미니즘에 대한 공포 가설). 다른 하나는 남성들이 해외에서의 여성의 일을 선호하였다는 사실과 관련하여, 이는 이들의 운동이 미국 내 페미니즘 에너지를 분산시킴으로써 보다 큰 혼란을 막을 수 있었기 때문이라는 것이다(페미니즘 분산전략 가설).[29] 교회 남성들이 여선교회 운동이 갖는 페미니스트적 잠재력 때문에 두려워 한 것은 옳았을까? 여성들의 해외에서의 지위 향상은 당시 여성들의 열정을 보수적 방향으로 돌리는 데 성공적이었는가? 20세기 초 조선 주재 전문직 여선교사들은 어느 정도로 페미니스트라고 할 수 있을까?

먼저 '남성들의 페미니즘에 대한 공포 가설'을 검토해 보기로 한다. 1920년 미국에서는 여성참정권에 대한 법개정이 이루어졌다. 조선 주재 전문직 여선교사들에 대한 본격적인 연구는 최근의 일로서 아직까지 참정권에 대해 적극적 지지의 입장을 표명했던 여성들이 얼마나 많았는지를 밝힐 수 있는 단계는 아니지만, 분명 이 시기를 전후로 여성들의 참정권 문제는 선교사 공동체가 정리하고 넘어가야 할 주요 관심사 중의 하나였다. 예를 들어, 미국 북장로회의 주부선교사 애니 베어드(Annie Baird)는 1913년 *KMF*에 쓴 기고문을 통해 주부선교사들에게 교회와 선교회에서 투표권을 부여할 것인지에 대한 논쟁에 개입하였다.

---

29) Beaver, All Loves Excelling, p.104; Valentin Rabe(1965), "The American Protestant Foreign Mission Movement 1880~1920," Ph.D. Diss., Harvard University, p.278.

그녀는 선교사 공동체와 일반 사회의 다름과 기독교 가정의 부부관계가 갖는 특수성을 근거로, 주부선교사의 투표권 부재가 불의한 것인지 그리고 그것이 그토록 예민한 문제인지에 대한 토론이 더 필요하다는 보수적 입장으로 시작된다. 그녀의 결론 또한 이러한 문제를 거론하는 것이 득은 없고 실이 많다는 이유로 더 이상의 토론을 보류하자는 것이었다. 그런데 그녀의 글에서 한가지 흥미로운 점은 주부선교사들의 선거권 문제가 불거질 경우 평등한 부부관계는 아닐지라도 영적인 동등성에 기초한 상호 존중과 지지를 더 이상 유지할 수 없을 것이라는 깊은 우려이다.

그 첫 번째 이유는, 남성들은 여성들을 감성에 의해 지배를 받아서 순수한 비개인적 토론을 할 수 없는 존재로 보기 때문에, 전혀 다른 견해를 갖는 여성들을 대면할 경우 숙녀들이 보여줄 분노의 감정을 두려워하는 기사도적 본능으로 더 이상의 충분하고 공정한 토론을 가로막을 것이기 때문이라는 것이다. 그리고 아내가 남편과 다른 견해를 가질 경우, 정직한 투표는 남편들을 불편하고 슬프게 만들 것이고 남편의 의견을 그대로 따른다면 자신의 양심을 무효로 만드는 것이기 때문이라는 것이다(1913;35~7). 이는 당시 페미니스트들의 가부장적 편견과 성별 불평등에 대한 비판의식을 공유하면서도, 선교사 공동체의 집단적 이해관심을 개인의 권리보다 앞세워야 했던 당시 주부, 전문직 여선교사들의 상황을 간접적으로 알려주는 흥미로운 설명이 아닌가?

이를 미루어 짐작하건대, 당시의 선교영역은 이들이 갖는 은폐된 페미니스트 신념을 풍요롭게 만들어줄 수 있는 환경이 되어 주지 못하였던 것 같다. 그리고 조선인의 정치참여 배제를 기조로 한 일제의 통치와 여성교육에 대한 전통문화의 지배로 인한 이중의 구속과 관련하여 볼 때, 참정권 문제는 여선교사들이 첨예하게 느낄만한 문제도 시급한 문제도 되지 못하였다. 조선 여성들의 교육과 의식개혁을 위한 변호가 급선무였기 때문으로 보인다.

다음으로 '페미니즘 분산전략 가설'은 단기적으로 볼 때 옳았다고 할 수 있을 것이다. 조선 여성들의 교육에 대한 권리와 조혼제도 폐지에 대한 옹호는 미국 여성들로 하여금 어떠한 미국 남성들도 제기할 수 없는, 어떠한 개인적 좌절도 대치할 수 있고 날려버릴 수 있는 여성 십자군 운동에 안전하게 진입하게 해 주었다. 조선인의 성별 문화에 대한 도전은 보다 직접적이고 자기 준거적인 페미니즘으로부터 불가피하게 일어날 수 있는 내적인 갈등 없이 현실적이고 정의로운 여성운동에서 오는 만족감을 제공해주었다. 만일 전문직 여선교사들이 선교사공동체 내에서 페미니즘의 발판을 얻고자 했다면, 여선교회의 일의 전제인 자아부정은 그 반대인 자아긍정으로 대치해야 했을 것이다.

자아긍정에 대한 여성적 금기보다 더욱 근본적인 것은 여성들의 선교사업이 갖는 본질이었다. 전문직 선교사로 지원했던 여성들은 봉사를 하지 않으면 안될 것만 같은 영적인 이유 때문에 그렇게 한 것이었다. 그들은 행정적 기술보다는 기독교적 사랑을 통해 개종한 신자를 얻기를 원했으며, 그들의 사회·문화적 배경은 권력의 불평등에 대해 감수성을 갖추게 해 줄 만한 것이 못되었다. 여선교사들은 일차적으로 종교적 신실성에 의해 선발되었기 때문에 종종 지도력 연마 경험이 없었다. 그들은 거의 정치적으로 세련되지 못한 사람들이었다.

그러나 동시에 그들의 집단적 봉사는 페미니스트 정치의식의 필수적 전조였을지도 모를 '여선교회의 명예'에 대한 자부심을 높여주었다. 평화 시에는 남성들로부터의 기사도적 보호가 있었지만, 진짜 위기의 순간에 전문직 여선교사들은 자신들을 스스로 방어해야 했으며 선교사들의 아내와 아이들에게 주어졌던 똑 같은 보호를 기대하지 않았다. 비록 선교회 본부는 선교사들의 가정이 이미 있는 장소에 여선교사들을 배치하는 것을 원칙으로 삼았지만, 남선교사 가정이 갈 수 없거나 가려고 하지 않는 장소로 홀로 나섰던 전문직 여성들도 많았다.

미국의 여성사가들에 의하면, 조선이나 중국, 인도 등지의 선교지보다는 미국여선교회의 행정가, 실무자들 사이에서 의식적인 페미니스트 정향을 발견할 수 있다. 미국의 각종 교단의 여선교회 이사회 실무자들은 여권주의자들은 아니었지만, 자신들의 조직이 갖는 경제적, 행정적 자율성에 대한 충실한 옹호자들이었다. 조선 주재 여선교사들은 실제 선교활동을 위해 미국 교계의 남성 지도자들을 직접적으로 대면할 필요가 없었지만, 그 일을 위한 여선교회 본부의 지도자들은 종종 이들의 도전에 임해야 했던 것이다. 조선 주재 여선교사들이 페미니스트적 에너지의 정수를 조선의 여성들을 위한 자기부정적 봉사로 전환시키고 있을 때, 이러한 에너지는 다시 돌아서 스스로 자신을 희생코자 하는 여성들의 권리를 방어하고자 했던 미국 내 여선교회 이사회로 흘러 들어갔다.

조선 주재 여선교사들은 선교봉사를 통해 절제된 욕망과 광범위한 성취감을 결합시킬 수 있는 드문 기회를 얻게 되었다. 그들은 자신들의 능력 범위를 발견하였으며, 동시에 개인적 봉사의 지고한 여성적 이상을 체현하였다. 연봉과 투표권에서의 불평등은 봉사에 대한 가능성을 제한하는 것이라기보다는 여성적 신임서를 검증해주었다.

선교봉사는 자아성취의 기회와 자아부정의 이데올로기를 동시에 제공해주었다. 때때로 역설적이지만, 선교지에서의 바로 이러한 개인적 자아희생이 미국 여선교회의 강점으로 작용하였다. 자아의 여성적 순종으로 시작된 사업은 미국선교회 본부 내에서 페미니즘을 옹호할 수 있는 토대를 제공하였다. 그러나 조선과 미국 선교회 본부의 차별성이나, 여성적 부정과 여성주의적 자기긍정의 대조를 지나치게 강조하는 것은 잘못일 것이다. 이들의 순종과 희생을 통한 성취의 기회는 당시 페미니스트들이 명백한 야망을 드러내고도 가질 수 없었던 것이었다. 전문직 여선교사들의 선교사업은 자기부정적인 동시에 자기전제적인 여성적 기질들을 펼칠 수 있는 풍부한 영역을 제공하여 주었다.

제 4 절 여선교사의 정치적 입장

이 절은 초기 여선교사들이 조선사회에서 취했던 정치적 입장을 간략히 살펴보고자 한다.

공적인 정치영역에 가로놓였던 성별 칸막이 후면에 마련된 여성성 보존의 장소에서 생활했던 이들은 당시 국제 정치관계 속에서 급변하고 있었던 선교사 공동체의 입지에 대해 직접적인 교섭역할을 담당했던 집단은 아니었다. 이를 메리온 콘로는 다음과 같이 적고 있다;

> "이화대학은 높은 벽들 뒤에 있는 여성들의 작은 세계였다. 거기에는 공적인 생활이 없었다; 젊은 여성들은 보호자 없이는 결코 학교 문을 나갈 수 없었다(Conrow, 1939:119)."

콘로의 기술은 조선여성에 초점을 맞춘 것이지만, 공적 생활이 없는

'여성들의 작은 세계'는 여선교사 자신들의 세계이기도 했다.

그러나 미국·일본·조선의 정치적 관계 속에서 이들은 나름대로 조선사회에 대한 이해와 정치적 입장을 가지고 있었다. 이는 여선교사들의 조선여성들을 위한 선교봉사 활동을 이해하는 중요한 관건이 되는 것이다.

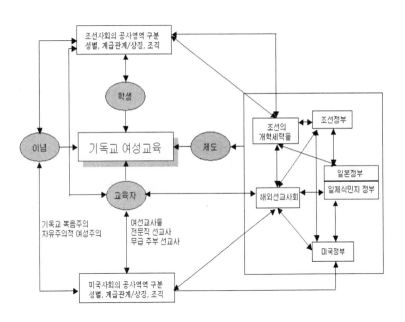

〈그림 1〉 한국 기독교 여성교육 구성의 맥락

조선에서 미국의 여선교사들이 보여준 정치적 입장은, '오만한' 미국의 기독교 문화에서 성장하여 "이 나라에 대해 편협한 조각 지식조차 없었던 외국 여자(언더우드, L., 1904:6)"에 대한 우리들의 고정관념을 불안정화시키고 복잡하게 만들고 있다. 인도에서 활동한 영국의 여성운동가들을 연구한 라무색(Ramusack, 1992)의 용어를 전용하면, 식민지적 상황에서 여선교사들이 보여주었던 면모는 세 가지 정도로 정리할 수 있다. 첫째, 미국의 문화모델들에 기초하여 여성들의 삶을 근대화시키기 위해 서구문물을 전하는 문화전도사(cultural missionaries)로서의 측면이다. 둘째, 미숙한 조선의 딸들(소녀와 성인 여성들)의 사회화를 책임지고 성인으로서의 권리와 책임의식을 심어주고자 했던 모성적 제국주의자(maternal imperialists)의 면모이다. 셋째, 조선 여성들의 삶의 조건을 개선하기 위한 사회운동에 헌신하는 페미니스트(feminist allies)로서의 면모이다. 이러한 여선교사들의 정치적 입장에서 관찰되는 세 가지 면모는 언제, 어디서나 균질적으로 배합되어 나타나는 것은 아니었다. 선교사들의 정치적 입장은 국가 간의 권력관계의 변화뿐만 아니라 체류기간과 관계에 대한 책임의식에 따라 그 배합의 양상을 달리했던 것이다.

우선 조선 입국 당시 여선교사들에게서 가장 두드러지는 양상은 문화전도사의 입장이다. 미국의 문화사절로서 초대되었던 이들이 조선 사회를 처음으로 대하면서 느꼈던 깊은 인상은 자연과 문명을 제대로 구분해 볼 수도 없는 '미개지의 어둠'이었다. 1888년에 의료 선교 단원으로 시카고를 떠나 조선에 도착했던 전문직 여선교사 릴리아스 호턴(Lillias Horton)은 짚이나 기와로 덮인 낮은 진흙집들이 즐비해 있는 좁고 지저분한 서울의 거리를 묘사하면서 도시 전체가 거대한 버섯층처럼 보인다고 묘사하고 있다(언더우드, L. H., 1904: 29).

조선에서의 생활 안팎은 모두가 짙은 '어둠'이었다. 1885년 6월 20일 여선교사로서는 처음으로 조선 땅을 밟았던 메리 스크랜튼(Mary

Scranton)은 그 후 10여 년이 지난 어느 날 후배 선교사들에게 다음과 같이 술회하고 있다:

> "최근에 도착한 여러분은 지금의 조선이 10여 년 전 우리가 이 땅을 밟았을 당시와 어떻게 다른지 아마 실감하지 못할 것이다. 요즘은 사방에 빛과 희망이 보인다. 그러나 그때는 고개를 들어 먼 별들을 쳐다봐야 한줄기 빛이나 희망을 볼 수 있었다 (Scranton, M., 1896: p.2)."

그녀가 처음 머물렀던 초가집의 방도 몹시 어두웠다;

> "나의 응접실 겸 서재는 여덟 자에 열 두 자 가량 되는데 한쪽 면을 내놓고는 삼면이 모두 종이로 바른 문이다. 여름 동안은 그런 대로 괜찮았으나 겨울이 되면 큰 곤란이 있었다. 햇빛과 볕을 받아 들일 유리창이 하나도 없었던 것이다. 그런데 어느 운 좋은 날 대리공사 죠지 포크 씨(Mr. George Foulk)가 반갑게도 사진 유리판 석장을 선사해 주어서 나는 이것을 내 책상 옆에 있는 창호지에 자랑스럽게는 아니더라도 고맙게 끼우고 한 쪽 눈으로나마 바깥 하늘을 내다 보게 되었다. 세상이 그렇게 어두울 수가 없었다. (Scranton, M., 1896: pp.2~3)."

그러나 개신교 선교사들의 입국 이후 사반세기가 지난 1911년 조선을 찾았던 쟈넷 월터(Jeannette Walter)에게도 이 '어둠'은 아주 진한 인상을 남겼다;

> "날은 칠흑처럼 어두웠고 거리엔 불빛이라곤 없었다. 단지 쿨리가 들고 있는 작은 등불이 고작이었다. 양 옆으로는 크고 검은 벽들이었고, 아무도 보이지 않았다. 그렇게 어둡고, 외로운 길은 처음이었다 (Walter, [1969]: 69)."

그러고 보면 1896년 스크랜튼이 사용했던 '사방에 빛과 희망이 보인다'는 표현은 그 후 수십 년이 지나도록 처음 조선을 찾는 선교사들에 겐 매우 추상적인 것이 아니었을까?

이 '어둠'은 거의 모든 선교사들이 즐겨 사용한 조선과 조선인에 대한 상투적 은유였다. 그것은 죽음, 불결함, 질병, 미신과 두려움, 미개한 정신, 좌절과 고통 모두를 의미했다. 후에 장로교 선교사 언더우드의 부인이 된 릴리아스 호턴은 19세기 말의 조선을 회상하면서 "우리는 죽어가는 수백만의 사람들 틈에 작은 몇 명의 집단이 서 있는 것 같은 처지에 있었다(언더우드, L. H.: 31)"고 적고 있다;

> "집에 관련된 모든 것은 지독히도 비위생적이며, 대개는 불결하고 해충으로 가득 차 있다. 모든 구정물은 거리의 양 옆에 있는 말할 수 없이 더러운 도랑으로 흘러갔으며(29), 여자들과 어린 아이들은.. 모든 종류의 수많은 악신들, 즉 땅, 하늘과 바다에 몰려드는 신 또는 악마, 여러 질병의 신, 직업의 신을 경배하고 두려워 했다(33). 사람들의 얼굴에는 걱정 근심과 노동으로 고생한 표시가 역력했다. 여자들은 비애, 절망, 힘든 노동, 병, 사랑 겹핍, 무지, 그리고 너무나 빈번한 부끄러움 등으로 눈이 흐려지고, 얼굴은 무감각하고 상처투성이가 되어 있었다(34)."

이 '어둠' 속에서 대부분의 선교사들이 발견한 것은 당시 조선과 조선인들이 "마치 양치기 없이 황야에서 길을 잃어 '기운이 없고 배고프며 죽을 지경이 된' 양(33)"과 같다는 사실이었다. 19세기말 이래 조선을 찾았던 선교사들이 참여했던 특수한 역사적 드라마는 조선의 이상하고 무기력한 환경에 대한 힘겨운 적응에서 시작되었다. 이들이 나름대로 고통을 인내할 수 있었던 것은 자신을 조선에 보낸 것은 하느님이라는 신앙 때문이었다. 그런데 이들의 기독교 신앙은 선교사들이 그 사회·문화적 차원을 의식했건 못했건 간에, 미국의 남북전쟁 이후 새롭게 등장한 '공화국의 어머니'로서의 여성시민의식과 결합되어 구성된 것으로 구한 말부터 식민지 시기 일본정부의 통제와 조선인들의 민족운동의 전개 과정을 통과하며 새로운 창조를 지속해야 했다.

입국 초기부터 여선교사들이 취했던 정치적 입장은 그들이 표방했던 사회·문화적 정체성과 관련이 있다. 당시 기독교 제국을 건설하는 미국의 어머니로서 '여성의 일'을 하기 위해 조선에 왔던 여선교사들은 바로 조선의 여성들을 돌보고 복음을 가르치기 위해 왔던 '교사'였다. 여선교사들의 '복음을 가르치는 교사'라는 정체성은 해방 후까지도 이어지는 양보할 수 없는 정체성의 핵이었다. 이화학당의 5대 당장이었던 월터30)가 생애를 마감하기 얼마 전에 작성한 회고록에서 찾은 다음 구절은 이를 분명하게 드러낸다;

> "사람들은 내게 자주 이런 질문을 했다. '선교사는 어떤 사람인가? 당신은 선교사였는가 아니면 선생이었는가?' 나는 선교사들은 학교에서나, 병원, 교회에서나 또는 농촌마을에서 성경교실에서나 자신의 집 (his home)에서나 언제나 교사이다. 그의 생(His life)은 그가 가르치는 복음이다 (Walter, [1968];74)."

구한 말 시기 미국의 개신교 '어머니교사'들이 들어오게 된 것은 조선과 미국의 정부가 서로 상대를 길들여 자신의 이해를 관철시키기 위해 힘을 겨뤘던 교섭과 타협의 산물이다. 조선정부는 일본이 러시아, 청국과의 전쟁에서 승승장구하면서 점차 조선 침략의 주도권을 잡아가게 되자 서구문물에 대한 태도를 달리하기 시작했다. 청일전쟁 이후 '중화사상'으로 대표되는 중국의 무적성과 우월성의 신화가 급격히 무

---

30) Walter, Althea Jeannette, Miss. 조선 선교봉사 기간;1911~1933, 이화학당 당장 재임기간;1921.4~1922.10.

너져 내린 정신적 불안정 속에서, 개화와 수구의 세력균형은 개화세력의 우세 쪽으로 기울었다. 서구에 대한 봉쇄와 적대행위를 단념하고 서구적 개념으로 서구를 물리쳐야 한다는 개화사상을 신봉했던 개화세력에게 조선의 개혁을 위해 시급하게 필요했던 것은 서구의 과학과 기술이었다. 한편 미국 정부는 급변하는 러시아, 중국, 일본, 조선의 정치적 세력관계 재구성 과정에 개입하고 싶어하지는 않았지만 중국과 러시아의 남하를 견제하고자 했다. 그리고 일본 정부의 중재를 통해 조선인들이 원하는 서구식 교육을 제공함으로써 조선에 대한 정치적 영향력 확대를 꾀하고자 했다.

여선교사들의 기독교 여성교육은 이러한 서구문물에 대한 조선정부의 호의와 욕망, 미국 정부의 제국적 영향력 확대에 대한 야심이 만나게 되는 힘의 흐름을 타고 '땅 끝까지 기독교 복음을 전파하라'는 그리스도의 명령을 수행하고자 했던 미국의 해외선교 정책 하에서 창조된 것이었다. 나아가서 미국의 여성시민으로서 여성들의 사회적 지위와 영향력 확대를 꾀했던 모성적 페미니즘 운동의 연장선 상에서 미국의 해외 제국에 대한 영향력 확대 사업에 참여하고자 했던 서구 여성들의 열망의 산물이었다. 따라서 여선교사들의 정치적 입장에는 이방의 과학·기술 요구에 대한 선교전략적 대응, 미국의 영향력 증대를 위한 야망과의 공모, 이방 여성들의 삶의 개선을 위한 헌신과 투쟁 등의 요소가 동시에 존재했다.

이러한 요소들은 이들의 기독교 여성교육의 목적에 대한 논의에서 잘 드러난다. 이 논의에서 중심이 되는 주제는 어떠한 '조선 여성'을 창조하고자 하는가에 관한 것이었다. 19세기 말 조선정부의 초청으로 내한했던 교사 길모어(G.W. Gilmore)는 이화학당의 목표에 대해 다음과 같이 기술했다. "여성이 겪어야 할 상황 아래서 전형적 주부로 그들을 교육시켜 그들의 주변이나 친척에게 십자가의 사업을 하도록 하는 것이다 (길모어, 1892:229)." 한편 메리 스크랜튼 부인은 "우리의 목표는 조선의 소녀들로 하여금 우리 외국사람들의 생활, 의복, 환경에 맞도록 변화시키는 데 있지 않다. 우리는 조선인을 보다 나은 조선인으로 만드는 데 만족한다. 우리는 조선이 조선적인 것을 자랑스럽게 여기기를 원하며, 나아가서 그리스도와 그의 가르침을 통해 온전한 조선이 되기를 원한다(The Gospel in All Lands, 1888:373)."

조선정부의 요구에 대응하여 '문화전도사'로서의 입장을 표방하였던 당시 선교사들의 텍스트에서 주목을 끄는 '온전한 국가로서의 조선'과 '보다 나은 조선여성'은 미국의 '모성적 공화국'과 '공화국의 어머니'인 여성시민 개념을 모델로 한 것으로 보인다. 초기 여선교사들은 미국에서의 사회화 과정을 통하여 익힌 빅토리아적 여성문화를 그대로 전수하는 방식을 택하였다. 예를 들어 이화학당의 2대 당장 로스와일러(Luisa Rothweiler)가 새로운 조선 여성을 양성하기 위해 중요하게 고려해야 하는 할 사항으로 지적한 것은 '가정영역이 여성들의 일차적 영역이며 운명'이라고 하는 가정이었다(Rothweiler, 1892, 89). 이러한 가정은 미국의 19세기 문화를 모델로 하여 조선의 여성문화를 이해하는 관점에 터한 것으로, 성역할을 '생물학적 운명론'으로 까지 보지 않았던 조선 여성들이 전통적으로 여성을 분리시켜 온 장벽을 무너뜨릴 수도 있다는 관점을 예상하지 못했다. 그녀는 기독교 여성교육이 "진정한 가정을 건설하고 유지하는 내조자, 매일 학교의 교사, 기숙학교의 보조교사, 의료분야의 간호사와 조수들을 만들고 있다"고만 믿었던 것이다.

둘째로 모성적 제국주의자로서의 입장을 살펴본다. 이러한 입장은 문화전도사의 입장과 맞물려서 미국에서 온 어머니교사로서 자신들의 활동을 보장하는 일본정부의 조선원조와 지배를 용인하고 당연시하는 시각과 관련된다.

초기 여선교사들의 '문화전도사'로서의 면모는 남성정치의 영역으로 간주되었던 조선의 식민지화 과정에 개입했던 국제 정치적 세력들과는 공식적으로 아무런 관련이 없는 사고공간에 자리잡고 있었다. 다른 말로 하면 이들은 강대국이 약소국을 점령하고 지배하는 폭력적 미래에 대한 조선정부와 민족지도자들의 공포와 불안을 살피고 돌보기보다는, 어느 국가가 더 선교사업의 지속을 보장해 줄 수 있는지, 기독교 복음을 지지하는 선교지 주민들을 안정적으로 확보하는 것이 가능한지 등에 대해서만 주의를 기울였던 것 같다. 예를 들어, 룰루 프라이의 1904년의 편지는 러일전쟁과 관련하여 당시 여선교사의 정치적 입장이 무엇이었는지를 엿보게 한다:

"일본은 지금까지의 수차례 해전에서 성공적이었습니다. 그리고 지금은 러시안 군대를 만나기 위해 북진 중에 있습니다. 우리는 매일 일본의 토지점령에 대한 뉴스를 봅니다. 그리고 일본이 계속적으로 성공하기를 희망합니다. 왜냐하면 일본은 우리들의 일을 방해하지 않을 것이기 때문입니다. 그러나 러시아가 권력을 잡을 경우 그들은 조선에서의 개신교 선교활동을 관용하지 않을까 두렵습니다. 가엾고 초라한 조선! 우리는 조선이 죽음에 임박하여 겪을 격통을 보게 될까 두렵습니다. 나는 단지 불쌍하고 억압 받는 일반인들이 단지 안되었다고 느낍니다. 임금과 그 신하들로부터 그들이 그토록 남용한 권력을 빼앗는 것은 지당합니다. 우리는 지금까지 매우 안전한 상태입니다. 우리는 강제로 출국 당하지 않기를 기도합니다. 선교사들이 모두 흩어지게 될 경우, 북중국의 선교사들처럼 돌아와서 일을 하려면 거의 처음부터 다시 시작하는 기분일 테니 말입니다. 여하튼 미국은 유사시 언제든지 우리가 떠날 수 있도록 선박을 항구에 정박시키고 있는 중입니다 (Frey's letter to her mother, 1904.2.23)."

　1893년 10월 조선에 처음 도착한 프라이로서는 조선의 부패한 왕조와 한일 간의 경제력과 군사력의 차이에 대해 제 삼자적 입장에서 선교활동의 지속가능성에 최우선적 관심을 가지는 것이 당연한 것이었을지 모른다. 이러한 사료는 조선 내부의 개혁세력이 아니라 일본 정부의 주도로 조선왕조가 붕괴되는 과정에 대해 거리를 두는 것을 당연시했던 당시 한 여선교사의 입장을 드러내 준다. 그러나 이러한 입장이 선교사 공동체 내에서 어떠한 위치에 있었는지는 자료의 한계 상 결론을 내릴 수 없는 문제이다. 선교사들 중에는 전제군주제(專制君主制)의 유지를 주장하는 수구파보다는 입헌군주제(立憲君主制)를 주장했던 독립 협회를 지지하는 경우, 1895년의 을미사변이나 일본의 한일합병 이후 조선에서 일어난 사태에 대해 일본 정부가 조선 정부와 민에 대해 행한 부당한 행위에 대해 불편한 심기를 드러내는 경우도 있었기 때문이다. 그러나 조선인을 개종시키고 나아가서 기독교 국가로 변화시키고자 했던 선교사들에게 조선 왕조가 붕괴되는 과정은 조선이 새로운 근대성으로 나아가는 과정처럼 보였던 것 같다.

　한 여선교사의 선교사업의 안정성, 지속성에 대한 우선적 관심이 일본 정부의 미국 선교사들에 대한 선교활동 보장과, 미국 정부의 신변보호 등과 깊이 연관되어서 나타난다는 점은 이들의 선교사업이 가부장적 제국주의자들의 비호에 의존하고 있었던 측면을 드러내 준다. 1904년의 가쓰라—테프트 조약 이후 대한제국의 멸망까지 독립된 선교지로서 남아 있던 조선이 일본의 속국으로 전락함에 따라 그들의 조선에 대한 문화적 영향력 행사에서 누렸던 자율성과 독립성이 축소된 것은 사실이다. 그러나 한일합병 이후 일본의 식민지 지배 하에서도 선교사업을 지속할 수 있었던 것은 이들이 갖는 '제국의 어머니'로서의 지위를 보장받았기 때문이었다. 일본의 속국으로 전락하는 조선에서 여선교사들의 교육을 통한 새로운 '조선 여성' 만들기 사업은 국가에 대한 시민으로서의 책임의식보다는 어떠한 형태의 국가이든 그들의 법을 준수해야 한다는 준법정신이나 더 근본적으로 일본의 지배에 대한 증오보다는 종교적 회심과 실력양성이 중요하다는 점을 강조하였다. 이로써 그들은 조선 기독교인들의 삶을 미국 본토에서 전개된 시민의식의 성장경로와는 다른 길로 유도하였다.

세 번째 페미니스트로서의 입장은 조선문화와 보다 밀접한 관계로 들어간 선교사들에게서 나타나는데, 이들은 조선여성들의 지위향상을 지지하고 남성들의 제국주의적 태도에 저항하는 형태로 나타난다.

여선교사들이 장차 조선 여성들의 지위 향상을 위한 투쟁에 참여하여 페미니스트적 연대를 보여줄 변화의 씨앗 또한 처음부터 이들의 교육사업에 내장되어 있었다. 그것은 바로 여성들에게 사고하는 능력을 길러줌으로써 여성들 스스로 조선의 문화를 변화시킬 수 있게 해준다는 교육의 방법에 있었다. 로스와일러는 여학생 교육의 방법에 대해 다음과 같이 주장했다;

> "그들에게 많은 실용적이고 일반적인 지식을 주고, 사물을 관찰하고, 결론을 내리고, 그들이 배울 바를 실제로 유용하게 응용하는 법을 가르쳐야 한다. 한마디로 그들에게 생각하고, 스스로 문제를 해결할 수 있도록 가르쳐야 한다(Rothweiler, ibid.)."

여성들이 스스로 사고하는 능력을 가지고 현실을 독자적으로 파악하고 결론을 내리는 능력발달의 필요성에 대한 변호는, 미국의 19세기 여성 교육운동을 통해 여선교사들 자신이 가장 소중히 생각했던 문화적 유산을 조선여성들과 나누고자 하는 실천이었다. 조선파견 여선교사들의 독자적 사고와 반성능력을 보여주는 일화들은 사고능력에 대한 자신감과 타인의 눈치를 살피지 않고 그를 표현하는 용기에 대해 이들 스스로 부여하는 가치의 비중을 느끼게 한다.

여선교사들 중에는 조선에서 '선을 행하기 위해' 조선을 찾아 온 선교사들이 "결코 천사가 아니다"라는 진실을 숨기고자 하지 않는 경우도 많았다. 명성왕후를 치료한 바 있는 여의사 에니 엘러스(Annie Ellers)는 1886년 서울에 도착하자 마자 미국의 북장로교 선교본부에 보낸 편지에서 다음과 같이 적고 있다; "일본에 잠시 머무는 동안 나는 선교사들의 실상에 대해 눈을 뜨게 되었습니다. 우리는 결코 천사가 아닙니다!" 그리고 조선에 머무는 수개월 후에 선교사들은 천사가 아니라 악마라고 생각할 정도의 사태를 만나게 되었다(Huntley, 1984:29). 릴리아스 언더우드(Lillias H. Underwood)도 1904년에 낸 자신의 회고록에서 1894년의 성탄절을 회상하면서 다음과 같이 적고 있다 ;

> "사실 우리는 종종 자만심에 빠져 동양인들은 유럽이나 미국의 것이라면 입을 벌리고 감탄하며 본다고 생각함으로써 우리 자신을 기만했다. 나는 미국에서 서울로 돌아온 조선의 한 귀족이 뉴욕이 어땠느냐는 질문을 받고 "아, 아주 좋습니다. 지독한 냄새와 더러운 것을 제외하고는 ……" 하고 대답했던 것을 기억하고 있다. 우리와 함께 제물포와 부산에 갔었던 조선 사람 중 하나에게서 또 다른 유사한 경우를 보았다. 그는 2층집들, 항구의 배, 여러가지 문명의 기적들을 보고는 가엾은 조선 사람들, 가엾은 조선 사람들하고 외쳤지만, 그가 외국인 악대가 일본의 영사관에서 연주하는 것을 들었을 때 기쁨에 넘쳐 일본인들이 우리와 경쟁하

거나 필적할 수 없는 것이 적어도 한가지가 있다. 그것은 우리의 음악이
다! 하고 소리쳤던 것이다 (언더우드, L.H.;151쪽)."

그러나 '존재가 의식을 결정한다'는 말도 있듯이 이들의 의식적인
반성이 한 순간에, 전적으로 이루어지는 것은 아니었다. 라무색(1992)
에 따르면, 식민지에서 발현된 서구 여성들의 페미니스트적 면모는 구
체적인 지역적 상황에 조응하는 것은 아니었다. 그것은 그들의 활동을
위한 체류기간이 언어와 문화가 다른 이방 여성들을 이해하고 자신들
의 사고를 반성할 수 있을 만큼 충분히 길었는지에 따라 차이가 났다.
그리고 식민지의 여성들이 교육을 통해 영어로도 의사소통이 가능하
게 되고 선교사들이 쓰는 문화적 용어들을 공유하게 되는 변화에 의해
서도 달라졌다(Ramusack, 1992:130). 라무색의 연구는 조선주재 여선교
사들의 의식변화를 고찰하는 데도 유용한 통찰을 제공하고 있다. 이
연구는 여선교사들의 페미니스트로서의 입장에 초점을 맞추고 있으므
로, 다음 장의 기술에서는 이에 대한 논의를 심화시키고자 한다.

제4장

근대 초기 페미니즘의 한국적 변형과정

제 1 절 여선교사들의 관심과 개입, 그 결과

1. 조선 여성들의 변화욕구에 대한 대응과 개입

기독교 여성교육은 한국에서의 선교를 위해서는 여성들의 개종이 반드시 필요하다는 인식 하에 시작된 것으로, 여성이 기독교의 복음을 이해하는 데 필요한 한글 읽기와 쓰기 등의 교육에서부터 당시 미국의 교육분야에서 발달한 과학과 기술 교육을 포괄하고 있었다. 기존의 기독교 여성교육에 대한 연구들이 주로 다뤄온 것은 교육영역에서 제도화 과정을 밟았던 여성 교육기관의 교육과정과 이념, 내용 등이다. 그러나 여선교사들의 여성교육의 활동범위는 이보다 넓게 퍼져 있었다. 교육영역 내에서 기독교 여성교육의 제도화를 중심적으로 추동한 것은 전문직 여선교사들이었지만, 주부선교사들과 전문직 여선교사들은 종교, 교육의 영역을 넘나들며 긴밀한 협력관계 속에서 일하고 있었다.

기독교 여성교육은 교육대상을 기준으로 볼 때 청소녀 교육과 성인 기독교 여성교육으로 나눠 볼 수 있다.[1] 선교사 선생님들은 결코 자신들의 교육을 청소녀들로 국한하지 않았었다. 그들은 할 수 있는 한 모든 연령층, 사회 계층의 조선 여성들을 가르치고자 했다. 그들은 맹아학교, 농아학교를 시작했으며 과부들과 쫓겨난 아내들을 위한 학교도 개설하였다. 학교를 다닐 기회가 전혀 없었던 많은 여성들이 성경을 읽기 위해 한글 읽기와 쓰기를 익혔으며, 세례문답에서 문자해득 실력을 테스트 받았다. 그리고 많은 남편들이 아내들에게 읽을 시간을 줄 것과, 읽기를 가르칠 것을 권유받았다.

김활란은 이러한 교육이 한국 여성들의 자아정체성 변화에 미친 영향에 대해 다음과 같이 언급한 바 있다 ;

> "반쯤 잠자고 있던 중년의 여성들이 갑자기 기독교적 생명줄로 변화되어 새로운 지식과 결단으로 그들의 남편들을 놀라게 했다. 그들은 자신들의 권리를 요구하였으며 자신들의 딸들 또한 학교에 가야 한다는 것을 단언적으로 주장하였다. 그리고 그들은 학교에 갔다! 나의 어머니는 이러한 점에서 좋은 본보기이다. 아버지는 어머니가 하자는 대로 할 수밖에 없었는데, 그것이 옳은 길이었기 때문이다. 그리고 우리 가족은 상승 사다리를 타기 시작했다 (Kim, 1934:78)."

김활란의 이러한 설명은 종교영역에서 진행되었던 기독교 성인 여성교육이 교육영역에서 진행되었던 청소녀 대상의 그것과 맺었던 긴밀한 연관관계를 말해주고 있다.

---

1) 1894년부터 상동교회를 개척했던 이화학당의 초대 당장 메리 스크랜튼은 1907년에 "여학교와 여성훈육(Girl's Schools and Women's Instruction)(Scranton, M.F., 1907: 109~10)"을 발표했는데, 이 글의 제목은 문자 그대로 그녀의 학교와 교회에서의 여성교육을 구분하는 방식을 보여주고 있다.

한편 기독교 여성교육을 구성하는 핵심적 상징은 '기독교 여성'으로 미국의 18·19세기 역사를 배경으로 했던 한국의 선교사 공동체 내에서 여성들에게 주어졌던 성별화된 선교사명과 역할, 그리고 여선교사들이 여성교육을 이해하고 이에 참여하는 방식에 중대한 영향을 미쳤다. 여기에서는 이러한 여선교사들의 교육활동을 개관하고자 한다.

1) 여선교사 인력의 수요와 공급상황

1905년 이후 교육에 대한 요구 증대는 거의 수직적으로 급상승하고 있었다. 한 조사에 의하면 1907년 당시 조선의 관립 학교에는 6,294명, 미션계 학교에는 이보다 2배 이상이 되는 14,189명의 학생이 있었으며, 1910년에는 각각 15,774명, 22,963명이 있었다. 미션계 학교와 학생들 중에서 여학교와 여학생의 비중은 거의 절반에 가까웠다.[2)]

〈그림 2〉 선교사 1명당 학생수(장로교, 전문대 이상 제외)

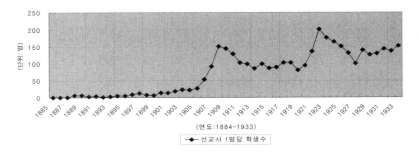

(연도:1884-1933)
◆ 선교사 1명당 학생수

---

2) 1909년 베른하이젤(Bernheisel)은 이렇게 적고 있다. "평양은 소학교, 중학교, 대학교, 신학교를 갖춘 거대한 기독교 교육의 중심이 되어가고 있다. 1912년 평양대학에는 47명의 남학생이 있었으며, 남학교에는 200명, 여학교에는 150명의 학생이 있었다. (Huntly, 1984;93~4에서 재인용)."

그리고 이러한 변화는 <그림 2>에서 보듯이 선교사들이 혼자서는 감당할 수 없는 급격한 학생수의 증가를 의미하는 것이었다. 그러나 만일 러일전쟁이 끝나면서 한국인들의 여성교육에 대한 고조된 관심과 수요에 대해 미국의 해외선교본부가 한국인들에 대한 영향력 증대를 꾀할 수 있는 좋은 기회로서 진지하게 생각했다면 전문직 여선교사들의 수는 이보다 훨씬 많아야 했다.

1894년부터 상동교회를 개척했던 이화학당의 초대 당장 메리 스크랜튼은 1907년에 발표한 "여학교와 여성훈육(Girl's Schools and Women's Instruction)(Scranton, M.F., 1907:109~10)"에서 다음과 같이 적고 있다;

> "만일 지난 연회에서 나와 구타펠 양(Miss Guthapfel) 말고도 열명의 선교사들이 더 상동과 남부지역에 배치 받을 수 있었다 해도, 확신컨대 지금 우리에게 열려진 일에 극히 일부도 해내기 어려웠을 것이다. [···] 한국이 현재 가장 필요로 하는 것은 전도부인과 매일 학교 교사를 훈련시키기 위한 학교라는 사실을 부인할 사람은 아무도 없다고 본다. 나는 미국본부에 그 일을 맡을 적절한 사람에 대한 요청을 반복해 왔다. 그러나 나는 지금까지 단지 그러한 요청이 적절한 것이며 언젠가 어느 날엔가는 그 요구에 응할 수 있을 것이라는 약속을 받았을 뿐이다. [···] 우리는 적어도 50명의 전도부인과 50명의 교사가 필요하다. 그런데 그들을 준비시킬 학교도 없이 어떻게 그런 사람들을 구한단 말인가? [···] 한국 여성들은 지금 자신들의 큰 욕구에 눈을 뜨고 있다. 그리고 무지의 불행을 깨닫고 있다."

이후 여선교사들은 꾸준히 증가했다. 아래의 <표 16>은 신도수, 학생 수에 비하면 완만한 증가세지만 1920년대까지 꾸준히 증가했던 선교사들의 증감추이를 보여주고 있다.[3]

시기구분	내한선교사수	이한선교사수	증감인원(연평균)	누계
1884~1896	62	7	55(4.6)	55
1897~1909	183	50	133(11.1)	188
1910~1919	222	92	130(14.4)	318
1920~1929	205	154	51(5.7)	369
1930~1938	67	138	−71(−8.9)	298
1939~1945	32	290	−258(−43)	40
Total	771	731	40	

그러나 이러한 추세로는 증가하는 교인들과 학생수를 감당하기 어려운 것이었다. 베른하이젤(Bernheisel)에 따르면, 1909년 조선에는 "245,000명의 기독교인이 있었는데, 이는 중국과 일본의 600명당 1명의 기독교인과 비교해서 60명당 1명 꼴이 되는 것이었다 (Huntly, 1984: 93~4에서 재인용)."

이는 청일전쟁 이후 약 15년 사이에 일어난 급격한 변화이다. <그림 2>는 당시 남녀 선교사들이 담당해야 했던 신도수가 일인당 1000명을 육박하고 있다는 것을 보여주고 있다. 그리고 아래 도표들은 이러한 사정이 일제 후반까지도 달라지지 않았다는 것을 보여준다.

다양한 요인들에 의해서 선교사들의 부족현상은 일제 시기 내내 이들이 견뎌낼 수밖에 없는 일상적 조건이었다. 그렇다면 여선교사들은 늘어나는 여성 교육에 대한 수요를 감당하고 자신들의 영향력을 유지하기 위해 제한된 자본들을 가지고 어떠한 전략을 써야 했을까? 이런 상황에 처했던 대부분의 해외 선교사들이 취했던 전략은 담당지역 분할, 그리고 교파와 성별, 주부와 전문직 여선교사의 구분을 초월한 협력이었다.

---

3) 1930년대 이후는 세계공황과 1939년 태평양 전쟁의 발발 등의 요인 등이 개입되어 급격히 감소했던 재한 여선교사들의 추이를 보여주고 있다.

특히 중국, 일본, 인도 등에서 선교사들이 당했던 개종자 만들기의 어려움보다는 개종자들과 여성교육에 대한 급증하는 수요 때문에 즐거운 비명을 질러야 했던 조선 주재 선교사들은 여러 가지 측면에서 타 지역과 다른 선교 전략과 활동패턴을 보여주고 있는 것 같다. 다음에서는 이러한 조선의 특수한 상황에서 진행된 주부선교사들과 전문직 여선교사들의 협력을 다루고자 한다.

〈그림 3〉 선교사 1명당 신도수(장로교)

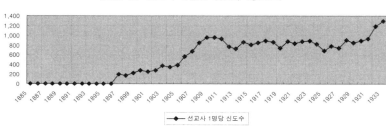

선교사 1명당 신도수

* 참고자료: Rhodes, Harry A. (n.d.), History of the Korea mission : Presbyterian Church, U. S. A., 1884~1934, ed by Harry A. Rhodes, Seoul : Chosen Mission Presbyterian Church, pp.544~55. (도표는 필자가 이를 바탕으로 가공한 것임).

2) 선교 초기 주부선교사들과 전문직 여선교사들의 협력

여선교사들에 대한 통계작업을 진행하면서 가장 눈에 띄었던 것은 교육영역의 여성교육에 몰두하여 여타 선교사공동체와 다소 분리된 생활을 한듯한 인상을 주는 인도나 중국의 전문직 여선교사들과는 달리, 많은 전문직 여선교사들이 교육과 종교영역을 넘나들며 활동하는 현상이다. 본 조사에 의하면 교육영역에서 활동한 바 있는 전문직 여선교사 116명(전체 201명) 중에서 64명이 영역이동의 경험이 있으며 이중 51명(44%)은 성인여성교육과 소녀 교육을 번차로 혹은 동시에 담당하고 있었다(<표 17> 참조).

이는 전도활동을 통한 개종자 증대 가능성에 대한 희망을 포기하고 교육, 의료활동에 전념해야 했던 인도나 중국, 일본 등과 전혀 달랐던 당시 조선인들의 기독교 선교에 대한 대단한 호응에서 비롯된 패턴으로 생각된다. 이들은 문자해득능력이 거의 전무했던 성인여성 신자들의 증가에 대처해야 했을 뿐만 아니라, 이들에게 복음을 전달하기 위해 필요한 최소한의 교육을 위해서라도 이들을 가르칠 전도부인과 선생을 양성하는 일이 무엇보다 다급한 상황이었던 것이다.

또 하나 주목할 만한 현상은 조선의 경우 주부선교사들이 먼저 여학교를 개척한 뒤 전문직 여선교사들을 충원하는 과정을 당연시했던 인도와 중국의 연구 사례들과 정확히 들어 맞지 않는 다양한 패턴일 것이다. 1886년부터 합병 초기까지의 기간에 세워진 선교사 직영 학교들 중에서 자주 인용되는 51개교를 중심으로 필자가 확인할 수 있었던 21개 여학교의 예를 보면(<표 18>와 <표 19> 참조), 정의, 영화, 신명, 호수돈 여학교와 같이 이에 정확히 들어 맞는 패턴들이 다수이기는 하지만, 이화학당이나 정신, 배화여학교와 같이 처음부터 전문직 여선교사가 여학교를 개척한 경우, 숭의여학교처럼 전문직 여선교사가 개척하고 남선교사가 교장으로 취임하는 경우, 정명여학교처럼 전문직 여선교사가 개척했으나 이후 다수의 주부선교사들이 번갈아가며 교장직을 맡아야 했던 경우도 있다. 이 모두가 급격한 인력수요 증대에 대처해야 했던 주부선교사들과 전문직 여선교사들의 협력 패턴이었다고 생각된다.

그러나 이러한 변화가 이들에게 어떠한 영향을 미쳤는지를 가늠하는 일은 그렇게 간단한 문제가 아니다. 그것은 조선주재 여선교사들 모두에게 벅찬 과제들을 안겨주었지만, 이들이 남선교사들이나 조선인 기독교 지도자들과 맺고 있었던 권력관계를 바꿔 놓은 것은 아니었다. 남선교사들이 학교교육을 통해 양성한 공격적인 기독교 사업을 할 수 있는 (남성) 지도자들이 빠르게 늘어나고 있었다. 장로교의 경우, 1912년부터 목사안수를 받은 조선인 남성들은 남선교사들을 앞지르기 시작하여 1917년부터는 남녀 전체 선교사들의 총수를 넘어섰다 (Rhodes, [n.d.]: 556 참조).

이는 선교사공동체의 위계질서에 개입하는 조선사회의 성별위계구조와 문화의 힘이 세어지고 있었다는 것과, 성별이나 주부/전문직 여성구분을 초월한 단합 없이는 선교사 공동체의 주도권을 유지할 수 없다는 의식에 기초한 결속력의 강화를 의미했다.

〈표 17〉 여선교사들의 활동영역이동 상황

전문직선교사			주부선교사	
영역불변	빈도	%	빈도	%
교육	52	25.9	7	25.9
의료	23	11.4	1	3.7
교회	52	25.9	12	44.4
소계	127	63.0	20	74.0
영역이동	빈도	%	빈도	%
교육↔교회	51	25.0	4	15.0
교육↔의료	13	6.0		
의료↔교회	10	5.0	3	11.0
소계	74	37.0	7	26.0
총계	201	100.0	27	100.0

* 주부선교사들의 이동상황에 관한 기록을 알 수 있는 자료는 27명에 불과하여 이대로는 의미가 없다고 보여지지만, 이러한 사실의 심각성을 알리기 위해 그대로 표시함

〈표 18〉 구한말 선교부 직영 학교들

	연대	교명	교파	설립장소	설립자 및 교장	비고
1	1885	광혜원(연세대의대전신)	합동	서울		
2	1885	배재학당	감리회	서울		
3	1886	이화학당	감리회	서울	Scranton, Mary Fitch, (Mrs. 전문직1886-1890)	2대 교장 Rothweiler, Louisa C. (Miss, 전문직 1890-1892)
4	1886	경신학교	장로회	서울		
5	1894	광성학교	감리회	평양		
6	1894	숭덕학교	감리회	평양		* 숭덕여학교도 있었다고 함
7	1896	정의여학교	감리회	평양	설립자: Noble, Mattie Wilcox (Mrs. 무급, 1896~)	초대 교장은 1920년에 취임한 Dillingham, Grace L.(Miss, 전문직)
8	1887	정신여학교	장로회	서울	Ellers, Annie J. (Miss, 의료, 전문직, 1887~8)	2대 Haydeon, Mary E. (Miss, 전문직, 1888~90), 3대 Doty, Susan A. (Miss, 전문직, 1890~1904)
9	1895	일신여학교	호주장로회	동래	설립자 Mackenzie, James Noble (Rev. 남) 교장: Davies, Margaret Sandiman (Miss. 전문직)	
10	1895	정진학교	감리회	평양		
11	1896	공옥학교	감리회	서울		
12	1896	숭실학교	장로회	평양		
13	1897	신군학교	감리회	서울		
14	1892	영화여학교	감리회	인천	Jones, George Heber, (Mrs. 무급, 1892~1907)	Miller, Lula Adelia, Miss (전문직, 1907~1914)
15	1898	배화여학교	감리회	서울	Campbell, Josephine P. (Mrs. 전문직, 1898~1920)	
16	1898	맹아학교	감리회	평양	설립자: Noble, Mattie Wilcox (Mrs. 무급, 1896~)	
17	1898	명신학교	장로회	재령		
18	1900	평양신학교	감리회	평양		

	연대	교명	교파	설립장소	설립자 및 교장	비고
19	1903	숭의여학교	장로회	평양	Moffett, Samuel Austin, (Rev.남)	1897년 선교사 리가 자기 집에서 10명의 소녀를 모아 가르친 것이 효시.✝
20	1903	루씨여학교	감리회	원산	Caroll, Arena (Miss, 전문직, 1903~4)	2대 교장은 Knowles, Mary H.(Miss, 전문직, 1904~6)
21	1903	정명여학교	장로회	목포	Straeffer, Fredrica Elizabeth (Miss.전문직, 1903~1906)	이후 교장들: Preston, Annie S.(Mrs. 무급), Harrison, Margaret S.(Mrs. 무급), Martin, Julia A. (Miss. 전문직, 1908-11), Nisbet, Anabel Lee Major (Mrs.), Hopper, Margaret (Miss, 전문직, 1922~57)
22	1904	덕성학교	감리회	원산		
23	1904	호수돈학교	감리회	개성	Caroll, Arena (Miss, 전문직, 1899~1902, 1904~1919)	전신은 Collyer, Charles의 부인 L. Smith (Mrs. 무급)가 1897년 시작한 매일학교.
24	1904	진성여학교	장로회	원산		
25	1904	의창학교	감리회	해주		
26	1905	영명학교	감리회	공주		
27	1906	계성학교	장로회	대구		
28	1906	신성학교	장로회	선천		
29	1906	보성여학교	장로회	선천		
30	1906	의명학교	안식교	순천		
31	1906	한영학교	감리회	개성		
32	1906	미리흠여학교	감리회	개성	Cram, W.G. (Mrs. 무급)	이 학교는 기혼여성과 과부들을 위한 여학교였다.
33	1907	약현학교	천주교	서울		
34	1907	수피아여학교	장로회	광주		

	연대	교명	교파	설립장소	설립자 및 교장	비고
35	1907	신명여학교	장로회	대구	Bruen, Martha Scott(Mrs. 무급) 이 학교의 전신은 Knowles, Mary (Miss. 전문직)가 15세 미만의 소년 14명을 데리고 자기집에서 시작한 여학교	2대 교장은 Pollard, Harriet E. (Rev., 1912~1938)
36	1907	기전여학교	장로회	전주	Junckin, Mary Leyburn(Miss. 전문직, 1902-1908, 부임 후 전킨 목사와 결혼)	2대 교장 Rankin, Cordelia B. (Miss. 전문직)
37	1908	신흥학교	장로회	전주		
38	1908	창신학교	장로회	마산		
39	1909	의정학교	감리회	해주		

출전: 손인수(1980), "한국근대교육의 유형발전과 실태", 『한국교육연구』, 제1집, 서울:한국정신문화연구원, 164~5쪽. 설립자, 교장에 관한 자료는 필자가 각 여학교의 역사를 참조하여 첨가한 것이다.
† http:/user.chollian.net/~ikch0102/nm10-3.htm 이광린, 평양과 기독교

〈표 19〉한일 합병 전후 기독교계 학교

	연대	교명	교파	설립장소	설립자 및 교장	비고
40	1904	영명학교		군산		
41	1904	성은학교		순천		
42	1905	송도학교		개성		
43	1906	영흥학교		목포		
44	1906	승일학교		광주		
45	1906	숭인학교		평양		
46		영실학교		강계		
47		영생여학교		함흥		
48		명신여학교	캐나다 장로회	재령	Barker, R.W. (Mrs. 무급)	2대 교장 Cass, Gertude (Miss, 전문직)
49		보흥여학교		회령		
50		보신학교		성진		
51		보신여학교		성진		

* 출처: 俵孫一(1910), 『韓國敎育の現狀』, pp.55~6참조. 李萬珪, 『朝鮮敎育史(下)』, pp.159~60.에서 재인용. 연대, 설립자, 교장에 관한 자료는 필자가 각 여학교 의 역사를 참조하여 첨가한 것이다.

〈그림 4〉선교사회에 고용된 남녀교사 증가추이(장로교)

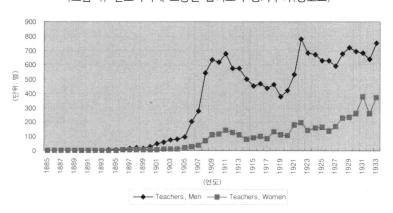

그 결과는 한국의 기독교 공동체 내에서 새롭게 구조화된 성별 위계질서였다. 1901년 4월 17일 평양에서 활동했던 북감리교 선교회의 노블(Noble, Mattie Wilcox) 주부선교사가 적어 놓은 일지에는 새로운 교회건물의 시공식 장면이 자세히 기록되어 있는데, 여기에는 그 예배의 시작을 위해 첫 삽을 떴던 관련자 집단들의 순서가 적혀 있다. 그 순서는 이렇다; 처음 장로교, 감리교의 남선교사들과 주교가 삽을 뜬 후, 한국인 남성들이 그 뒤를 이었고, 이후 여선교사들과 한국인 여성들 순으로 의식이 진행되었다 (한국기독교역사연구소, 1993:84). 이러한 의식은 곧 권력의 서열관계를 재현하고 있었던 것이 아닌가? 그리고 선교사 공동체가 마치 한 가족과 같았다는 기록은 여러 선교사들의 전기나 회고록, 일기, 편지 등에서 자주 발견되는 것이다.

〈그림 5〉 선교사 대 한국인 남성목사 증감추이

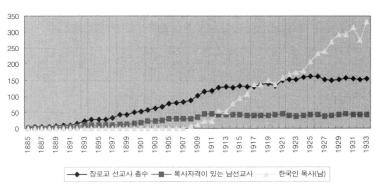

2. 여성인권에 대한 관심 : 선교사업을 위한 전제

한국 여성교육을 위한 여선교사들의 행적 속에는 1885년의 개신교 전파 초기부터 현재 우리가 '페미니즘'이라 부를 만한 요소들을 찾아

볼 수 있다. 이들의 페미니스트 의식이 표출되는 계기는 기독교 선교 활동이 한국 여성들의 공간 이동에 대한 제약 때문에 엄격히 제한되어 있었던 조선의 현실에서 비롯되었다. 여선교사들이 조선 여성들을 개종시킬 수 있는 기회를 얻기 위해서는 이들의 해방을 위해 싸울 수밖에 없었다.

조선의 국력 강화를 위해서 여성들의 자유를 증진시키고자 했던 조선의 개혁주의자들처럼, 조선 여성들의 구속적 삶에 대한 당시 여선교사들의 공격은 일차적으로 선교 봉사를 시작하기 위해 불가피한 것이었다. 먼저 여선교사들의 비판은 조혼문제에 집중되었다. 중국의 전족에 비유될 만하다고 평가되었던 조선의 조혼제도에 대한 반대는 선교의 가능성을 둘러싼 이방 조선의 폭군적인(?) 문화적 실천방식에 대한 공격이었다. 이화학당의 2대 당장이었던 룰루 프라이는 한 잡지기고문에서 조혼의 폐해를 다음과 같이 적고 있다; "중국의 전족은 여성들을 집에 가두어 놓고자 하는 남성들의 열망에서 비롯되었다는 이야기가 있다. 이와 같은 역사적 연원을 갖는 것이 조선 여성들의 무지이다 (Frey, 1914: 307)."[4]

그들이 지향한 목표는 당시 미국의 기준에서 볼 때 매우 보수적 성격을 지닌 것임에 틀림없지만,[5] 그러한 목표를 위해 실천하는 과정에

---

4) It is said that foot-binding in China originated in the desire of the men to keep the women at home; of like origin, history tells us, is the ignorance of Korean women.
5) 1870년대에 새로운 부흥기를 맞았던 미국의 해외선교운동을 연구한 북미의 많은 여성학자들은 이 운동의 종교적 기조가 당시 미국의 시대적 경향을 기준으로 볼 때 보수적이었다는 점을 공통적으로 지적하고 있다. 이는 당시 기독교가 서구의 자의식적인 근대주의자들에 의해 버림을 받고 있었다 해도, 아시아, 아프리카, 남미에 퍼져 있었던 식민지 국가들의 비서구인들 사이에서 근대화의 수단으로 봉사하고 있었다는 아이러니한 현실을 드러내는 이야기의 시작을 위한 경우가 대부분이다 (Hunter, 1984; Brouwer, 2002 참조).

서 이들 여선교사들은 조선 여성의 운명에 대해 극적인 변화의 필요성을 요구하였던 것이다. 이러한 조선 여성을 위한 페미니스트 의식의 발현은 여선교사들의 내면에 숨겨져 온 해방의 열정을 드러내는 것이었다고도 보이지만 이들은 결코 자신을 '페미니스트'라고 부른 적이 없었다. 그러나 이들이 조선 여성을 위해 교육사업에 헌신하는 과정은 이미 미국 본토의 페미니스트들이 꿈꾸고 바라던 위대한 성취감을 획득하는 결과를 가져왔으며, 이들이 이러한 성취로 몸소 보여준 역할모델은 조선 여성들의 여성정체성 구성에 중대한 영향을 미친 것이다. 다음에서는 이러한 변화과정을 살펴보고자 한다.

1) 조선의 여성인권 옹호를 위한 물질적 지원

전문직 여선교사들은 남선교사들에 비해 경제적으로 넉넉한 형편이 아니었다. 해외 여선교회 본부의 사업지원금도 부족했고 남선교사들만큼 많은 월급을 받는 것도 아니었다. 그러나 이들은 이러한 차별에 대한 불만이 오히려 사치스럽게 느껴질 만큼, 자신들이 지닌 경제적, 문화적, 상징적 자원들이 한국에서 갖는 가치가 얼마나 크고 대단할 수 있는지를 경이로운 마음으로 실감하고 살았던 것 같다.

한국에서 기독교 여성교육을 준비하던 초기 10년 동안은 복음주의적 삶의 가치를 받아들이고 개종코자 하는 한국인 신자들도 적었고, 여학생들을 구하기가 어려웠던 시기이다. 상황은 조선정부의 적대적 태도와 유교와 생활 구석구석에서 온갖 귀신들을 섬기는 민간신앙의 전통이 어우러져, 까다롭고 배타적인 하느님을 섬길 수 있는 여지가 별로 없어 보였다. 그러나 곤궁한 조선의 경제는 기독교적 이데올로기만으로는 가질 수 없었던 기회를 제공해 주었다. 동학혁명, 서구열강과 일본의 식민지 전쟁 등으로 인한 정치적 불안과 콜레라의 창궐 등으로, 가족이나 친족간의 상부상조나 지역공동체의 품앗이나 계 등으로는 구제할 수 없는 많은 사람들이 생겨났다. 이는 선교사들이 고용과 교육의 기회를 제공하거나, 외교적·법적인 중재를 자청하면서 접근할 수 있는 여지를 남겨 주었다.

19세기 말~20세기 초 조선의 가난한 여성들이 우리 사회에서 받는 고통은 가장 비참한 것이었다. '먹는 입 하나 줄인다'는 옛 말처럼 가난한 살림에 경제적 부담으로 간주되었던 많은 농촌의 여아들이 출생부터 천대를 받았으며, 기근이 들면 버려지거나 팔려 갔다. 여성들은 결혼을 하면 친구와 가족들과 떨어져서 잘 알지도 못하는 남편과 가족의 재산으로 전환되었다. 비록 여성의 친정 집 식구들 특히 아버지나 오빠가 그녀의 복지에 대해 책임을 지고는 있었지만, 눈에 띄는 불법이 아니면 아무리 잘못된 혼사라 하더라도 풀려나기 어려웠다. 기독교 개종자들이 비특권 계급에서 나왔으며, 이 중 상당수의 여성들이 기독교 교육을 받게 된 것은 이렇듯 이들이 성적으로 받았던 불이익이 한 원인이었다고 할 수 있다.

1893년 서울에 도착한 이화학당의 룰루 프라이(Lulu Frey)는 미국에 있는 여동생 죠지아(Georgia)에게 보낸 편지에서 다음과 같이 쓰고 있다;

> "네가 병원에 있는 우리들의 아기들을 볼 수 있다면 얼마나 좋을까? 현재 아이는 세 명이란다. 우리는 그 아이들이 학교에 올 수 있을 때까지 거기서 기르려고 한다. 우리는 아이들을 주겠다고 하는 많은 사람들을 돌려보내야 했단다. 그 아이들을 받으면 기독교인으로 훈련시킬 수 있겠지만, 그만한 돈이 없구나. 우리 선생님들은 어린 아기들

을 하나씩 맡아서, 유모를 붙여 돌보게 하고 있단다. 아주 적은 비용
이지만, 이 여자아이들이 자라서 다른 사람들에게 예수님을 가르칠
수 있게 된다면 이 사람들(조선인)에게 매우 큰 도움이 될 것이다. 너
는 '미국아이'가 된 것을 아주 기뻐해야 한다. (1893년 11월 7일)[6]"

버려진 아이들, 매매 혹은 죽음으로부터 구출된 여성들, 잔혹한 시
어머니와 남편으로부터 구출된 여성들의 이야기들은 선교사들이 쓴
편지와 소설, 잡지 기고문들을 채우고 있다. 자신의 선교일지를 소설
화한 작품『김서방』을 쓴 와그너(Ellasu Canter Wagner)[7]는 1907년을 전
후로 가난 때문에 10세에 부자 나 씨의 집에 노예로 팔려 간 이름도
없어 '애기'라 불렸던 한 소녀의 이야기를 적고 있다. 한 선교사가 이
'애기'라는 소녀를 발견했을 때, 그녀는 집주인에게 매를 맞고 거적에
씌어 집 밖에 버려져 있었다. 이 선교사는 '교회에 가지 말라'는 주인
의 명령을 순순히 따르지 않았다는 이유로 혼수상태가 될 정도로 매를
맞은 어린 노예를 집주인 나 씨에게서 구출해내기 위해 돈을 지불해야
했다고 전한다 (Wagner, 1909: 53~76쪽).

---

6) I wish you could see our babies in the hospital. We have three now. We keep them
there until they are old enough for school. We have to turn a great many away who
would give us their children and we could train them as Christians, but we have not
the money. We teachers are each going to take a little baby as our own, and have a
woman to take care of them. It will cost a very little bit, and in time will be a great
help the these people for when these girls grow up, they can teach about Jesus to
others. You ought to be very glad to be a "MECUK AYHE" —(American girl). (Frey,
letter to Georgia, Nov. 7, 1893).
7) 왕래(王來)라는 별칭도 가지고 있었던 와그너는 미국 남감리회 여선교사로 1904
년 내한하여 개성 선교부에서 A. Carroll과 함께 여자 아이 12명을 데리고 개성
여학교를 시작하였다. 이 학교는 훗날 호수돈여자고등보통학교가 되었으며 그
녀는 이 학교의 교장을 역임하는 등 조선 여성교육에 헌신하였다. 그러던 중
1940년 일제의 강압에 못 이겨 귀국하였는데, 그 후의 행적은 알려지지 않고 있
다. (기독교 대백과사전 편찬위원회 편, 1984:1260, 박대헌, 1996: 536)

메리 더슨(Mary L. Dodson)은, 나환자촌에서 딸을 낳은 한 나환자가 그 아이의 건강을 위해 입양 보내기를 원하고 있었으나 모두가 꺼리는 바람에 동료 여선교사와 함께 아이를 입양키로 결정하고 유모를 구하고 양육비를 부담하기로 했다고 기록하고 있다 (1941년 4월 17일, 광주). 한국에서 일한 선교사들이 곤궁한 사람들에 대한 자신들의 '부족한' 경제적·제도적 지원을 통해 자의든·타의든 충실한 기독교 교육을 시킬 수 있는 여학생들을 확보할 수 있었다는 사실은 매우 보람 있는 일이었던 것 같다.

대부분의 경우 여선교사들의 경제적 지원은 절망적 처지에 있는 여아들과 성인 여성들을 위한 깊은 연민에서 우러난 희생적 사랑과 봉사 정신에 바탕을 둔 것이었다. 예를 들어, 간호선교사이자 일신학교의 교사이기도 했던 셰핑(Miss Shepping)은 "월급을 받으면 먼저 절반을 교회에 바치고, 학교 경영비와 학생들 장학금에 던지고, 눈 앞에 보이는 굶주리는 사람에게 나누어주고 그런 생활을 하다가 그가 운명했을 때 그의 유산으로는 반 조각 짜리 담요 한 장과 지갑 안의 시재는 7전이었고 부엌의 재고는 강냉이가루 2홉이었으며 은행 당좌 잔고는 제로(0)였다(백춘성, 1996: 124~5)." 그러나 이들이 가졌던 뭔가 제공할 수 있는 능력은 당시 잠재적 기독교인들을 학교로 유인할 수 있었던 강한 호소력을 지녔던 것도 사실이다. 이를 고찰키 위해 프라이의 다음 편지 대목을 소개하고자 한다;

"가을학기에는 학생들이 많지 않을 것이다. 우리는 입을 옷을 가져오는 학생들만 받는 원칙을 세웠기 때문에 입학생수가 적었다. 우리가 언젠가 옷을 제공한 적이 있다는 사실을 사람들이 잊게 될 때까지 아이들을 보내기가 어렵지 않을까 걱정이다. 실제 그들은 마땅히 받아야 할 권리임에도 불구하고 속는 거라고 생각하는 것 같다. 미국에 있는 당신들은 우리가 일에서 당하는 문제가 뭔지를 모른다. 우리는 자조의 원칙을 밀고 가기 위해 노심초사하고 있다 (1903년 9월 4일)."

프라이는 의식주를 전적으로 지원하던 과거의 교육조건을 철회하고 자조적 교육의 원칙을 분명히 하고자 하는 협상 과정에 있었다. 여기서 주목을 끄는 대목은 딸자식의 교육을 허용하는 대가로 선교사들의 경제적 지원을 권리처럼 당연시했던 조선인들에 관한 이야기다. 전적인 경제적, 제도적 지원을 통해 학생을 구하지 않아도 될 만한 사정이 되었다고 판단하고 선교정책을 바꾸게 되는 시점이 되는 1903년경까지 그러니까 기독교 여성교육을 시작한지 무려 17년 동안, 이들은 경제적 필요 때문에 딸자식을 맡기는 가난한 계층의 조선인들에게만 의존하여 교육을 할 수 있었다는 이야기다. 그러나 그와 동시에 이들의 경제적 지원은 소외된 여성들에게 교육의 기회를 제공함으로써 여성으로서의 자각을 할 수 있는 가능성을 열어주었다.

여선교사들이 개인적, 제도적으로 동원할 수 있었던 경제적 자원들은 이들의 개인적 지위를 높이기 위한 것이 아니었으며, 조선 사회의 경제적 불평등을 해결하기 위한 것도 아니었다. 그것은 선교사 공동체가 지향하던 바, 명실상부한 기독교 여성교육기관을 만드는 일에 접근해 가기 위한 협상을 위한 것이었다. 이러한 조선의 소녀와 성인 여성들의 무지와 노예적 삶에 대한 연민과 이들에 대한 구원의지는 "너는 미국아이임을 기뻐해야 한다"고 한 프라이의 편지처럼 미국문명에 대한 우월의식에 대한 변함없는 확신에 근거한 것이었다는 지적도 존재한다. 그러나 한편으로 조선여성들의 삶에 대한 관심과 이들을 위한 헌신은 이들로 하여금 자신의 개인적 한계를 뛰어넘는 역량을 발휘할 수 있도록 만들어준 동력이었다.

2) 조선 여성을 위한 법적 변호와 지원

여선교사 선생님들은 자신들이 믿는 하느님의 의로움을 믿고 조선 여성들의 영혼을 구하기 위해 일하는 과정에서 불가피하게 고등교육 경험을 통해 얻게 된 법과 권리에 대한 지식을 동원하기도 했다. 그들은 자식과 아내를 팔아 넘기는 '비정한' 아버지, '무책임한' 비기독교도 남편, '폭군적' 시어머니와 맞서 경쟁하고자 했다.[8]

우선 이들이 조선 여성들의 인권을 보호하고 변호할 수 있는 법의 위력을 상당한 정도로 인지하고 있었다는 사실은 여러 대목에서 분명하게 드러난다. 프라이는 1898년 4월 20일의 편지에서 다음과 같이 적고 있다 ;

> 어제 우리가 받아들인 아이는 주인에게서 도주하였는데 (그녀는 노예이다), 병원에서 자신을 받아달라고 애원하던 한 사람에게서 우리에 대해 들었다고 했다. 우리는 맞고만 살아 온 그 불쌍한 아이를 돌려보낼 수가 없었다. 그래서 우리는 만일 그 애가 나쁜 일만 저지르지 않았다면 받아주겠다고 말했다. 나는 그 애에게 깨끗한 옷과 비누, 타올,

---

8) 이러한 행동들은 그들이 조선의 여성들을 해방시켜주었다고 보는 '해방담론'에서 중요한 모티브를 형성하고 있는 대목이다. 그러나 이 '해방담론'은 여선교사들과 조선 여성들의 관계를 해방시키는 자와 억눌린 자로 고정시키는 규정력 때문에 선뜻 동의할 수 없는 요소를 담고 있다. 이들은 서로 다른 수준에서 가부장적 억압을 경험하고 있었던 여성들이었다. 이 때문에 이들의 행동에서 특히 흥미를 끄는 지점이 있다. 남성들과 동등한 투표권도 없고 목사안수를 받을 권리도 획득하지 못한 채 선교사 공동체의 불평등한 권력구조를 감내했던 이들이 어떻게 조선 여성들의 권리를 위해서 그토록 강력하고 단호한 입장을 취할 수 있었을까? 여선교사들의 이방 여성을 위한 해방투쟁은 "그들은 이미 해방된 자였다"는 논리보다 그럴 듯한 설명을 요한다.

빗, 이박멸제를 주고 목욕탕에 가서 잘 씻으라고 했다. 이제 그녀는 크게 바뀌었다. 물론 그 주인이 그녀를 잡으러 올 것이라 기대한다. 그러나 우리는 법은 우리 편이라고 느낀다.

하루는 딸을 맡기고 간 한 여자가 며칠도 안 되서 나타나더니 그 아이의 아버지가 그 애와 자신을 높은 사람에게 팔았으니 그 애를 데려가야 한다고 했다. 우리는 그녀를 줄 수 없다고 거절했다. 새로운 법에 의하면 어떠한 노예 제도도 허용되지 않기 때문이다. 우리는 법을 어긴 그 남자를 감옥에 가게 할 것이라고 말했다. 그 여자는 그 남자의 이름을 알려주기를 거부했으며, 우리는 그 후로 그녀와 그 남자에 대해 들은 바가 없다. 우리는 누구든 이 소녀를 요구하는 사람이 있다면 이와 같이 행동할 것이다."

그러나 법과 권리에 대한 지식을 문화적 자원이라 할 때, 이들은 그 자원을 개인적 목적을 위해 자본화 하는 것을 미덕으로 삼지 않았던 보수적 기독교 전통에서 온 사람들이었다. 즉 이들은 여성의 권리를 위해 싸우기보다는 그 권리의식을 하느님 나라의 사업을 위해 기꺼이 희생하는 것을 미덕으로 삼았던 여성들이었다. 이들이 조선 여성들의 인권을 옹호하게 된 것은 자신들이 가진 문화적 자원을 자본화시키는 것이 선교사 공동체 내에서 정당화될 수 있었기 때문이다. 이들에게 이러한 변화를 가능케 한 것은 이방에서의 선교 사명이었다.

자신들의 문화적 자원을 자본 삼아 조선 여성들을 노예상태에서 해방시키고자 한 선교사들의 노력은 당시 선교사 공동체가 가지고 있었던 가정성(domesticity)에 대한 이데올로기와의 교섭 맥락에서 검토되어야 하는 것이다. 여선교사들이 보여준 조선 여성들의 인권변호를 위한 실천을 지배했던 담론의 핵심은 '기독교적 가정을 만드는 것이 하느님 나라의 건설을 위한 첫 걸음'이라고 하는 논리이다. 기독교 가정이란 가족 전체가 기독교를 믿는 가정을 말하며, 특히 하느님의 자녀로서 영적인 평등을 누리는 부부관계가 중심이 되는 가정을 말한다. 기독교 적 가정에서의 부부간의 영적인 평등이란 인격의 신성함과 개인의 자 유를 인정하고 있었지만 '여성들의 복종과 순수성을 이상으로 하는 빅 토리아적 이미지(에번스, 1998: 33)'를 기본으로 하는 가정성과 모순되 는 것이 아니었다.

미션계 여학교의 여선교사들은 일반적으로 비기독교도 남성과 원치 않는 약혼이나 결혼을 해야 하는 압력을 받고 있었던 수많은 여학생들 을 대신해서 싸웠다. 이는 기독교도와 결혼한 조선 여성들의 가정적 지위를 이상화하고 있었던 선교사 공동체의 지배담론 때문에 가능했 던 것이다. 이들은 이교도의 가정에 시집가서 '영웅적으로 (영혼의) 죽 음을 맞는 것(McCune, 1910; 222)'을 원치 않는 기독교 여성들의 투쟁 을 적극적으로 지지할 수 있었다. 선교사들이 기독교 가정을 유지하는 것이 중요하다고 강조한 것은 기독교 여성교육의 지지 기반이 되는 기 독교 공동체의 영속을 위해서도 불가피한 것이었다고 보여진다.

이들은 미션계 학교에서 훈련 받은 젊은 여성들이 다른 종교, 혹은 기독교라도 타 교파의 사람들과 결혼하는 것을 반대할 정도로 소속 교 단의 공동체 유지에 충성스러웠다. 엘리스 아펜젤러는 1918년 한 영문 잡지의 기고문에서 "여학생들이 집으로부터 받는, 학업을 중단하고 결 혼하라는 끊임없는 압력"이 이들의 건강과 재정상태와 더불어 자신의 여성교육에 대한 소신과 믿음을 흔들어 놓고 있다고 적고 있다 (Appenzeller, A, 1918;212).

일반적으로 여선교사들이, 조선 여성들이 남편을 선택할 권리나 독 신으로 남을 수 있는 권리를 지지했던 맥락은 결혼이 학교를 떠나야 하는 압력으로 작용할 때였다. 프라이의 다음 편지 대목은 학생들의

조혼에 대해 당시 선교사들이 가졌던 공포가 어떠한 것인지를 대변해
주고 있다;

> "우리는 […] 부모들이 아이들을 시집 보내지 않을까 두려워 집으
> 로 돌려보내지 않기로 했다. 그러면 우리들의 노력이 모두 허사가 될
> 테니까 (Frey to her Mother, 1904. 2. 12)."

이러한 입장 때문에 여선교사들은 나서는 것을 꺼리는 자신들의 취
향에도 불구하고 조선 여성들을 위한 권리투쟁에 참여하게 된 것이다.
여선교사들이 여성적인 자기희생의 미덕을 강조하면서도 조선 여성들
의 교육에 대한 권리를 주장할 수 있었던 핵심의 논리는, 여성들의 결
혼과 자기희생은 성숙한 마음과 책임감, 그리고 자신에 대한 보다 확
고한 생각에 기초한 것이어야 한다는 것이었다 (Preston, 1931: 68~9).
　이러한 논리는 여학생들의 결혼 자체를 반대하는 것이 아니었다. 다
만 이들이 보다 성숙한 판단을 할 수 있는 연령이 될 때까지 혼인을
연기시키는 데 유효한 논리였다. 그러나 이러한 입장만으로도 여선교
사들은 여학생들의 부모에 대한 거역행동을 돕고 보호할 수 있었다.
가정형편이 기울어져서 딸을 첩이나 기생으로 팔고자 하는 부모들에
대한 거역은 말할 것도 없거니와, 정혼이라 하더라도 상대가 기독교
가정 출신이 아닐 경우 여학생들의 거역에 대한 선교사들의 지지는 정
당화되었다. 왜냐하면 기독교 여성교육을 통해 길러낸 '거룩한 희생을
기본으로 하는 기독교 여성들의 우월한 성품'은 아내를 하느님의 형상
대로 지음 받은 동등한 인생의 반려자로 생각해 줄 기독교 남성이 없
이는 보존될 수 없으며, 이교도의 가정에서 기독교 여성들은 자신들의
인내와 순종을 승화시킬 수 있는 도덕적·문화적 환경을 가질 수 없다

고 믿었기 때문이다.

3) 조선 여학생들의 경제적 자립을 위한 지원

여선교사들이 조선 여성들의 독립을 장려했을 때, 그들을 지지하고 보호해 줄 수 있는 장치를 제공할 책임을 져야 했다. 선교사들은 뿌리 뽑힌 조선 여성들을 다양한 장학제도를 마련하여 도왔으며, 교사, 간호사, 전도부인, 조리사, 재봉사, 유모 등 다양한 직업을 제공하기도 했다. 이러한 직업들은 일시적인 것이었고, 안정성을 보장하지는 못했지만 단기적인 구제수단을 제공한 것이 사실이다. 기독교 여성들은 다른 기독교 남성들과 마찬가지로 종교 때문에 전통적인 원조의 원천을 잃게 되었다. 원조의 원천이 점차 선교사 공동체에 한정됨에 따라 조선 기독교도들의 해외 선교사들에 대한 개인적 의존도 불가피하게 증가하였다.

선교사들은 소속이 없는 조선 여성들이 성난 아버지나 남편으로부터 보호받기 위해서 자신에게 의존해 있는 정도에 대해 과장하기를 좋아했다. 신체적 보호는 때때로 지나치게 극화된 측면이 없지 않지만, 여성에 대한 평판을 보호하고자 하는 그들의 책임감은 언제나 실제적이고 진지한 것이었다. 신성한 조선의 관습을 깨버리도록 격려했기 때문에, 여선교사들은 기독교 여성들에 대한 신체적 안식처만이 아니라 도덕적 안식처도 제공해야 했다. 이러한 대안은 때때로 직업적 경력, 독신 생활, 가족과의 결별을 포함했다. 이러한 과정에 개입된 조선 여성들에게 이것은 실제로 선교기관에 대한 전적인 경제적 의존을 의미했다. 다시 말해 시작은 보수적인 것이었지만, 그들은 스스로 조선 여성들에 대한 급진적인 사회적 대안을 제공하고 있었다.

개종자들의 자유를 위해 협상을 벌였던 여선교사들은 자신들의 대담함에 스스로 놀란 듯 했다. 미국 여성들은 관습적으로 사회적 권위를 얻기 위한 수단으로 경제적 자원에 의존하지 않았으며, 자신들의 선교 기관이 고용자로서 변호자로서 갖는 권력을 발견한 것은 거의 의도적인 것이 아니었다. 선교기관들이 조선인을 고용하고 조선 여성들의 인권을 변호하는 과정에서 조선사회에 대한 상당한 지배력을 갖게 되었던 것이다. 조선의 환경이 그들로 하여금 새로운 제도적 전략을 채택하도록 했던 것이다. 그러나 선교사들은 영혼을 위한 투쟁에서는 보다 전통적인 여성적 전술을 적용하였다. 다음은 이에 대한 이야기이다.

4) 여학생 보호를 위한 교육환경 요구와 예법형성 교육

여성 교육 선교사들은 20세기 초 조선 여성들의 사회적 지위에서 일어난 극적이고 직접적인 변화 속에서 여성들을 보호할 수 있는 교육환경과 새로운 사회적 예법을 창조할 필요성을 변호하였다.

러일 전쟁이 끝난 다음 해인 1906년 안식년에서 돌아온 미쓰 페인은 "우리 학당의 한 소녀가 지난 겨울 (서구식) 결혼식을 올릴 때 나는 이제 조선인들은… 낡은 관습을 기꺼이 버릴 준비가 되어 있다는 것을 알 수 있었다(괄호 안은 필자)" 면서 떠나기 전의 상황과 전적으로 달라진 조선 여성들의 의식변화에 대해 놀라움을 표했다(Paine, 1906:179~180). 이렇게 서구문물에 눈뜨기 시작한 조선 여성들의 변화된 삶은 1910년대 후반이 되자 돌이킬 수 없는 것이 되어버렸다. 정신여학교에서 교육선교활동을 했던 릴리안 딘(Lillian M. Dean)은 다음과 같이 적고 있다;

"다수의 조선 여성들이 자신들의 문지방을 넘어서 버렸다. 그러나 그들은 현재 바깥세상에서 무엇이 어떻게 돌아가는지 아는 것이 거의 없다 (Dean, 1918:207)."

이러한 변화 속에서 특히 여성 교육 선교사들의 주목을 끈 것은 퇴락하는 사회구조 속에서 집도 절도 없고 '아는 것이라고는 가사일 밖에 없는' 어린 소녀들이 속출하는 현상이었으며, 교육을 받기 위해 개항 도시나 서울, 평양 등 대도시로 이주한 다수 여성들을 위협하는 성적인 도전들이었다.[9] 1920년대 중반까지만 해도 식민지 조선에는 이들의 요구 조건들을 채워주거나, 적어도 돕고자 하는 집단도 턱없이 부족한 형편이었다. 이에 대해 여선교사들은 선교사의 집에서의 파티 초대, 체육대회,[10] 서구식 남녀교제법 지도[11] 등을 통해 조선의 소녀

---

9) 이러한 현상은 해가 갈수록 심각해 졌던 것으로 보인다. 주부선교사였던 셜리 앤더슨(Shirley Anderson)에 따르면, 1926년 당시 서울에서 학교를 다니는 여학생의 수는 4,000명 정도였으며, 이중 지방출신이 절반이었다. 이중 자신이 아는 한 전도부인이 정기적으로 만나는 300명의 여학생 중에서 십중팔구가 남학생들도 받는 하숙집에 기거하고 있으며, 남학생과 동거를 하는 몇몇 학생들과 교육비 마련을 위해 몸을 팔기까지 하는 여학생들이 있다고 보고하고 있다(Mrs. Anderson, W.J., 1926:433~4).

10) 1907년 5월 24일 서울의 9개 여학교에서 모인 수백명의 선생님들과 학생들이 시내의 남학교 학생들을 초청하여 처음으로 열린 공식적인 체육대회가 그 한 예이다. 이 사실을 보고한 익명의 기사는 남녀 학생들이 서구식 자유와 서구식 예법을 가지고 함께 어울리는 흐뭇한 광경(KMF, 1907;90~1)을 자랑스러워 하면서, 이는 외양만이 아니라 그 학생들이 보여준 영혼 또한 절제하는 기독교적인 것으로, "우리에게 한국에서의 새 날이었다"고 말하고 있다.

11) 예를 들어, 이화학당의 5대 당장이었던 월터(Jean Walter)는 학생서클 <무흠단 (Purity League)>을 지도하면서 1920년대의 학생들에게 남녀교제법을 가르쳐서 크게 인기를 끌었는데, 그 내용 중에는 결혼한 친구집을 방문했을 때 아무리 친한 사이라도 그 친구가 없으면 그 남편이 아무리 권해도 집에는 들어가지 말아야 한다거나, 남성의 병실에 여성은 들어가지 말 것 등의 구체적인 내용들이 있었다(민숙현, 박해경, ; 61~2).

들이 남학생들과 '서구식' 자유와 기독교적 절제정신을 가지고 교재할 수 있는 공적, 사적인 기회를 마련하고, 신문, 잡지의 기고문을 통해 여성들의 몸과 마음의 '순수성(purity)'을 보호할 수 있는 기숙사 시설의 필요성을 역설하는 등 이에 대응할 수 있는 새로운 정신을 전수하고자 다방면의 노력을 기울였다.

이렇듯 여성교육 선교사들이 자유정신에 입각한 정신적 사랑을 변호할 수 있었던 것은 성문화에 대한 기독교의 개입과 중재의 필요성에 대해 선교사 공동체가 동의하고 있었기 때문에 가능한 일이었다. 사랑에 대한 자유정신과 '기독교적 절제의 미덕'이 결합된 인격의 이상화는 이러한 맥락 속에 있었다. '기독교적 절제'는 '기독교적 품성(Christian character)'을 구성하는 핵심적 요소로서, 특히 여성들이 성적 유혹을 절제의 힘으로 완벽하게 통제하는 것을 '순수성의 내적 승리(inner triumph of purity)'로서 치하하였다.

상호 존중과 사랑에 기초한 결혼을 이상으로 삼았던 이들에게 남성과의 사랑과 결혼 자체가 문제가 되는 것은 아니었다. 이렇게 볼 때 기독교적 절제의 미덕은 20세기 초 조선 여성들의 지위에서 일어난 극적이고 직접적인 변화에 걸 맞는 새로운 인격의 한 요소로서 제시되었던 것으로, 결과적으로 보면 이들은 신체구속을 통한 전통적인 여성들의 심리-몸 통제방식을 자율적인 윤리적 자아통제를 기본으로 하는 기독교적 통제방식으로 대치하였다고 할 수 있을 것이다.

만일 자유와 절제의 미덕이 균형을 잃게 되는 상황이 올 경우 여선교사들은 어떻게 대처해야 했을까? "모든 행위로서 조선인들의 선의를 사는 것"이 얼마나 힘들고 어렵다는 것을 몸소 경험했던 선교사들로서, 학생들의 영혼을 순수하고 선하게 지키는 것만큼이나 중요한 것은 자신들의 평판과 기독교 공동체의 건전성을 유지하는 것이었다. 5년간의 계약기간을 마치지 못하고 결혼을 할 경우 여비를 반환하고 선교사직을 그만두어야 한다는 규정[12]에 묶여 있었던 이들은 여학교를 기독교적 절제의 미덕을 실천하는 공동체로 보존해야 하는 책임감에 투철해야 했다. 예를 들어 1912년 당시 한 남성과의 연애사건으로 학교를 떠나게 된 이화학당의 교사 최활란의 경우, 자신의 연애사건을 학교의 명예에 누를 끼친 일로서 학교를 떠나는 것만이 학교의 명예를 회복하는 것이라고 생각했다고 회고한다. 여성이 자신의 몸과 성의 주체가 될 수 있다는 관념이 일반화되지 않았던 당시 조선에서 누군가 학교 앞문에 "김활란(최활란의 결혼 전 이름, 이화여전의 총장이 된 김활란과 다른 인물)은 처녀가 아니다"라고 써 놓은 낙서가 화근이었다. 당시 이화학당의 여선교사들은, 결혼할 마음의 준비가 하나도 되어 있지 않았지만 '누명'을 쓰게 된 이상 내키지 않을 지라도 이화학당을 떠나야 한다는 최활란의 결심을 당연히 여겼던 듯하다. 월터, 하몬(Mrs. Harmon) 등 이화학당의 여선교사들에 대한 회상에서 최활란은 학교를 마지 못해 떠나게 되면서 그녀가 느꼈던 "너무나 슬프고 암담하고 깊은 절망"에 대해 그들이 어떠한 대응을 했는지 언급하지 않는다. 다만 그녀의 자유연애 결혼을 지지해 주었다는 것을 기억할 뿐이다(최규애, 1991:49~50).

전통문화와 새로운 서구문화의 엄청난 차이에서 빚어지는 이러한 비극과 갈등에 대해 여선교사들은 자신들의 선교봉사를 구조화 시킨 것과 똑 같은 가정이데올로기(domestic ideology)를 조선 여성들에게도

---

12) 미북감리교회 여성 해외선교부의 경우, 이 규정은 1872년에 제정되었다 (Isham, 1936: 30).

장려하였다. 그들의 가르침에 따르면, 여성들의 양육 책임은 교육, 교양, 공중도덕 등이 포함되며, 여성 삶의 궁극적 중심은 가정(home)으로서 여성들은 역사의 변화 조류와 흐름에 대해 안정화 세력으로 작용해야 한다는 것이었다. 비록 이들은 하느님과 인간을 위한 십자군 전쟁에 참여코자 가정이라는 안식처를 떠나 왔지만, 기독교 가정이 기독교 국가를 건설하는 기본 단위라는 당시 기독교 공동체의 지배담론을 언제나 변호하고 있었다.

좀더 자세히 말하면, 여선교사들은 결혼과 가정에서의 순종을, 하느님 나라의 건설을 위해 자신을 희생하고 봉사하는 숭고한 미덕으로 강조하였다. 실제로 미션계 여학교나 성경훈련학교에서 이들의 교육을 받은 많은 졸업생들이 기독교인 남편이나 조선인 목사의 아내가 되었다. 여선교사들은 조선 시어머니와 남편이 젊은 며느리 · 아내에게 가하는 억압이 어떠한 것인지, 배움의 열망이 강한 여학생들이 가정으로 돌아가 봉사하는 삶이 얼마나 힘든 일인지 그리고 자신들이 인내로 길러낸 교육의 과실이 어떻게 파괴될 것인지를 익히 알면서도, 어둡고 가련하고 부족한 것이 많은 비이상적인 가정이지만 '봉사에 대한 열정'을 가지고 돌아가서 가정생활을 바꿔내야 하는 것이 마땅한 일이라고 주장하였다.

실제로 여선교사들은 조선 여성들을 가르친 수업에서, 신체적 청결, 도덕적 자기절제, 가정과 사회에서의 순종이라는 보수적 강령들을 제시하였다. 그러나 이러한 보수적 강령들은 결코 조선 여선교사들의 전체적 혹은 지배적 영향력을 구성한 것이 아니었다. 선교 전략에 의해 전달된 덜 의식적인 메시지들이 이러한 그들의 말과 글을 구성했던 메시지와 상반되게 작용하였다고 보여진다. 선교사들은 조선 여성들이 남편에게 순종할 것을 요구하였지만, 조선 여성들을 감화시켰던 그들의 영향력은 그보다는 다른 원천에서 나오고 있었던 것이다.

5) 조선 여학생들을 위한 고등교육운동

전문직 여선교사들의 조선에서의 기독교 여성교육 활동은 의도적인 것은 아니었지만 조선 여성들의 삶에 대한 다각적 관심과 이를 변화시켜내고자 하는 실천에 의해 진전할 수 있었다. 홀홀 단신으로 조선에 와서 선교사업을 개척한 이들은 가족에 대한 일차적 책임에서 벗어나 누구보다도 조선 여성들의 삶에 밀착되어 있었으며, 이들의 필요를 가장 잘 알 수 있는 위치에 있었다. 따라서 그에 응답해야 할 책임감 또한 남다른 것이었다. 이들의 이러한 측면은 조선 여학생들을 위한 고등교육 기회를 여는 과정에서 가장 두드러지게 드러난다.

1910년 조선에 여성고등교육의 필요성을 최초로 주장하고 이화학당에 대학과를 설치하는 일을 추진했던 프라이 당장의 다음 이야기는 조선 여학생들의 교육에 대한 필요와 그에 대한 책임감이 어떠한 것이었는지를 잘 말해주고 있다;

> "이제 조선에서 우리는 여성을 위한 고등교육의 문제에 직면해 있다. 개인적으로 우리 고등학교에서 첫 졸업생을 배출했을 때 우리는 이 문제를 만났다. 학교의 각 반에는 대학과정을 이수하고자 하고 그럴 만한 실력이 있는 학생들이 있다. 모든 고등학교가 마찬가지 사정일 것이다. 교사에 대한 수요가 절박하다. 이제 교사들의 수효보다 중요한 것은 교사의 질이다. 우리 선교사들은 조선 여성들로 하여금 위로 향하는 사다리를 타기 시작하게 했기 때문에 이에 대한 대부분의 책임을 져야 한다(Frey, 1914:178~81)."

프라이가 여성고등교육을 제안했던 시점은 성별분리가 엄격했던 조선사회에서 여성을 위한 교육운동을 채택하여 점차 조선인들의 호의를 사고 있었던 때였다. 그러나 막상 대학과를 시작하려고 하자 학부형과 일반대중은 물론 기독교 선교와 교육에 뜻을 같이 하는 선교사들 중에서도 여성의 고등교육이 시기상조라는 반대여론이 일어났다. 과년한 처녀들이 20여세가 넘도록 학교에서 공부만 한다는 것은 당시의 사회에서는 용납하기 어려운 사실이었다. 게다가 여성들이 고등교육을 받을 경우 이제껏 그들이 살아온 환경과 가정에 적응하기 힘들며 그 결과 민족에게 봉사하는 일에도 오히려 해가 될 것이라는 것이 국내 여론이었다(이화100년사 편찬위원회, 1994: 108).

그렇다면 선교사들의 반응은 어떤 것이었을까? 이에 대한 자료는 현재 없다. 그러나 여선교사들의 여성고등교육 사업은 아시아 곳곳에서 이와 유사한 상황을 맞이했던 것으로 인도의 예를 보면 대충 그들의 반응을 짐작할 수 있다. 인도에 이사벨라 토번 대학을 세운 이사벨라 토번이 1870년대에 이 아이디어를 제안했을 때, 그녀가 직면해야 했던 선교사들의 반대여론은 1) 신자수도 적고 재정도 부족한 데 선교자금을 그런데 쓰는 것은 최선의 방책이 아니다, 2) 전도사업을 위한 것이라면 기독교 가정의 자녀들을 위한 보통교육으로도 충분하다는 것이었다(Singh, 2000: 224).

그러나 여선교사들의 여성고등교육은 이러한 어려움과 도전에도 불구하고 추진되었다. 싱(Singh, 2000)에 의하면, 이는 우선 당시 북미출신의 전문직 여선교사들이 여성고등교육의 기회가 열리게 된 사회적 변화의 초기 수혜자들이었다는 데 있다. 이들은 선교활동의 영역과 환경의 다름과 관계없이 공통적으로 여성교육을 지지하였다. 그리고 당시 여성들에게 드물었던 경제적 · 사회적 독립을 획득하였기 때문에, 그들은 여성들의 삶을 변혁시키는 교육의 힘을 확신하고 있었으며 (선교지) 여성들의 교육을 꾸준히 지지하였다(223).

실제로 조선주재 여선교사들이 조선의 여성고등교육을 지지하고 관철시켜 가는 과정을 보면 이러한 신념이 없이는 불가능했을 것이라는 생각이 든다. 1910년에서 1920년 사이에 *KMF*에 나타나는 여선교사들의 여성고등교육에 대한 논의는 그들의 입장을 관철시키기 위해서 벌였던 수많은 가부장들과의 교섭을 짐작케 한다.

우선 그들은 여성이 교육을 받으면 "자만심이 커지고 가정생활에 부적합한 여자가 될 것"이라는 조선인들의 편견을 일소하고 여성교육에 대한 수요를 창출해야 했다. 특히 여성고등교육의 필요성과 목적에 대해서는 말들이 많은 시대였다. 기독교 여성교육 초기부터 선교사들이 "우리는 단지 조선인을 보다 나은 조선인으로 만듦으로 만족한다" 혹은 "우리는 보다 나은 조선 사람을 만들려는 것이요, 외국인을 만들려는 것이 아니다"라는 말을 수도 없이 반복해야 했던 것도 이 때문이었다.

그리고 무엇보다도 조선인들을 설득하는 데는 젊은 남성들의 아내될 여성에 대한 새로운 기대를 강조하는 것이 효과적이었다. "몇몇 여성들이 작년에 우리 학교에 들어왔는데 이들은 일본과 미국에서 공부하는 남성들의 아내였다. 남성들은 당시 상태의 아내들과는 돌아와 살고자 하지 않는다. 그들은 동반자 관계를 원한다. 이는 물론 아내들이 무지의 상태로 머무는 한 이루어질 수 없는 것이다(Frey, 1914:180)." 이렇게 아내에 대한 남성들의 달라진 기대를 강조한 프라이는 선교사 공동체가 영향력을 미칠 수 있는 가장 중요한 세력으로 생각하는 해외유학파 남성지식인들의 기대와 변화를 거론함으로써 여성고등교육의 필요성을 역설하고 있다. 엘리스 아펜젤러 또한 젊은 남성들의 반응을 그녀의 고등교육의 필요성에 대한 논리에 동원하고 있다. 3·1운동 이후 만세운동을 그만두고 학교로 돌아간 한 여학생이 몇몇 남학생들로부터 비판을 받았을 때, 이들은 기독교 교육을 통해 가정과 민족에게 봉사하는 여성을 만드는 것이 조선의 유일한 희망이라는 논리로 설득하였으며 이러한 논리가 상당한 설득력을 얻어 그 여학교는 '지혜의 어머니(The Mother of Wisdom)'라는 별칭을 얻었다고 자랑스럽게 적고 있다(Appenzeller, A., 1920:201).

한편 선교사 공동체에 대한 이들의 설득전략은 "국가의 운명은 여성들에게 달렸다는 것이 사실이라면, 여성들이 온전한 몫의 교육적 혜택을 받을 수 있도록 시간과 돈을 지출하는 것보다 더 효과적인 것은 없다(Frey, 1914:179)"는 논리에 근거한 것이다. 프라이는 여성고등교육이 곧 선교사들이 건설하고 있는 하느님의 왕국의 선진성을 담보하는 전략이기도 하다는 점을 강조한다(180). 그리고 기독교 선교사들이 여타 비기독교 기관보다 여성고등교육을 선점해야 하는 이유를 다음과 같이 설득하고 있었다:

"기독교 정신이 없으면 서구적 교육은 위험을 부를 수 있다. 우리가 바라는 것은 그들이 자신의 지위만을 향상시키기 위해 배우고자 하기 보다는 남에게 도움을 주고 선한 영향력을 끼칠 수 있는 능력을 열망하고 획득해야 한다는 것이다(Frey, 1910:180)."

"하느님이 여성에게 정해주신 마땅한 자리는 남편의 곁에서 그의 동반자이자 내조자가 되는 것"이라는 관념에 익숙해지도록 여학생들을 가르칠 것이라는 점 또한 이들의 강조에서 빠지지 않는 부분이다 (Appenzeller, A. 1918:213).[13] 1906년에 "조선 여성들을 위한 고등교육 (Higher Education for Women in Korea)"이라는 글을 발표한 하몬(Harmon) 은 미래의 자녀교육을 담당할 여성이라는 관점에서 이를 설득하고 있다 ;

> "여성고등교육에 대한 몇 가지 반론들을 생각해 보자.
> 여성의 장소는 가정이다 : 우리는 여성들이 생과 업(life and business) 의 모든 분야에 빠르게 진출하고 있다는 엄청난 사실을 화제로 삼지 는 않을 것이다. 많은 여성들이 의탁할 가정도 없이 생을 살아가고 있 다. 20, 30대에 홀로 남아 가사일 외에는 아무 것도 할 수 있는 지식이 없는 여성을 생각해 보라. 그들의 현실이 어떨지 자명하지 않은가?
> 고등교육은 가사의무에 부적합한 여성을 만들 것이다 : 그렇지 않 다. 성품을 함께 만드는 교육은 어떠한 필요에도 부적합하지 않다."
> (Harmon, 1916:215~6)

하몬의 이 글에서 한가지 흥미있는 점은 "여성들이 생과 업의 모든 분야에 빠르게 진출하고 있다는 사실"을 논외로 하고 협상을 하고 있 는 점이다. '여성의 장소는 가정'이라든가, '고등교육은 가사의무에 부 적합한 여성을 만들 것'이라는 우려와 경계 분위기를 일소하는 것이 더욱 급한 일이기 때문에. 이는 당시 여선교사들이 여성교육의 필요성 을 설득하는 데 있어서 가부장들의 동의와 지지를 얻어내는 데 얼마나 주의를 기울였는지를 단적으로 말해주는 대목이다.

이와 같은 여선교사들의 여성고등교육을 위한 투쟁은 이화학당을

---

13) We believe that the number of girls seeking higher education will increase as the people become accustomed to the idea of woman taking the place that God intended her to have, beside man as his companion and helpmate (Appenzeller, A. 1918:213).

진원지로 하는 것이지만, 여학생들의 대학진학을 가능케 한 것은 전국적으로 산재했던 여선교사들과 전도부인들의 네트워크가 없이는 불가능한 것이었다. 연구자가 조사한 이화여전의 문과대학 졸업생들의 학적부는 총 19회 졸업생들 중에서 8회(1934년)까지 이들을 추천한 선교사들의 이름을 적는 난이 있었다. 연구자는 한글이나 한자어로 표기된 선교사들의 영문 이름을 확인하고 이들의 활동지역과 소속을 살펴보는 과정에서 이들 모두가 조선의 전국 각지에서 활동했던 교육 · 의료 전문 여선교사들이었다는 사실을 확인할 수 있었다. 이는 여학생들의 진학에 영향을 미쳤던 여선교사들의 존재를 짐작할 수 있게 하는 대목이다.

그러나 지방의 여학생들을 서울의 이화학당이나 여전으로 보내는 일은 전문직 여선교사들만의 노력으로 이루어진 것은 아니었다. 1901년 8월 27일의 노블 일기(한국기독교역사연구소, 1993: 40)는 당시 여학생들의 진학이 조선 어머니들의 딸 교육 의지와, 전도부인, 주부선교사들의 긴밀한 협력 하에 이루어졌었다는 것을 말해주고 있다;

"1901년 8월 27일. 오늘 아침 데이지 차가 작별을 고하러 왔다. 그녀는 강서에 있는 그녀의 딸 매기 차를 데리고 진남포에서 증기선을 태워 서울의 이화학당으로 보내려는 것이었다. 데이지와 그녀의 딸은 선한 기독교 여성들이다. 그러나 그녀의 아들은 이교도이다. 그 엄마는 소녀들을 받아들여 조심스럽게 돌보는 서울의 좋은 학교에 대한 소식을 들었다. 그녀는 자신의 딸도 좋은 교육을 받은 여성이 되기를 원했으며, 우리에게 딸을 받아들여 좋은 여자가 되게 해달라고 부탁했다. 그녀는 매우 가난한 여성이고 과부이며, 하숙비를 내지 못해 일로 때우고 있었다. 작년까지만 해도 그녀는 집에서 가족을 돌보았지만 세월이 어려워 그녀의 가족들은 뿔뿔이 흩어졌다.

살로메 김이 그 딸을 자기 집으로 데려가서 돌보고 학교에서 가르쳤다. 그녀가 내게 말해 준 이유는 그 아이가 좋은 기독교인이었기 때문이다. 그녀의 교육은 마을의 다른 사람들로 하여금 딸들을 학교에 보내게 하는 데 좋은 영향을 미칠 것이라는 것이다. 데이지의 아들은 그 아이를 팔고자 했다. 실제 그 아이의 나이는 13세로, 혼인할 수 있는 나이였다. 그 가족의 친지들은 그 엄마가 딸을 시집보내지 않고 학교에 보냈다고 적지 않게 박해를 했다. 그러나 그 엄마는 딸을 훌륭한 여성으로 만들겠다는 의지가 확고했다. 그녀는 너무 가난해서 서울에 있는 기숙학교의 학비를 낼 수 없다. 그래서 우리는 그러한 경우에도 때때로 학교가 아이들을 받아서 무료로 돌보아 준다고 말했다. 그러나 우리는 그 엄마가 (서울로) 가는 차비를 대야 한다는 사실을 말해주는 것을 잊었다. 그래서 오늘 그녀가 왔을 때 그것을 말해 주었다. 그녀는 매우 당황했다. 여비는 11,800원이었고, 그녀에겐 단지 600원이 있었다. 그녀가 일하는 하숙집에서는 한푼도 받을 수 없었다. 그때 한 생각이 그녀에게 떠올랐다. 그녀는 하얀 두건을 벗더니 긴 가발타래를 내려 놓았다. 그리고 말하기를 만약에 하느님의 자비로 그 타래를 팔 수 있다면 딸을 보낼 수 있을 것이라고 했다. 그녀는 자신은 글을 몰라서 무식했지만, 딸은 글을 읽을 줄 알고 많이 배워서 그녀가 성경을 읽고 싶었지만 그럴 수 없었을 때 느꼈던 것과 같은 깊은 실망을 느끼지 않았으면 한다고 말했다. 나는 그녀가 여비의 절반을 댄다면 절반을 대주겠다고 약속했다. 그녀는 고마워서 거의 울뻔했다. 나 또한 그녀의 감사를 보고서 이상하게 가슴이 따뜻해졌다. 그래도 그녀는 그 머리를 팔아야 할 것이다."

〈표 20〉 이화여전에 여학생을 추천했던 여선교사

선교사이름*	영문이름	소속교단	활동지역	선교봉사기간
노튼부인(노튼)	Mrs. Arthur Holmes Norton	미국 북감리회	황해도 해주	1907~1928
羅彬秀, 으라빈스 (라빈수)	Miss Henrietta P. Robbins	미국 북감리회 여선교회	평양	1902~1936
許乙 혹은 賀樂 (허을)	Mrs. Rosetta S. Hall	미국 북감리회	평양	1890~1935
芮吉秀(예길수)	Miss Lillian E. Nichols	미국 북감리회	개성	1906~1937
구레함(구레함)	Miss Agnes Graham	미국 남감리회	개성	1913~1929
손진주(손진주)	Miss Margo Lee Lewis	미국 북장로회 여선교회	서울(정신여학교 교장)	1912~1939
Hallie Buie (할리)	Miss Buie Hallie	미국 남감리회 여선교회	원산	1929~?
Alice McMakin (맥매균)	Miss Alice McMakin	미국 남감리회 여선교회	개성	1922~1940
愛道時(애도시)	Miss Laura E, Edwards	미국 남감리회 여선교회	서울(태화관)	1909~1940
지익수(지익수)	Miss Ruth Diggs	미국 남감리회 여선교회	서울(배화여학교)	1926~1938

* 여기 표기된 선교사들의 이름은 식민지 시기 이화여전 문과생 194명의 학적부에 표기된 대로 옮겨 적은 것이다. 괄호 안은 현재 국내에서 통용되고 있는 선교 사들의 표준화된 한국어 이름이다 (한국기독교역사연구소, 1994).

전문직 여선교사들의 여성교육 운동은 이 텍스트의 살로메 김과 같은 전도부인들이 주부선교사들과 함께 가가호호를 방문하며 전도하고 성서읽기를 가르친 어머니들의 딸 교육에 대한 강렬한 의지와 연계되어 있었다. 그리고 이들에게 여성교육의 중요성을 일깨우쳐 준 주부선교사들과 전도부인들의 책임의식과 적극적 지원과 연계되어 이루어진 것이다. 이러한 현상이 비단 이화학당과 이화여전에 만 국한되는 것이 아니었음을 물론이다.

따라서 조선의 기독교 여성교육운동은 조선의 어머니, 전도부인, 주부선교사, 전문직 여선교사의 협력 하에 전국적으로 이루어진 것이었다는 것을 말해주는 것이다. 다음 절에서 보게 되겠지만, 조선에서의 기독교 여성교육의 진전은 부르주아 중상층 아버지들의 부상에 힘 있은 바 크다. 그러나 이들을 설득하여 호응을 불러일으키기까지 그 배후에는 여선교사들과 조선 여성들이 전국적인 네트워크를 가지고 기울인 힘겨운 분투가 있었음을 명심해야 할 것이다.

이와 같은 여선교사들의 조선 여성에 대한 페미니스트적 연대의식은 조선에서의 체류기간이 길어지고 경험이 쌓이게 되면서 심화되는 경향을 보이는 것 같다. 이는 자신들에게 처음으로 주어진 본격적인 전문영역의 기회를 성공적으로 이끌겠다고 하는 야망과 하느님의 사업에 대한 헌신의지, 조선 여성들의 삶의 정황과 필요에 대한 직접적 경험과 책임의식 등이 결합되어 나타난 것이었다.

다음에서는 여선교사들이 조선 여성들의 집단적 페미니스트 의식 발달 과정에서 보여준 역할모델과 이 두 집단의 관계가 어떠한 것이었는지를 살펴보고자 한다.

제 2 절 여선교사와 조선 여학생들, 그 관계의 형식과 특성

주부선교사들은 가정영역의 중심성을 긍정하는 역할을 담당한 반면, 조선 여성들의 교육을 위해 그들의 삶을 구속하는 전통의 힘을 깨뜨리고자 했던 단신의 여선교사들은 미국적 여성성에 대한 문화적 구속력을 상대화 할 수 있는 위치에 있었다. 이들은 미국사회에서의 사회화 과정에서 체현하게 된 '공화국의 어머니' 모델이 갖는 양면성을 보여주었다.

1. 같은 여성이라는 이해에서 출발한 관계

학교 현장에 있었던 전문직 여선교사들은 당시 선교사 공동체의 모든 여성들이 이상적 선교 방법이라 확신했던 여성적 특성을 살린 복음주의 즉 '친밀한 관계 중심의 복음주의(Evangelism of intimacy)'를 실천하고 있었다. 이는 주부선교사들이 주어진 선교사명과 가사와 아동양육 책임을 수행하기 위해 서너 명의 하인들을 거느린 가구를 경영하거나 전도부인과 함께 짬짬이 기독교 가정을 순회하며, 혹은 파트타임으로 교육활동에 참여하면서 늘 충분하지 않다고 생각했던 기쁨의 원천이었다.

여선교사들이 기독교 여성교육을 통해 이루고자 한 목적은 개인적 영향력과 여성적 복음주의를 통해 그들의 마음을 변화시키는 것이었다. 즉 전문직 여성교육 선교사들의 교육사업은 그것을 정당화해 준 가정이데올로기로부터 이론 상 전혀 동떨어진 것이 아니었다. 돌봄에 대한 책임의 확대로 학교교육이나 병자 돌보기가 허용되었지만, 가정은 여전히 여성교육의 중심 개념이자 모델이었으며 정서적 유대감 형성은 그녀의 핵심적 회심유도 전략이었다.

여선교사들은 한국 여성들의 심리-몸을 사로잡는 데 목적을 둔 여성적 복음주의를 수행하였다. 이러한 여선교사들의 친밀한 관계중심의 복음주의는 미국의 전통적 농가의 딸들을 근대적 개인으로 변화시키는 데 지대한 영향을 미친 초기 여성교육의 기본적 요소이기도 했다.

1910년대 여성교육 기관들이 커가면서, 학생수가 늘고 교과목이 늘어나면서 사업의 범위가 확대되었다. 이와 함께 조선 정부의 포교금지로 여학교를 통한 교육활동이 전부였던 초기의 몇 년을 빼놓고는 기독교 가정의 딸들에게 초점을 맞췄던 대부분의 미션계 여학교가 점차 학생의 자격을 특정 교단의 기독교 가정의 자녀로 한정하는 정책에서 벗어나게 된다. 선교사들은 자신들이 세운 학교가 장차 기독교 국가 건설을 위한 여성 지도자를 양성하기 위해 훈련시키는 장소라고 믿었다. 구체적으로 늘어나는 교육수요에 대처할 수 있는 교사양성과 기독교 가정의 어머니를 훈련시키는 장소였다.

여선교사들은 여성들간의 친밀한 유대감에 기초하여 자신들이 믿는 좋은 여성교육을 통해 여학생들의 생활을 재구성하고자 하였다. 마운트 홀리요크로 대표되는 19세기 미국의 기독교 여성교육 모델에서 파생된 좋은 교육의 핵심 요소들은 다음과 같다; 이성의 도구로서의 정신을 훈련시킬 수 있는 학문습득; 여성의 모성과 건강을 보호할 수 있는 가사일과 세심하게 규제되는 행위양식; 질서와 예견이 가능한 규칙적인 일상생활; 적절한 역할모델이 되어줄 수 있는 교사; 공부, 기도, 일, 휴식을 위한 주거공간이 있는 건물(Horowitz, 1993c:12). 이러한 요소들은 여학생들의 정규 학습, 종교적 가치관 훈련, 봉사활동, 과외활동을 둘러싼 교육 환경이었다.

당시 여선교사들이 기독교 가정의 훌륭한 어머니 양성을 목표로 한 여성교육에 대한 최근 국내 연구자들의 기본적인 논조는, 이러한 담론이 서구의 근대주의와 기독교 내의 가부장적 요소를 재생산하고 있었다는 것이다. 그리고 이러한 요소들이 한국의 기독교 사회가 갖는 유교의 가부장적 이데올로기와 결합되어 여성주체의 형성을 방해했다는 평가이다(이숙진, 2002: 32∼49). 그러나 이러한 연구들이 간과하고 있는 측면은 이러한 담론 밑에서 여선교사들과 여학생들이 직면하고 있었던 장벽들과 이를 넘어서고자 했던 그들의 힘겨운 분투이다.14)

이는 '훌륭한 어머니 교육'이 기존하는 가족, 지역사회, 생계농업 세계를 넘어서는 여성들의 직업세계를 제시하는 대신 그 세계 내의 특정 조건들을 변화시키는 데 초점을 둔 것이었다는 점을 부정하는 것이 아니다. 그러나 당시 다수의 여성들이 기혼의 양육자였다는 사실을 간과한 채 담론의 급진성 여부만을 평가하는 우리는 근대적 개혁주의 세력이나 전통 보수세력들의 지지를 받지 못하고 "옷은 근사하게 입었지만 갈 데가 없는" 여성들을 만들까 봐 마음 졸였던 저들의 고민을 그대로 무시할 수 있을까?

조선주재 여선교사들이 자기를 부정하고 선을 행하는 희생적 모성의 연장성 상에서 교사직, 의료직 등을 의미화 해내고 이를 여성에게 적합한 직업으로 설득해 가는 협상 과정과 이러한 목표와 시대상황에 적합한 여성교육제도를 창조하는 과정은 19세기 미국의 청교도 중심의 백인 중산층 여성들이 경험했던 여성교육사를 반복하는 것이었고 당대의 미국 사회를 이끌었던 선진성에 비추어 낙후되어 보이는 측면이 있다. 이들이 강조한 이상적 여성은 그리스도를 위하는 길이라면 기꺼이 자신을 버리고 사랑을 베풀 줄 아는 어머니교사였다. 의사나 간호사의 역할 또한 이러한 어머니교사의 정체성과 연관되어 있었다.

그러나 우리가 간과하지 말아야 할 것은 당시 여선교사들이 여성적 복음주의를 매개로 조선의 여성들에게 심어준 근대적 시민여성의 이

---

14) 이러한 논의는 식민지 선교시대 여선교사들이 저지르거나 간과한 죄들, 특히 가정성에 대한 단순한 강조에 대한 최근의 비판에 대한 Brouwer(2002)의 중재 논의에 근거한다.

미지이다. 즉 자신의 미래를 스스로 선택할 줄 아는 주체적 삶의 자세를 여성들에게 각인 시켜 주고자 했던 근대적 여성교육의 정신이다. 여선교사들이 설계한 학교건물, 도입했던 훈육방식, 제시했던 교훈 등은 전통적 농가의 딸들을 근대적 개인으로 변화시키는 데 중점을 두었던 미국의 19세기 여성교육의 한국적 변형이었다.

여선교사들의 입장에서 볼 때 문제는 전통적인 유교적 가족문화가 여학생들의 고등교육을 정신적, 물질적인 독립성을 성취할 수 있는 징검다리로 보기보다는 이들의 개인적 자산을 높이는 것으로 이해하는 경향이었다. 그러나 대부분의 미션계 여학교의 교과과정은 여성들로 하여금 교사가 될 수 있는 길로 인도하고 있었다.

역설적이지만, 당시 미션계 여학교는 이러한 과업을 수행키 위해 젊은 여성들의 가장 중요한 가족관계, 즉 모녀관계를 이용하였다. 전문직 여자 교육 선교사들은 여성적 유대감, 즉 친밀성을 통해 여학생들의 삶을 재구성코자 했다. 딸들의 가장 친밀한 유대관계는 어머니와의 관계이며, 딸들은 일반적으로 어머니를 모방하다가 자신도 어머니의 삶을 재생산하게 된다. 미션계 여학교의 교사와 학생들의 관계는 바로 이러한 모녀관계를 재창조한 것이었다.

이는 미국의 마운트 홀리요크를 창설한 메리 라이언(Mary Lyon)에서부터 시작되는 전통이다.[15] 그러나 교육현장의 여선교사들은 당시 미국 가정의 어머니들과는 달리 대안적 삶의 방식을 제공하였으며, 여학생들은 이를 통해 전통 대신 합리성을, 자연의 리듬대신 시계의 질서를 배울 수 있었다. 여학생들은 선생님의 사랑을 얻기 위해 그녀를 모

---

15) 이에 대해서는 Horowitz(1984), Alma Mater: Design and Experience in the Women's Colleges from Their Nineteenth-Century Beginnings to the 1930s, pp.9~27 참조.

방했다. 교사와 학생들간의 친밀한 관계는 미션계 여학교의 독특한 분위기를 만드는 요소였으며, 가장 공부도 잘하고 총애를 받는 여학생들이 보조 교사로 채택되었다.

이런 점에서 여성 교육 선교사들은 모녀관계의 유대감이 갖는 위력을 동원하여, 모성을 재생산하기보다는 근대사회에 적응할 수 있는 규율화된 여성—즉 옳은 목적을 위해 명료한 사고와 올바른 처신을 할 줄 아는 여성을 창조하고자 했던 미국 여성교육의 선구자들을 매우 닮아 있었다.

이들의 여성적 복음주의를 앞세운 여성교육 방식에서 다른 점이 있었다면 교육전문의 선교사라 할지라도 조선의 전통적인 가정생활과 가족관계를 기독교적으로 변화시키는 일을 핵심적인 과제로 삼고 있었다는 것이다. 여학생들의 마음을 사로잡는 진정한 권위를 지닌 선생이 되기를 원했던 여선교사들은 복음이 각 가정에 전달되지 않고서는 여학생들과의 거리감을 극복할 수 없다고 믿었던 것이다. 이들은 여학생 모집을 위한 가정방문 혹은 부모교육 프로그램 등을 이용하여 복음을 선포코자 했다. 1923년 개성 호수돈 여자고등보통학교에서 교육선교를 시작한 클라라 하워드16)는 유치원 아동들을 위한 부모교육을 통해 알게 된 어머니, 할머니들과의 긴밀한 친교에 대해 이렇게 말하고 있다 ;

"어머니와 할머니들은 100% 출석률을 보이며 교육에 참여했는데 그 중요한 이유는 연수 후에 수여하는 수료증을 받기 위해서였다. 한 번은 머리가 하얀 할머니가 수료증을 받은 후 이것을 두 손으로 머리 위로 쳐들더니 방을 빙빙 돌며 '나는 행복하다. 내가 여태까지 살면서

---

16) Miss Clara Howard, 한국명: 허길래, 선교봉사기간: 1923~41, 1945~64.

무엇을 배울 수 있었던 건 처음이었다'라고 말한 적이 있다. 이런 자모 교육 활동은 기독교를 선포하기에 아주 좋은 기회였다. 많은 어머니, 할머니들이 '구원의 메시지'를 자모교육 모임에서 처음 들을 수 있었다. 한번은 어느 노파가 죽음의 공포를 없앨 수 있는 방법을 배우기 위해 교회를 찾아온 적이 있었다. 그녀는 '저는 죽음의 공포를 없애는 방법을 배우려고 왔습니다. 보시다시피 나는 머리가 세었고 등은 굽었습니다. 저는 살 날이 얼마 남지 않았고 죽는 것이 무섭습니다. 교인들은 죽음을 두려워하지 않는다고 들었습니다. 저에게 죽음의 공포를 없애는 방법을 가르쳐주십시오' 이 할머니의 말을 듣고 교인들이 할머니에게 따뜻하게 대해주었다. 많은 행복과 축복이 그녀를 기다리고 있었다! (허길래 선생님을 사랑하는 사람들의 모임, 1996:50~1)."

어머니, 할머니의 지지 없이는 여성교육의 지속성을 담보할 수 없다는 판단에서 시작된 그녀의 부모교육은 당시 조선의 선교사 및 기독교 공동체의 광범위한 지지를 얻어낸 것으로 보인다.

한편 여성의 특별한 본성과 운명에 대한 새로운 자아의식에 토대를 둔 봉사를 정당화하고자 했던 여선교사들은 여성들 개개인을 변화시킬 수 있는 그리스도의 사랑의 힘을 강조하였다. 그것은 모든 여학생들로 하여금 '선생님은 나를 제일 사랑하신다'는 느낌을 받게 했던 여선교사들의 정서적 교육방법으로 표현되었다. 주부선교사 릴리안 스웨어러(Lillian M. Swearer)는 한 심포지움에서 "설교와 교육이 중요한 (선교의) 필수 요소라 하더라도, 그들을 우리와 같이 아버지의 거대한 가구(Father's Great Household)로 만드는 데는 인간적 접촉(human touch)이 매우 중요하다"고 지적한 바 있다 (Preston, Annie S. Wiley et.al., 1931:70. 괄호 안은 필자의 보충). 그녀가 강조한 '인간적 접촉'은 비단 주부선교사들에게만 한정된 것이 아니었다. 허길래 선생에 대한 한국 여성들의 회고록을 편집했던 졸업생들은 이를 다음과 같이 술회하고

있다 ;

> "나는 허선생님께서 나를 제일 사랑하신 줄 알고 있었는데 이번에
> 보니 모두 다 자기만을 사랑하셨다고 썼네. 어떻게 이렇게 학생을 한
> 사람씩 확실하게 사랑할 수 있으셨을까? 위대한 스승이셨어 (허길래
> 선생님을 사랑하는 사람들의 모임, 1996:10)."

앤 더글러스(Ann Douglas)에 따르면 19세기가 진행되면서, 미국의 개
신교와 여성문화는 상호 협력하여 정감적인 것으로 변하였다고 한다.
교회가 국가의 지원을 잃게 되면서 교회 여성들의 영향력이 커졌으며,
목사들은 점차 여성 교인들에게 의존하게 되었다는 것이다. 그러나 19
세기의 가부장적 성별개념은 남성들에게만 성직안수 자격을 부여함으
로써, 남녀 간의 복음주의는 여전히 성별화되어 있었다.[17] 전문직 남
선교사는 남성 교인들에게 설교를 하고, 그의 아내는 진실한 기독교
가정을 재현함으로써 사랑을 보여주고, 전문직 여선교사들은 기독교
가정의 중심이자 사랑의 봉사를 통해 지역공동체를 감화시킬 수 있는
여성의 교육을 담당했던 당시의 선교사 공동체의 역할구도가 이를 말
해 준다.

한편 여선교사들은 자신들이 세운 여학교를 하느님의 사역을 담당
하는 대리기관으로 생각하고 여성들을 그리스도에게로 인도하는 장소
로 간주하였다. 따라서 회심한 여학생들은 매우 중요한 교육적 성과로
평가되었다. 서울 이화학당의 경우도 마찬가지였다. 1888년부터 학당
안에 주일 학교가 운영되었고, 매일 일정한 시간에 전교생의 채플이

---

17) Ann Douglas(1977), *The Feminization of American Culture*, New York:Alfred A. Knopf.
와 Horowitz, 1993c: p.43과 Hunter, 1984; 182 참조.

있었다. 1904년 이후 전국적인 부흥사경회의 불길을 타고 이화 안에서
도 매년 부흥회가 열렸다(김초강 외, 1997:25). 그리고 매년 겨울 방학
후에는 몇몇 유명한 선교사들이 와서 특별 예배를 인도하였다 (김활란,
1965:41).

당시 여선교사들이 원했던 회개는 "나는 체육시간에 미쓰 월터에게
거짓말을 했습니다," 혹은 "나는 교실이 붐벼서 한 아이를 내 방에서
내보내고 싶었는데 미쓰 월터가 내 말을 들어주지 않아서 그녀를 미워
했습니다," 등의 비밀을 털어놓는 것 이상의 것이었다(Walter, 〔1968〕:
105).

회개는 '죄를 고백하고 하느님의 용서와 자비를 구하는 행위'로써,
마음 속에서 일어나는 반발과 회의를 자신의 고집과 교만으로 돌리고
자신의 감정을 절제하는 것을 의미했다. 선교사들의 이러한 기대가 매
우 완강했다는 것은 김활란의 회심 경험에서도 분명히 드러난다. 김활
란의 경우 회심을 어렵게 만들었던 죄의 초점은 "나라의 비운을 슬퍼
하는 비애와 울분과 의욕" 그리고 "일본에 대한 증오"였다. 그녀의 자
서전에 따르면, 강렬한 증오가 애국이 아님을 인정하고 이를 죄로서
고백하며 조선 여성들을 구하는 것만이 자신의 일이라 깨닫게 된 그녀
의 회심경험은 매일 밤 캄캄한 기도실에서 며칠 밤을 지새며 자신과
싸움을 벌인 오랜 기도의 결과 이루어진 단독의 것이었다.

그러나 이 회심의 맥락에는 "계속해서 죄를 고백하고 용서를 받아
야 하며 기도를 통하여 자기의 죄를 인식해야만 한다고 거듭 강조한"
선교사가 있었으며, "마음이 안정을 잃고 갈팡질팡하면서도 우선 최선
을 다해 보기 위하여 목사님의 말씀에 따라 내 마음 전부를 쏟아 놓는
기도를 하리라 작정"한 당시의 여학생 김활란이 있었다(김활란, 1965;

41~3). 이러한 그녀의 텍스트는 미국의 여성교육사나 선교사들의 역사를 캐 볼수록 19세기 미국의 모성적 페미니즘의 역사와 깊은 관련성을 느끼게 한다.

예를 들어 1836년 라이언(Lyon)이 학생선발을 위해 세웠던 다음과 같은 교육원칙은 조선의 여학생들에게도 그대로 적용되었다고 보여진다 ;

> "기꺼이 그리스도를 따라 자신을 부정하고 사랑을 베푸는 교사가 되고자 하는 학생들에게 후한 점수를 주고, 비효율적이고 제 멋대로 이고, 관점이나 욕망이 자기 자신과 가족테두리에 한정되어 있는 학생들을 거절한다 (Horowitz, 1993c: 19)."

김활란의 텍스트 어디에도 여선교사들과의 친밀한 모녀관계나 그들의 사상과 여성교육에 대한 헌신을 명령한 예수 그리스도를 만나게 되는 신비체험이 어떻게 관련되는지를 밝히는 대목은 없다. 그러나 분명한 것은 이러한 교육지침에 따라 길러진 여선교사들이 바로 미션계 여학교의 교사들이었다는 사실이다.[18] 이들은 가정영역에 갇혀 살던 과거의 여성들과는 달리 이러한 교육경험을 통해 공적 영역에서 자신들만의 활동공간을 떳떳하게 확보할 수 있는 명분을 얻게 된 여성들이었다. 그리고 여선교사들의 종교적 영향력은 김활란의 회심에서 드러나는 바 일본에 대한 증오심을 버린다거나 여성교육에 대한 헌신을 자신의 특별한 소명으로 받아들이는 행위 속에서 보이는 '종교적·국가적 사명에 대한 성별화된 의식'[19]에서 분명하게 식별해 볼 수 있다.

---

18) 마운트 홀리요크의 여성교육 모델은 이후 세워진 많은 여자대학교와 남녀공학의 여성학부의 지침이 되고 있었다.
19) '종교적·국가적 사명에 대한 젠더화된 의식'은 사라 에번스가 미국의 시민혁

또 한가지 김활란의 다음과 같은 극적인 회심체험은 당시 여선교사들의 복음주의 문화의 영향을 가장 잘 보여주는 대목이다 ;

"어느 날 한 밤중이었다. 땀에 흠뻑 젖은 이마를 드는 순간, 나는 희미한 광선을 의식했다. 십자가에 못박히신 예수의 얼굴이 보였다. 그 예수의 모습에서 원광이 번져 내 가슴으로 흘러드는 것 같았다. 사방은 어두웠고 무겁게 침묵하고 있었다. 그런데 갑자기, 아득히 먼 곳에서 아우성을 치는 소리가 들려왔다. 그 처절한 부르짖음은 아득히 먼 곳도 같았고 바로 귀 밑에서 들리는 것 같기도 했다. 울부짖고 호소해 오는 처절한 울음소리. 그 소리를 헤치고 문득 자애로운 목소리가 들려왔다.
"저 소리가 들리느냐?"
"네 들립니다."
"저것은 한국 여성의 아우성이다. 어째서 네가 저 소리를 듣고도 가만히 앉아 있을 수 있느냐? 건져야 한다. 그것만이 너의 일이다."
그 목소리는 분명했다. 두 손을 모아 쥔 나는 어느 틈에 흐느껴 울고 있었다. […] 감사의 눈물이었다. 나에게 뚜렷한 목표를 주신 예수님께 드리는 기쁨의 눈물이었다."

당시 선교사들은 자신들이 선교의 야망을 갖게 된 시기를 '세상을 주관하시는 하느님'과 '그를 위한 봉사가 받은 은혜의 빚을 갚는 것'이라는 확신을 갖게 한 극적인 회심의 경험에서 찾았다. 그리고 선교사 후보생들에게 회심의 경험은 거의 의무적인 것이었으며, 그 경험의 재

명 이후 부상한 공화주의적 모성의 이념과 이상 위에 여성으로서의 목적의식과 사명의식을 쌓아올렸던 당시 여성들의 정치의식을 기술하면서 사용한 말이다. 공화주의적 어머니는 이성과 완전성의 가능성을 가진 존재였던 자식에 대하여 거대한 책임을 지닌 존재로서, 자식을 합리적이며 신중하게, 그리고 가급적이면 구체적인 실례를 통해 가르치는 교육을 성공적으로 수행하는 것이 그녀의 역할이었다. 이에 대한 자세한 논의는 에번스(1998c), 110~112쪽을 참조할 것.

현은 일정하게 공식화된 이야기 틀을 가지고 있었다 (Hunter, 1984:30~31). 이렇게 볼 때 김활란은 어머니의 마음을 무의식적으로 닮는 딸처럼 당시 여선교사들을 통해 유포된 복음주의 문화를 그야말로 뼈 속까지 공유하고 있었다.

헌터는 반발과 회의의 여지를 주지 않고 친밀한 관계를 이용하여 한 여학생의 개인적 의지마저 꺾었던 중국 주재 여선교사의 사례에 초점을 맞춰 딸을 질식시키는 모성을 연상시키는 여선교사들의 '제국주의적 복음주의'를 강조한 바 있다(Hunter, 1984:266). 그러나 이러한 지적은 모녀관계의 부정적 일면일 뿐이다. 이는 타인의 말과 생각에 따르는 삶을 살아온 조선의 여성들을 스스로 판단하고 말할 줄 아는 여성으로 변화시키고자 하는 뜨거운 감정적 책임감에 입각한 이들의 교육활동 모두를 규정할 수 없다고 본다. 교육전문 여선교사들이 친밀한 관계중심의 교육을 통해 불러 일으켰던 강한 일체성은 김활란의 경우와 같이 여학생들 개개인으로 하여금 자기 자신의 능력에 대하여 전혀 다른 인식을 가지게 할 수 있었던 새로운 힘의 원천이기도 했기 때문이다 (에번스, 1989:111~2 참조).

그러면 문화적 제국주의의 역사 안에서 식민지 조선에서 형성된 페미니스트 의식의 흔적을 찾는 탐색자는 여기에서 어떠한 중재를 해야 할 것인가? 탈식민을 지향하는 현대 페미니스트들에게 당시 여선교사들이 기독교의 우월성을 강조하고 이방 여성들의 불행을 지나치게 과장하는 고정관념을 얼마나 깰 수 있었는지, 그리고 한국 여성들로 하여금 회심의 중요성을 스스로 이해하고 자신의 능동적 사고를 통해 종교적 이상과 삶의 현실을 연관시킬 수 있는 물리적·심리적인 자율공간을 얼마나 존중하고 허용했는지를 심문하는 것은 너무나 당연하다.

그러나 이러한 문제의식은 상호개인성을 인정하는 자아의 균형감각 또한 윤리적 명령만으로 성취될 수 없다는 사실, 그리고 특정한 문화적, 역사적 조건의 성숙 없이 이루어지는 것이 아니라는 사실을 감안할 때 당시의 페미니스트 의식 자체를 부정하는 데까지 갈 수 없다고 본다.

서구의 19세기 페미니스트 의식의 역사가 여성의 동일성에 대한 가정에서 출발하였듯이,[20] 조선주재 여선교사들과 여학생들의 만남에서 시작된 조선의 근대 페미니스트 의식 또한 동서를 막론한 동일성에 대한 가정에서 시작되어 점차 문화와 민족의 차이와 갈등의 문제를 다루게 된 것으로 보인다. 특히 고등교육에 관련되었던 여선교사들의 경우

---

20) 에번스(1989)의 『자유를 위한 탄생:미국 여성의 역사』에 의하면, 1920년대까지 미국의 해외 여선교사들을 지배한 페미니즘 사상은 여성참정권론과 병행되었던 빅토리아 시대의 모성적 페미니즘이었다. 여교육선교사들은 가정성(domesticity)을 중시하고 여성이 가정의 중심이 되는 가족이미지를 기반으로, 미국의 백인 중산층 이외에 다른 모든 인종과 계층을 설득하여 그들의 행동을 가정성의 틀에 맞게 변화시키려 하는 경향을 가지고 있었다. 이들의 사상에서 페미니스트적이라고 할만한 요소는 러너(Gerda Lerner)의 페미니스트 의식 규정에 비추어 볼 때 이들이 "남성뿐만 아니라 여성들도 자율성과 자기결정권을 향유할 수 있는 사회조직에 대한 대안적 비전을 마련해야 하며 그럴 수 있다"는 의식을 보여주었다는 데서 찾아 볼 수 있다 (1993:14). 이들은 중산층 관점에서 여성성을 재정의하여, "자녀의 양육자, 순종적인 아내로서 여성은 민주적 사회질서의 유지자"이자 "중산층 문화와 도덕적 갱신의 첨병"으로 주장하고 자신들의 사상을 자율적이고 독립적인 협회활동을 통해 실천에 옮기고자 한 미국의 여선교사 운동에 연계되어 있었다(에반스, 1989:160). 이들이 강조한 여성의 도덕적·시민적 의무는 공식적으로 정치적이지 않았지만 정치적 의미를 가질 수 있는 공동체 참여를 촉진하여, 1870년대 미국에서 여성 교육에 대한 논쟁을 촉발 시켰으며 여학교 설립을 고무시켰던 '공화주의적 모성'개념에 뿌리를 둔 것이었다(60). 공화주의적 모성은 당시 여성들로 하여금 '여성의 차이와 특별한 사명에 대한 이념으로 고취되어 있는 강력한 여성공동체를 경험'하게 해 준 정체성이었다(111~2). 한편 여성의 동일성을 강조했던 공화주의적 모성은 복음주의자들의 '영적 경험의 동일성'에 대한 가정과 연관되어 여성들만의 집단적 질서의식을 훈련하는 여성 전문학교(seminary)로 발전하였다고 한다(Horowitz, 1993c:16).

이러한 변화를 첨예하게 다뤄야 하는 위치에 언제나 먼저 서게 되면서 자신들의 생색내는 듯한 태도를 반성하는 지성을 심화시킬 수 있었다.

예를 들어 1893년 처음 조선에 왔던 룰루 프라이(Lulu Frey)가 남긴 편지들은 그녀의 한국 여학생들과의 강한 일체성을 기대하고 표현하는 경향을 보여주고 있다. "우리 아이들(girls)은 너희들처럼 영리하다(letter to sister Georgia, 1893.11.7)," 혹은 "조선의 여자아이들은 모든 측면에서 미국 여자아이들과 같다(letter to her mother, 1894.5.17)"는 표현은 그녀의 도착 직후부터 이어지는 편지에서 여러 번 반복되고 있다. 그리고 1903년 이화학당에서 배출한 제자를 제물포에 사는 기독교 남성에게 시집 보내고 매일학교의 교사로 일하게 주선해 준 후 제자의 교육현장을 방문했던 경험을 쓴 편지에는 다음과 같은 대목이 있다;

> "우리가 처음 조선에 왔을 때 그녀는 어린 소녀였다. 그녀가 우리와 똑같이 가르치고 학생들을 훈계하는 것을 보는 것은 매우 즐거운 일이었다. 나는 미쓰 페인에게 그녀와 나도 저와 같았다고 말했다. 우리는 우리들의 선생님을 모방하고 우리들의 아이들은 우리를 모방한다. 따라서 세상은 세대를 따라서 움직여 가는 것이다(1903.9. 4)."

선교사와 조선의 여학생들, 졸업생들이 연관되었던 강력한 여성 공동체는 이러한 동일시와 모방에 기초하여 형성되어 갔다.

2. 정치적 · 문화적 차이, 관계의 변화

그러나 여선교사들이 언제나 조선의 여학생들을 감화시킬 수 있는 것은 아니었다. 조선의 근대초기 여성사에서 여선교사들과 여학생들의 갈등이 노정되는 시기는 3 · 1운동 이후의 일이다. 우선 여선교사들이 강조했던 민족적 사명에 대한 성별화된 의식이 도전을 받는 일이 생겨났다. 이화학당의 경우, 3·1운동 당시 조선인 교사들과 학생들이 교내에서 벌이는 구국을 위한 기도는 지지하면서도 여학생들의 시위 참여를 완강하게 반대했을 때, 많은 여학생들이 자신들을 보호하고자 하는 선교사들에게 강렬한 저항의식을 표시하였다 (김활란, 1965: 61~3).

이러한 사건은 당시 교사였던 여선교사들로 하여금 민족적 사명에 대한 성별화된 의식 교육 자체를 포기하게 한 것은 아니지만 학생들에게 일방적으로 자신의 생각을 심는 것으로 문제를 해결할 수 없다는 반성을 하게 했다. 클라라 하워드는 당시 여선교사들과 학생들의 타협 상황을 다음과 같이 적고 있다 ;

> "이 시기에 모든 한국 학생들은 그들의 애국심을 보여주기 위해 학생 운동을 해야 한다고 생각하였고 우리 학생들도 그 운동에 가담하였다. 읍과 면의 실질적 통치자였던 일본 경찰에게는 매우 어려운 시기였다.
>
> 일본 경찰들은 작은 마을의 감옥이 모자랄 때까지 학생운동에 참가한 학생들을 잡아들였다. 경찰들은 앞으로 우리 학생들이 학생운동에 참여하지 않겠다는 서약을 하게 하려 했지만 학생들은 요지부동이었다. 일본 경찰 책임자는 학교로 전화를 해서 책임자로서 곧 경찰본부로 출두하라는 것이었다. 경찰서에 출입한 첫 경험이었다. 그 후에도 계속 오라고 하였기 때문에 나는 경찰로부터 오는 전화가 조금도 달갑지 않았다.
>
> 그는 우리 학생들을 가둘 공간이 없다는 것을 설명하면서 학생들이 기숙사로 돌아갈 것을 종용해 달라고 부탁하였다. 학생들의 마음을 잘 알고 있는 나로서는 반갑지 않은 제안이었기 때문에 나는 학생들에게 그런 요구를 하고 싶지 않았다. 그래서 일본 경찰이 원하는 대로 말하지 않고 내 방식대로 말하였다.
>
> 나는 학생들이 애국심과 학생으로서 명예롭게 행동한 것을 자랑스

럽게 생각한다고 칭찬하는 말부터 하였다. 나는 학생들이 학생운동을 시작했을 때부터 그들이 나라를 다시 찾으려고 했다는 것을 알았고 앞으로 반드시 그 목적을 달성할 수 있을 것을 믿는다고 덧붙였다. 또 학생들이 나라를 위해 계속 일할 수 있는 안전하고 자유로운 기숙사로 되돌아가자고 말했다. 그들은 내 말에 동의했고 모두들 기뻐하였다(허길래 선생님을 사랑하는 사람들의 모임 편, 1996: 62~3)."

여선교사들의 동일성에 대한 기대에 금이 가게 한 또 다른 갈등영역은 여학생들의 생활과 행동을 엄격하게 통제하고자 하는 학교당국의 방침에 대한 학생들의 이견과 관련된 것이다. 이우정에 따르면, 1920, 30년대의 비미션계 학교의 맹휴사건이 주로 항일운동이었음에 비해 미션계 학교의 맹휴는 학교당국의 방침에 대한 반대에서 일어난 것이었다(이우정, 1985:128). 예를 들어 1923년에 평양 숭의여학교에서는 맹휴사건이 발생하였다. 사건의 내용이 다소 복잡하여 박찬일(1964)의 『숭의 60년사』에 기록된 내용 전문을 인용키로 한다;

> 숭의동산이라 해서 사철 평온한, 그리고 불평 불만이 없고 눈물 근심 걱정의 파도가 없이 정말 평화만이 감도는 그런 시절만이 계속되지는 않았다. 기숙사 사칙(舍則)이 엄격함은 타교에서 그 유례를 찾아볼 수 없을 정도였고 당시 학생들이 경박한 풍조에 젖어들까 염려한 나머지 심한 외출간섭과 사내에서의 규칙 제일주의의 생활에 반기를 들고 드디어 1923년 10월 15일 동맹휴학을 감행했던 것이다.
> 당시 학생들의 요구조건은
> 첫째 기숙사 규칙을 개정하여 줄 것
> 둘째 사감 나진경(羅眞敬)[21] 선생의 사퇴 요구 등이었다. 주로 기숙사의 규칙이 지나치게 엄하여 자유가 침해된다는 점이다.
> 그 해 추석날 이동옥(李東玉)이라는 학생이 세상을 떠난 친구 한숙

---

21) 나진경은 숭의여학교의 제 3회(1912년) 졸업생이었다 (박찬일, 1964:271).

원(韓淑遠)이란 학생의 묘에 성묘 가자고 친구들에게 권유를 했고, 그 권유를 받은 기숙사생 몇 사람이 한국인 나(羅) 사감선생에게 외출 허가를 요청했던 바 사감은 이를 거절했다. 이에 분격한 학생들이 선우(鮮于) 교장[22]에게 허락하기를 간청했으나 교장은 대체로 성묘하는 일은 불신자의 관습이라고 단정하고 학생들의 요구를 들어주지 않았다. 이 때부터 학생들은 평소부터 사감선생에 대하여 품었던 불만 — 교육이 아니라 감옥에서 죄수를 다루듯 한다 하여 불평이 많았던 터이고 더구나 교장마저 학생들의 사생활을 이해 못하고 지나치게 간섭한다는 점에서 학생들은 극도의 불만과 분개를 누를 바 없어 드디어 창립기념일을 앞에 둔 10월 15일을 기하여 동맹휴학에 들어갔던 것이다. 사회의 여론도 학생의 거사에 동정하여 학교당국의 선처를 요망해왔으나 교장은 일보도 양보함이 없이 학생들의 반성만 촉구해 왔고, 산소에 가지 말라는 것도 학생들을 위하여 한 처사이니 어머니 심정을 알아야 한다고 타이르는 선우(鮮于) 교장의 설득에 움직여 학생 중에는 자신들의 행동이 경솔했음을 뉘우치고 등교하기 시작하니 소란했던 이 사건도 일단락을 고하게 되었다.

만일의 경우 학생들이 패를 져서 그렇게 복잡한 추석날 인파 속에서 혹시 사고라도 있으면 어쩌나 하는 노파심에서 같은 반 친구의 묘에 가는 것까지를 허락하지 않았다는 것은 어디까지나 딸들을 위한 어머니의 지극한 사랑에서 그랬을 것이다. 숭의 어머니들의 심정은 이렇게도 주밀했다고도 할 것이다 (박찬일, 1964:197~8).

이 동맹휴학에서 여학생들이 제기한 바 일상을 지나치게 간섭하는 완고한 기숙사 규칙[23]에 대한 개정 요구는 1920년대부터 나타난 '신여

---

22) 그녀의 미국명은 Velma L. Snook이었다. 한글로는 스눅이라 표기했으며, 한국명은 선우리(鮮于理)였다. 선우 교장은 1866년 1월 29일 미국 아오오와주 페어필드 출생이며, 1889년 아이오와사범대학을 졸업하고 1900년까지 초등학교 교사로 봉직한 후, 1900년 북장로교 선교사로 내한하여 평양선교부에 부임하였다. 이후 1903년부터 1936년까지 숭의여학교에서 봉직하였다(한국기독교역사연구소, 1994: 472~3 참조).

23) 숭의 여학교는 일단 기숙사에 입사한 학생들의 자유행동을 일체 허락하지 않

성'으로 대표되는 근대적 페미니즘 사상과 전통문화에 대한 새로운 평가의 필요성을 강조했던 민족주의 운동의 영향이기도 했다. 그러나 이 사건의 처리에서도 보여지듯이 여선교사들과 학생간의 자애롭지만 엄격한 '어머니'의 권력에 기반한 미션계 여학교의 제도적 교육방침은 이러한 갈등으로 쉽게 바꿔 놓을 수 있을 만큼 녹녹한 것이 아니었다.

1926년 봄 일본정부의 초대로 일본에 교육연수를 다녀 온 당시 평양의 정의여학교 영어 선생이었던 쟈넷 월터 (Jeannette Walter)는 그녀의 회고록에서 이렇게 쓰고 있다;

> 내가 5월 13일 일본에서 돌아왔을 때, 나는 한국인 교사들과 나의 일을 돌보고 있던 해리엇 모리스(Harriett Morris)가 학생들의 항의를 받았다는 것을 알게 되었다. 그녀는 당연히 나의 귀환을 환영했다! 나는 오랜 일상으로 돌아갔다. [⋯] 물론 나는 일본여행에 대한 몇몇 연설도 했다 (Walter, 1977:182).

불미스러운 일에 대한 장구한 언설을 삼가는 여선교사들의 글쓰기 방식도 작용했겠지만, 그녀는 간단한 사건의 언급 이후 자신의 오랜 일상으로 돌아가서 한 일과, 사랑하는 병든 제자의 간호를 위해 병원에서 며칠 밤을 새운 이야기로 자연스럽게 넘어가 버리고 만다. 당시 여선교사들은 박찬일의 텍스트가 보여주는 것과 같은 조선의 전통적 생활양식에 대한 지나친 문화적 간섭에 대한 반감과 자신들을 자식처

앉다고 한다. 박찬일은 이렇게 적고 있다; "그들의 서신왕복에 있어서도 기숙사에 입사한 학생이 부모님께 반신할 때와 부모님으로부터의 내신, 학비금의 송신, 또는 소포물이 있을 때에라도 그 어떤 경우이건 분간 없이 일일이 검열을 거친 후에야 본인에게 전달되었다. 항상 학생 개인의 행동을 금하고 교회의 출석까지도 행렬을 지어 집단으로 하도록 했으며 실로 물샐 틈 없이 생활을 간섭하였다 (박찬일, 1964:82~3)."

럼 위했던 모성적 돌봄에 대한 호감 사이에서 흔들리고 있는 복잡한 여학생들의 마음을 엄격한 원칙을 갖는 친밀성으로 제압하는 모성적 '심법(心法)'을 한결같이 유지했던 것이다.

조선 여성들의 종교적 회심과 페미니스트적 각성, 그리고 여선교사들의 문화적 정복현상을 구분해 보는 것은 쉽지 않은 일이지만, 20년대 이후 미션계 여학생들이 표출했던 불편한 심기는 여선교사들이 모성적 복음주의와 페미니즘 속으로 봉합해 넣은 많은 강압적 요소들이 있었음을 말해주는 것이다. 그러나 미국의 페미니즘이 참정권의 획득 이후 재차 여성교육에 영향력을 미치게 되기까지 오랜 시간이 걸렸듯이,[24] 미션계 여성교육의 현장에서 주도권을 잡아 온 모성적 페미니즘 담론을 넘어서서 이러한 감정들이 뚜렷하게 새로운 페미니즘 사상의 형태를 띠고 여성교육의 장에서 도전을 시작하는 것은 해방 후의 일인 것이다.

한편 '모가장'으로 표현되기도 했던 여선교사들은 졸업생들의 제도적 네트워크를 엮어내고 유지하는 데 총력을 기울였다. 이는 친밀한 유대감과 모성적 권위를 존중하는 엄격한 위계질서, 자기부정의 기독교적 도덕성, 그리고 올바른 목적을 위해 분명한 생각과 자기판단에 의한 행동을 할 줄 아는 합리성이 영속될 수 있는 여성공동체의 형성을 위한 것이었다. 이들은 우선 학교문집이나 신문 등을 발간함으로써 학창시절에 가졌던 여학생들의 소속감을 상기시키는 메시지들과 교사·졸업생들의 회고담, 감사 편지를 담은 소식지를 통해 졸업생들의 마음 속에 언제나 살아 있는 권위로 남고자 하는 의도적이고 지속적인 노력을 보여주었다.

---

24) 이에 대해서는 Weiner(1997)을 참조할 것.

졸업생들을 특별 초대인사로 불러모았던 학교창립 기념일 행사도 큰 몫을 하였다. 그러나 무엇보다도 이들과 여성으로서의 동일성을 공유할 수 있는 여성공동체의 확대는 졸업 후 채용한 졸업생 교사들과의 관계를 통해 이루어 질 수 있었다. 졸업생들 중에서 여선교사들과 대등한 학력을 갖는 조선인 교사가 나오는 데는 오랜 시간이 걸렸지만,[25] 여선교사들은 학생들의 수업 기간을 연장시키고 모자라는 교사들을 충원할 수 있는 한 방편으로 그리고 여학교 공동체의 전통을 유지하기 위해 상급학교의 재학생들을 하급학교의 여학생들을 가르칠 수 있는 학생교사(pupil teacher)로 채용하기 시작하였다. 예를 들어 이화학당의 경우 1900년대부터 졸업 후 이화학당에 남아 후배를 가르치는 교사들이 생겼다.[26] 정신여학당의 경우 1908년부터 모교 교사로 근무했던 학생들에 대한 기록이 남아 있다(『정신100년사』출판위원회, 1989:438).[27]

---

25) 한국 최초의 여학사는 하란사였다. 그녀는 평양출신으로 19세기 말 인천세관의 감리였던 하상기 씨와 결혼하였으나, 평범한 생활에 만족하지 않고 새로운 삶을 개척하고자 1895년에 이화학당에 입학하였다. 1년 여의 학당생활에서 용기를 얻은 그는 1896년 7월 미국 유학길에 올라 뉴욕에 있는 하워드대학에 입학하였다. 다시 1900년에는 오하이오 웨슬리안 대학 문과에 입학하여 한국여성으로는 처음으로 1906년 B.A.를 받고 귀국하였다. 그녀는 모교의 교편을 잡는 한편, 스트랜톤 부인을 도와 상동교회의 부녀사업에 힘을 기울였고 이화학당에서는 영어와 성경을 가르치면서 기숙사 사감, 총교사로 '호랑이 어머니'라는 별명을 들을 만큼 엄격하게 학생지도를 하였다. 부인성서학원 강습, 교회전도활동, 어머니 육아교실 운영 등으로 쉴새 없이 활동하는 가운데 1916년에는 뉴욕의 세계감리교회의 평신도 대표로 참석하였고, 그 후 미국 내에서의 순회강연을 통해 해외 교포들에게 독립의식을 고취시키기도 하였다. 〔…〕 그녀는 독립운동가들과도 긴밀한 연락을 갖고 있었는데 1919년 1월에도 독립운동을 위해 북경을 방문하던 중 사망하였다 (이화100년사 편찬위원회, 1994:85). 그러니까 여성교육이 시작되어 한국에 최초의 여학사가 나오기까지는 21년이 걸린 셈이다.
26) 이화학당 졸업생들의 교육활동에 관해서는 이화100년사 편찬위원회(19940), 82~5쪽을 참조할 것.
27) 『정신백년사』에 의하면 정신여학당 졸업 후 모교 교사로 근무한 최초의 여성

여선교사들은 전통적인 가정적 삶과는 전혀 다른 미래를 원하는 성숙하고 진지한 학생들을 선별하여 지역의 기독교 공동체나 학교의 미래 지도자로 삼기 위해 각별한 개인적 지도와 훈련을 아끼지 않았으며, 일본이나 미국유학을 주선하기도 하였다.[28] 그러나 졸업생들이 여선교사들과 동등한 학력을 소지하고 교수진으로 들어온 후 선교사들과 졸업생들의 관계가 권위와 결정권 면에서 사제지간의 보호적 모델을 넘어서서 새로운 형태의 동료 관계로 발전한 경우는 거의 없다. 정신적 스승이자 모성적인 지도자였던 여선교사들은 언제나 우월한 지혜를 상징하며 거대하게 보이는 '어머니'였다. 인도의 경우도 이와 같았다(Singh, 2000: 232).

1940년 11월 일제에 의해 이화여전의 5대 총장 엘리스 아펜젤러(Alice Appenzeller)가 강제 추방을 당하기 전인 1939년 이화여전의 6대

은 일명 마애라 불렸던 제 2 회 졸업생 김경순(金敬淳) 이었다. 그녀는 1894년 1월 1일 황해도 안악에서 3형제 중 세째로 출생, 부모가 일찍 예수믿고 평양으로 나와 장대현 교인이 되었는데 모친이 일찍 세상을 떠나고 가족이 하와이 이민을 가니 소알로 선교사(연구자 주: 이러한 한국 이름을 가진 선교사는 현재 확인할 수 없고 그의 영문 이름도 밝혀지지 않아서 그가 누구였는지는 불분명하다. 그러나 연구자의 생각으로는 여러 가지 정황으로 봐서 1915년 북장로교 선교사로 내한하여 1915~1918 기간 동안에 숭의여학교 교사로 봉직했던 Olivette R. Swallen <한국명:스왈른>을 지칭하는 것 같다)의 양녀가 되었다. 처음엔 숭의학교에 다니다가 정신학교로 전학하였다. 정신 졸업 후 잠시 모교 교사로 근무하다가 1910년 도미하여 그 곳에서 중·고등학교를 마치고 조오지아주 여자대학을 1922년에 졸업하였다. 그후 그녀는 다시 귀국하여 1922년부터 배화여고에서 교편을 잡다가 1923년 허성과 결혼하여 1남 2녀를 두었다. 부군과 같이 후에 다시 미국으로 돌아가 살았다(『정신100년사』 출판위원회, 1989:438).

28) 20세기 초 아시아에는 각국 주재 선교사들이 자신들이 교육을 통해 길러낸 그 나라의 대표적 여성지도자들이 있었다. 인도의 Lilavati Singh, Phoebe Rowe(Singh, 2000:244), 중국의 K'ang Cheng과 Shih Mei-yu (Hunter, 1984:196), 조선의 김활란 등은 모두 20세기 초 감리교 여선교사들이 성취해 낸 뛰어난 본보기였으며, 당시 미국 사회에서도 널리 알려졌던 상징적 인물들이다.

총장으로 추대되었던 김활란은 이런 의미에서 아시아의 선교역사에서 선교사들과 표면상 대등한 권력과 지위를 누릴 수 있었던 매우 예외적인 인물로 손꼽히기도 한다.29) 그러나 이는 일본 식민지 정부가 신사참배를 강요하는 등 종교의 자유를 박탈하고 해외원조의 지급을 중단시키고 선교사들의 지도력과 책무수행을 중단시키는 사태가 벌어지는 시절에 일어난 사건이었다. 그리고 당시 두 인물의 정황을 보면 이들의 온정주의적 사제관계나 이들이 공유했던 복음주의적 여성공동체에 대한 이상은 강제로 관계를 분리시킨다고 해서 무화시킬 수 있는 것이 아니었다.

일제의 강제 추방으로 1925년 건설계획을 시작하여 근 10여년의 열정적인 모금운동 끝에 1936년 완공을 본 이화여전의 새 캠퍼스를 봉헌할 수 있기까지 혼신을 바친 엘리스 아펜젤러는 오랜 동안 마치 악몽을 꾸는 것처럼 "나의 가정과 생애를 바친 일을 떠난 슬픔과 어떻게 말을 하고 무엇을 말하지 말아야 하는 지에 대한 불확실성, 규정할 수 없는 미래에 대한 복합적 심정"에 시달려야 했다(Alice Appenzeller's Public Letter to Ewha's Friends, June 6, 1941). 그리고 조선이 일제로부터 해방되는 날까지 여행가방을 들고 미국 사회를 떠도는 나그네로서 언젠가는 자신이 마땅히 있어야 할 자리로 돌아가서 한국의 친구들과 함

---

29) 1950년 엘리스 아펜젤러의 사망 후 미국 펜실베니아 랑카스터의 제일 감리교회 (First Methodist Church)에서 열린 추도예배에서 Miss Elizabeth M. Lee는 다음과 같이 연설하였다:
　당시 민족지도자가 드물었던 시절에 이 선교의 장소에서 그녀가 양육한 한국 소녀의 손에 책임이 양도되는 것을 보고, 이 둘 사이의 기독교적 동반자 관계를 목격하게 된 것은 매우 드문 경험이었다. (It was a rare experience in those days when national leaders were few to watch this missionary place the responsibility in the hands of a Korean girl whom she had nurtured and to witness a miracle of Christian partnership as these two). (연설문 팜플렛, p.5).

께 할 수 있는 날을 기다리고 있었다. 한편 이화학당 입학 후 학생으로서 또한 교사로서 미국에서의 유학기간을 빼놓고는 줄곧 여선교사들과 고락을 같이 해온 김활란 또한 깊은 상실감에 시달려야 했다.

1940년 12월 8일 서울에 남아 있었던 엘리스 아펜젤러의 한 친구를 통해 그녀에게 간접적으로 보낸 김활란의 전문은 다음과 같다;

> 나는 모든 위험을 무릅쓰고 당신을 만나러 왔습니다. 당신이 그 분들(우리들 미국인 교사들)에게 편지를 쓸 때, 우리가 크리스마스 캐롤을 부르기 시작했다고 전해주세요. 우리는 어디서나 그 노래를 부릅니다. 그럴 때면 언제나 내 마음은 외로움과 그들에 대한 그리움으로 고통스럽습니다. 그러나 우리들은 잘 있습니다. 그 어느 때 보다도 진실한 기독교인이 되기 위해 노력하고 있답니다 (Alice Appenzeller's Public Letter to Ewha's Friends, December 17, 1941).

어떠한 공식적인 권력관계보다 그리고 자신의 명예보다도 이화를 사랑했던 여선교사들과 맺었던 친밀한 관계를 지키고 그들이 믿는 신앙에 끝까지 동참하고자 했던 김활란은 그녀의 여성으로서의 주체성을 가능케 해 준 그 관계, 당시 여선교사들과 그 제자들이 형성했던 친밀한 모녀관계와 모성적 페미니스트 정신을 공유하는 분리된 여성공동체에 대한 강한 긍정에서만 이해될 수 있다.

이상 여선교사들의 여성적 복음주의를 통한 기독교 여성교육이 조선의 여학생들을 교육하는 방식과 그 결과 맺어진 여선교사와 조선 여성들의 사제 관계가 가졌던 성격을 고찰해 보았다. 여선교사들의 기독교 여성교육은 기본적으로 기독교 복음을 전파하기 위해 의도된 것이지만, 이를 통해 초래된 결과는 조선의 여학생들로 하여금 '근대적' 삶의 양식과 태도를 가진 여성주체로 서게 하였다고 할 수 있을 것이다.

3. 여선교사들의 혼성적 페미니즘

여선교사들의 위와 같은 활약은 복음주의적 삶의 가치와 자신들의 선의를 조선인들에게 전달코자 하는 열망에서 비롯된 것이었다. 이러한 삶의 자세는 역설적이지만 일본의 식민지로 전락하고 만 조선의 불행한 현실에 끝까지 몸을 던지고자 한 그네들에게 보다 큰 성취감을 맛볼 수 있는 기회를 제공해주었다. 여선교사들이 성취하고자 했던 이방 여성들을 위한 헌신적 삶은 당시의 특수한 역사적 정황과 어우러져서 이들의 심리―몸을 전적으로 변화시키는 천혜의 기회를 제공해 주었던 것 같다.

이전에는 미국 여성으로서의 적절한 역할감각이 막연하게 나마 지속적인 심리적 부담이었던 여선교사들은 '남자처럼 대담한 여자'30)라는 자신들의 새롭고 피할 수 없는 정체성에 점차 익숙해짐에 따라 그러한 생각을 훌훌 벗어 던질 수 있었다. 특히 단신의 전문직 여성의 경우 변화의 범위와 기회는 광범위한 것이었다. 이러한 여선교사들의 변신은 미국에서 조선으로 건너오면서 시작된 것이다. 1893년 9월 처음 조선으로 오는 배 안에서 룰루 프라이는 200명 가량의 일본인들을 만났다. 그들은 호놀룰루에서 4년 계약제로 일하는 노동자들이었다. 이들 가운데는 2―3명의 일본인 학생들이 가르치고 설교하는 모임이 있었다. 하루는 이들이 프라이에게 설교를 부탁했는데, 프라이의 반응은 다음과 같았다;

---

30) There are women among them, too; and do you know, they are as bold as the men. They go on the street without a veil, eat with the men, and even talk and laugh with them(김서방, 73쪽).

"나는 거절하지 못하고 두려움과 떨리는 마음으로 이를 수락하였습니다. 한 젊은 남성이 통역을 맡았는데, 이것은 이방의 청중들에게 했던 나의 첫 설교(?)였습니다. 그들이 어제 해리스 양에게도 설교를 부탁했던 것을 보면 분명히 그것을 좋다고 생각하는 것 같습니다. 그 사람들에게 이야기를 한다는 것은 이상한(queer) 느낌이었습니다. 그러나 젊은 남성들은 (자국의) 목사들보다 외국인의 연설을 통해 보다 많은 것을 얻을 수 있다고 생각하는 듯 했습니다 (Frey's letter to her father, 1893.9.27)."

미국에서는 한번도 교단에 설 수 없었던 여선교사들은 조선으로 오는 배 안에서 이미 '동양인'으로부터 다른 대접을 받는 '이상한(queer)' 경험을 하게 된다. 프라이의 초기 편지에는 이 이상한 느낌이 수 차례 반복되어 표현되고 있다. 일본인 남자 목사보다 자신이 더 우월한 지위를 가질 수 있다는 것은 '두렵고 떨리는' 경험이었지만 피할 수 없는 것이었다.

여선교사들의 조선인과의 처음 만남도 이와 유사한 것이었다. 그들은 곳곳에서 명예와 존경을 받았으며, 동시에 의심 없이 받아들여지는 다양하고 다중적인 재능을 발견하면서 강한 자부심을 갖게 되었다. 이들이 조선에서 발견한 새로운 권위의 여지는 어떤 종류의 직업과 소명이든지 기꺼이 시도하게 만들었으며, 일단 조선의 성별문화에 구애 받지 않는 외국인이라는 신분은 광범위한 영역에 걸쳐 많은 일을 시도할 수 있는 넓은 심리공간을 제공해 주었다. 그리고 한 종류의 권위는 또 다른 종류의 권위를 부추겼다.

이러한 사회·문화적 위치의 변화는 전문직 여선교사들로 하여금 처음으로 맡겨지는 중대한 사명에 대한 대단한 책임의식과 성취욕으로 나타났다. "이번에 나는 일본으로 그들이 말하는 건강여행을 갈 예정입니다. … 그러나 나는 정말로 가고 싶지 않습니다. 오자 마자 맞는 첫 여름에 여기를 떠나야 한다는 것은 자존심 상하는 일이니까요(Frey's letter to her mother, 1894.6.14)." 이렇게 프라이가 병이 나서 쉬라고 하는 동료들의 권고를 받아들이는 일을 자존심이 상하는 것으로 표현하고 있는 것은, 자신의 일이 '실패'로 비칠 것에 대한 두려움과 통하는 것으로 보인다. 1889년 오랜 과로 끝에 병을 얻어 미국으로 안식년을 떠나던 당시, 릴리아스 언더우드의 심정도 이와 유사했다;

> "나는 조선을 떠난다는 것이 말할 수 없이 후회스럽고 부끄러우며 고통스러웠다. … '지금' 나의 일을 거의 시작하지도 못한 채 남겨두고 돌아오지 못할지도 모르는 채 '실패자'로서 간다는 것은 견디기 어려운 일이었다(언더우드, L.H., 1904:134)."

프라이의 편지에서 나타난 바 외국인 여선교사에게 설교를 부탁했던 일본인 학생들처럼, 조선의 기독교 공동체 또한 조선인들에게 기독교적 하느님을 각인시키기 위해 외래 선교사들의 힘을 빌리곤 하였다. 특히 초기의 선교사들은 하느님의 축복을 받고 그의 말씀을 선포하는 '사도'로서, 그들의 집은 예수가 말하는 '천국'을 상상할 수 있는 장소로서 받아들여졌다. 1903년 평양의 노블 선교사 집을 구경하면서 "참 예쁘다. 천국 같지" 하며 감탄하는 조선 여성들에게 한 전도부인이 말했다. "우리 민족이 이렇게 사나요? 아니지요. 그러나 이 부인은 하느님을 섬기는 사람이예요. 하느님은 이들이 외국에서 예쁜 집을 짓고 살도록 허락하신 것이죠(한국기독교역사연구소, 1993:112)." 그리고 종종 여선교사들은 '크리스마스 카드에 나오는 천사(허길래 선생님을 사랑하는 사람들의 모임 편, 1996: 197)'와 같은 모습으로 조선인들에게 각인되었다. 자신이 중요한 존재라는 큰 자부심이 없었던 여선교사들이 낯선 이국 땅에 와서 갑자기 중요한 존재가 되는 경험은 묘한 양가감정으로 나타났다. 다음은 이를 표현하는 주부선교사 노블 부인의 일기 대목이다 ;

> "1902년 1월 16일. 어떤 사람은 내 목소리가 예쁘다고 한다. 그녀는 내가 아주 간단한 말을 하는 것도 듣기 좋다고 했다. 그러니까 그들은 모든 것에 주목하고 있는 것이다. 나는 하느님이 나를 조금은 사용할 수 있다고 느낀다. 그리고 나는 나의 전부를 하느님께 바치고 싶다; 그가 내게 주신 모든 재능은 그의 영광을 위해 쓰여지기를 바란다. 겉으로 보기에 나는 매우 평범하고 재능이 없다. 미국에 있었다면 나는 결코 가수가 될 만한 사람이 아니다. 그러나 나는 여기서 많은 노래를 가르치고 있다. 왜냐하면 그들이 노래에 대해서 아는 것이 없기 때문이다. 물론 내가 그들보다는 많이 안다. 그러나 이것은 크게 말할 것이 못 된다. 여하튼 나는 하느님이 내 목소리를 사용하여 이 민족에게 그리스도의 찬송가를 부를 수 있게 가르치는 데 사용할 수 있게 해달라고 기도한다. 그리고 때때로 한국인들을 위해 노래를 부를 때면 다른 어떤 때보다도 그가 나의 목소리를 강화시켜 멜로디를 넣어 주신다는 것을 느낀다(한국기독교역사연구소, 1993:105)."

노블 부인은 주부선교사로서 다른 전문직 여성들보다 자신의 성취욕을 마음껏 추구할 수 있는 위치에 있지 않았다고도 볼 수 있을 것이다. 그러나 그녀가 느꼈던 성취감에 대한 감사와 낮은 자부심, 행복감의 복합감정은 많은 전문직 여선교사들도 공유했던 것으로 보인다.

한편 이들의 외국인 정체성은 높은 사회적 지위만이 아니라 큰 권능도 부여해 주었다. 1910년 조선에 도착하여 아직 조선말을 제대로 익히지 못했던 시절 쟈넷 월터(Jeannette Walter)는 한 전도부인으로부터 지방교회를 방문하자는 제안을 받게 된다. 그녀가 내용을 이해할 수 없는 예배를 파하고 초대되어 간 곳은 선교사들의 방문을 원하는 한 가정이었다. 그녀는 여기서 갑자기 그 집안의 부인으로부터 아들을 낳도록 기도해 줄 것을 요청 받았다. 그녀는 기도의 후미에서 "아들, 주세요. 아멘." 하는 간단한 말을 덧붙일 수 있었을 뿐이다. 그러나 그녀는 그러한 행위가 그 가정에 준 행복과 희망을 느낄 수 있다고 적고 있다(94). 이는 여선교사들의 의도와 관계없이 조선인들이 이들에게 부여했던 무한한 권능에 대한 기대를 말해주는 것이다. 1900년대 초기 조선인들은 외래 선교사들의 조그만 친절에도 매우 고마워했으며, 그들을 거의 완벽에 가깝다고 생각했다. 그리고 이들이 개인적으로 보여주는 조그만 관심에도 매우 기뻐했다(한국기독교역사연구소, 1993:48).

처음 조선인의 경의에 당황했던 대부분의 선교사들은 자신들의 서구적 훈련이 조선인보다 많이 알고 많이 행동할 수 있게 만들었다고 생각하게 되었다. 대부분의 교육전문 여선교사들은 간호사와 약사를 겸해서 모든 학생들의 질병을 돌봐야 했다. 그리고 여선교사들은 자신이 잘 알고 있는 과목이든, 앞서 노블 여사의 경우처럼 거의 알지 못하는 과목이든 가르쳐야 했다. 쟈넷 월터가 이화여전에 처음 고용될 당시 그녀에게 배정된 과목은 역사와 수학이었다. 그러나 그녀는 필요한 것이라면 거의 모든 것을 가르쳐야 했다(Walter, [1968]: 69). 부족한 교사인력을 메우기 위해서는 어쩔 수 없는 일이었다. 그녀가 조선에서 개척한 과목 중에는 체육이 포함되어 있었다. "그것은 내가 훈련을 받아서가 아니었다. 그래도 나는 그것을 맡았다. 우리는 특별한 훈련 없이도 많은 일을 할 수 있었다(95)." 그것은 미미한 시작이었지만, 미국에서 온 루이스(Lewis)라는 감리교 감독 앞에서 그녀가 훈련시킨 학생들이 완벽한 집단체조를 보여줬을 때 그녀가 느꼈던 성취감은 실로 뿌

듯한 것이었다.

이 밖에도 여선교사들이 개척해야 할 부대 능력은 많았다. 각종 서비스 분야에서 전문인력이 부족했던 조선 사회에서 이들은 스스로 많은 문제들을 해결해야만 했다. 뭔가 고치고 만드는 일을 좋아했던 월터의 회고록은 여학교 운영을 위해 여선교사들이 임기응변으로 대처해야 했던 많은 일들을 잘 말해주고 있다(Walter, 〔1968〕). 그녀는 소녀들을 진찰할 수 있는 방을 만들기 위해 진료소를 수리하고 고쳐야 했으며(154), 여학생들의 기숙사로 쓰였던 프라이 홀을 짓기 위해 건물을 설계하고 공사계약을 하고 일꾼들을 감독했으며, 건물 난방을 위해 용광로를 구입하고 그것을 조종하는 방법을 직접 배우고, 거기에 들어갈 가구를 설계하고 화로, 창틀, 계단 등의 설계 및 실제 가구배치도 그녀가 해야 했다(161~2). 이는 여선교사들이 조선에서 배우고 숙달해야 했던 수많은 기술들의 극히 일부만을 나열한 것이다. 이 밖에도 여선교사들은 여학생들이 입고 있던 전통적 한복을 개량하고, 학생들이 사용할 교재들을 손수 만들어 내야 했다.

한편 여선교사들이 행정능력을 발휘해야 할 기회는 이보다도 많았다. 그들은 학교, 병원, 혹은 하인들을 거느린 선교사 가정을 운영하면서 빠르게 관리 전문가로 변신하고 있었다. 특히 미션계 여학교를 세운 대부분의 전문직 여선교사들은 학교 구내에 거처를 마련하고 살았다. 대부분의 미션계 여학교에는 기숙시설이 있었기 때문에, 여학생들의 생활을 감독해야 했다. 학생수가 많아지고 학교공동체가 커지면서, 이들은 자동적으로 교직원들과 학생들에게 조언을 해야 하는 감독역할을 맡게 되었다. 그들은 학교의 관리자이자 행정가였으며, 학생들의 어머니이자 '대부인' 혹은 '부인' 칭호를 받는 여가장이 되었다. 이들의 관리, 행정능력은 필요에 의해 개발된 것이었다. 그러나 이들의 능력은 해가 갈수록 확신에 찬 것으로 변해 갔다.

또 한가지 학교운영을 맡았던 여선교사들에게 중요했던 것은 로비와 모금역할이었다. 여자대학과 병원의 확대발전을 위해서는 미국 교회와 교인들의 적극적인 지지가 필요했기 때문이다. 학교의 부족한 재정을 충당하고 학교건물을 수리/신축해야 하는 위기가 발생할 경우, 많은 여선교사들이 미국의 교회와 기관들을 방문하여 호소하기 위해 많은 사신들을 미국의 친지들에게 보내고 몸소 모금을 위한 안식년 휴가를 떠나기도 했다.

조선에서 가장 왕성한 모금운동을 펼쳤던 엘리스 아펜젤러의 경우 그녀가 한달 동안 미국의 친지들에게 보낸 편지는 근 500통에 달했다고 한다.31) 엘리스는 학교의 적자재정을 메우고 그 밖에도 필요한 자금을 모금하기 위해 1937년에도 안식년을 얻어 미국 동부의 오하이오, 펜실베니아, 남부의 오클라호마, 내쉬빌 주의 여러 도시를 누비며 각종 모임에서 연설여행을 하고 있었다. 그녀는 미국에서도 편지쓰기를 쉬지 않았는데, 그녀의 그 해 11월 7일 편지에는 자신의 긴 여정에 대해 다음과 같이 적고 있다;

> "방문시간이 매우 짧아서 빨리 지나가야 할 것 같습니다. 영광스런 안식년을 보냈고 기분도 좋으니 이제 쉴 수도 있겠지만, 내 생각에 나는 단지 욕심이 많은 것 같습니다. 나는 빈 손으로 돌아갈 수 없습니다. 그리고 아직도 나는 현재 재정적자를 메울 수 있을 만큼 충분한 모금을 할 수 있으리라고 믿고 있습니다. 나는 그보다 더 많이 모금할 수 있기를 바랍니다. 우리는 그것이 필요합니다(A. Appenzeller's letter

---

31) 이는 지난 6월 한국을 방문했던 그녀의 후손 Emily Crom Lyons에게서 연구자가 직접 들은 이야기이다.

to friends, 1937.11.7)."

이는 학교운영을 맡은 전문직 여선교사가 자신이 맡은 일을 위해 자신의 시간과 능력 모두를 바치고자 했던 강한 책임의식을 지녔던 바 강한 성취욕, 자신의 소신에 대한 확고한 신념을 알 수 있는 흥미있는 텍스트이다. 자신을 L.H.U. 라고 밝힌 한 여선교사의 "Women's Work in Korea(*KMF*, 1913:94~6)"라는 익명의 기고문은 이렇듯 새롭게 변화된 여선교사들의 모습을 '불굴의 여성(indomitable women)'이라고 표현하고 있다. 그녀에 따르면, 대부분의 여선교사들은 수줍지는 않지만 조용한 여성으로서 모험이나 위험, 고난 자체를 싫어하는 것은 자연스러운 것이었다;

> "그들이 만일 예수의 사랑과 가난하고 영혼이 어둡게 된 자매들에 의해 유혹되지 않았다면 조용한 집에서 전혀 동요하지 않고 머물러 있었을 것이다. 그러나 그 사랑은 수많은 섬세한 마음의 소녀들로 하여금 국경을 넘어 광해를 건너 외국인들 사이에서 집을 구하고 남선교사들과 거의 같은 방식으로 어려운 조건과 위험에 굴하지 않고 일하게 만들었다. 이들은 신앙을 통해 정의를 실현하고 약속된 바를 얻어냈으며, 사자의 입을 멈추게 하고 연약함에서 벗어나 강건하게 된 충실하고 용감한 선지자들이다. 하느님, 우리들을 불굴의 여성들로 만들어 주셔서 감사합니다!"

이는 여선교사들의 활약과정이 이들의 생활방식과 정체성을 전적으로 재구성하게 되는 결과를 초래하였다는 것을 말해주는 것이다. 한마디로 여선교사들이 조선에서 형성했던 페미니즘은 여성적 가치의 실현과 사회적 야망의 성취라는 일면 이율배반적인 가치를 혼성한 특성을 지닌 것이었다.

제 3 절 조선여학생의 민족주의적 페미니즘

이 절은 여선교사의 교육운동에 참여했던 조선 여성들이 조선의 가부장제와 기독교 여성교육의 공간을 오가며 재구성한 페미니스트 의식과 그 교섭과정을 살펴보기 위한 것이다. 초기 기독교 여성교육이 서양 선교사들의 모성적 페미니스트 의식을 반영하고 있었다면 그 영향을 받고 성장한 조선 여성들의 삶에서 그 흔적을 발견하게 되는 것은 당연한 결과가 아닐까? 분명 한국 여성들의 페미니스트 의식은 그들을 둘러싼 사상·가치·제도·자원의 가부장적 헤게모니와 그로 인한 내적·외적인 위협들 속에서 나름의 형상을 찾아 분투하고 있었다.

이 절에서는 미션계 여학교의 학생들, 여성기독교인들의 전기나 수기 등을 통해 기독교 개종과 여성교육의 의미를 살펴보기로 한다. 미션계 여학교 졸업생들이 남긴 기록들은 기독교 여성 정체성과 기독교 여성교육의 의미를 알 수 있는 직접적 증거들이다.

1. 조선 여학생들의 사회적 배경

19세기 말 조선의 초기 기독교 선교활동은 대부분 조선사회 비특권 계층의 호응에서부터 시작되었다. 여성들은 특히 기독교 개종 권유에 대해 매우 호의적이었다. 조선 여성들의 개종 행위는 엄청난 지역사회의 분노를 자아냈다. 특히 이들의 남편이나 아버지들은 적대적이었다. 아내와 딸이 예수를 믿는다는 것은 집안이 대대로 지켜온 제사도 신주 모시기도 거부하는 것을 의미했기 때문이다.32) 마을 사람들은 기독교로 개종한 여성들이 사는 집을 찾아 때로는 가구를 부수고 돌매를 집에 던지는 일까지 서슴지 않았다(이덕주, 1990:144). 조선의 여성 교인들은 개신교회 신도 수 전체의 절반 이상을 차지하고 있었으며,[33] 잠재적으로 혁명적 세력을 구성하고 있었다.[34] 당시 여성의 공적 활동에

32) 이덕주가 쓴 『한국교회 처음여성들』(서울:기독교문사, 1990)에는 개종 후 술취한 남편이 칼로 그를 내리쳤으나 요행히 칼이 비껴나가 목숨을 구하거나 시어머니와 집안 사람들에게 매까지 맞아야 했던 노살롬과 이혼까지 당한 김도라 부인(54), 남편에게 살갗이 터져 피가 나도록 매를 맞고 친정으로 돌아 온 주룰루(83~4) 등의 이야기가 소개되어 있다. 당시 기독교인들은 집안 사당을 때려 부수고(29), 집안에서 대대로 섬기던 우상단지들을 내다 불살랐으며(54), 마을 어귀에 있는 성황당까지도 허물어 버렸다고 한다(119).

33) 해방 이전 기독교인의 성비에 대한 전반적인 통계는 구할 수 없었으나, 1896년 서울에 있던 상동교회의 경우 전체 교인으로 보면 53%대 47%로 남성이 약간 앞서나 교회 안에서 완전한 자격을 갖춘 입교인 비율로 보면 47%대 53%로 오히려 여성이 앞서고 있음을 알 수 있다. 이 같은 통계는 전체 교인으로 보면 남녀 교인이 반반을 이루고 있으며 완전한 고백교인이란 측면에서는 여성이 남성을 앞지르고 있다는 사실을 증명하고 있다. 이 같은 여성 교인들의 증가는 그 후에도 계속되어 1896년 1년 사이에 여성 세례교인이 42명 늘어났으며 그 중 25명은 입교인 이었고 학습인도 91명이나 되었다 (Scranton, Missionary Work among Women, *KR*, Sep., 1898, p.313. 이덕주, 1991;84에서 재인용).

34) 여성들의 자발적 개종이 가족관계의 파괴 위기를 무릅써야 하는 혁명적인 것이었던 반면, 남성들이 주도한 가족 개종은 기존의 가족관계에 의존한 강제적인 것이 되기 쉬었다. 한국 남성들이 주도한 기독교 가정 만들기의 경우 선교사들이 여성들에게 강조했던 것과 같은 희생적 사랑과 헌신의 논리는 허점을 드러냈으며, 그들의 신앙생활에 개입할 수 있는 여지 또한 좁았던 것 같다. 『노블일기』 1901년 3월 17일에는 아내를 기독교인으로 만든 한국 남성들에 대한 이야기가 기록되어 있다. 그녀는 자신이 판단할 수 없는 기이한 사건을 접할 때마다 자신의 감정을 섞지 않고 되도록 거리를 두면서 기록하는 습관을 보이고 있는데 이 경우도 마찬가지이다;

"그녀는 기도할 때 무릎을 꿇으려 하지 않았으며 그가 성경을 읽을 때 존경을 표하지 않았다. 그래서 그는 그녀를 때리며 듣고 절하라고 했지만 그녀는 말을 듣지 않았다. 그래서 그는 그녀를 더욱 때렸으며 마침내 그녀는 유순해졌다. 그 후 그녀는 말을 잘 들었으며 기도 시간에도 매우 공손해졌다. 또 한 남성은 아내와 아들로 하여금 기도에 참여하게 하는 데 애를 먹었다. 그래서 그는 부드러운 설득보다 더한 것을 시도했다. 그는 한국의 의

대한 엄격한 제한을 생각할 때 그들의 교회참여는 그들의 관심이 얼마나 대단한 것이었는지를 말해주는 것이다. 가난한 여성들이 교회에서 발견한 것이 무엇이었을까? 기독교가 지녔던 호소력은 당시 여성들의 종교 문화적·사회적 맥락 속에서만 명백하게 이해될 수 있는 것이다.

전통적으로 한국의 무교·불교·도교 등을 떠받쳐온 저력은 대부분 여성이었다고 해도 과언이 아닐 것이다. 여성들이 전통 종교에 대한 친화력을 보인 것은 각종 종교의례에서 여성들에게 부과하는 역할들이 많았기 때문이다. 그러나 당시 혼란스럽던 정치만큼이나 종교의 기본정신을 찾아볼 수 없으리 만치 타락했던 전통적 종교들은 유교적 질서와 더불어 여성들에 대한 경멸적 문화를 공유하고 있었다.[35] 불교학자 이창숙에 따르면 "여성 불교에 있어서 기복성은 [⋯] 한국 여성 불교의 전통이라고 할 수 있(고) [⋯] (오늘날에도) 여성 불자이면서 불교의 여성관에 대한 바른 인식조차도 없어서 변성남자 성불설(變成男子成佛說)과 같은 것이 불교 여성관의 전부인 것으로 알고 있는 여성 불자가 대부분이다(http://compassion.buddhism.org/ main7/0600.htm)." 변성남자성불설은 초기 대승경전에 나오는 구절로 여자는 남자의 몸으로 변해야 성불할 수 있다는 뜻으로, 이는 "여자를 멸시하는 힌두 사회를 배경으로 했던 대승교단이 그 사회와의 조화를 염두에 두고 설정한 타협

사들이 환자들을 괴롭히는 장침을 샀다. [⋯] 그는 아내와 아들에게 기도에 참여하라고 했다. 그들은 거절했다. 그 후 그는 이들이 참여하려 하지 않을 때마다 그들에게 장침을 찔렀다. [⋯] 마침내 그가 기도에 참석하라고 할 때마다 그들은 '아, 네'하고는 얼른 순종하게 되었다고 한다. 그가 말하길 그들은 요즘 교회 출석에도 매우 열심이라고 한다(한국기독교역사 연구소, 1993:83)."

35) 김혜숙은 특히 유교윤리의 실천과 관련하여, 유교 가정에서의 효의 실천이 함의하는 실질적인 보살핌의 행위는 여성의 일이었다는 것을 주장한 바 있다 (김혜숙, 1999:65). 그러나 이는 비단 유교윤리에만 해당되는 것이 아니었다.

안"이었다(윗 글 참조).

따라서 신의 보호와 강복을 비는 무교와 불교의 의례가 당시 여성들에게 그 누구도 대신할 수 없는 특별한 개체 혹은 '분별적 존재'36)로서의 느낌과 여성의식을 심어주었다고 보기는 어려울 것이다. 당시 여성들에게 있어 종교는 두려움을 일으키는 "불길한 징조와 악령, 그리고 귀신이 전부였다(이혜리, 1996:212)." 그러나 초기 기독교가 여성들에게 파고 들어갈 수 있었던 것은 바로 각종 '미신신앙'에 의해 길들여진 신비한 것, 두려운 것에 대한 여성들의 개방성 때문이었다. 이미 수많은 귀신들을 섬겨왔던 여성들이 정통적인 남성 유교주의자들보다 기독교의 신비한 메시지에 보다 수용적이었던 것 같다.37)

대부분의 교회사 저자들은 선교사들이 조선 여성들에게 남성 기독교도들과 동일한 영적 평등을 인정함으로써 여타의 전통적 종교가 줄 수 없었던 보다 나은 메시지를 제시할 수 있었다고 주장한다. 기독교 여성들의 생애에 관한 구술사, 전기, 열전 형태의 많은 텍스트들은 이

---

36) 이는 여성주의 철학자 김혜숙이 주조한 용어이다. 그녀는 현대의 헌법이 명시적으로 보장하고 있는 기본적 평등권의 실질화를 위해서는 "모든 인간은 남이 대신할 수 없는 자신의 고유한 영역을 갖는 분별적 존재임을 배워나가야 한다"고 전제 하면서, 이를 위해서는 남녀유별의 유교윤리 대신 각인유별(各人有別)의 원리 혹은 분리의 원리가 확립되어야 한다고 주장한 바 있다 (김혜숙, 1999:69, 71).

37) 이효재는 『한국교회여성 100년사』 서문에서 당시 민중 여성들이 기독교 복음을 수용한 것은 당시 유교적 조상숭배의 제례의식과 융합되어 있었던 여성들의 무속신앙이 줄 수 없었던 새로운 신관과 구원받은 인간 공동체의 비전과 희망을 제공했기 때문이라는 논지를 편 바 있다 (한국기독교백주년기념사업협의회 여성분과위원회(편), 1985:14~5). 이러한 해석은 여성들이 일단 기독교 공동체로 진입하고 난 후의 경험에 근거한 것이라고 생각한다. 당시 여성들의 교육수준이나 문맹율로 볼 때 논리적으로 조선 여성들이 기독교 수용과정은 보다 세밀한 인지적 과정에 대한 설명이 필요하다고 보여진다. 본고의 해석은 이러한 문제의식을 바탕으로 중국의 여선교사를 연구한 Hunter(1984)의 견해를 참조하였다(231).

러한 주장에 일리가 있음을 말해주고 있다. "천당이라는 곳을 본 일이 있냐? 〔…〕 누구나 갈 수 있냐?" 한 노파가 죽음 앞에서 기독교인이 된 며느리에게 물었던 질문(이혜리, 1996:223)은 가부장적 종교에 찌들어 살았던 조선 여성들의 주눅든 인식을 말해주고 있다. 물론 선교사들의 텍스트나 교회사 관련 텍스트들은 조선 여성들의 개종을 하느님의 자녀가 되어 '제2의 유아기'를 맞는 전적으로 새로운 경험으로 재현하고 있다. 다음은 박에스더의 회심체험을 재현한 이덕주의 텍스트이다.

> "1888년 어느 여름, 폭풍우가 몰아치던 밤이었다. 기숙사 방 안에 있던 열두 살 소녀 김정동은 두려움에 사로잡혔다. 선교사들이 설교 시간에 들려주었던 구약의 노아 홍수이야기가 생각났다. 무자비한 하나님의 심판이 공포 속에 그를 사로잡았다. 이와 함께 죄에 대한 뚜렷하고도 두려운 인식이 그를 엄습하면서 영혼의 불안을 느끼게 되었다. 그런데 그 방에 같이 있던 그의 동료 학생도 마침 그 순간에 그와 똑 같은 노아 홍수와 죄를 생각하고 있었음을 서로 확인하게 되었고, 여기에서 신비함을 느낀 두 소녀는 무릎을 꿇고 기도하기 시작했다. 죄를 자백하며 구원을 비는 기도가 계속되면서 두려움과 불신이 사라지고 마음 속에 확신과 평안이 가득 차게 되는 신앙체험이 그 밤에 이루어졌다. 김정동의 인생을 변화시킨 위대한 밤이었다. 이튿날부터 그는 자기 방을 청소하고 동료 학생들과 함께 정기기도회를 갖기 시작했다. 〔…〕 믿음의 확신을 얻은 그는 다른 동료 학생 2명과 함께 세례를 받았고 기독교인으로서의 제2의 인생을 시작하게 되었다(이덕주, 1990:71)."

이러한 박에스더의 극적인 회심은 처음 이화학당에 와서 스크랜튼 부인을 보고 자신을 잡아먹으려는 것은 아닌지 의심 할 만큼 보이지 않는 귀신의 세계에 대한 두려움으로 차 있던 그녀의 어린 시절과 대비되어 전해지고 있다(앞글, 70).

그러나 기독교는 전통적인 종교 문화에 길들여진 여성들의 공포감이나 불안 자체를 물리치는 데 완전히 성공한 것 같지는 않다. 무서운 귀신에 대한 여학생들의 공포는 선교사들이 운영하는 기숙학교에도 존재했다. 예를 들어 최활란의 전기에는 1890년대 초 이화학당에서 병으로 죽은 쥬리아와 그녀의 죽음을 몹시 무서워했던 아이들의 이야기가 실려 있다. "… 쥬리아가 죽은 후부터는 쥬리아의 귀신이 나올까 봐 모두들 걱정을 했다. 밤중에 잠을 잘 때 바람이 불어 창문이 흔들리면 쥬리아의 귀신이 방안으로 들어오고 싶어 몸부림을 치는 것만 같아 이불을 뒤집어 쓰고 벌벌 떨면서 무서워했다 (최규애, 1991:24~5)."

아마도 기독교는 이들의 전통적인 종교적 신념들을 굴복시켜 대치했다기보다는 그것을 보완했다고 보는 것이 옳을 것이다.[38] 그런데 선교사들이 기독교 복음을 통해 조선의 전통적 민간신앙보다 나은 것을 제공했던 것을 사실로 인정한다고 해도, 복음의 메시지가 자기 앞의 이익 너머를 사고할 줄 모르는 여성들에게 처음부터 크게 부각될 수 있었다고 상상하는 것도 어려운 일이다. 1876년에 태어난 박에스더는 열 살이 될 무렵 아버지의 손에 이끌려 이화학당의 스크랜튼 부인에게 갈 당시 자신을 다음과 같이 회고한다; "그때의 나는 밥 먹는 일 외에 아무 것도 몰랐고 하나님이 계시다는 사실도 몰랐다(이덕주, 앞글:70)." 초기 조선의 기독교가 다신교적 전통을 가진 여성들 사이에서 먹혀 들 수 있었던 것은 그 종교적 제안들이 사회적·경제적으로 필요한 원조 활동과 병행되었기 때문이다.

딸을 처음 미션계 여학교로 보냈던 조선의 부모들은 재난이 닥쳐도

---

38) 이에 대한 논의는 정현경(1994)을 참조할 것.

아무런 대책을 세울 수도 없었던 가난한 농민들이었다. 특히 농가의 소녀들과 성인 여성들의 경우 대안은 거의 없었다. 부잣집에 노예나 첩 혹은 기생으로 팔려가든지, 아니면 '머리 깎고 중이 되든지,' 자살을 생각하는 것이 고작이었다. 따라서 당시 기독교는 가난한 여성들에게 절박한 사회적·경제적 환경 속에서 최후의 수단을 대신할 수 있는 유일한 대안이기 쉬웠다. 가령 유일하게 논일을 할 수 있는 노동력이었던 남편이 갑자기 죽고 혼자 노쇠한 할아버지, 할머니와 어린 자식들을 키워야 할 처지에 놓였던 최활란의 어머니는, "아비 없는 자식이라고 낙인 찍힌 점순이(최활란의 어린 시절의 이름)가 시집갈 때 어느 집에서든지 선뜻 며느리로 맞아드릴까 하는 의구심"에 "차라리 〔…〕 학당에라도 보내어 시골 촌구석에서 벗어나게 하는 것이 옳은 일이 아닐까" 망설이며 딸을 마지 못해 학당으로 보냈다(최규애, 1991:10).

한 마을의 주막집 딸로 태어나 후에 미션계 여학교를 졸업하고 간호사로 일했던 강 나오미의 경우도 마찬가지였다. 그녀는 어려서 마을을 떠나는 군수의 부인을 따라가서 그 집에서 성장한 후 17세에 고향집으로 돌아 왔다.[39] 그녀는 근처 마을에 처음으로 생긴 교회에 다니면서 신앙을 갖게 된 후 얼마 되지 않아 부자 집의 첩으로 팔려가게 되었다. 후처로 들어가는 것이지만 정혼인 줄 알고 한 결혼이 사기였다는 것을 안 나오미는 이로부터 벗어나기 위해 애원도 하고 죽겠다고 위협도 했지만 헛수고였다. 일본 돈 400엔과 약간의 논밭, 소 한 마리를 포기하고 딸의 자유의지를 인정하기엔 너무나 가난했던 부모는, 교회 장로와 선교사의 중재로 남편에게 이혼 승낙을 받아낸 딸을 다시 돌려보내기

---

39) 이 이야기의 텍스트에는 나오미가 양딸로 간 것인지, 종으로 갔던 것인지 분명히 밝히지 않고 있다.

위해 안간힘을 썼다. 우리에서 도망친 짐승처럼 쫓기며 여러 날을 교인들의 집을 전전하며 그녀가 최후로 찾아 간 곳은 한 선교사의 집이었다. 나오미의 부당한 거래에 의한 사기 결혼에 대한 저항의지를 지지해주고 은신처를 마련해 주고 부모나 남편, 경찰과의 두려운 대면에서 그들의 강요에 주눅들지 않고 자신의 자유의지를 관철시킬 수 있도록 격려한 것은 그 선교사였기 때문이다(Adams, J.E., 1916:130~4).

초기 여선교사들이 조선사회의 주변부에서 학생들을 불러모은 것은 불가피한 것이었다.[40] 중국의 의화단 사건 이후 조선의 선교사들은 동학교도들이 외국인들을 공격하지나 않을까 두려워했지만 그들의 위협만큼 심각한 실제 공격은 없었다.[41] 그러나 서구 사상에 대한 조선인들의 태도변화가 눈에 띄게 달라진 후에도 조선의 전통적인 보수적 양반가문에서는 기독교를 경멸하였다.

백홍용(1912년 생)의 생애사에 의하면, 당시 유교를 숭상하던 그녀의 아버지는 미신, 특히 백인들의 신을 믿지 않았고, 자신들의 백인 신을 우리 민족에게 설파하고 다니는 코가 큰 기독교 선교사들을 경멸했다. 〔…〕 '그 놈들은 상스러운 오랑캐고 우리는 교양 있는 민족이다. 그건 짐승들의 종교야. 그렇지 않다면 그 놈들 말이 왜 그렇게 조잡하게 들리겠느냐?' 아버지가 경고했다(이혜리, 1996:212~3). 1947년경 그녀에게 다가와 "우리의 하나님은 사랑과 정의를 가르치는 분이세요. 그분을 통해서 전 그분의 모든 창조물을 사랑하게 되었죠 (215)" 하며

---

40) 사실 스크랜튼 부인은 이미 1885년 8월 이전부터 학교의 문을 열고 처음에 양반집의 자녀를 학생으로 구하였으나 얻지 못하고, 결국에는 가난한 집 아이와 고아를 학생으로 얻었던 것이다 (洪淳淑, 1985:44).

41) "There is a lawless band of people in the country called Tonghaks" who are something like the Boxers in XXX who often threaten us but the Koreans are too cowardly to ever attack us as the Chinese did the foreigners (Frey, 1904~3~15).

개종을 권하는 한 여성이 있었다. "전 아무나 닥치는 대로 사랑하고 싶지는 않아요. 그건 갈보들이나 하는 짓이에요(215)"라고 대답했던 백홍용은 "기독교인들은 하층민 출신이라고 생각해 오던 터였다(218)." 이는 보수적 양반가문의 전통 속에 묻혀 있었던 여성들에게 기독교의 이미지가 해방 후까지도 '정숙하지 못한 여성,' 그리고 하층민과 연관되는 종교로 남아 있었다는 것을 말해 주는 것이다.

기독교로 개종한 초기의 양반출신 여성들의 경우, 어려서부터 한문과 언문을 깨칠 수 있었다는 공통점이 있었으며, 개인적으로는 남편의 첩살림 때문에 받는 정신적 소외감[42] 혹은 남편의 요절과 가정의 경제적 파탄,[43] 아들을 못 낳는다는 '죄'로 힘들고 어려운 시집살이 감수 등 다양한 억압적 경험을 가지고 있었다. 이들의 교육적 배경은 개종 후 여선교사들을 도와 교육영역과 종교영역의 여성교육에 초기부터 참여하게 해준 자원이었다. 이들은 많은 조선 농가의 여성들을 교회로 인도하면서 언문을 깨우쳐주고 여성교육의 중요성을 믿게 해준 장본인들이었다.

---

42) 1843년 평남 강서 벽위의 양반 가문에서 태어나서 전도부인으로 교회에 많은 공을 세웠던 전삼덕(全三德)의 경우, 그녀는 "일즉이 한문과 언문을 배화 행문할 만하였다"고 하며 자신의 개종동기를 이렇게 밝히고 있다; "그럭저럭 내 나희 점점 만허가니 남편 보기에 젊어서만치 아름답지못하였던지 그는 첩을엇어살며 나를모른체함으로 나는자연히 쓸쓸한생활을하게되엿다(M. W. Noble, 1935:7)."

43) 1851년 충청도 홍주에서 가난한 선비의 딸로 출생, 이화학당의 첫 한국인 교사였던 이경숙의 경우가 이에 속한다. 그녀는 어려서 기초적인 한문과 언문을 익히고 바느질·길쌈 같은 당시의 조선여성들이 하는 안방 일을 익힐 수 있었으나 가난으로 인한 생활고는 어려서부터 그의 맺힌 한이었다고 한다. 그녀는 열다섯 살에 결혼하였는데, 그 남편은 처가집에서 초례를 지낸 후 바로 서울로 돌아갔고 그 후 소식이 없다가 3년 후에야 시집으로부터 그가 죽었다는 기별을 받았다. 그녀의 친정은 본래 가난하였지만, 부친의 사망으로 경제가 파탄의 지경에 이르고 가족들은 저마다 살 길을 찾아 친척집으로 흩어지게 되었다(이덕주, 1990:19~21).

비록 기독교는 20세기 초까지 개신교 지식인들을 제외한 보수적 양반계층의 냉소와 천대를 받았지만, 서울과 개항 도시들을 중심으로 기독교와 그들이 세운 미션계 학교에 대해 관심을 보이는 새로운 집단이 나타나기 시작했다. 이들은 전통적 유교사회가 천하게 여겼던 자본주의적 상공업, 자유업에 종사하면서 이미 유교주의적 가치관을 벗어나고 있었다. 이들의 기독교 신앙 실천은 전통적 삶의 방식에 대한 대안의 창조를 시급히 요청하는 것이었다. 신흥 부르주아 엘리트 층의 형성과 1900년대 초부터 감지되기 시작한 여성교육에 대한 수요증대는 기독교의 영향력을 확산시킬 수 있는 좋은 기회였다. 미국, 일본으로 유학을 떠나는 남성들은 장차 신교육을 받은 아내를 원했으며, 이미 결혼한 남성들의 경우 아내에게 신교육을 받을 수 있는 기회가 주어지기를 희망했다. 한편 확산되기 시작한 여성교육의 열기는 심각한 교사 부족현상을 야기하고 있었다. 이러한 세태를 반영하여 이화학당의 경우 1908년 처음으로 25명의 기혼여성을 받아 들였다는 기록이 있다. 학생들이 학비를 지불하고 학교에 다니는 것이 보편화되는 것도 이 무렵이었다(이화여자대학교, 1994:60 참조).

이는 여성교육에 대한 투자확대 및 그 제도적, 내용적 진전을 요하는 변화이기도 했다. 그러나 곧바로 일제 식민지 치하로 들어선 조선 주재 여선교사들은 이러한 요구에 대한 대응에서 대단한 어려움을 겪어야 했다. 1920년 당시 이화학당의 부당장이었던 엘리스 아펜젤러(Alice Appenzeller)는 이렇게 적고 있다;

> 여자가 교육을 많이 받으면 남편을 찾기 어렵다는 오랜 골칫거리도 이미 타파된 것 같다. 새로운 사상이 놀라운 속도로 확산되고 있다. [⋯] 새로운 날이 열리고 있다. 관심 있는 젊은이들이 자신들 눈

앞에 펼쳐진 보다 높은 삶으로 인도해줄 것을 요구하며 교회와 교회
가 운영하는 학교로 몰려오고 있다. 그들은 교육을 받기 원하고 있다.
그들 중 상당수는 지금까지 그들의 나라에서 거부되어 온 혜택을 찾
아 중국, 일본, 미국으로 떠나고 있다. 서울만 보더라도 우리는 열 다
섯 명의 소녀들이 고등교육을 받기 위해 중국이나 일본으로 떠났다는
것을 안다. 다른 도시에 사는 어떤 선교사라도 이와 유사한 명단을 덧
붙일 수 있다(Appenzeller, A., 1920:201~2).

아펜젤러의 이 글은 3·1운동 직후의 정치적 변화를 기회로 기독교
여자대학의 설립을 정당화하고자 쓰여진 것이지만, 일제 치하로 접어
들면서 교육수요에 대한 공급이 불균형적으로 되고 결국 많은 여성들
을 해외로 밀어내기까지 별다른 진전을 보일 수 없었던 당시 여성교육
의 상황을 단적으로 말해주고 있다.

그 배경에는 대학과정의 개설 이후 순탄치 못했던 여성교육의 역사
가 있었다. 조선 여성들에게 대학수준의 고등교육이 제공되기 시작한
것은 1910년 이화학당에서 이다. 그러나 1911년 8월에 공포된 일제의
제1차 조선교육령은 '대학'이라는 명칭사용 자체를 불가능케 하였다.
조선에는 보통학교(4년), 고등보통학교(4년), 여자고등보통 학교(3년),
실업학교(2~3년), 전문학교 (3~4년)의 학제가 수립되어, 대학령을 두
지 않음으로써 한국인의 고등교육의 길을 아예 차단해 버린 것이다
(이화여자대학교, 1994: 120, 124~5).

또 총독부의 기준을 따르지 않고 자율적 학제를 고집하던 기독교계
학교들은 사립 각종학교로 분류되어, 졸업생들은 관공립은 물론 사립
여자고등보통학교 교사가 되지 못하고 인가 받지 못한 기독교계 각종
학교의 교사로 만족할 수밖에 없는 실정이었다(125). 한편 조선교육령
공포 후 4년 뒤인 1915년 3월에 발표된 개정사립학교 규칙에서 드러난

'교육에서의 종교행위 제재방침'[44]과 관련하여 미션계 여학교의 차후 발전방향은 교육영역의 투자가치에 대한 각 교단 선교부의 입장에 따라 서로 엇갈리게 되었다. 주로 장로교 계통의 학교는 한국에서 학교를 세우고 교육을 실시하는 궁극적인 목적이 기독교 복음의 전파에 있기 때문에 예배의식과 성경교육을 금해야 한다면 차라리 폐교하는 것이 낫다는 입장이었고, 감리교 계통의 학교는 정규과정 이 외의 종교교육과 행사를 허용한다는 조건 하에 총독부의 방침에 순응하여 교명을 고치고 총독부의 인가를 받았다(125).[45] 한편 동 규칙에서 명시한 바 본령에 의하여 설치하는 전문학교가 아니면 전문학교라 칭할 수 없다는 규정에 의해 당시까지 엄연히 고등교육[46]을 실시하고 있던 보성, 세브란스, 숭실 등과 함께 이화학당의 대학교 역시 각종학교로 격하되고 말았다(126).

총독부의 각종 규제가 기독교 여성교육의 발전을 저해하였을 뿐만 아니라 조선의 부르주아 계층의 성장을 저해하였다는 것은 주지의 사실이다. 여선교사들이 미션계 여학교의 재정적 자립가능성을 열어주는 열쇠이자 조선사회 전반에 영향을 미칠 수 있는 중요한 진전으로 받아들이고 싶어했던 이들 신흥 중산층의 출현은 일제 하로 접어들면

---

44) 1915년 총독부가 발표한 『개정사립학교규칙』에는 사립학교는 보통학교규칙에 규정된 교과과정에 준해야 하므로 보통학교규칙에 규정된 이 외의 교과과정 즉 성경, 지리, 역사 등은 전연 가할 수 없다. 다만 이 규정은 1915년 4월 1일 이미 인가를 받고 있는 사립학교에 대해서는 1925년 3월 31일까지 이 규정의 적용을 유예한다고 적고 있다(이화여자대학교, 1994:122~4 참조).
45) 당시 교명을 고치고 총독부의 인가를 받은 감리교 계통의 학교는 다음과 같다: 배재학당(1916), 개성의 한영서원(1917), 개성의 호수돈여학교, 평양의 광성학교 (1918), 평양의 정의여학교(1923), 서울의 배화여학교, 원산의 루씨여학교(1925). (앞책: 125참조)
46) 이는 대학과정의 교육을 의미한다.

서 사회적으로나 문화적으로 그 사회를 이끌만한 지배세력으로 자리를 굳힐 기회를 차단 당했다.[47] 개화기부터 이들 계층과 친화력을 보여온 선교사공동체[48] 또한 운명을 같이 했다. 즉 일제의 식민지 통치로 인해 조선의 정치 엘리트들과의 자유로운 종교·문화적 교류가 정치적 견제와 통제 하에 들어가게 되면서, 종교영역에서의 기독교 개종자들을 늘리는 일이 어렵게 되자 교육영역에서 신흥 중산층 자녀들의 교육을 통해 전체 사회에 대한 영향력을 넓혀가고자 했던 당시 중국·인도·일본주재 선교사들의 선교전략은 조선주재 선교사들에게서 상대화되었다 (Hunter, 1984; Kohiyama, 2001; Singh, 2000 참조).[49]

달라진 정치문화적 상황은 미국의 선교본부로 하여금 교육영역의 기독교 여성교육에 대한 투자를 주저하게 만들었고, 여성교육에 대해 개방적 태도를 보이던 많은 진보적 기독교 지식인들과 신흥 중산층 가정의 경제적 위축은 일부 가정을 제외하면[50] 딸 교육에 대한 최소한의 투자 이상을 기대할 수 없게 했다. 이는 아시아의 선교역사에서 식민지 조선의 기독교 여성교육의 내용과 그 수용자들의 사회적 구성을 차별화하는 중요한 역사적 배경이라고 생각된다. 우선 여성교육의 내용 면에서 여선교사들은 문학, 음악, 가사 등 중국, 인도에서의 미션계 여학교들이 자랑하고 있던 영어로 제공되는 서구식 교육모델을 공유하

---

47) 한국여성연구회 여성사분과(편), 1992;47~51, 박지향, 1988;266 참조.
48) 이에 대해서는 차성환, 1991;438, 이광린, 1974;435~47 참조.
49) 많은 기존의 선교사가들은 일본과의 비교에서 조선의 선교전략이 달라진 이유를 조선주재 선교사들의 '보수적' 복음주의 신앙에서 찾고자 하는 경향을 보여 왔다 (차성환, 1991). 그러나 이 문제는 제국주의적 자본주의자들과는 달리 기독교 신앙과 문화를 통해 아시아, 남미, 아프리카 각국의 사회를 정복코자 했던 선교전략이 일제의 지배로 인해 방해 받고 있었던 당시의 정치문화적 맥락에서 재검토되어야 할 것으로 생각된다.
50) 개별적으로 보면 1910년대에도 딸을 일본으로 유학을 보낼 수 있을 만큼 개명하고 부유한 가정이 존재했다.

고 있었지만, 미국과의 외교통상조약이 파기된 후 일제가 강요한 일본
어 교육에 밀리는 상황에서 이 모델은 경쟁력 면에서 여타 공립, 사립
학교의 이점을 넘어설 수 있는 현저한 차별성을 확보할 수 없었다.[51]

식민지 조선의 권력중심으로 진입하기 위해 필요한 언어와 교양이
일본의 것으로 뒤바뀌는 상황에서 서구에서 직수입한 교육모델이 신
흥 중산층의 절대적 지지를 얻기는 불가능했던 것이다. 한편 기독교에
입각한 교육 또한 영국 식민지 정부의 지지를 받았던 인도의 경우와는
달리 일본의 강한 견제를 당하는 상황이었다는 점 또한 불리한 조건이
었다. 이는 조선의 미션계 여학교의 교육 수용자 구성에도 영향을 미
쳤다. 식민지 조선의 경우 3·1운동 이후 일제의 무단정치가 완화되면
서 1920년대 여성교육에 대한 수요가 급증하고 자비부담으로 학교에
다니는 여학생들이 다수를 차지하게 되는 것은 사실이지만, 이들의 출
신배경은 부유층의 자제로만 제한되지 않는 다양성을 보여주고 있
다.[52]

이 문제를 검토하기 위해 필자는 현재 남아있는 이화전문 문과생
194명의 학적부를 분석하여 당시 여학생들의 보호자들이 갖는 직업,
부, 그리고 종교의 특성을 살펴보았다.[53] 1927년에 제 1회 졸업생을 낸

---

51) 참고로 중국, 인도의 미션계 여학교들은 여타 공립, 사립학교와 달리 중상층
    여성들이 선호하는 특수학교로 발전하여 여성들에게 전형적인 서구문화의 정수
    를 교육하는 영어 학교로 차별화 되었다(Hunter, 1984:233~4, Singh, 2000: 참조).
    일제 하의 대학교육과 언어문제에 대해서는 KMF에 발표한 신흥우의 글을 참조
    하였는데, '그는 일찍이 한국의 대학교육을 위해서는 일본어, 영어, 유럽어를 공
    부해야 한다'고 피력한 바 있다(Cynn, 1914:301).
52) 이러한 사실을 새롭게 보기 위해서는 중국, 인도의 기독교 여성교육의 역사를
    함께 읽어야 한다. 문화혁명 이전 만주를 제외하고 식민지로 전락하지 않았던
    시기의 중국이나, 영국의 식민지 하에 있었던 인도의 경우 기독교 여자대학교
    는 영어교육과 서구식 교양을 심어주는 소수정예의 여성들을 위한 귀족학교로
    발전하였기 때문이다. Hunter(1984), Singh(2000) 참조.

이화여전 문과는 1944년까지 194명의 졸업생을 내었는데 이중 일본인 2명을 제외하고 190명의 학적부가 남아 있다.

우선 눈에 띄는 점은 이들의 출신지역이 전국적으로 퍼져 있지만, 특히 경성을 제외하고 경기와 강원출신이 21.5%, 그리고 평북, 평남, 함북, 함남, 황해 지방 출신이 45.3%로 대다수를 차지하는 반면 전라, 경상도 지역 출신은 상대적으로 매우 적었다(7.9%)는 것이다(<표 21> 참조). 이는 서구문명이 한반도의 서북지방으로부터 들어오기 시작했으며, 서북인들이 가장 먼저 개화하였다는 사실과 관련되는 대목이다(박지향, 1988:264~5). 그리고 여성교육에 가장 열의를 보여 이화여전을 설립하는 데 큰 공을 세웠던 여선교사들이 속했던 감리회 계통의 많은 여학교들이 이 지역에 분포되어 있었다는 사실과 관계되는 것이라고 보여진다(<표 21> 참조).54)

---

53) 식민지 시기 이화전문 문과졸업생들의 학적부는 이미 박지향(1988)에 의해 일차 분석된 바 있다. 이 자료는 당시 조선에서 최고학부의 교육을 받을 수 있는 혜택을 누렸던 여학생들의 사회·문화적 배경을 볼 수 있는 귀중한 자료로서 주목을 받고 있다. 그러나 그녀의 논문에서 여학생들의 '보호자'의 직업과 종교적 분포, 그리고 이들의 재산 정도가 성별로 어떻게 교차되는지를 알고자 2002년 5월 이화여대 학적과의 허락을 받고 연구자가 재조사를 실시하였다.

54) 김영재(1997)에 따르면 미국의 북장로교선교회와 북감리교선교회는 1893년 선교지를 분담하기로 합의하였다. 조그마한 도시와 그 주변지역을 공동으로 개척하는 것은 선교회의 힘을 유용하게 이용하지 못하는 것이므로 원칙적으로 경쟁을 피하기로 한다는 것이었다. 인구가 5,000명이 넘는 도시나 개항장이 특별히 필요하다고 인정된 곳은 예외로 한다는 것이었으나 인구가 5,000명 미만인 지역일 경우, 선교사가 1년에 2~4차씩 방문하는 전도소(sub-station)를 두고 있으며, 교인들이 정기적으로 주일예배를 드리고 있는 곳에는 다른 선교회가 개입하지 않도록 한다는 것이었다. 그런데 선교사들의 이러한 결의는 일본에 주재하는 감리교 포스터 감독(Bishop R.S. Foster)이 인정하지 않으므로 무효화되었다. 그럼에도 불구하고 두 교파의 선교회는 실제에서 비공식적으로나마 일단 합의를 보았던 원칙을 준수하였으며, 장로교가 노회와 총회를 조직한 이후에도 양 교회는 협의기관을 두기도 하면서 복음 전도에 따른 여러 가지 문제들을 서로 협의하며 보조를 같이하면서 상당히 오랜 기간 동안 이러한 원칙을 준수하였다(13~4).

〈표 21〉 이화여전 문과졸업생의 출신지역분포   (단위 : 명, %)

	빈도	퍼센트
경성	44	23.2%
경기	28	14.7%
경남	4	2.1%
경북	2	1.1%
전남	5	2.6%
전북	4	2.1%
충남	1	0.5%
충북	3	1.6%
강원	13	6.8%
평남	25	13.2%
평북	15	7.9%
함남	21	11.1%
함북	6	3.2%
황해	19	10.0%
합계	190	100.0%

미션계 여학교의 인기는 1920년대 후반부터 서서히 줄어들기 시작했지만, 이 지방 사람들의 여성고등교육에 대한 열성을 불러일으키는데 기여했던 여선교사와 전도부인들의 전국적 연계망은 여성교육을 추동한 힘이었다는 사실을 시사하는 대목이 아닌가 짐작된다.

〈표 22〉 이화여전 문과졸업생의 보호자 분류

	빈도	퍼센트
아버지	126	64.9%
어머니	17	8.8%
조부	7	3.6%
조모	2	1.0%
친척	5	2.6%
형제	24	12.4%
자매	3	1.6%
형제/자매공동	1	0.5%
외척	3	1.6%
교사	1	0.5%
친지, 기타	3	1.6%
합계	190	100.0%

다음 <표 22>는 보호자의 구성을 나타낸 것이다. 아버지가 66%, 어머니가 8.8%와 기타 가족들, 즉 조부, 조모, 친척 등 부계 친족이 7.2%, 형제, 자매가 14.5%, 외척이 1.6%, 그 외 친지들로 구성되어 있는 것을 볼 수 있다. 여기서 가장 눈에 띄는 점은 이 자료가 대부분 아버지로 가정할 수 있는 보호자 구성과는 매우 다른 양상을 보여주고 있다는 것이다.

특히 아버지 부재시 어머니와 긴밀한 친화력을 보였던 형제, 자매,[55] 외척 등 어머니의 영향력과 관계되는 보호자들이 어머니를 포함하여 근 25%(어머니 8.8%+형제/자매 14.5%+외척 1.6%)에 달하고 있다는 사실은 매우 흥미롭다. 한편 연구자의 조사에 의하면, 어머니의 종교는 1명을 제외하고 모두 기독교였으며, 종교를 알 수 있었던 47명의 기타 가족 보호자 중 약 57% 가량이 기독교 신자였고, 이들 중에서 여성으로 확인된 7명은 모두가 기독교 신자였다. 이는 기독교 집단을 통해 여성교육의 중요성이 인식되었다는 강력한 증거가 아닌가?

다음 <표 23>에서 보듯이 보호자의 직업은 상업 및 공무자유업 종사자가 60%를 차지하고 있었다. 그리고 공무자유업 종사자들이 128명의 보호자 아버지 중 34명으로 근 27%를 차지하여 상업(37%) 다음으로 높은 비율을 보여주고 있다.

---

55) 일제 시 조선 가족의 모중심주의에 대한 논의는 조혜정, 1988: 90~104 참조.

〈표 23〉 이화여전 문과졸업생의 보호자의 직업

(단위: 명, %)

	부	모	그 외 친족	계
농업	32(25.0%)	1(5.9%)	17(37.8%)	50(26.3%)
상업	47(36.7%)	4(23.5%)	9(20.0%)	60(31.6%)
광공업	11(8.6%)			11(5.8%)
공무. 자유업	32(25.4%)	6(35.3%)	14(31.1%)	54(28.4%)
미상	4(3.1%)	6(35.3%)	5(11.1%)	15(7.9%)
합계	126(100.0%)	17(100.0%)	45(100.0%)	190(100.0%)

종교 면에서 기독교인이 차지하는 비중은 전체 보호자 194명 중 106 명으로 54.6%를 차지하였다.[56] 이중 보호자가 아버지인 경우 기독교 인은 51.2%, 어머니인 경우는 72.2%, 기타 가족의 경우 57.4%로서 보 호자가 아버지가 아닐 경우 기독교와의 연관성은 더 높아지는 것을 볼 수 있다. 이는 기독교 공동체와 어머니들의 깨인 의식, 그리고 여학생 들의 대학 진학 사이의 긍정적인 상관성을 보여주는 것으로 생각된다.

다음 보호자의 사회적 성분을 분석하는 데 가장 중요한 요소로서 이 들의 자산 정도를 분석하였다(<표 25>). 보호자의 자산에 대한 기록 은 1928년도 입학생부터 1941년 입학생까지 140명(일본인 2인 제외)인 데, 이중 102명의 재산 정도가 기재되어 있다. 박지향(1988)에 따르면 무응답자 37명의 경우 대부분이 특별히 기재할 만한 자산이 없기 때문 이지만, 재산을 밝히고 싶지 않았던 학생들도 있었다고 한다(266).

---

56) 이를 세분하면 129명의 아버지 중 66명(51.2%), 18명의 어머니 중 13명(72.2%), 47명의 친족 중 27명(57.4%)이었다.

<표 24> 이화여전 문과졸업생의 보호자의 종교

(단위: 명, %)

	부		모		기타가족, 친지		계	
기독교	66	51.2	13	72.2	27	57.4	106	54.6
불교	4	3.1			1	2.1	5	2.6
유교	9	7.0			5	10.6	614	7.2
없음	50	38.8	5	27.8	13	27.7	68	35.1
합계	129	100.0	18	100.0	47	100.0	194	100.0

<표 25> 이화여전 문과졸업생의 보호자의 자산정도분류

(단위: 명, %)

	빈도	퍼센트	유효퍼센트
5천원 미만	15	10.6	14.4
5천원~1만원	13	9.9	13.5
1만원~5만원	36	25.5	34.6
5만원~10만원	16	11.3	15.4
10만원 이상	22	16.3	22.1
무응답	37	26.2	100.0
합계	139	100.0	

<그림 6> 이화여전 문과졸업생의 보호자의 재산정도 분포

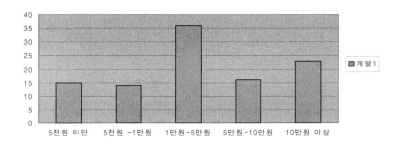

무응답자를 제외하고 보호자의 자산 정도를 살펴보면 27.9%를 제외하고 대다수(72.1%)가 당시 1만원 이상의 자산을 소유하고 있었다. 이러한 사실은 박지향이 이화여전 졸업생 절대다수의 사회 경제적 배경이 중류층 이상이었다고 하는 근거이다(267). 그러나 이러한 수치는 무응답자 37명을 어떻게 보느냐에 달린 문제이다. 만일 이들의 대부분을 무자산자로 볼 경우, 1만원 이상의 자산가는 53.2%로 줄어든다.

　여기서 당시 1만원을 현재의 가치로 어떻게 환산할 수 있을까? 다음 <표 26>은 한국은행에서 제공한 자료를 가지고 연도별로 그 가치를 현재의 화폐가치로 환산해 본 것이다. 이 자료에 근거하면 1930년대의 1만원은 현재의 화폐로 환산할 경우 약 3300만원이 되는 돈이다. 그러나 중일전쟁이 발발하는 1939년 이후인 1940년의 화폐가치가 절반 정도로 급강하하는 것으로 보아서 1940년대 보호자들의 자산 정도를 함께 다룰 수 있을지는 의문이다. 여하튼 박지향(1988)에 따르면, 1930년 현재 조선총독부 및 소속관서에 고용되었던 말단 조선인의 평균 연봉은 397원이었다. 따라서 1만원의 자산이면 중상층, 그 이상의 자산이면 상류층, 그리고 5만원 이상이면 큰 자산가라고 보아야 한다는 것이다(267).

(단위: 원)

연대	물가지수	1원의 가치	당시 1만원	현행 화폐가치
1920	0.00006430	1,944,012	19,440,124,417	19,440,124
1925	0.00005435	2,299,908	22,999,080,037	22,999,080
1930	0.00003796	3,292,940	32,929,399,368	32,929,399
1935	0.00003772	3,313,892	33,138,918,346	33,138,918
1940	0.00007212	1,733,222	17,332,224,071	17,332,224
1945	0.00091645	136,396	1,363,958,754	1,363,959

이는 적어도 당시 이화 여전생들의 절반 가량이 중류층 이상의 보호자를 두고 있었다는 것을 말해주는 것이다. 그러나 문제는 이 보호자들의 성격이다. 당시 1만원 이상의 자산을 가진 보호자를 세분해 보면, 아버지가 54명(38.5%), 어머니가 4명(2.8%) 기타 가족이 17명(12.1%)으로 나타났다. 이들 중 부모가 아닌 조부모, 오빠, 언니, 친척, 외척들로부터 도움을 받았던 17명의 여학생들을 아무런 전제 없이 중상층으로 분류할 수 있는지는 의문이다. 여학생들이 상당한 자산을 가진 기타 가족들로부터 학비를 지원 받는다는 사실이 그녀가 속한 가구의 생활 형편을 말해주지 않는 경우도 있기 때문이다. 예를 들어 이태영의 경우, 그녀는 결혼한 오빠의 지원으로 공부할 수 있었지만 그녀의 어머니와 함께 사는 집안 형편은 매우 열악하였다. 이렇게 보면 중류층 이

---

57) 자료: 한국은행 제공(2002년 11월). 계산근거: 2002년 현재의 물가지수(B)를 125라고 할 때 1920년의 물가지수(A)는 0.0000643이었다(배율 C=A/B=1,944,012). 이를 계산해보면 당시의 1만원은 현재의 명목금액으로 약 194억(19,440,124,417)원이라는 계산이 나온다. 여기에서 해방 후에 있었던 두 차례의 화폐개혁(1차: 53년2월[백원을 1환으로], 2차: 62년 6월[십환을 1원으로])을 반영하면 1,000배의 감액효과가 발생하게 된다. 따라서 최종 산출금액은 1900만(19,440,124)원으로, 당시 1만원은 현재 돈으로 1900만원이라는 계산이 나온다.

상의 의미는 더욱 축소될 수도 있는 것이다.

다음 보호자들의 직업과 종교, 자산 정도를 교차 분석해 본 결과, 일반적인 의미를 가질 수 있는 통계는 아버지들의 직업과 종교, 자산 정도 간의 관계였다. 직업별로 보면 여학생들의 보호자 직업 중에서 다수를 차지하는 공무자유업, 상업종사자들 중 다수(54.2%)가 1만원 미만의 자산가이고 76.5%가 기독교도로서 여타 직업의 종사자들과 차별화되는 것을 볼 수 있었다. <표 27>은 보호자들 중 아버지의 종교와 자산 정도를 교차 분석해 본 것이다. 이는 재산 정도가 1만원 미만인 아버지 27명 중에서 21명(77.8%)이 기독교 신자이고, 재산 정도에 대한 무응답자 27명 중에서 역시 20명(74.1%)이 기독교도였다는 사실을 보여주고 있다. 이것은 중상류층 중에서 기독교인들이 차지하는 비중(40~60%)에 비해 훨씬 높은 것이다. 이 밖에도 연구자의 조사에 의하면 1만원 미만의 자산을 지닌 보호자 어머니는 2명, 기타 가족은 5명이었는데, 이들의 경우 1명을 제외하고 모두가 기독교인이었다. 이는 당시 딸을 대학교육까지 마치게 했던 기독교 가정(전체의 54.6%, <표 24> 참조) 중 절반 이상(전체의 약 25%)이 처했던 중류층 미만의 계층적 위치를 말해주는 것이다.

한편 이 자료는 1928년도 졸업생까지 교비장학생이 5명(전체 194명 중 2.6%), 1932년까지 부분지급 교비생 9명(4.6%)이 있었다는 사실을 기록하고 있다. 그리고 이 자료에는 8회 졸업생까지 추천 선교사들의 이름이 기록되어 있는데, 총 26개 선교사들의 명단은 어머니를 보호자로 하지만 직업이 미상(3명)이거나 재산 정도를 밝히지 않은 학생들(5명)과 연관되어 있는 것을 알 수 있었다. 그리고 이들 중 한 명은 모선교사의 양녀라고 기재되어 있었다. 이들이 어떠한 정황에 있었는지는 정확히 알 수 없지만 이는 여선교사들을 포함한 교회공동체의 지원 가능성을 시사하는 대목이다.

〈표 27〉 이화여전 문과졸업생의 아버지의 재산정도와 종교분포

(단위: 명, %)

		기독교	불교	유교	없음	전체
재산정도	1만원 미만	21	1	2	7	27
	종교 간	77.8%	3.7%	7.4%	25.9%	100.0%
	종교 내	26.6%	50.0%	16.7%	17.9%	20.5%
	1만원~5만원	24	0	6	18	48
	종교 간	50.0%	0.0%	12.5%	37.5%	100.0%
	종교 내	30.4%		50.0%	46.2%	36.4%
	5만원~10만원	6	0	0	4	10
	종교 간	60.0%	0.0%	0.0%	40.0%	100.0%
	종교 내	7.6%		0.0%	10.3%	7.6%
	10만원 이상	8	1	3	6	18
	종교 간	44.4%	5.6%	16.7%	33.3%	100.0%
	종교 내	10.1%	50.0%	25.0%	15.4%	13.6%
	무응답	20	0	1	6	27
	종교 간	74.1%	0.0%	3.7%	22.2%	100.0%
	종교 내	25.3%		8.3%	15.4%	20.5%
전체		79	2	12	39	132
	종교 간	59.8%	1.5%	9.1%	29.5%	100.0%
	종교 내	100.0%	100.0%	100.0%	100.0%	100.0%

이상 살펴본 미션계 여학생들의 사회적 배경은 해외유학의 기회가 주어졌던 일부 여성들을 제외한 당시 조선사회에서 가장 교육적 혜택을 크게 누릴 수 있었던 이화여전의 경우이다. 위의 자료들은 미션계 여학교 학생들의 구성과 당시 조선 사회의 중상류층 계급과의 상관관계가 불완전하였다는 것을 보여주는 것이다. 조선에서의 기독교 여성교육의 진전은 부르주아 중상층 아버지들의 부상에 힘 있는 바 크지만, 대다수가 기독교 신자였던 22명(11.5%)의 모계 여성 친족들과 38명(20.0%)의 남성 친족들, 그리고 선교사들의 보이지 않는 손길들이 이들

의 불완전한 힘을 보완하지 않았다면 절반의 성과 밖에는 거둘 수 없는 것이었다.

이렇게 볼 때 미션계 여학생들의 구성은 복잡한 정치경제적 역학관계 속에서 일본과 미국, 조선의 지배문화와 언어가 갖는 자원으로서의 가치들을 가늠하며 삶을 선택하고 있었던 신흥 중산층, 민족국가 건설을 준비하던 개혁자들, 농민들, 기독교 여성개종자들과 선교사 공동체의 다자간 교섭에서 이뤄진 것이다. 조선에서의 기독교 여성교육의 성격을 보다 복잡하게 하는 것은 조선의 보수적 양반계층과 더불어 일제 식민지 정부와 일본문화 추종자들의 기독교 여성교육운동에 대한 야유와 경멸이 더하여진 데 있다. 조선에서의 기독교 여성교육은 보수적 양반계층의 문화에 대한 서구 상류층의 문화를 전수하는 대안과 다르면서도 일본식 교육이나 문화와 차별화할 수 있는 대안을 찾아야 했던 것이다.

2. 조선 여학생의 민족과 사회의식

당시 여학생들과 한국사회의 관계는 어떠하였는가? 선교사들은 이들 여학생들로 하여금 자신들의 민족문제로부터 멀어지게 하였는가? 많은 사료들이 그렇지 않음을 증거하고 있다. 조선 여학생들의 민족의식은 이들을 세대별 정체성을 갖는 동창생 집단으로 묶어준 학교 공간에서 형성되었다. 학교는 이들에게 가족보다 친구들에 대한 우정을 우선시 하도록 만들어주었다. 미션계 여학교에서 살아있는 역할모델을 보고 접하는 집단적 경험은 그냥 내버려뒀다면 가정의 뒤뜰에서 시들어갔을 여학생들의 정치의식 형성에 매우 중요한 것이었다.

한국의 소녀들은 19세기 말부터 생겨나기 시작한 여학교에서 처음으로 서로를 발견하였다. 비슷한 문제를 가지고, 같은 발달단계에 있는 다른 소녀들과의 친구관계는 이들의 교육에서 가장 중요한 발전이었다. 특히 함께 기숙사 생활을 했던 여학생들끼리의 우정은 어머니와의 슬프고 안타까운 이별을 대치하는 것이었으며, 때로는 친자매 관계보다도 진한 것이었다.

학당생활이 시작되고 일년이 지나 찾아온 어머니에 대해 최활란(崔活蘭, 1888~1984)은 어머니가 다른 사람이 된 것만 같고 달리 할 이야기도 없어서 어머니와 같이 있는 것이 오히려 거북하였다고 회상한다. 그녀는 이미 학당생활에 익숙해 있었고 선생님들한테서 받는 사랑에 흠뻑 젖어 있었다. 학당의 아이들과 어울려서 사는 것이 당연하고도 당연한 […] 것처럼 생각되었다. 어머니와 동생 옥남이, 할아버지와 할머니 이렇게 어울려서 살았던 옛날 농촌생활은 벌써 과거의 이야기였고 골똘히 생각해보아도 [자신과는] 어울리지 않는 생활인 것만 같았다 (최규애, 1991:24, 괄호 안은 필자의 첨부).

1907년 제물포에서 서울로 이사한 후 이화학당으로 통학할 당시 여덟 살의 김활란(1899~1970)은 "나는 다시 학교라는 넓은 마당을 얻었고, 그 마당에서 마음껏 함께 뛰어 놀 수 있는 친구들을 얻어서 기뻤다. 매일 아침 공부가 시작되기 전과 또 공부를 다 마친 후에는 거칠 것이 없이 달리고 웃고 이야기하며 나의 천국을 그곳에서 찾을 수 있었다"고 전한다(김활란, 1965:28). 당시 여학생들간의 우정은 여학생들이 기숙학교의 사회경험을 통해 얻을 수 있었던 새로운 기쁨이었다.

전통적으로 집단적 정체성을 기념하는 문화가 전무했던 여학생들은 여선교사들을 통해 미국의 다양한 여학교 문화를 흡수하고 자기 것으로 만들어 갔다. 이화학당에서 학생들이 일종의 교가(Ewha Song)를 부른 것은 1887년부터라고 하는데, 그 노래는 초기 여선교사의 작사라고 생각되는 영어 노래였다고 하며 손님이 올 때 전학생이 함께 불렀다고 한다 (이화여자고등학교, 1994:229).[58] 조선의 미션계 여학교에서 교가가 제정된 것은 대략 1900년대 이후인 것으로 보인다.[59] 창립기념일, 크리스마스, 졸업식 등을 통해 반복되었던 교가 이외에도, 학생들은 기회가 닿을 때마다 새로운 노래를 만들어 첨가하였다. 예를 들어 1918년 이화학당의 당장 룰루 프라이의 재직 25주년을 기념하여 YMCA 강당에서 벌어진 성대한 행사에서는 이화학당 재학생들이 직접 작곡작사한 노래를 선물하였다는 기록이 있다(Tuttle, O.M., 1918:267). 1914년 이화학당의 대학과 학생들의 첫 졸업식에서 세 명의 졸업생들이 직접 만들어 불렀다는 To Thee, O Ewha!라는 노래처럼 당시 여학생들의 노래는 청중들을 사로잡는 힘이었으며 그 학교의 정신을 상징하였다(Walter, 〔1969〕:111).

'이화' '숭의' '정신' 등 그 학교의 졸업생들 사이에서 통용되던 각 학교의 정신은 교사, 학교종사자, 학생, 졸업생들을 하나의 거대한 가족으로 묶어내는 상징이며 제도적 학교에 대한 사랑 이상을 뜻하는 것이었다. 당시 여학생들에게 모교는 문자 그대로 '어머니'였으며,[60] 그

---

58) 이화학당의 제 2교가는 1914년 대학과 1회 졸업생인 신마실라가 기존의 서양 곡에 가사를 새로 붙인 교가와 창립기념가를 만들어 부르게 되었다고 한다(이 화여자고등학교, 1994:232).
59) 정신여학교는 1905년(김광현, 1989;190~2)에, 숭의여학교는 1914년(숭의여자중 고등학교, 1963:120~1)에 교가가 제정되었다고 한다.
60) 『숭의 60년사』에는 1938년 일제의 신사참배강요와 종교교육 금지로 학교문을 닫기로 결정한 후 마지막 졸업식을 기술하는 대목이 나오는데, 당시 이미 사회에 진출한 졸업생들의 심정을 다음과 같이 전하고 있다; "어머니가 되어보고서야 길러준 어머니의 실정이 이해되듯이 사회생활의 체험에서 얻어진 모교의 고마움 모교의 기숙사에서, 잔디밭에서, 강당에서 그 요람의 시절이 남겨 준 인상과 교훈이 피와 살이 되어 정신의 건강이 보전 되어왔음이 깨닫아진 그네들이

들의 애교심은 실제로 학생들 간의 자매애에 가까웠다. 다시 열 한 살
에 처음 기숙사에 들어간 김활란의 이야기로 돌아가 보기로 한다;

> 언니들을 희생시키다시피 하고 학교에 혼자 남은 나는 또 어머니
> 마저 떨어지는 슬픔을 온통 혼자서 감당해야 했다. 그러나 곧 기숙사
> 생활에 익숙해졌다. 한방에 같이 있는 친구들은 모두 재미있고 좋은
> 친구들이었고 상급생 언니들은 친절했다. 같은 방 상급생 중의 한 사
> 람은 애란 언니와 아주 친한 친구였기 때문에 늘 친 언니처럼 나의 일
> 을 도맡아서 돌보아 주었다. [⋯] 때로 과일이나 과자 등 먹을 것이
> 생기면 언제나 나를 찾아내어 먹이기를 잊지 않았다. 그리고 맛있게
> 먹는 나의 등을 두드리며 기뻐하였다. 그 눈은 지금까지 본 눈 중에서
> 가장 작은 눈이었고 또 사랑을 담뿍 담은 눈이기도 했다(김활란,
> 1965:34~5).

미션계 여학교의 정신은 바로 이러한 자매애 속에서 싹튼 것으로,
이러한 여학생들의 정신적 결속에는 여선교사들의 적극적 개입과 권
유로 시작된 여학생들의 소집단 활동도 한 몫을 하였다. 여학교에서
공유했던 각종 문화적 의례들과 학생활동은[61] 여학생들로 하여금 특
혜를 받은 사람들로서의 각오와 의무감, 강한 사명감과 더불어 쾌활하
고 활달한 성격을 길러 주었다.

이러한 선후배, 친구들 간의 연대의식과 자매애는 일제 시기 여학생
운동의 기반이 된 것이다. 1919년 3·1운동 당시 관립, 사립을 막론하

었기에 모교의 운명이 아쉽고 서러움이 더했을 것이다. 마루바닥을 치고 목놓
아 울어댔다. 굳어진 어머니의 시체를 부둥켜안고 몸부림했던 것이다(박찬일,
1963:251~2)". 이와 같이 여학생들의 모교가 '어머니'로 은유되는 수사학은 당
시 여학생들의 사고패턴을 반영하는 것이라 생각한다.
61) 예를 들어, 1897년 이화학당에서 결성된 엡워드 청년회(Epworth League)를 시작
으로 1903년 러빙 소사이어트(Loving Society), 1904년 이문회(以文會, Literary
Society), 1909년 공주회(공주회, King's Daughters Circle) 등이 결성되었다.

고 여학생들이 선교사들의 강경한 반대를 무릅쓰고 거리로 뛰쳐나와 참여했던 만세운동은 이들의 성장된 정치의식을 보여준 첫 사례에 불과하였다. 앞서 5장에서 예로 든 숭의나 정의 여학교의 맹휴 사건에서 보듯이 이들은 일상생활의 규칙을 둘러싼 크고 작은 협상에서도 대단한 힘을 보여주었다. 개인적으로 또는 소수의 학생들로서는 감히 거스를 수 없었던 선교사들과 조선인 교사들의 뜻에 집단적 힘을 빌어 저항하는 형식을 취하는 학생들의 행동패턴이 1920년대 이후 나타나게 된 데에는 여학생들의 연령과 학력이 높아진 데도 이유가 있었다.

이밖에 여학생들은 학교의 기물 확보를 위한 선교사들과의 협상에서도 집단적인 힘을 발휘하였다. 『정신 75년사』에 의하면, 1923년 정신여학교의 여학생들은 김필례 교사[62]의 선도로 언더우드 박사에게 800원(당시 5원이면 쌀 한 가마를 살 수 있었다)의 대부를 받아 학교에 자신들이 원하던 피아노를 미리 들여 놓고 그 빚을 갚기 위해 바자회를 열고 동창들의 후원을 받아 원금과 이자를 모두 갚을 수 있었다(김광현, 1989:497 참조). 처음 김필례 교사가 장로교 선교사 언더우드 박사에게 찾아가서 800원을 빌리려 하자 "조그만 여자가 그렇게 큰 돈을 빌려서 무얼 하느냐?"고 못마땅하게 여기었으나 거듭 부탁하여 800원을 빌려다가 피아노를 사온 터였다 (앞책, 497).[63] 이 사례 또한 정서적

---

62) 김필례는 정신여학교의 제 1회 졸업생으로 1909년 일본으로 유학을 가서 8년만이 다시 모교로 돌아왔다가, 1918년에 학교를 사임하고 광주로 내려갔다가 1923년 4월 정신여학교의 교무주임으로 일하였다고 한다(김광현, 1989:289).

63) 당시 동창이나 선배인 조선인 여교사와 학생들의 연대의식은 매우 각별하였는데, 이들 학생출신의 교사들은 선교사들을 대신해서 학생들의 규율을 담당하는 동시에 학생들의 생활에서 일어나는 갖가지 애로 사항들을 들어주고 해결해주는 역할을 담당하였다. 말하자면 선교사와 학생들을 잇는 가교역할을 한 셈인데, 이 때문에 숭의여학교의 맹휴에서 보는 바와 같이 학생들의 성토 대상이 되기도 하고 때로는 가장 믿고 따르는 대선배가 되기도 했다.

갈등을 무릅쓴 협상과 단체행동이 '여학생들의 집단적 필요'라는 명분에 의해 시발된 좋은 예이다.

많은 경우 미션계 여학생들의 집단적 행동들은 이들의 민족주의 의식과 대립하고 있었던 것이 아니라, 선교사들의 폐쇄적 위계질서를 향한 것이었다. 그 폐쇄적 틈새를 비집고 자신들의 목소리를 반영시키고자 했던 저항과 적응이었다. 여학생들은 교육기간이 연장되면서 1920년대부터 보다 높은 수준의 심리발달[64]을 보여주기 시작했는데, 이들의 커가는 힘을 엿볼 수 있는 한 예로 1923년 시작된 이화학당 기숙사의 학생자치제를 들 수 있다. 이는 당시 이화학당의 여학생들이 학교경영에 대한 책임을 일부 맡고 있었다는 것을 말해주는 것이다. 이들은 새로 완공된 프라이 홀에 입주하여 기숙사 이름을 부라자매원(Frey Sister's Garden)[65]이라고 이름 짓고 원장을 한 사람 선거하고 회계와 서기, 감사를 뽑아 기숙사의 대소 여러 가지 일을 의논하고 해결해 갔다. 임원들은 예산을 짜고 회비를 걷어 스스로 식단을 짜고 장을 보아 왔다(閔淑鉉, 朴海環, 1981:123~4). 이 이야기에는 어떻게 이러한 자치제가 시작되었는지에 대한 설명이 없지만, 중국의 경우 1915년 북중국연

---

64) Belenky 등(1986)의 여성심리발달에 대한 연구에 따르면, 여성들이 타자의 공격을 두려워하는 '침묵 속의 앎', 타자의 지식에 의존하여 아는 '들어서 아는 앎'의 수준을 넘어서서 자신의 주관적 생각을 표현하며 자신을 억압하는 상대방에게 분노를 표현할 수 있게 되는 '주관적 앎'과 과학적 방법을 통해 습득하는 '객관적 앎', 친구들과의 대화를 통한 타자의 경험이해를 통한 '관계적 앎', 지적·정서적 이해를 동원한 역동적 대화를 통한 '상호적 앎'의 발달을 경험하기 위해서는 적절한 가족관계와 친구관계, 교사와의 관계, 그리고 교육적 내용과 환경이 필요한 것이다. 1920년대 당시 조선의 여학생들이 보여줬던 이러한 행동들은 당시의 친구/교사와의 관계, 교육적 내용과 환경에 대한 이해 없이는 해석이 불가능한 것이다.
65) 여기서 '부라'는 이화학당의 4대 당장 룰루 프라이의 한국명칭이었던 부라이(富羅伊)를 뜻하는 것이다(한국기독교역사연구소, 1994:258 참조).

합여자대학(North China Union Women's College)에서 시작된 여학생들의 학생자치제는 학생들의 시위로 쟁취한 것이었다(Hunter, 1984:245 참조).

일제 식민지 통치 하에서 당시 '고등' 이상의 교육을 받은 여학생들의 사명은 자명한 것이었다. 그들은 민족독립을 위해 일했다. 여학교의 재학생들과 졸업생들은 모국을 구하기 위해 분투하였다. 일제 시기 미션계 여학생들의 기독교 신앙과 민족에 대한 책임의식의 연관성을 보여준 다양한 형태의 항일민족운동은 김용옥(1980), 이우정(1985), 이효재(1985), 박용옥(1985), 이덕주(1991) 등의 연구에서 이미 소상히 밝혀진 바 있기 때문에 이에 대한 재론은 불필요하다고 생각한다. 그러나 이들의 논의에서 아직까지 미진하다고 생각되는 부분은 조선 여성들의 기독교 신앙과 민족의식이 연계되는 보다 구체적인 과정에 대한 것이다. 미션계 여학생들의 항일의지와 애국애족 정신, 즉 이들의 새로운 민족여성으로서의 정체성에서 '민족'과 '여성'은 어떻게 만나 어떻게 연관되어 간 것일까? 이러한 정체성 구성에서 여선교사들은 어떠한 위치에 있었을까?

먼저 미션계 여학생들의 민족정체성 구성은, 이들을 외래 종교와 개화파 지식인들의 영향력 때문에 전통적인 '규문(閨門)의 예법을 아지 못하는 여성'이 된 것으로 오인하는 비기독교도들에게 자신들의 새로운 정체성이 갖는 정당성을 보여주고자 하는 욕망에서 시작되었다. 정확히 말하면 그것은 새로운 '민족여성 정체성' 구성의 시작이었다. 미션계 여학생들에 대한 사회적 비난은 이미 19세기 말부터 나타나는 것을 볼 수 있는데, ≪제국신문≫의 한 '논설'에 게재한 글에서 인용된 보부상 대표 길영수(吉永洙)의 다음과 같은 편지 발췌문은 당시 미션계

여학생들에 대한 사회적 여론의 일면을 보여주고 있다;

> 대한의 신하와 백성이 된 자 맛당히 공자를 외오며 맹자를 배호겟
> 거늘 여러분은 무삼 마음으로 우리 도를 버리며 우리 스승을 배반하
> 고 눈이 깁고 코가 놉흔 양추를 스승하며 님군도 업고 아비도 없는 텬
> 쥬교를 배호며 독립협회 역당의 밋친 창귀가 되다. 리화학당 교인들
> 이 규문의 례법을 아지 못하고 그리스뎌도에 드러가 역당 김덕구 장
> 사에 길에서 저주하다(≪帝國新聞≫, 제106호, 1898.12.14. 1~2쪽).

이를 인용하면서 그에 대한 반론을 쓴 이 논설의 익명의 필자는, 기
독교인은 '나라를 위하여 부국강병의 모책으로 행코자 하는 자' '님군
에게 직간하며 애국하는 백성'이라고 규정하는 동시에 '이화학당 여교
인'을 변호하여 다음과 같은 논리를 전개하였다;

> 이화학당 여교인은 당초에 길에서 저주한 일도 업거니와 이거슨
> 규문의 예법이 무어신지 저주가 무어신지 아지도 못하니 여름에 벌
> 러지가 어름의 찬거슬 아지 못함과 갓도다. 규법이라 하는 거슨 여자
> 의 행실을 말함이오 저주라 하는 거슨 남을 미워하야 방자하는 악담
> 이라. 이화학당 여 교인들이 하나님의 계명을 직혀 정절의 덕행이 잇
> 스며 학문을 공부하야 통달한 식견이 <열녀전> 내칙편에 어긔옴이
> 업시며 사람을 사랑하야 자기를 군축하며 뮈워하는 사람까지 위하야
> 하나님께 기도하거늘 김덕구의 장사가 여교인에게 무삼 상관이 잇기
> 로 저주할리가 잇시리오(앞글).

기독교의 도를 '부국강병의 모책'으로 강조한 이 글은 당시 여성들
을 애국자의 일환으로 넓게 포섭하면서도, 전통적으로 여성들에게 부
과되었던 유교적 규범을 지키는 여성으로서의 정체성은 여성교육과
무관하게 유지되어야 할 것이라는 윤리적 가치를 재강조하고 있다. 이

는 미션계 여학생들을 포함한 기독교 여성들의 애족애국의 정신과 기독교 신앙을 한 데 묶어내고자 했던 개혁주의 세력들의 지배적 논리로 보인다.

그러나 이러한 사실로부터 이후 전개되는 기독교 여성들의 항일민족운동이 애국정신과 전통적인 유교적 윤리의 결합으로 이루어졌다고 유추하는 것은 잘못이다. 1900년대 항일애국운동을 통해 공적 영역으로 진입했던 기독교 여성들이 보여주는 의식은 이미 전통적인 유교적 성별관을 넘어서고 있었기 때문이다. 1907년 당시 대구에서 조직된 '국채보상탈환회(國債報償奪還會)'에서 낸 다음의 취지문은 이를 엿볼 수 있게 한다;

> 대저 하나님께서 내이신 바 사람은 남녀가 일반이라 우리는 한국의 여자로 학문에 종사치 못하고 다만 방적에 골몰하고 반찬에 분주하야 사람의 의무를 알지 못하옵더니 근일에 들니는 말이 국채 일천삼백만원에 전국 흥망이 갑고 못갑는데 잇다고 떠드는 말을 들으니 슬푸다 우리나라 정부 집정하는 분네들이여 강토를 경히 여겨 토지를 전당하고 국채를 차판하엿스니 갑자하기 묘연하고 일년 잇해 십년을 갑지못하고 보면 사천년 고국에 오백년 종사와 삼천리 강토에 이천만 생력이 빗갑세다 읍서저도 청장이 못되고 채귀가 될터이오니 이럿틋시 국채를 갑고보면 국권만 회복될 뿐 아니라 우리 여자의 힘이 세상에 전파하야 남녀동등권을 찾슬거시니 (탈환회 취지서, ≪대한매일신보≫, 1907.4.22. 1쪽).

이 텍스트가 보여주는 바 '민족'과 '여성'의 관계 재구성에 대한 조선 여성들의 숨은 열망을 재현한 사람들은 당시 고등교육을 받았던 여성 지식인들이었다. 이들은 학교에서 배운 근대적 학문의 방법과 학교 정신, 친구들과의 경험 교류를 통해 다양한 앎의 방식을 습득하여 자

신들의 생각을 '근대적 지식'으로 만들 수 있는 능력을 지닌 여성들이
었다. 기독교 여성의 민족여성 정체성을 정당화하는 이론적 작업은 미
션계 여학교에서 배출한 여성들의 몫이었다. 이들은 대체로 기독교 정
신으로 무장한 실천이 조선을 구할 것이며 여성들에게 남녀평등권을
찾게 해 줄 것이라는 신앙을 가지고 있었다. 그러나 이들이 당시 꿈꿨
던 '남녀평등'은 현대 여성들의 개념들과는 상당한 거리를 가진 것이
었다.

이러한 미션계 여학교를 거친 여성들의 초기 페미니즘의 여성관을
엿볼 수 있는 대표적 글은 1931년 3월 김활란이 *KMF*에 영어로 발표했
던 "Women's Share In the Reconstruction of Korea"이다.[66] 김활란은 이
글에서 새로운 여성의 이미지를 다음과 같이 표현하고 있다:

> 한 사회의 이정표는 그 사회의 여성의 위치로 가늠할 수 있고, 생
> 활수준의 지표는 여성의 지적 수준에 의해 크게 좌우한다고 본다. 한
> 사회 안에서의 남녀의 기능을 수레바퀴에 비유하는 것은 너무 진부한
> 표현인가 싶다. 이 비유에서 한 걸음 더 나아가 나는 남녀가 따로 분

---

66) 김활란의 이 글이 당시 한글로 번역되었는지는 알 수 없으나, 이 글을 한국 재
건과 여성의 역할이라는 제목 하에 번역해서 실은 『우월문집』Ⅰ권에는 이 글의
영문출처만이 밝혀져 있을 뿐 그러한 사실에 대한 일체의 언급이 없다. 만일
이것이 사실이라면, 그녀의 이 글이 영문이었다는 사실 자체가 당시 여성지식
인이 '여성정체성'을 말할 수 있는 출구가 영어 외에 없었다는 것을 말해주는
것은 아닐까? 김활란이 이 글을 쓴 시기가 언제일지는 정확히 알 수 없으나,
*KMF*에 그녀의 글 바로 뒤에 게재된 Lois Baker(1931)의 "An Interpreter of Korea's
Spiritual Ideals"는 김활란과의 인터뷰를 통해 그녀의 신앙과 교육활동을 추적한
특집기사로서 그녀는 현재 미국 콜롬비아 대학교에서 연구 중(49)이라고 밝히고
있다. 이로 미루어 이 글은 김활란이 박사학위를 위해 미국에 유학하고 있을
당시 쓰여진 것 같다. 1925년 이화여전의 교수 및 학감이 된 이래 모교의 정책
방향과 교과과정 개발을 중점적으로 책임(48~9)졌던 김활란의 이 글은 새로운
'기독교 여성'의 이미지를 창출해야 했던 한 여성교육자의 고민에서 나온 것이
라 할 수 있다.

리되어 움직이는 두개의 바퀴가 아니라 하나의 바퀴 안에 융합된 반쪽이라고 말하겠다.

한쪽 성의 책임만이 아니라 그 중요성이 축소될 때 그 기계의 어느 부분도 온전히 남지 못하고 전체가 마비된다. 이런 상태에서 기계의 능률과 효율성은 거의 기대할 수가 없다. 뛰어난 여성이 무시되지 않은 보기 드문 경우를 제외하면 한국에서는 정치, 경제, 교육, 사회, 전문직업 분야 등 국가의 실제 집단 생활의 많은 국면과 사상적 생활 측면 어디에서나 여성은 미천하고 열등한 지위에 놓여 있는 것이 현실이다. 이것은 대부분 유교적인 사회윤리 체제의 영향력에 기인하는 것이다.

조선의 당면한 상황을 구하고 유지할 수 있었던 것은, 자신들에게 부과된 제한들을 정복하고(master) 자신의 세계이기도 한 가정을 통하여 조선 여성들의 영향력을 국가에 반영시킬 수 있었던 조선 여성들의 천재성이다. 그러나 이제 모든 기회와 책임을 수반하고 새로운 시대가 열리고 있다.

'하나의 바퀴 안에 융합된 반쪽'이라는 어떻게 보면 주역의 태극 형상을 연상시키는 새로운 성별관계에 대한 비전을 보여준 이 글은 전통적인 남녀관계가 당시 기독교 여성들이 생각하는 새로운 관계와 어떻게 다른지를 분명하게 보여주고 있다. 즉 수레의 두 바퀴로 은유되는 '진부한' 관계는 성별 경계선을 따라 국가와 가정, 공과 사를 분명하게 구분했던 전통사회의 남녀관계를 말하는 것이고, '하나의 바퀴 안에 융합된 반쪽'은 수레를 지탱하고 있는 두개의 바퀴에 모두 해당되는 것으로 국가와 가정, 공과 사의 영역 어디서든 남성과 여성의 서로 다른 책임과 능력을 융합하자는 이야기인 것이다. 이는 공적 영역에서 여성들만이 할 수 있는 특수 영역을 확보하는 것과, 전통적인 가족질서와 관계를 변화시키는 것을 당대의 중요한 역사적 과제로 설정하고 구성된 이야기로서, 국가와 가정, 공과 사의 구분 자체를 문제 삼는 현대 페미니스트들의 주장과는 거리가 있는 것이다.

이 글의 후반부에서 전개되는 여성의 새로운 역할에 대한 논의는 이러한 배경에 토대를 둔 것이다. 그녀가 제시한 새로운 여성의 역할을 위한 여성들의 과제는 두 가지 이다; 첫째, 가장 완전한 의미에서의 자신을 찾아야 한다는 것이고, 둘째, 조선의 가정을 한국문화의 발전과 지속을 이룰 수 있는 자유로운 조직체로 만드는 일이다(46). 당시 김활란이 말한 '완전한 자신'은 여성의 '연약함과 동시에 능력을 있는 그대로 인식(46)' 하지만 여성의 선천적·후천적 능력은 책임과 중요성에 있어서 남성과 다르지 않다는 사실을 깨닫고 자아실현에 대한 욕구를 가지고 자존심·자신감에 넘치는 태도와 행동을 통해 개성을 성취하고 능력을 실현한 인간을 뜻했다.

사회발전과 여성의 사회적 위치, 생활수준과 여성의 지적 수준을 대비한 첫 서두부터 새로운 여성의 역할과 과제를 말하는 대목까지, 이 텍스트는 남북전쟁 이후 공적 영역에서 여성들만이 할 수 있는 '여성의 일'을 하는 사회적 어머니이자 국가의 지도자를 낳고 기르는 가정의 중심인 어머니를 강조했던 19세기 미국의 모성적 페미니즘을 연상시킨다. 그러나 김활란이 이 글을 쓴 1931년 미국의 상황은 이미 여성들의 참정권을 주장한 근대적 자유주의 페미니즘의 시대를 넘어서고 있었다. 그 미국의 한 가운데서 김활란은 이 글을 쓴 것이다.

이러한 배경은 이 글이 '조선 사회의 위대한 발전'을 위해 가정을 자유로운 조직체로 만드는 일을 여성들의 책임이자 과제로 강조한 이 글이 조선 사회와 문화의 역사적 특수성과 미국사회의 페미니스트적 이상이 갖는 엄청난 거리감을 실감하며 쓴 것이라는 것을 말해준다.

그녀의 민족여성 이미지는 80% 이상의 인구가 농민(Baker, 1931: 49)이고 거의 모든 여성들이 결혼관계로 들어가는 것을 당연시 했던 1931년 당시 조선 사회에서 말과 글이 아니라 태도와 행동으로 개성을 보여줄 수 있는 여성을 창조함으로써 가정을 변혁시키고 사회의 실질적인 변화를 꾀하고자 한 비전에서 구성된 것이었다.

'수레의 두 바퀴의 각 반쪽을 동시에 구성하는 여성'은 국내 유일의 미션계 여성고등교육 기관67)인 이화여전의 교육정책과 교과과정 개발을 담당했던 조선의 여성지식인 김활란이 만들어 낸 새로운 기독교 여성집단의 이름이었다. 그녀의 이 글은 본고가 초점을 두고 있는 미션계 여학교에서 싹튼 '민족주의 페미니즘'을 집약적으로 보여주는 것이다.

이들은 남성들과의 동등한 경쟁을 원하며 '여성의 일' 개념에 반기를 든 근대적 여성 혹은 '신여성(New Women)'으로 불렸던 집단68)과 일부 겹치기도 하지만 많은 경우 이들의 협의의 지식창조와 글쓰기 과정에 참여하지 못했던 여성들이다. 미션계 여학교에서 형성되었던 여성의 개성과 가족과 나라를 위한 헌신을 중시하는 '민족주의 페미니즘'은 여성의 개인주의적 행동양식을 금기시한 유교적 색깔이 짙은 전

---

67) 당시 이화여전은 전국 각지의 미션계 여학교의 졸업생들이 고등교육을 위해 모이는 공간이었다. 식민지 시기 이화여대 문과 졸업생들에 대한 통계분석에서 이들이 대학에 오기 이전의 출신학교를 분석해 본 결과, 미션계 여학교에서 초중등 교육을 받은 경험이 있는 학생들은 195명 중 143명으로 약 73%에 해당했다.

68) 본고는 최숙경, 이배용, 신영숙, 안연선(1993)이 규정한 다음과 같은 '신여성' 개념을 따르고 있다. '신여성'이란 일정한 교육을 받고 식민지 자본주의라는 급격한 사회변화 속에 봉건적 인습이나 구각을 과감히 벗어 던지고 당시 사회가 요구하는 민족해방운동, 남녀평등을 위한 여성해방운동, 또는 계급운동에 능동적으로 적극 참여하는 의식적인 노력을 하는 여성을 말한다.

통적 사회구조 내에서 말과 글이 아니라 태도와 행동으로 근대적 개인주의를 실천해 온 여성들의 일정한 정신적 유산을 지칭하는 이름인 것이다.[69] 이는 인도, 중국, 일본 등 아시아에 분포하는 미국 미션계 여학교 문화에 대한 연구에서 공통적으로 발견되는 것으로, 20세기 초 아시아의 기독교 여성들이 형성했던 모종의 페미니즘, 명칭은 아직 없지만 구체적 몸의 부피를 깊이 느낄 수 있는 근대적 여성의식과 정체성이기도 하다(Singh, 2000; 小檜山ルイ, 1992 참조).

　이러한 조선 여학생들의 '민족주의 페미니즘'을 형성하는 과정에서 여선교사들과 여학생들이 보여준 상호작용은 어떠한 것이었을까? 우선 분명한 것은 여학생들의 '국가'와 '민족'을 위한 기도나 활동을 리드한 것은 여선교사들을 보조했던 조선인 교사들이었다는 것이다. 1905년 노일전쟁이 끝나자 을사보호조약이 체결되면서 일본이 조선의 주권을 강탈하게 되자 88명의 이화학당 여학생들은 대한문 앞에 가서 엎드려 통곡하며 국권상실의 슬픔을 몸으로 표현하였을 뿐만 아니라, 매일 오후 세시가 되면 나라를 위한 기도회를 열었는데 이를 주도한 조신성은 평북 의주 출신으로 초기에 이화학당을 졸업하고 일본 유학을 마치고 돌아와 이화학당의 언문선생이자 총교사로 학생지도를 맡고 있었다(이화여자고등학교(편), 1994:159, 이덕주, 1990:93~4, 이덕주 1991:213~4 참조). 숭의여학교의 항일 지하 민족운동 단체였던 '송죽형제회' 조직을 주도한 황애덕, 이효덕도 모두 미션계 여학교를 졸업하고 이 학교에 부임했던 교사들이었다. 황애덕은 이화학당 중등과를 졸업하고 1910년에, 이효덕은 숭의여학교를 졸업하고 1912년에 교사

---

69) 이러한 행위양식이 미션계 여학교의 교육문화에서 왔다고 볼 수 있는 예는, 정미경(2000)의 『일제시기 '배운여성'의 근대교육 경험과 정체성에 관한 연구』, 73~4쪽을 참조할 것.

로 각각 부임하였다(이덕주, 1991:218 참조).

당시 여선교사들은 이러한 움직임에 대해 조선 사람들의 일반적인 처지를 동정하고 있었지만 직접적인 공감을 표시할 수는 없는 처지였다. 이화학당의 3대 당장이었던 페인(Paine)은 여학생들이 조선인 교사들과 함께 나라를 위한 기도모임을 갖는다는 것을 보고 받았다는 사실을 전하면서 이렇게 적고 있다;

> 하느님께서 기도를 듣고 응답하신다는 것을 아는 우리는 하느님 앞에서 마음을 낮춘 이 백성의 외침을 들어주실 것이라 믿을 수밖에 없다 (Paine, J.O., 1906:179).

본래 *KMF*에 영문으로 실렸던 이 텍스트는 동아시아에서의 일본 지배가 불가피하다고 판단한 미국정부와 중국, 소련과는 달리 조선의 선교사 공동체의 안전보장을 약속했던 일본의 존재를 배경으로 한다. 페인은 이러한 사실을 익히 알고 있으면서도 조선 여성들의 새로운 민족의식을 이야기하고 있다. 그녀가 조선의 여성들과 일단 거리를 두고 사실을 보고하는 글쓰기 전략을 택한 것은 이러한 정치적 배경과 일정한 상관성을 보여주고 있다. 그러나 이 텍스트가 보여주는 것은 정치적 입장의 다름에도 불구하고 조선 여성들의 열망에 대한 깊은 동정심이다. 조선에서의 여성교육을 통한 선교활동이 하느님이 주신 소명이라고 믿었던 여선교사로서, 그것이 비록 나라를 위한 기도일지라도 조선 여성들이 보여주는 신앙심은 자신이 행한 교육과 전도의 효과라는 점을 부정할 수 없었으리라. 미국과 조선의 교회 공동체와 조선 여성들을 기도와 신앙의 공동체로 묶어 내는 수사학은 조선의 민족자립운동에 대한 특정한 정치적 입장의 표명을 피하면서도, 조선 여성들을 지지할 수 있는 전략이었다.

이와 같이 여선교사들이 보여준 거리 두기와 깊은 공감이 공존하는 양가적 관계는 조선 여성들의 이들에 대한 상호작용에서도 관찰된다. 다음은 이를 엿볼 수 있는 3·1운동 당시 한 익명의 여학생의 일기이다 ;

> 어떤 미션 스쿨의 여교장은 며칠 동안 여학생들이 이상하게 들떠 잇는 것을 알아 차렸다. '가입했어? 하고 서로 묻는 것을 보고, 어떤 여학생 단체가 새로 조직되는가보다 생각했다. 이것은 그 위대한 날이 오기 전에 일어난 일이었다. 어느 날 아침 교장이 교실에 들어가 보니 자리가 모두 비어 있었다. 선생 책상 위에는 여학생 전원이 서명한 자퇴서가 놓여 있었다. 그들 생각에는 이렇게 함으로써 자기들이 경애하는 교장이 자기들이 한 일에 아무런 책임이 없다는 것을 나타내려는 것이었다(박용옥, 1979:187에서 재인용).

이 텍스트는 당시 여학생들의 민족을 위한 실천이 여선교사들과 거리를 두고 준비되고 있었으며 여학생들은 자신들의 행동이 여선교사들에게 정치적 영향을 미칠 수 있다는 사실을 인지하고 있었으나, 이러한 행동은 그들이 여선교사들을 존경하고 사랑한다는 사실을 부정하는 것은 아니었다는 것을 말해주고 있다. 이러한 사실은 미션계 여학교를 졸업하고 그 학교의 교사로 있다가 해외 유학 이후 선교사들과 독립적으로 민족계 여학교를 운영하는 실무를 맡았던 여메레, 조신성 등의 생애사에서도 확인되는 것으로, 이들은 기독교 여성으로서의 정체성을 유지하면서도 민족교육을 강하게 가미한 교육이념을 만들어 갔다.

미션계 여학생들은 선교사들의 지나친 생활간섭과 기독교 신앙생활에 대한 강조에 반발도 하고 그들의 엄격한 위계의식에 대해 저항하고 적응하면서 '민족여성'으로서의 자아정체성을 형성해 나갔다. 조선의 여학생들은 여선교사들이 '조선민족'에 대해 갖는 다른 입장에도 불구하고 자신들의 입장을 감싸는 그들에게 사제 관계에서 필요한 '경애'의 예를 갖추고 있었다. 이것은 학생들 간의 유대의식, 모교에 대한 애착이 서구에서 온 선교사들에 대한 초기의 소외의식을 서서히 소멸시킬 수 있었기 때문에 가능한 것이었다. 한편 선교사 공동체는 직업을 얻을 수 있는 기회로도 이용되었다. 결과적으로 많은 여학생들이 기독교에 헌신하며 민족의 생존을 동시에 걱정하는 새로운 자매애적 연대의식을 표현하였다.

3. 여선교사와의 연대와 교섭

미션계 여학교의 소녀들과 여대생들은 선교사공동체의 지배로부터 약간의 독립성을 유지하였다. 그러나 이들이 독립성을 유지하기 위한 전략은 남학생들과 달랐다. 그것은 당시 남학생들이 누리고자 했던 만큼은 아니었다. 1910년대 미션계 여학교에서 길러진 감수성으로 민족주의 의식을 갖게 된 여학생들은 가족의 결혼강요나 남성 지배적인 정치운동으로부터 자신의 독립성을 유지하기 위해 여학교 정체성과 선교사 선생님들의 지지에 의존하였다. 미션계 학교의 여학생들은 선교사 선생님들과 민족주의 남성들이 경쟁적으로 보호하고자 하는 열성적 노력에서 득을 볼 뿐이었다.

여선교사들과 민족주의자들의 중첩된 영향력은 미션계 여학생들의 직업활동과 결혼관의 변화에서 가장 강력하게 나타난다. 특히 초기 고등교육을 받았던 여성들의 독신주의와 직업경력 추구는 매우 인상적이다. 1914년부터 1925년까지 이화학당의 대학과(1910~1925)에서 배출된 29명의 졸업생들의 경우 졸업생의 절반 가량 되는 13명이 미국유학을 마치고 교육계와 여성사회단체 및 기독교계에서 괄목할 만한 활동을 하였으며 그리고 1~2명을 제외하면 대다수가 독신이었다. 이 밖에 활동 경력이 밝혀져 있는 13명의 졸업생들은 졸업 후 교사로서 일하거나, 교회봉사, 독립운동을 위해 다양한 활약을 했던 것으로 나타나고 있다. 이들 중에서 결혼여부가 밝혀져 있는 여성들은 5명이었다(이화100년사 편찬위원회, 1994:148~54 참조).

한편 독신주의를 이상처럼 추구했던 초기 여대생들과는 비율 면에서 차이가 났지만 가정과 사회활동의 양립을 모색했던 이화여전(1925~1945) 여대생들의 경우에도 졸업 후 취업과 사회활동, 그리고 독신의 전통은 이어지고 있었다. 예를 들어 1927년부터 1937년까지 이화여전에서 배출된 260명의 졸업생들 중에서 1937년 현재 교원으로 재직하고 있는 여성이 88명, 상급학교 진학이 16명, 기타 사무직이 20명으로 사회봉사 활동에 참여했던 많은 여성들을 제외하고도 50%에 달하는 졸업생이 사회에서 활동하고 있었다(앞 책:246). 이들 중 독신 여성의 비율에 대해서는 정확한 통계를 제시할 수 없지만 상당수에 이를 것으로 추정된다(앞 책: 245~63 참조).

이러한 경향은 비록 이화여전 여대생들에게서 보다 강하게 나타나는 것이었지만, 미션계 초·중등 여성교육 기관의 여학생들도 전통적인 결혼에 대한 대안을 찾기는 마찬가지였다. 1904년 이화학당에 4년제 중학과가 설치되어 1908년 제 1회 졸업생이 나오기 전까지 졸업식이 없었던 이화학당의 초기 여학생들 중에는 1907년까지 약 50명의 졸업생이 있었다(이화여자고등학교(편), 1994:96). 이들 중에서 중등·고등 교육과정으로 진학한 여성들을 제외하고 나머지 여성들의 행적은 기록이 없어 정확히 알 수는 없지만, 이들이 형편이 허락하는 한 어떠한 곳에서나 가르치는 일을 하고자 노력했던 흔적은 여러 곳에서 나타나고 있다. 한편 1908년 배출되기 시작한 이화학당 중학과 졸업생들의 경우 공립학교와 기타 사립학교에서 교사로서 일하는 것은 자발적 선택 이상의 의미를 지니는 것이었다.

기록에 의하면 1908년 제1회 졸업생 5명, 1909년 2회 졸업생 10명, 1910년 3회 졸업생 9명이 교사직을 맡고 있었다(앞 책:97). 미션계 여학교의 졸업생들은 근대교육을 받은 조선 청년들에게 적절한 신부감으로 호평을 받았으며, 대부분의 졸업생들은 결혼을 선택하였다. 그러나 이중 일부 여학생들이 일시적이나마 이러한 일반적 기대를 저버렸었다는 사실은 매우 중요하다. 1910년 룰루 프라이의 다음 보고는 선교사 중심의 관점을 드러내기는 하지만 이에 대한 한 사회적 지표를 제시하고 있다; "조혼은 이제까지 가장 큰 장애였지만, 사물을 변화시키는 시간 앞에서 이 또한 변화하고 있다. 학교 일에서 우리가 이루어낸 진보는 이미 혼인연령을 4년 내지 5년이나 상승시켜 놓았다(Frey, 1910:179)." 그렇다면 이들이 직업을 추구하도록 동기를 부여한 것은 여선교사들이었을까? 20세기 들어 두드러지게 나타났던 여학생들의 결혼기피 현상은 이들의 영향으로 평가될 수 있을까?

미션계 여학교들은 직접적 혹은 간접적으로 학생들의 봉사하며 섬기는 삶을 격려하였다. 김활란은 이화학당 시절 두 스승에 대해 다음과 같이 적고 있다 ;

"월터 선생은 교육학, 영어 체육을 가르쳤는데 특히 학생들의 건강 관리를 맡고 계셔서 학생들의 위생건강에 고심한 분이다. 그리고 한국 여성에게 그 거추장스러운 치마허리를 조끼허리로 바꾸게 한 공로자이다. […] 선생님은 친절하고 세심하였으며 자상하고 인정이 많아 학생들의 생활 구석구석까지 살피는 사랑의 천품을 지니고 계셨다(又月文集編輯委員會(편), 1979b:291). 월터 선생님으로부터는 그의 고운 마음씨와 알뜰한 인정, 철저한 봉사정신, 현실적이고 뛰어난 행정적인 면을 보고 배웠다면, 아펜셀러 선생님한테서는 관용과 민주주의를 배웠다."

이와 같이 여선교사들은 각자 자신의 개성과 전문분야에 따라 학생들을 지도하였지만, 여선교사들이 졸업생들에게 미친 가장 큰 영향력은 그들이 몸으로 보여준 본보기였다. 박인덕(1897~1984)은 그녀의 영문 자서전에서 "당시 우리는 그들이 배워준 것보다 그들 자신에게서 얼마나 많은 것을 배웠는지 의식하지도 못했다(Pahk, Induk, 1954:51)"고 적고 있다. 그녀가 이를 통해 강조한 바는 선교사들에 관해서 가장 크게 사야 할 점은 정신만이 아니라 마음을 훈련시켰다는 점이었다(51). 그러나 그녀가 말한 '그들 자신에게서 배운 것'은 이러한 훈련에 국한 된 것은 아니었다.

1919년 출옥 후 이어지는 그녀의 사랑과 결혼, 이혼에 관한 이야기에서 다음 구절을 찾을 수 있었다 ; "그때까지 나는 결혼에 대해 생각해 본 적이 없다. 나의 선교사 선생님들이 내 삶의 모델이었기 때문이다. 그들 대부분은 독신으로 남아서 일생을 바쳐 자신의 소명을 위해 헌신하였다. 나는 언제나 결혼을 위해 결혼하지는 않을 것이라 말했었다. 왜냐하면 나는 가족을 지속시키기 위한 일차적 도구로서 젊은 여성들을 이용하는 유교적 틀을 혐오하였기 때문이다(앞 책: 75)." 이는 당시 여선교사들이 미션계 여학교의 학생들에게 비가정적 여성을 보여주는 일차적 본보기였으며, 조선 여학생들의 직업 선택에 막대한 영향력을 미쳤다는 사실을 말해 주는 한 예인 것이다.

그렇다면 여학생들이 혼기를 늦추거나 결혼을 기피한 것이 단순히 단신 여선교사 선생님들의 본을 따른 결과일까? 박인덕이 회고한 바에 의하면 이들은 결혼을 기피할 것을 종용한 것은 아니었다. "인덕, 너는 참 현명하지 못하구나! 너는 네가 지금 하고 있는 것이 무엇인지 모르고 있다. 이 감정은 곧 지나갈 것이다. 미국으로 가서 2년 동안 공부하거라. 그리고 돌아와서 네가 여전히 이 남자와 결혼하고자 한다면, 너의 결혼이 얼마나 아름답겠니(앞 책:78~9)." 당시 그녀를 위해 유학을 주선해주었던 스승 엘리스 아펜젤러는 그녀의 결혼과 유학포기 결정에 대해 "울면서 재고를 요청하였다"고 한다. 비록 아펜젤러는 애제자의 유학포기가 못내 아쉬워서 결혼연기를 권고하고 있었지만, 5장에서도 살펴보았지만 교육전문 여선교사들은 기독교 가정의 건설에 반대한 적이 없었다.

그럼에도 불구하고 미션계 여학교의 선교사들은 대다수 여학생들의 역할 모델이었다. "그것은 내가 결혼을 하지 말아야 한다고 생각했기 때문이 아니라, 적절한 사람이 다시는 나타나지 않았기 때문이다 (Walter, 〔1969〕:38)." 월터는 이렇게 그녀의 자서전에서 약혼자의 뜻하지 않은 죽음 이후 독신생활을 지켜왔지만 자신은 독신주의자가 아니었다고 술회하고 있다. 그러나 독신의 전문직 여선교사들의 공동체적 삶은[70] 그들을 가까이에서 보아온 여학생들 사이에서 대안적 삶의 길

---

70) 당시 독신의 여선교사들은 기혼 선교사의 단독 주택에 더부살이를 하는 경우도 있었지만, 대부분 독신 여선교사들을 위한 '숙녀의 집'에서 기거하며 공동체 생활을 하고 있었다.

을 열어 준 것이었다. 더러는 박인덕과 같이 한 남성의 구애를 뿌리치지 못해서, 혹은 박에스더와 같이 집안의 결혼 강요에 못이겨서, 또는 최활란과 같이 연애 자체를 성적 타락으로 보는 사람들의 비난을 견디지 못해서 많은 여성들이 결혼을 했지만, 결혼 직전까지 그들이 가지고 있었던 꿈은 그들과 같이 단신으로 일을 하는 것이었다. 이러한 여학생들의 선망은 여선교사들로 하여금 이들이야말로 진정으로 자신을 알아주는 '딸들'로 생각하게 만드는 요소였다. 룰루 프라이는 1910년 10월 여동생 죠지아에게 쓴 편지에서 한 에피소드를 전하고 있다 ;

> "내가 그 여관에서 출발하려고 할 때 사람들이 가마 주변으로 몰려들더니 한 여자가 아들이 있나요? 하고 물었다. 내가 아니요, 하지만 딸은 많지요라고 했더니 그네들은 이렇게 말했다. "딱해라! (Dakharra! 영어로 하면 무슨 재난이란 말인가!)" 나는 여학생들을 말하는 것이었다.
> 그들의 관습을 생각해 보면 그들이 아들을 원하는 것은 당연하다. 아들은 아버지의 집으로 신부를 데려오고, 딸은 다른 집으로 가기 때문이다. 미국의 젊은이들이 자신들만의 가정을 시작하는 것은 그들에겐 매우 낯선 것이다(Letter to Georgia, 1910.10.16)."

당시 한국의 관습으로는 도저히 이해할 수 없는 단신 여성으로서의 삶을 굳이 일반 여성들에게 설명하지 않고 '딸이 많다'고 이야기했다는 그녀의 일화는 독신 여선교사들에게 여학생들이 어떠한 의미였는지를 짐작케 해준다. 그녀의 삶을 이해하고 따랐던 여학생들은 그녀에겐 '딸'이나 진배없었던 것이다.

그러나 단신 여선교사들의 역할모델은 이 선택에 영향을 미친 일부일 뿐이었다. 독신으로 남고자 한 결정은 20세기 초 여러 다른 학생들의 행동과 마찬가지로 민족의 생존과 발전을 위한다는 명분과 친구들과의 연대의식이라는 맥락에서 발생하였다. 먼저 민족의 발전이 결혼하여 가정을 이루는 것보다 우선한다는 논리가 어떻게 성립된 것인지를 살펴보기 위하여, 1933년 *KMF*에 게재되었던 '이화여전 학생들의 여론'이란 부재가 붙은 "My Idea of an Ideal Korean Home"이란 텍스트를 살펴보고자 한다. 이 글은 이상적인 가정(home)과 민족을 위한 여학생들의 과제, 그리고 이들의 독신 생활이 연관되는 논리를 보여주는 흥미로운 텍스트이다;

> "I. 인간으로서의 삶은 전세계에서 가장 가치 있는 것이다. 우리의 삶의 터전인 가정은 가장 중요하다. 만일 국가와 사회가 평화롭고 행복하기 위해서는 가정의 됨됨이를 제대로 만들어야 한다.
>
> 물론 모든 이들이 이상적 가정을 원하지만, 이상적 가정에 대한 사상은 같지 않다. 이상적 한국 가정에 대한 나의 생각은 그다지 크지 않다. 오히려 평범하다. 내가 가정을 생각할 때 나는 아내와 남편, 그리고 몇몇의 아이들을 생각한다.
>
> 나는 다른 나라의 관습에 대해서는 정확히 모른다. 그러나 한국에서는 남편만이 가족의 복지를 책임지고 있다. 물론 일부 아내들은 남편과 함께 일하지만 많은 경우 아내들은 행복을 위해 일하지 않으면서 그것을 기대한다. 만일 여성들이 일하고 돕는다면, 그들의 남편들은 이전보다 더 열심히 그리고 기쁨을 가지고 일할 수 있을 것이다. 가정은 보다 훌륭한 장소가 될 것이고 상호 존경과 이해가 모든 가족원들의 삶에서 더욱 중요하게 될 것이다.
>
> 나는 우리 가정의 관습의 일부를 좋아하지 않는다. 일반적으로 여성들은 그럴 마음이 없는 경우일지라도 매사에 남편들에게 순종해야 한다. 물론 순종은 좋은 것이나, 그들은 상호 순종해야 한다. 서로에 대한 고려가 있어야 한다. 남편이 영화관, 들놀이, 게임 등에 갈 때 그들은 가족들을 데려가지 않는다. 나는 전 가족이 언제나 함께 놀고, 농담도 하고, 웃었으면 좋겠다.

어떤 사람들은 우리가 서로 사랑할 때 이상적 가정을 이룰 수 있다고 생각한다. 사랑은 필요하다. 그러나 그것만으로 이상적 가정을 만들 수 없다. 우리는 흔히 "가난은 가정 내에서 불화를 낳는다"고 말한다. 그것은 정말 진실이다. 만일 우리가 가난하고 음식과 옷이 충분치 못하다면 우리는 쉽게 행복을 느낄 수 없다. 그래서 좋은 남편은 가족을 잘 부양해야 한다.

아내가 좋은 남편을 두었을 경우, 그녀는 좋은 주부(good housekeeper)가 되어야 한다. 그보다 더 현명해야 한다. 왜냐하면 어머니는 아이들과 가정에 대해 큰 책임이 있기 때문이다. 이상적 가정은 교육받은 훌륭한 아내를 필요로 한다.

이상적 주택이 필요하다. 그것은 우리들의 신체건강과 발육에 직접적으로 연관되어 있기 때문이다. 그러나 우리나라의 주택계획은 그다지 위생적이지 못하다. 나는 거실, 식당, 주방, 세탁실, 침실, 아이들 방이 따로 있는 주택을 설계할 것이다.

그러나 사랑과 평화는 가정에서 가장 중요한 것이다. 비록 우리에게 좋은 남편과 사랑스런 아이들이 있고, 좋은 주거공간이 있다고 해도 만일 우리 가정에 평화와 사랑이 없다면 모든 것이 망가질 것이다. 우리는 기독교적 삶을 살 때 사랑과 평화, 행복을 찾을 수 있다. 그리스도는 빈부, 배운 자나 무학자에 관계없이 모든 이에게 그것들을 줄 수 있다. 이상적 가정의 정수는 사랑, 평화, 행복이며, 일 잘하는 남편과 적절한 주택, 훌륭한 주부, 그리고 잘 훈육된 아이들이다.

II. 한국과 같이 어려운 조건에서 어떻게 이상적 가정을 만들 수 있을까? 나는 이상적 가정에 대해 생각해 볼 수 있는 기회를 갖게 되어 기쁘다.

도시에 산다면 좋을 것이다. 그러나 내 생각은 아름다운 시골로 날아간다. 농촌이 처음 내 마음에 떠오른다. 내가 농촌지역으로 돌아가는 것을 생각하게 된 것이 매우 다행스럽다. 그것은 거의 한국인의 모토가 되어가고 있으며, 우리 한국인들은 그것을 매우 필요로 한다.

아름다운 구릉이 있고 사랑스러운 덤불과 작은 숲이 속삭이고, 멜로디 같은 강물이 흐르는 시골. 나의 건강한 아버지와 어머니는 정원에서 웃으며 일하실 것이고, 비둘기들은 평화롭게 날 것이다.

내 집 가까이에는 뛰놀 수 있는 아름다운 초원이 있고, 논으로 통하는 황토 길과 집과 정원 위의 큰 나무들이 있을 것이다.

나는 마을위원회를 조직할 것이다. 그리고 우리들은 한 달에 한번 만나서 우리들의 농촌을 부유하고 이상적인 모범농촌으로 만들 수 있는 방법을 계획할 것이다.

그리고 마을 종교모임을 만들어 어떻게 하느님께 예배할 것인지, 어떻게 잘 살 수 있는지를 의논할 것이다. 그리고 때때로 우리는 파티를 열 것이다.

아침에 우리 가정은 일찍 일어나 운동을 마친 후 집안을 청소하고 정원을 쓸고 아침을 먹을 것이다. 그리고 나의 아버지는 농장과 과수원으로 갈 것이고, 나의 어머니는 우물에서 물을 기르고, 나는 학교로 갈 것이다.

저녁 무렵 아버지가 가래와 괭이를 메고 들에서 돌아오기 전에 어머니께서는 저녁을 차리신다.

일요일에 우리는 교회로 갈 것이고, 과수원에서 과실을 딸 것이다. 이런 방식으로 우리는 한가롭고 행복한 일요일을 보낼 것이다.

만일 전체 마을이 이렇게만 산다면 그리고 모든 일을 열정과 행복한 생각과 아름다운 우정과 질서를 지키는 태도로 행할 수 있다면 세상에서 가장 이상적이고 평화로운 마을이 될 것이다. 그리고 이것은 사회에 실질적인 공헌이 될 것이다(An Ewha College Girl, 1933:35~6)."

다소 길지만 이 텍스트를 전문 번역하여 실은 것은 이 글이 '서구의 이상적인 기독교 가정'과 '전통적인 한국의 가정' 사이를 오가며 번민했던 당시 여대생들의 갈등과, 그들이 자신의 이상을 실현하기 위해 가정과 민족을 연결시키는 방식을 볼 수 있기 때문이다. 먼저 이 여대생이 꿈꾸는 가정은 부모와 미혼의 자녀로 이뤄진 전형적인 서구적 핵가족이었음을 알 수 있다. 그러나 그녀는 곧 이러한 이상이 한국 사회의 현실과는 거리가 멀다는 것을 알아차린다. 한국 가정의 전통적 관습이나, 남편의 부양능력, 이상적 가정에 걸 맞는 주택 등 도시적 가정의 이상은 그 어느 것도 현실로 실현시킬 수 없는 것이었다. 한국 사회의 조건이 너무도 낙후된 것이었기 때문에. 따라서 텍스트의 후반부에서 한국의 농촌현실로 돌아 온 그녀의 이상적 가정은 농촌에서 부모와 함께 사는 딸의 모습을 중심으로 그려진다. 이 딸은 그녀의 이상 세계에서 마을위원회를 만들고, 종교모임을 조직하고, 학교에서 가르치고 있는 것이다.

이 텍스트는 당시 조선의 미션계 여학생들의 결혼보류 혹은 포기 결정이 현실적으로 가능한 행복을 스스로 포기하는 '희생'이 아니라 전통적인 유교적 가정에서는 자신들이 꿈꾸는 이상적 가정이 불가능하다고 하는 판단에 근거한다는 것을 보여준다. 따라서 이 텍스트의 문맥은 그네들의 민족운동이 자신들이 꿈꾸는 이상적 가정의 건설 이전에 이루어져야 할 일이라는 논리에서 비롯된 것이라는 점을 말해주고 있다.

이러한 논리는 마지 못해 기독교 남성들과 결혼했던 구한말 시기 고학력 여성들의 경우에도 해당되었다. 한편 모든 선교사들이 남녀, 기·미혼 여부를 불구하고 적극적으로 나서서 여학생들에게 기독교 배우자와의 혼인을 적극적으로 권하면서 기독교 가정건설 운동을 벌였지만, 여학생들이 그러한 혼인관계로 진입하는 과정은 내적으로 우러나는 사랑과 존경에 기초한 결혼과는 거리가 있는 것이었다. 적어도 그들이 남긴 몇몇 텍스트는 그들의 결혼이 외적으로 부과되는 결혼의 당위성을 거스를 수 없는 상황에서 이루어졌다는 점을 시사하고 있다. 예를 들어 박 에스터의 경우, 그녀는 "딸을 더 이상 나이 먹게 둘 수 없으니 믿지 않는 신랑에게라도 보내야 한다"고 서두르는 어머니와 기왕 결혼이 불가피하다면 기독교 신자와 결혼해야 한다고 생각한 선교사들 사이에서 고민하다가, 의료선교사 닥터 홀의 소개로 만난 한 기독교 남성과 결혼에 이르게 된다. 그녀가 자신보다 신분이 낮은 집안의 남성과 결혼하라던 당시 의료인이자 주부선교사였던 홀 부인에게 보낸 1893년의 한 편지는 다음과 같다;

"나의 소중한 자매여, 당신이 어제 보낸 편지를 받고 나는 매우 기뻤습니다. 이제는 여지껏 말하지 않았던 제 심정을 말씀 드리겠습니다. 당신은 제가 무슨 생각을 하고 있는지 압니까? 3일 동안 저는 뜬눈으로 고민했습니다. 왜냐하면 저는 남자를 결코 좋아하지 않을 뿐아니라 바느질도 잘 못합니다. 그러나 우리 관습은 결혼을 해야 합니다. 이 점은 저도 어쩔 수 없습니다. 비록 제가 남자를 싫어해도 말입니다. 만일 하나님께서 박씨를 저의 남편으로 삼고자 하시면 저의 어머니가 그를 좋아하지 않는다 해도 그의 아내가 될 것입니다. 그의 지체가 높고 낮음이 무슨 소용이 있겠느냐고 어머님께 말씀드리겠습니다. 저는 부자거나 가난하거나 지체가 높고 낮음을 개의치 않습니다. 제가 예수님 말씀을 믿지 않는 사람과는 결혼하지 않을 줄 당신은 아시지 않습니까. 제가 결혼한다고 생각하니 묘한 느낌이 듭니다 (셔우드 홀, 1984:99)."

이 텍스트는 그녀의 결혼이[71] 자신도 어쩔 수 없는 전통적인 관습 때문이라는 것과, 자신의 결혼이 남자에 대한 사랑이나 존경보다도 그 남자의 기독교 신앙을 보고 하는 결혼이라는 점을 분명히 하고 있는 것이다. 이 편지를 실었던 셔우드 홀의 자서전에는 "홀부인은 결혼하기 싫어하는 에스터를 크게 동정하여 처음에는 이 결혼을 추진하지 않으려 했으나 자신도 결혼해서 행복하다는 점을 느끼고는 이 제의를 받

---

71) 노블일기는 1893년 5월 5일 박에스더가 닥터 홀의 조수였던 박유산과 약혼할 예정이라는 사실을 적고 있다(한국기독교역사연구소, 1993:28).

아 들였다"고 적혀 있다 (앞글;100).

여기서 박에스더가 '남자를 좋아하지 않는다'고 한 의미는 실제로 매우 다중적일 수 있다고 생각한다. 조선 최초의 여의사가 된 그녀의 결혼 전 경력은 당시 평범한 여성들과는 남다른 것이었다. 1886년경 이화학당에 들어갔던 초기 여학생 박에스더(당시 이름 김점동, 에스더는 그녀의 세례명이었다. 그녀의 성이 박씨로 바뀐 것은 박씨 성을 가진 남편과 결혼한 이후의 일이다)는 1888년 회심 체험을 통하여 그리스도를 위해 살기로 작정하였다. 그녀는 영어에 뛰어난 실력을 보여서 1890년 내한하여 의사이자 이화학당 교사로 취임했던 셔우드(R. Sherwood)의 통역관으로 일하게 되었다. 그녀는 셔우드를 만남으로 의료인으로서 자기 인생을 헌신하기로 방향을 잡게 되었다고 하며, 셔우드 역시 그러한 에스더의 뜻을 살려 주기 위해 최선을 다하였다. 셔우드는 보구여관에서 특별히 의학반을 편성하여 기초 의학을 가르쳤는데 에스더는 그 반 학생이 되어 양의학을 배우게 되었고, 셔우드는 개인적으로 특별한 관심을 갖고 에스더를 지도해 나갔다 (이덕주, 1990:71). 이러한 에스더가 자신의 뜻을 접어야 할 수도 있는 결혼에 대해 크게 고심했던 것은 쉽게 공감이 가는 일이다. 이렇게 볼 때 "남자를 좋아하지 않는다"는 그녀의 표현은 근대적 자아가 생겨난 초기 여성들이 경력추구와 결혼 사이의 갈등을 내비치는 것이었다고도 생각해 볼 수 있는 문제이다.

이렇듯 초기 여성들의 막연했던 내적 갈등은 여학생들이 수적으로 증가하고 사회적으로 진출하여 경험을 쌓게 되면서 점차 구체화되어 갔다. 조선 여성들의 직업이 사회적 이슈로 등장하는 1920대 이후, 고등교육을 받은 여성들은 자신들이 배운 새로운 주체로서의 자각과 직업관, 전통적 결혼과 여성의 역할에 대한 기대를 어떻게 조화시킬 것인지에 대해 보다 분명한 사고를 하기 시작했다. 그리고 '독신주의'는 당시 이화여전의 학생들이 학교의 자랑으로 삼을 만큼 중요한 전통으로 부상했다. 『이화 70년사』는 이 독신주의 전통의 원인을 세 가지로 들고 있는데, 그 첫째 원인은 본인들의 사회봉사정신이고, 둘째 선교사들의 교육방침과 신식교육을 시키는 부모들의 방임이고, 나머지 하나는 당시 여학생들 사이에서 형성된 일종의 독신주의 문화였다 ;

> "주위를 돌아봐야 고모가 시집가 사는 것을 보나 친구의 시집가 사는 모양을 보나 결혼생활들은 불행 투성이고 하등 매력을 느낄 수 없었기 때문에 20이 넘은 이 혼기의 처녀들은 꿈에도 결혼할 생각은 하지 않고 따라서 이상적 이성 배우자를 공상으로 그려본다든지 또는 화제를 꺼내기만 해도 타락자로 규정짓는 것이었으니……
> 졸업하고 나면 대개 어느 학교에 취직이 되고 또 예비생들이 의무 연한을 채우고 나면 30이 거진 다 되어 혼기는 이미 늦어지고 30이 넘어 저도 모르는 사이 쉽게 40고개에 들어서는 것이었다(『이화70년사』, 1956)."

이는 당시 한 조선 여성이 표현한 바 "결혼생활은 노예의 생활이다. 그 노예생활에서 벗어나려면 직업을 가져야겠다"는 의식(≪동아일보≫, 1925.11.7)과 상통하는 것으로, 여선교사들의 결혼과 가정에 대한 이해와는 사뭇 다른 것이었다. 그러나 여선교사와 조선 여학생들은 "조선사회에서 선구자로서의 역할을 수행하기 위해서는 결혼과 일은 양립할 수 없다"는 현실 판단에서 서로 공감대를 이루고 있었다. 초기 여선교사들은 애써 키워 놓은 제자가 인재로 쓸만하게 되면 결혼해버리는 것을 가장 염려하였으며, 한국에서의 결혼이란 여성에게는 어쩔 수 없는 '무덤'과도 같다는 것을 알고 있었다(閔淑鉉, 朴海璟, 1981:398). 주어진 사명을 완수하기 위해 결혼을 일찍이 포기한 이들에게 결혼은 종종 이기적인 행위로 해석되었다. 예를 들어 1913년 안식년 휴가를 마치고 룰루 프라이는 아끼던 제자 최활란이 결혼하였다는 사실을 알게 되었다. 그 때의 심정을 최활란의 전기(최규애, 1991)는 다음과 같이 적고 있다 ;

"1912년 6월 25일 재학과 헬렌은 최병헌 목사의 주례로 정동교회에서 결혼식을 올렸다. 미스 프라이가 미국에 가있는 동안 결혼을 한다는 것이 미스 프라이를 배신하는 것만 같아 죄책감을 느끼지 않을 수 없었다(51). 미스 프라이의 정신적인 충격은 이루 말할 수가 없었고 헬렌의 결혼은 자기 일생의 실패 같아서 섭섭하고 분하였다. 이화의 보배이며 이화의 기둥이 될 인물이 타락해서 어리석은 짓을 저질렀다 하여 미스 프라이의 노여움은 대단하였다(52)."

초기 이화학당 대학과를 졸업하고 이화여전, 여대의 교수를 지낸 김활란, 김애마, 서은숙 등은 이러한 선교사들의 전통을 이어 받은 인물들로서, 기대를 걸었던 제자들이 결혼을 선택할 경우 대단한 유감을 표시했던 것으로 알려져 있다(閔淑鉉, 朴海璟, 1981: 399~400, 531~2). 이들은 여선교사들과 마찬가지로 결혼과 자기 발전이 원칙적으로 병행할 수 없는 문제라고 보지는 않았다. 예를 들어 김활란은 만년까지 강의한 졸업반 상대의 <여성과 교양> 시간에 한 학생의 질문에 대하여 이렇게 대답하였다;

"결혼과 자기발전은 자신의 능력에 달렸지만 남편의 협조 여부가 큰 역할을 하리라고 본다. 다만 애기를 낳아 기르는 동안은 아이들에게 희생을 주어서는 안되리라고 생각한다(앞 책, 400)."

그러나 문제는 조선의 현실이었다. 우리나라의 현실에서는 여간 해서 남편의 협조를 받아 여성이 자기발전을 기하기는 어렵다고 판단했던 이들은 촉망하는 인재의 결혼에는 반대의사를 표하곤 했던 것이다.

분명 여학생들의 독신주의와 여선교사들의 여성교육을 위한 결혼억제 정책 사이에는 결혼에 대한 해석에서 현저한 차이를 가진 것이었다. 그러나 미션계 여학생들의 새로운 개성에 대한 20~30년대의 사회적 여론은 서양에서 온 선교사들의 영향력을 강조하는 한편 이들의 사회적, 정치적 문제에 대한 의사 표현을 과소평가하는 경향을 띠고 있었다. 당시 사회에서 이화여전의 여대생들을 일컬었던 "이화 걸(Ewha Girl)"이라는 명칭은 이러한 사회적 세태를 반영하는 것이다;

> "…식당문을 열자 저쪽에서 에이프런을 짧게 걸친 학생이 뛰어오더니 나의 손을 붙잡는다. 그는 여학교 시절에 한자리에서 공부하던 동창생으로 얌전해서 말도 잘하지 않았었는데 어떻게도 쾌활해졌는지 알아보기가 어려웠다. 전에 보던 그를 찾아 볼 수 없이 순전히 이화 걸로 변해 버렸다(『삼천리』, 1931년 12월호)."

이와 같이 조선 여학생들이 미션계 여학교에서 익힌 새로운 개성을 '서구화'로 오인하는 현상은 당시 서울 장안의 남학생들 사이에서도 나타났다. 그들은 미션계 여학교를 대표하는 이화고보, 이화전문의 여학생들의 인상에 대해 "서양 냄새가 난다," "자만심이 있어 보인다," "건방져 보인다" 등의 표현을 통해 반감을 표시하였다(『동광』, 1932년 7월호).

이는 여학생들로 하여금 졸업 후 서구적 근대성과 조선의 전통 사이에서 자신을 어떻게 자리 메김 하고 어떠한 삶을 선택할 것인지에 대한 문제를 던지는 큰 도전이었다. 이에 대처하는 여학생들의 삶의 선택은 그들이 처한 사회적 위치에 따라 달라져야 했다. 당시 여학생들이 택할 수 있는 삶의 유형은 대략 다섯 가지 정도로 나눠 볼 수 있을 것 같다. 첫째, 항일정신에 사무쳐 독립투사적 기개를 발휘하는 것이다(애국파). 둘째, 무엇보다 실력이 제일이라고 공부를 파고드는 학구파로서, 졸업 후 미국이나 일본에 유학을 떠나는 것이다(학구파). 셋째, 졸업하고 훌륭한 배필을 맞아 결혼생활을 선택하는 것이다(실질파)[72] 넷째, 독신의 전문직 여성의 길을 택하는 것이다. 다섯째, 결혼과 직장을 병행하는 것이다. 그러나 이러한 삶의 선택은 당시 여학생들이 지녔던 독신주의 문화와는 구분해 보아야 하는 문제라고 생각한다. 이들의 독신주의 문화는 조선사회 내에서 자신들에게 독립된 위치를 부여해 준 새로운 여성으로서의 정체성을 포기하지 않겠다는 의지의 표현이었다고 생각되기 때문이다. 이들이 여선교사들의 지지와 연대를 필요로 했던 지점도 바로 여기였던 것이다.

그러나 여선교사들과 여학생들의 관계는 결코 평등했다고 만은 볼 수 없다. 여선교사들을 정점으로 하는 미션계 학교 내의 조직구조에는 중요한 불평등이 존재했다. 여선교사들은 자신들의 주요 책임을 문명적으로 낙후된 조선 여성들에게 근대적 삶의 방식을 가르치는 것이라고 규정함으로써 언제나 오만한 우월자의 자리를 차지하고자 했다. 그리고 이들의 글쓰기는 조선 여성들의 지위변화를 자신들의 영향력에 의한 것으로 과장하고자 하는 경향을 보이는 것도 사실이다. 그러나 어떤 지점에서 여선교사들의 야망과 그들이 성취해 낸 바는 구분해 보

---

72) 이상은 이화여전 문화 졸업생 정충량의 분류이다 (閔淑鉉, 朴海璟, 1981: 162).

아야 한다. 조선에서 여성 삶의 변화를 이루어낸 힘은 결코 일방적인 것이 아니었기 때문이다.

우선 미션계 여학교의 권력관계를 살펴 볼 경우, 미션계 학교의 리더십이 조선인으로 넘어가는 시기는 1937년 중일전쟁 이후 일본과 미국이 돌이킬 수 없는 적대관계로 변한 이후의 일이었다. 이화여자고등보통학교는 미스 처치에게서 신봉조 선생으로(1938.12.2), 배재학당의 아펜셀라 교장은 신흥우 박사로(1939.4), 감리교신학교 교장 빌링스는 변홍규 박사로 대치되고, 오래 버티던 연희전문학교도 결국 1941년 5월 언더우드 교장에게서 윤치호 박사로 교체되었다. 이화여전의 아펜셀라 교장이 김활란 박사로 교체된 시기도 이 무렵이었다(1939.4) (이화100년사 편찬위원회, 1994, 263~4). 그 이전까지 미션계 학교들은 조선인 졸업생들의 교장직 접근을 결코 허용치 않았던 것이다. 여선교사들 중에는 엘리스 아펜젤러와 같이 그 이전부터 자신이 후계자로 지명한 졸업생에게 권력을 이양하고자 하는 시도를 했던 경우도 있었던 것 같다. 그러나 선교사들이 중심이 된 학교이사회에서 이러한 뜻은 관철되지 못하였다 (앞 책; 265, Hunter, 252). 당시 인도와 중국의 경우 미션계 학교의 역사에서 자발적인 권력이양의 증거는 찾아 볼 수 없다. 따라서 일제에 의한 강제조치가 없었다면 조선에서도 사정은 달라지지 않았을 것으로 보인다.

졸업 이후 조선의 여성지도자가 되었던 몇몇 기독교 여성들의 삶의 여정은 여선교사들의 의도와 그 결과가 어떻게 달라지는지를 보여주는 좋은 예증들이다. 김활란은 여학생 시절부터 이화학당의 학생들에게 상당한 영향력을 미쳤던 여성이다. 기독교 가정에서 태어난 2세 기독교인이었던 그녀는 3·1운동 당시 민족의 독립을 위한 여학생들의 만세운동을 조직하여 당시 조선을 휩쓸던 민족주의 운동에 가담하였다. 한편 자신의 애국심을 길러주고 지지해 준 삶의 터전이었던 여학교가 여자대학으로 발전해야 할 필요성에 대한 옹호와 그 실현을 위한 활동에 혼신을 다하였다. 이후 그녀의 삶은 한국 여성들에게 배움의 기회를 열어 준 모교에 대한 고마움과, 그 사명이 남아 있는 한 모교의 '여자대학'으로서의 정체성이 보존되어야 한다는 신념으로 일관되었다. 해방 후 미션계 학교들이 더 나은 발전을 위해 이화여대, 연희대학, 세브란스 의대를 하나의 대학으로 통합하자는 제안에 대하여 그녀가 단호하게 반대한 사실은 이러한 맥락 속에 있는 것이다(이화여자대학교, 이화역사자료실, 1999:13).

이와 같은 김활란의 민족과 모교에 대한 사랑은 당시 많은 이화 졸업생들이 공감했던 정서였다고 보여진다. 그러나 학교에 남아 독신으로 살며 후배 교육을 위해 헌신해 달라는 선교사들의 요구에 응할 수 있는 여건에 있었던 여성들은 많지 않았던 것도 사실이다. 우선 미션계 학교들의 낮은 보수가 문제였다. 예를 들어 1931년 평양에서 정의여학교를 졸업한 이태영은 그녀의 고향 북진에 있는 광동초등학교에서 음악교사로 근무하였는데, 당시 그녀의 봉급은 20원이었다. 이중 그녀가 하숙비로 내야 했던 돈은 14원이었다(Strawn, S.R., 1988:21). 참고로 1930년대 백화점 여점원의 월급은 15~20원이었다(박지향, 1988: 267). 따라서 이를 감내할 수 없는 여성들은 결혼을 하거나 여타의 직장을 구하는 경향이 있었다.

그리고 여선교사들의 결혼과 직업관에 반기를 드는 여성들도 있었다. 예를 들어 1932년 이화여전에 입학했던 이태영의 경우, 여선교사들과 마찬가지로 결혼생활과 직업을 동시에 병행할 수 없다는 입장을 취했던 교수 김활란의 강의에 대해 정면으로 반박하였다. 자신이 존경하는 마담 퀴리의 삶은 당신이 이야기하는 두가지 다른 역할을 결합하는 것이 가능하다는 것을 보여줬다는 것이 그녀의 주장이었다. 이태영은 해방 후 한국 최초의 여자 변호사가 된 이후에도 이화여대 법대 교수로 와 달라는 김활란의 요청을 거절하였는데, 그 이유는 다음과 같았다 ;

> "당신의 제자들을 너무 붙들려고 하지 마세요; 그들을 세상으로 보내세요. 특히 저는 말이지요(Strawn, S.R., 1988:29)."

그러나 여선교사들의 독신적 삶의 모델에 대해 반기를 들었던 이태영은 전통적인 결혼과 가족관계를 지지한 것이 아니었다. 헨릭 입센의 『인형의 집』에 기초를 둔 '제2의 노라'라는 웅변으로 1935년 11월 29일 조선중앙일보에서 후원하는 제 1회 전국 여학생 웅변대회에서 최우수상을 받기도 했던 그녀는 당시로서는 첨단의 페미니스트 의식을 가졌던 여성이다(앞 책, 29~31). 그리고 여성은 언제나 자신들이 해야 할 일을 보다 잘 할 수 있는 방법을 찾기 위해 생각하고 행동해야 한다는 여선교사 미쓰 모리스[73]의 가르침에 크게 동감하여 '생각하고 기도하는 삶'을 평생의 삶의 지침으로 삼았다(앞 책, 25~6). 다만 그녀는 모교에서 배운 기독교적 사랑의 교훈을 다른 방식으로 실천하고자 했던 것이다.

이러한 졸업생들의 서로 다른 사랑의 실천은 여선교사들의 기독교적 사랑에 대한 교훈이 조선 여성들에 의해 새롭게 해석되는 방식을

---

73) Harriet Morris, 생몰년도: 1984~?, 봉사기간: 1921.8~1939, 1956~1959.

드러내 주는 것이다. 이들의 기독교적 삶의 실천은 언제나 여선교사들의 기대를 뛰어넘는 것이었다. 여선교사들과 가장 흡사한 삶을 살았던 김활란 또한 예외는 아니었다. 1922년 처음 미국을 방문했던 김활란은 어느 날 조선에 처음 부임하게 될 한 여선교사를 만나 다음과 같이 말했다 ;

> "조선에 가면, 당신에겐 새로운 나라겠지만, 당신이 알던 것과 다른 관습, 태도가 반드시 열등한 것은 아니라는 것을 기억하십시오. 그것은 우월한 것일 수도 있습니다 (Conrow, 1939:119)."

조선의 문화에서 배울 것이 있다는 그녀의 발언은 기독교를 믿는 여성들은 국적을 막론하고 한 자매라고 하는 그녀의 해석에 바탕을 두고 있다. 예를 들어 1921년 이화여전의 신촌부지를 구입하기 위한 기금마련을 위해 시카고 서쪽의 드모인(Des Moines)에서 열린 미북감리교 여선교회 총회에 참석했던 김활란이 당시 의장이었던 니콜슨 부인(Mrs. Nicholson) 앞에서 한 다음의 연설은 그녀의 국제적 자매애에 대한 생각을 잘 말해주고 있다 (그녀는 지원금 호소를 위해 자신이 어린 시절 학교에서 생활시간을 알리기 위해 울리고 다녔던 종을 가지고 가서 연설 소품으로 사용하였다);

> "이것은 이화학당의 본관이 지어졌을 때부터 울렸던 종입니다. 이것은 여학생에게 기상, 공부, 식사, 교회예배, 기도시간을 알리는 것이었습니다. 우리는 이것을 우리들의 어머니, 북감리회 여선교회의 박물관에 보관하도록 니콜슨 부인에게 돌려드리게 된 것을 기쁘게 생각합니다.
> 이제 우리들의 삶의 기쁨을 알리는 종소리를 들어 보십시오. 여학생들이 우리가 계획하고 있는 새 건물 프라이 홀을 드나들며 콧노래

를 부르는 소리가 들리지요. 우리가 이화에서 발견한 삶의 충만함이 울리고 있습니다. (종을 친다)

두 번째 종은 조금 전에 울린 기쁨을 발견할 수 있도록 당신들이 우리에게 주신 기회에 대해 마음 깊은 곳으로부터 감사하는 종입니다. (종을 친다)

다음 세 번째는 우리들의 사랑─사랑의 종입니다. 우리는 당신들에게 뭔가 주고 싶습니다. 그러나 드릴 게 없습니다. 그래서 우리들의 모든 것, 우리들의 사랑을 당신들께 드립니다. 우리는 이 종소리가 태평양을 건너서, 지구 중심을 관통하여 울려 퍼져서 당신들이 우리들의 사랑을 느낄 수 있기를 바랍니다. (종을 친다)

그러나 이것이 마지막은 아닙니다. 다음 우리들의 위대한 희망을 들어보십시오. 우리들의 노력과 당신들의 도움으로 이화는 지가가 상승하기 전에 훌륭한 대학부지를 살 수 있는 25,000달러를 얻고자 합니다. 우리는 조선의 삶의 터전인 우리들의 여자 대학을 짓기 위해 그 부지가 필요합니다. … 그래서 이 대학교를 짓기 위한 우리들의 희망과 25,000달러에 대한 우리들의 호소가 울립니다. (종을 친다)

이제 마지막 종소리를 들어주십시오. 당신들의 신성한 맹세에 함께 참여하여 당신들과 뜻을 같이 하고자 하는 우리들의 불타는 진정한 욕망의 종입니다. "나는 여기서 나 자신을 예수 그리스도를 위해 자유롭게, 전적으로 헌신합니다. 어떠한 환경, 조건, 대가에도 불구하고 나는 이웃을 구원하는 일과 하느님의 뜻을 행하는 거스를 수 없는 약속을 지키기 위해 나를 산 제물로 바칩니다." 네, 무릎을 꿇고, 손을 모으고, 하늘을 향해 얼굴을 들고, 조선의 여성들은 세계를 향상시키는 당신들의 일에 참여하고자 합니다. 이제 이 마지막 열망의 종소리를 들어 보십시오. 그것은 무한한 침묵 속에 울리고, 울리고, 또 울리고 있습니다(Walter, 〔1968〕: 151~2)."

그녀의 이러한 호소는 당시 구체적인 자금지원을 얻어내지 못하였다. 그녀의 기독교 여성으로서의 '같음'에 대한 대담한 발언은 당시 미국 교회 여성들의 기독교적 사랑에 대한 좁은 이해를 뛰어 넘는 것이었다. 그들의 조선에 대한 사랑은 부자의 빈자에 대한 사랑 혹은 우월자의 열등자에 대한 사랑에서 시작된 것이다. 김활란이 말한 대로 '사랑' 외에는 내놓을 것이 없는 조선 여성들의 사정을 잘 아는 여선교사들로서는 그 이상의 관계를 상상하기란 어려웠을 것이다. 김활란에게 총장직을 물려준 후 1940년 출국하기 직전에 쓴 엘리스 아펜젤러가 미국의 친지들에게 보낸 다음 편지는 제자에게 중책을 맡기고 떠나는 근심으로 가득 차 있었다;

> "제발 당신들의 정기적 헌금을 계속하십시오. 그것들은 가능한 한 의도된 목적대로 쓰여질 것입니다. 70%의 예산삭감을 앞두고 우리들의 작은 총장은 자신에게 주어진 거의 불가능한 짐을 짊어지고 있습니다. 당신들의 원조를 끊음으로써 그 짐을 더 무겁게 하지 마십시오 (Alice Appenzeller's letter to friends, 1940. 10.7.)."

그러나 선교사들의 보조금이 중단된 이후에도 김활란은 만난을 무릅쓰고 이화를 지켜 내는 업적을 이뤄내었다. 이 과정에서 그녀가 보여준 친일행각은 이러한 그녀의 업적과는 별개의 문제로 보아야 할 것이다. 김활란의 세계 기독교 여성의 평등한 연대에 대한 신념은 이후 이화여대의 졸업생들을 파키스탄, 아프리카 등지에 선교사로 파송하는 일로 이어졌다.

이외에도 박인덕의 미국에서의 선교활동은 이러한 협소한 선교사들의 가정에 도전하는 자부심을 드러내는 것이었다. 조선 공산당의 간부가 된 이화의 졸업생들은 미션계 여학교에서의 훈련을 조선에 적용하는 범위를 보여준다. 선교사업은 20세기 초 미국의 문화적 세계지배에 대한 야심에 의한 것이었다. 그리고 이들의 의도에 대한 결과를 평가하는 성공의 기준은 흔히 각국의 기독교 신자수로 집중된다. 이렇게 볼 때 아시아에서 조선만큼 많은 기독교 신자들을 양성해 냄으로써 선교사업이 성공을 거둔 예는 드물다. 그러나 이러한 기독교 신자들의 증가는 반드시 그들의 문화에 대한 일방적 종속을 의미하는 것은 아니었다. 조선여성들은 선교사들이 준 것을 자신들에게 맞게 유용하게 썼고 조선의 사회적 기대나 선교사들의 기대로부터 독립성을 유지하였다.

조선의 기독교 여성들과 미국의 여선교사들은 지위와 권위는 다르지만, 국제적 자매애에 대한 즐거운 공통의 추억을 공유하였다. 교육 전문 여선교사들이나 여학생들 모두 엄격한 관례나 손쉬운 전통을 넘어서서 모험을 감행하였다. 이들은 여성적 기대, 종교적 확신, 민족적 제휴, 새로운 기회를 혼합하여 자신들만의 새로운 삶을 창조해 갔다. 만일 단신의 여선교사들이 남선교사들보다 조선사회에 보다 쉽게 적응해 갈 수 있었다면, 조선 여성들 또한 서구적 관습들을 보다 쉽사리 받아들였다. 조선과 미국의 여성들은 자신들의 주변부적 삶이 만나게 될 때 집단적 자부심, 민족의식, 여성의 자율성을 고취시킬 수 있다는 것을 발견하였다.

제5장

맺는 말

본 연구는 구한말부터 일제 시대에 걸쳐 여선교사들의 교육활동과 이를 통해 배출된 조선 (기독) 여성들의 페미니스트 의식 형성을 추적한 연구로서 일상사적 접근, 사회사적 접근을 취했다. 이는 지금까지 조선 여성의 '기독인' 혹은 '민족' 정체성에 초점을 맞춰 온 기독교 복음주의나 민족주의적 관점의 연구에서 주변화되어 온 여성 정체성과 관련된 여성의 경험을 사회과학적 탐구 영역의 주요 부분으로 위치시키고자 하는 여성학적 노력의 일환이다. 따라서 본 연구는 페미니스트 의식을 중심으로 그 발전 과정에서 제국주의와 민족주의와 어떻게 만나는지를 살펴보는 방법을 취하여 여성의 개인적, 사회적 의식성장의 중요성을 긍정하고 그 과정을 함께 공유할 수 있는 지식형성의 가능성을 모색하고자 했다.

한국 여성들의 페미니스트 의식의 태동은 18세기 초까지 거슬러 올라갈 수 있지만, 이러한 의식이 성장하여 여성들의 자율성과 자기결정권을 보장할 수 있는 대안적 사회조직에 대한 비전으로까지 발전하기 위해서는 개별차원의 페미니스트 의식을 묶어 줄 수 있는 사회적 여건들이 필요했다. 여성들이 독자적인 가치관을 세우고 발전시킬 수 있는 사회적 공간, 새로운 삶의 모습을 보여주는 역할모델, 여성들의 억압적 삶의 원인을 설명해 줄 수 있는 이념, 기존의 문화적 규범에 맞설 수 있는 새로운 자아의식의 출현, 새로운 개인의식과 사회의식을 사회운동으로 조직화, 활성화시킬 수 있는 공동체 등이 그것이다. 조선 여성들에게 이러한 여건들이 집약될 수 있는 여성의 공간을 처음 열어준 것은 구한 말 시기 개신교 선교활동을 위해 파송되었던 북미 출신의 여선교사들이었다.

외래 여선교사들의 기독교 여성교육을 통해 처음으로 조선 여성들의 페미니스트 의식이 결집되고 사회운동으로 발전할 수 있었다는 가정을 검증한 본 연구의 결과를 요약하면 다음과 같다.

첫째, 조선에 파견되었던 여선교사들은 1880년대 미국에서 극적 상승세로 돌아섰던 해외선교사업에 대한 관심과 미국정부의 문화적 제국주의 정책이 맞물리던 시기에, 신학적으로 볼 때는 당시 미국 도시 이민자들의 복음주의 신앙에 기초하여 사회복지에 대한 책임의식을 중시하는 사회적 복음이 확산되던 시기에, 미국의 시민이자 기독인의 정체성을 갖는 여성으로서 조선에 왔다. 이들은 빅토리아적 공사개념과 여성성에서 벗어나 있었다. 공적 영역 내에 여성의 일을 확보하고 정당화시킬 수 있는 계기가 된 남북전쟁에서의 여성 봉사활동과 여성 고등교육의 경험이 이들의 새로운 여성시민의식을 생성해 내었던 것이다.

둘째, 조선사회 내에서 여선교사들이 지녔던 역사적 성격은 크게 세 가지로 구분되었다. 우선은 1885년 이들의 내한 당시 조선정부와 개화파 지식인들이 기대했던 바 서구의 과학과 기술을 전하는 문화전도사이자 기독교의 복음을 전하는 종교전도자로서의 성격이었다. 이들은 미국의 문화모델들에 기초하여 여성들의 삶을 근대화시키기 위한 서구문물과 미국문화의 정신을 구성하는 기독교의 복음을 전하고자 하였다. 이들의 서구적 기독교와 문화의 전도자로서의 활동은 19세기의 빅토리아적 가정성과 여성 이미지에서 전용되어 미국의 공적 영역에 참여하는 시민여성의 대표적 상징이 된 '공화국의 어머니'에서 발전된 '제국의 어머니'로서의 사회적 지위가 보장되지 않고서는 불가능한 것이었다. '제국의 어머니'는 미숙한 조선의 딸들(소녀와 성인 여성들)의 사회화를 책임지고 성인으로서의 권리와 책임의식을 심어주고자 했던 모성적 제국주의자를 지칭하는 것이다. 이들은 일제의 선교활동 보장과 미국 정부의 신변보호의 필요성을 인정하는 한편 선교사 공동체의 도덕적 우월성과 신뢰성을 유지하기 위해 선교사공동체가 갖는 가부장적 위계질서와 관행에 대해 공개적인 비판을 삼가고 자신들에게 주어진 이중삼중의 역할부담이나 차별적인 법적 권리 등을 감수하였다. 이는 이들이 제국의 여성시민으로 취했던 입장인 것이다. 마지막으로 조선 여성의 현실에 깊이 개입했던 여선교사들은 조선에서의 체류기간이 길어지고 조선 여성들의 사회·문화적 욕구에 대한 이해가 깊어지고 자신들의 문화를 상대적으로 이해할 수 있게 되면서 조선 여성들의 삶의 조건을 개선하기 위한 적극적인 사회활동에 헌신하는 페미니스트로서의 성격을 띠는 경우도 있었다.

　여선교사의 이러한 세 가지 면모는 미국, 일본, 중국, 조선 등 국가

간의 권력관계 변화뿐만 아니라 체류기간과 관계에 대한 책임의식에 따라 그 배합의 양상을 달리했던 것이다. 한마디로 여선교사들의 역사적 성격에는 문화 제국주의적 측면과 페미니스트적 측면이 동시에 존재한다. 이들은 제국주의 역사에 대한 공모자, 저항자의 모습을 동시에 지닌다는 것이다. 그리고 이들이 미국과 일본의 제국주의적 태도에 대해 비판적 거리를 두고, 조선의 여성교육을 옹호하는 모습을 띄게 되는 데는 이들이 도착한 시점보다는 체류기간이 더 중요한 변인이었다.

셋째, 주부선교사와 전문직 여선교사들은 선교사 공동체가 지녔던 가부장적 성별구조 속에 위치하면서 이에 대한 공모와 저항의 교섭과정을 동시에 보여주었다. 즉 이들은 조직 내의 위상이나 역할분담에서 불평등과 억압을 경험하면서도 이에 대한 갈등을 표면화하기를 극도로 자제하며 '제국의 어머니'로서의 명예를 지키고자 하였지만, '하느님이 맡긴 소명'을 수행하는 과정에서 조선 여성들의 삶의 고양의지에 동조하고 연대하여 조선사회와 선교사 공동체의 무관심과 통제에 저항하는 모습을 보여주기도 하였다.

넷째, 여선교사들의 조선 여성에 대한 페미니스트적 연대의식은 조선에서의 체류기간이 길어지고 경험이 쌓이게 되면서 심화되는 경향을 보였다. 이는 자신들에게 처음으로 주어진 본격적인 전문영역의 기회를 성공적으로 이끌겠다고 하는 야망과 하느님의 사업에 대한 헌신의지, 조선 여성들의 삶의 정황과 필요에 대한 직접적 경험과 책임의식 등이 결합되어 나타난 것이었다.

다섯째, 이러한 여선교사들이 조선 여성들의 페미니스트 의식 형성과정에서 보여준 역할모델로서의 면모는 크게 두 가지라고 할 수 있다. 하나는 여성시민으로서의 사회적 책임의식과 여성의 가정성에서 비롯되는 사회적 역할에 대한 자부심과 헌신이었다. 즉 이들은 '보다 나은 조선 여성'을 구성할 수 있는 의식과 역할의 본보기, 즉 근대 초기 '여성시민'의 모델이었다는 것이다. 다른 하나는 자신의 개인적 야망을 사회적으로 성취하는 여성의 모델이었다.

여섯째, 구한말부터 미션계 여학교를 중심으로 조선 여성들이 키워 온 초기 페미니스트 의식은 미국의 '모성적 페미니즘'과 유사한 특성을 보이는 것이 사실이지만, 이들이 '조선의 민족여성'을 구성하는 방식에는 분명 행위주체성이 존재했다. 그들은 서구문화의 우월성을 주장하고 그렇게 믿고 싶어했던 선교사 공동체의 보호와 훈육 하에서 자신들의 독립된 사회·문화적 위치를 교섭해 갔다. 그러나 이러한 경험은 반드시 조선 여성들의 '서구화' '타자화' '종속'을 불러오는 것은 아니었다. 여선교사들의 훈육과 역할모델에 의해 깨어난 조선 여성들의 의식은 조선의 정치적, 문화적 상황에 대한 이해가 깊어지고, 자신들이 배운 종교와 문화에 대한 사고능력이 발달, 성숙하면서 새로운 페미니즘을 구성할 수 있었던 것이다.

결론적으로 본 연구는 탈식민적 페미니즘의 입장에서 제국주의와 민족주의의 갈등 속에서 지금까지 비가시적 영역으로 남아 있었던 초기 페미니스트 의식의 존재를 드러냈다고 할 수 있을 것이다. 이로써 본고는 1920년대의 자유주의적 페미니즘 혹은 사회주의적 페미니즘을 주장했던 신여성들 이전부터, 나아가 그들 주변에 넓게 퍼져 있었던 또 하나의 페미니즘의 실체를 개념화하고 그 특성을 밝혀 보았다. 이는 바로 미션계 여학교를 중심으로 형성된 민족적 페미니즘으로서 본 연구에서는 이를 '초기 페미니즘'이라고 명명하였다.

초기 페미니즘은 일제시기 조선의 기독교 여성리더십의 모델이었으며, 해방 이후 지금까지 한국 사회의 광범위한 저변을 이루는 사조로서 현재 광범위하게 대중화되어 보통여성들의 일상적 의식으로 자리잡고 있다. 일제 하에서 미션계 여학교를 다녔던 여성들의 대부분은 결혼하여 아내와 어머니가 되었으며 평생 집 밖에서의 임노동에 참여해 본 경험이 없는 사람들도 많았다. 이들 다수의 삶에서 한가지 공통되는 점은 전통적 유교주의와는 어울리지 않을 것 같으면서도 강하게 유지해 온 개인주의적 행동양식 이다. 교회 여성사나 미션계 여학교사에서 이름이 없는 다수로 등장하는 이들은 교회나 다양한 사회단체에서 헌신적으로 봉사하거나, 아이양육에 대한 책임에서 벗어나는 4—50대에 새롭게 적극적 자원봉사활동에 참여하거나, 말년에 가족들과 독립된 자기만의 삶을 기획하는 등 시민정신을 몸에 익힌 여성들이라 할 수 있다. 이는 인도, 중국, 일본 등 아시아에 분포하는 미션계 여학교 문화에 대한 연구에서 공통적으로 발견되는 현상으로, 20세기 초 아시아의 기독교 여성교육이 만들어낸 결과라 할 수 있다.

본 연구는 다음과 같은 의의를 갖는다고 생각된다.

첫째, 이 연구는 처음으로 조선 주재 여선교사에 대한 체계적 연구를 시도하였다. 특히 현재 한국에 기록이 남아 있는 주부선교사, 전문직 여선교사들의 명단과 학력·경력에 관한 기본 자료들을 근거로 통계분석을 함으로써, 당시 여선교사들이 차지했던 선교사업의 비중과 그들의 혼인지위, 경력, 소속 등에 대한 포괄적인 상을 제시할 수 있었다.

둘째, 이 연구는 제국주의적 지배와 민족주의적 저항운동의 주변부에 있었던 여선교사와 조선 여성들의 경험을 드러내어 기존의 민족, 계급, 인종 중심의 분석 차원만으로는 설명할 수 없는 또 다른 삶의 양식을 보여줌으로써, 사회·문화의 분석차원으로서 성별관계가 가지는 중요성을 부각시킬 수 있었다.

셋째, 이 연구는 탈식민적 페미니즘의 관점에서 현재 광범위하게 일상화되고 대중화된 페미니스트 의식의 역사적 배경을 찾는 시도로서, 여선교사와 조선 여학생의 페미니스트 의식의 역사적 형성 과정을 추적하여 1920년대의 자유주의 혹은 사회주의적 페미니즘을 주장했던 신여성들 이전부터, 나아가 그들 주변에 넓게 퍼져 있었던 또 하나의 페미니즘의 실체를 개념화하고 그 특성을 밝힐 수 있었다. 이는 기존의 남성 선교사 연구에 여선교사들의 활동을 덧붙이거나 최근 유행하는 페미니스트적 가치와 이념을 잣대로 과거 여성들의 의식이 갖는 낙후성과 보수성을 논하는 일부 피상적 혹은 편향적 시각에서의 연구와 차별화되는 것이다.

다섯째, 이 연구는 여선교사나 조선 여학생 각각의 여성정체성 형성 과정을 기술하는 과정에서, 초기 사회화 과정을 통해 우리 몸 속에 배어 버린 성적 취향도 특정한 역사·문화적 조건을 만나면 변화될 수 있다는 역사적 사례를 제시하였다. 이는 여성의 초기 사회화 과정에서 심리-몸에 스며드는 여성적 기질이 불변의 고정된 것으로 보았던 정신분석학적 '여성성' 연구에 대한 한 반증이라고 할 수 있다.

그러나 본 연구는 다음과 같은 한계를 안고 있다.

첫째, 본 연구는 초기 페미니즘 형성과정에 대한 본격적인 사회사적 연구의 시작에 불과하다. 특히 미국, 캐나다 뿐 아니라 호주, 영국, 스웨덴 등지에서 왔던 여선교사들에 대한 인적 자료와, 그들이 일기, 편지 등으로 남긴 한국 여성들에 대한 경험들은 과거뿐 아니라 현재 한국 여성들의 대중적 의식과 정체성을 이해할 수 있는 중요한 자료로서, 앞으로 체계적인 수집과 해석이 이루어져야 한다고 생각한다.

둘째, 본 연구는 페미니스트 의식의 형성과정에 초점을 맞추었기 때문에 자연스럽게 교육분야의 활동에 한계를 긋고 연구하였다. 여선교사들의 의료 및 기타 활동에 대한 연구들이 보완되어야 하리라 생각된다.

셋째, 인도, 일본, 중국 등지에 파견되었던 여선교사들에 대한 연구가 속속 나오고 있으므로, 보다 체계적인 틀을 통해 다양한 지역에 파견된 이들에 대한 비교 분석도 가능하리라 판단된다. 이러한 비교 분석은 애초 의도(복음주의)와 환경(복음선교 대상의 역사적·문화적 환경) 사이의 교섭 과정에 대한 보다 분명한 증거들을 제시해 줄 것이며, 유사한 영향을 받은 현지 여성들이 어떻게 상이한 페미니즘을 발전시켜 나갔는지를 보여줄 수 있으리라 생각된다.

넷째, 보다 심층적인 자료 수집과 해석이 가능하다면, 특수하지만 의미 깊은 사례들, 예컨대 서구 문명을 부정하고 조선 문화를 옹호/지지하는 경우, 조선 민족주의를 지지하는 경우 등에 대한 문화적·문명적 접근이 가능할 것으로 보인다. 이는 현재까지 지배적이었던 계몽주의나 복음주의적 시각의 한계를 극복하고, 문명적 관점에서 페미니즘을 접근할 수 있는 좋은 사례가 되리라고 본다.

참고문헌

1. 여선교사들의 전기, 자서전, 편지 등 개인적 자료들

백춘성(1996),『天國에서 만납시다 : 韓國女性 開花에 바친 看護員 禪敎師 徐舒平 一代記 = Let's meet in heaven』, 增補版, 서울 : 大韓看護協會 出版部.

문병기 외(1997),『선교사 구애련 교수 : 27세의 캐나다인, 37세의 한국인』, 서울 : 정담.

셔우드 홀(1984),『닥터 홀의 조선회상』, 金東悅(譯), 서울 : 동아출판사.

안영로 (1994),『메마른 땅에 단비가 되어 : 수피아의 어머니 유화례 (F.W. Root)』, 서울 : 쿰란출판사.

애니 베어드(1909),『먼동이 틀 무렵』, 유정순(譯), 서울 : 대한기독교서회, 1981.

언더우드, L. H.(1904),『상투의 나라』, 신복룡, 최수근(공역/주), 서울 : 집문당, 1999

언더우드, L.(1904),『언더우드 부인의 조선생활』, 김 철(역), 서울:뿌리깊은 나무, 1984.

한국기독교역사연구소(1993), The Journals of Mattie Wilcox Noble: 1892−1934, 서울: 한국기독교역사연구소.

許吉來 선생님을 사랑하는 사람들의 모임 (편)(1996),『허길래= Miss Clara

Howard』, 서울 : 양서원.

Alice R. Appenzeller's Private & Public Letters(1935~1950) 32점

Lulu Frey's Private Letters(1893.9.27 — 1919.1.9) & Diary (1919 — 1921) 친필 편지 113통 외.

Kyung — lim Shin Lee(1989), Pear blossoms blooming : the history of American women missionaries at Ewha Womans University, Seoul : Ewha Womans University Press.

Dodson, Mary L.(1952), Half a lifetime in Korea, San Antonio : Naylor.

Wagner, Ellasue Canter(1909), Kim Su Bang, and other stories of Korea, Nashville : M. E. Church.

Walter, Jeannette.(n.t.), Aunt Jean, Boulder : Johnson.

2. 조선 여학생 관련 자료들

김활란박사 교직근속40주년기념집 편집위원회(4292〔1959〕), 『金活蘭博士 素描』, 서울 : 이화여자대학교 출판부.

정의숙 외(1996), 『저 소리가 들리느냐 : 金活蘭. 그 승리의 삶』, 서울 : 이화여자대학교출판부.

　　　『앞으로 오는 50년과 여성의 역할』, 김활란 박사 이화 근속 50주년 기념 국제세미나 자료집. 서울: 이화여자대학교, 1968.5.28 — 30.

길정희(1981), 『나의 自敍傳』, 서울: 三護出版社.

김덕영(1963), 『한 알의 겨자씨』,

김매리 외(1999), 『선생님 그리기 : 우리를 움직인 스승 김활란』, 뉴욕 : 이화여자대학교 대뉴욕지구동창회출판부.

김요나(1999), 『순교자 전기 : 한국교회 100년 = (The) biography of martyrs in the church of Korea. 11 : 박석훈, 최상림』, 서울 : 대한예수교장로회총회.

金貞玉(1977), 『이모님 金活蘭』, 서울 : 정우사.

김폴린(1989), 『주님이 함께 한 90년』, 서울 : 보이스사.

김폴린(1989), "휘장치고 세례받던 조모 전삼덕권사,"『기독교사상』, 제 371호, 서울:대한기독교서회, 156~60쪽.

김활란 박사 교직 근속 40주년기념논문집 편집위원회 엮음(1999),『한국 여성 문화 논총』, 제2판, 서울 : 이화여자대학교 출판부.

김활란(1999),『(우월 김활란 자서전) 그 빛속의 작은 생명』, 제2판, 서울 : 이 화여자대학교 출판부.

명신 창립 75주년 기념 동문회지 편집위원회(1988),『명신 창립 75주년 기념 회지』, 서울: 북간도 용정 명신여고 서울 동문회

閔淑鉉, 朴海璥(1981),『한가람 봄바람에』, 서울:知人社.

박석분, 박은봉(1994),『인물 여성사』, 한국편, 서울: 새날.

31여성동지회 문화부(편)(1980),『한국여성독립운동사』, 서울: 31여성동지회.

신영숙(1996), "일제시기 여성운동가의 삶과 그 특성 연구-조신성과 허정숙 을 중심으로,"『歷史學報』제 150집, 서울:역사학회, 129~158쪽.

신영숙(1997), "연구노트 : 일제 시기 여성운동가의 생활과 활동양상-황애덕 신덕 자매를 중심으로-,"『한국여성학』제 13권, 제 1호, 서울: 한국 여성학회, 177~200쪽.

又月文集編輯委員會 (편)(1979a),『又月文集』I, 서울 : 이화여자대학교.

又月文集編輯委員會 (편)(1979b),『又月文集』II, 서울 : 이화여자대학교.

이덕주(1990),『한국교회 처음여성들』, 서울 : 기독교문사.

『梨保同窓會報』, 제1집 (1937)-제4집(1940), 梨專

이혜리(1997),『할머니가 있는 풍경 : 젊은 미국인 손녀가 발견한 한국인 할 머니의 삶과 유산』, 홍현숙(역), 서울 : 디자인하우스.

이화여자대학교, 이화역사자료실(1999),『근대 여성 교육과 우월 김활란: 탄생 100주년 기념 도록』, 서울: 이화여자대학교.

임상빈(1985), 기독교 여성들의 현재적 증언,『여성 깰지어다 일어날지어다 노래할지어다 : 韓國基督敎女性百年史』, 한국기독교백주년기념사업협 의회 여성분과위원회(편), 서울: 대한기독교출판사.

정석기(1995),『한국기독교여성인물사』, 서울: 쿰란출판사.

≪帝國新聞≫ 제 106호, 1898.12.14. 韓國學文獻硏究所(編), 서울: 아세아문화 사, 영인본, 1986.

추계최은희문화사업회(편)(1991), 『한국개화여성열전』, 서울 : 조선일보사.

최규애(1991), 『(참다운 크리스찬) 최활란 女史 = Helen Choi』, 서울 : 나랏말
출판사, 1991

黃溫順文集刊行委員會(1992), 『黃溫順 : 天聲을 받들어 90年』, 서울 : 해돋이.

An Ewha College Girl(1933), "What Christianity has Done for Me and Mine," *The
Korea Mission Field: A Monthly Journal of Christian Progress*, Vol.29, No.9,
Seoul: Federal Council of Evangelical Missions in Korea, pp.195~6.

Noble, Mattie Wilcox (1935), *Victorious lives of early Christians in Korea*, Tokyo : 敎文
館.

Pahk, Induk(1954), *September monkey*, New York : Harper.

Pahk, Induk(c1977), *The cock still crows*, New York : Vantage Press.

Strawn, S.R.(1988), *Where There Is No Path: Lee Tai—Young Her Story*, Seoul: Korea
Legal Aid for Family Relations.

3. 여선교사와 여학생 관련 영문잡지 기고문들

"A Girl's School Field Day," *The Korea Mission Field: A Monthly Journal of Christian
Progress*, Vo.3, No. 6, Seoul: Federal Council of Evangelical Missions in
Korea, 1907, pp.90~1.

"A Married Woman Speaks for Herself," *The Korea Mission Field: A Monthly Journal of
Christian Progress*, Vol.17, No.3, Seoul: Federal Council of Evangelical
Missions in Korea, 1921, pp.61~2.

"A New President for Ewha College for Women: A Resolution," *The Korea Mission
Field: A Monthly Journal of Christian Progress*, Seoul: Federal Council of
Evangelical Missions in Korea, 1939, Vol.35, p.118.

"Christmas at Ewha Haktang," *Woman's Missionary Friend*, Vol.54, No.12, 1922,
p.441.

"Editorial: Women's Education," *The Korea Mission Field: A Monthly Journal of
Christian Progress*, Seoul: Federal Council of Evangelical Missions in Korea,

Vol.29, No.7, 1935, p.135.

"Education in Korea," *The Korea Mission Field: A Monthly Journal of Christian Progress,* Seoul: Federal Council of Evangelical Missions in Korea, Vol.15, No.12, 1919, p.258.

"Evangelism, Education, Healing," *Woman's Missionary Friend,* Vol.57, No.9, 1925, p.306.

"Ewa Haktang Commencement", *The Korea Mission Field: A Monthly Journal of Christian Progress,* Vol.8, No.5, Seoul: Federal Council of Evangelical Missions in Korea, 1912, pp.142~143.

"Ewha College English Short Story Contest—1935", *The Korea Mission Field: A Monthly Journal of Christian Progress,* Seoul: Federal Council of Evangelical Missions in Korea, Vol.31, No.4, 1935, pp.85~6.

"Ewha College Snapshots", *The Korea Mission Field: A Monthly Journal of Christian Progress,* Vol.29, No.9 Seoul: Federal Council of Evangelical Missions in Korea, pp.182~183.

"Ewha Haktang in Transition," *Woman's Missionary Friend,* Vol.54, No.1, 1922, pp. 5~7.

"Lulu E. Frey," *Woman's Missionary Friend,* Vol.53, No.7, 1921, p.248, 253.

"Mrs. M.F. Scranton," *The Korea Mission Field: A Monthly Journal of Christian Progress,* Vol.7, No.6, Seoul: Federal Council of Evangelical Missions in Korea, pp.171.

"My Idea of an Ideal Korean Home: Ewha Colledge Girls' Opinions", *The Korea Mission Field: A Monthly Journal of Christian Progress,* Vol.29, No.1, Seoul: Federal Council of Evangelical Missions in Korea, pp.35~36.

"Revival Meetings in the Girls' School of the M. E. Church", *The Korea Mission Field: A Monthly Journal of Christian Progress,* 1912, Vol.8, No.5, Seoul: Federal Council of Evangelical Missions in Korea, pp.9~12.

"Second Generation Missionaries in Korea," *The Korea Mission Field: A Monthly Journal of Christian Progress,* Seoul: Federal Council of Evangelical Missions in Korea, Vol.37, No.4, 1941. pp.61~4.

"The Claims and Purpose of the New Woman's Magazine", *The Korea Mission Field: A Monthly Journal of Christian Progress*, 1920, Vol.16, No.10, Seoul: Federal Council of Evangelical Missions in Korea, p.213.

"The Dedication of Pfeiffer Hall, Case Hall, Emerson Hall, and Thomas Gymnasium," *The Korea Mission Field: A Monthly Journal of Christian Progress*, Seoul: Federal Council of Evangelical Missions in Korea, Vol.29, No.7, pp.142~3.

"The Work of the Woman's Missionary Society of the Methodist Episcopal church, south", translated by Ryang, Marion (1929), *The Korea Mission Field: A Monthly Journal of Christian Progress*, Vol.25, No.2, Seoul: Federal Council of Evangelical Missions in Korea, pp.23~24.

Adams, J.E.(1916), "The Story of a Korean Girl Who Was a Christian", *The Korea Mission Field: A Monthly Journal of Christian Progress*, Vol.12, No.5, Seoul: Federal Council of Evangelical Missions in Korea, pp.130~134.

Albertson, Millie M.(1914), "Work for Women," *The Korea Mission Field: A Monthly Journal of Christian Progress*, Seoul: Federal Council of Evangelical Missions in Korea, Vol.10, No.4, pp.111~3.

Anderson, W. J.(1926), "What Are Your Girls Doing in Seoul?" *The Korea Mission Field: A Monthly Journal of Christian Progress*, Seoul: Federal Council of Evangelical Missions in Korea, Vol.22, No.3, pp.60~1.

Anderson, W. J.(1923), "Our Young Women," *The Korea Mission Field: A Monthly Journal of Christian Progress*, Seoul: Federal Council of Evangelical Missions in Korea, Vol.19, pp.54~6.

Anderson, W. J.(1929), The Social Life of the Korean Youth, *The Korea Mission Field: A Monthly Journal of Christian Progress*, Vol. 25, No.5, Seoul: Federal Council of Evangelical Missions in Korea, pp107~109.

Appenzeller, Alice R.(1918b), "Higher Education for Women," *The Korea Mission Field: A Monthly Journal of Christian Progress*, Vol.14, No.10, Seoul: Federal Council of Evangelical Missions in Korea, pp.210~1.

Appenzeller, Alice R.(1919), "The Multiplied Christmas Tree: A True Christmas

Story," *The Korea Mission Field: A Monthly Journal of Christian Progress,* Vol.15, No.12, Seoul: Federal Council of Evangelical Missions in Korea, 1919, pp.254~6.

Appenzeller, Alice R.(1920), "The Proposed Women's College", *The Korea Mission Field: A Monthly Journal of Christian Progress,* Vol.16, No.10, Seoul: Federal Council of Evangelical Missions in Korea, pp.201~203.

Appenzeller, Alice R.(1922), "Ewha Haktang: Woman's College of Korea," *The Korea Mission Field: A Monthly Journal of Christian Progress,* Seoul: Federal Council of Evangelical Missions in Korea, Vol.18, pp.102~4.

Appenzeller, Alice R.(1924), "The New College Site for Women", *The Korea Mission Field: A Monthly Journal of Christian Progress,* Vol.20, No.12, Seoul: Federal Council of Evangelical Missions in Korea, p.262

Appenzeller, Alice R.(1926), "How Can We Help The Young People in Their Social Life? *The Korea Mission Field: A Monthly Journal of Christian Progress,* Vol.1, No.1, Seoul: Federal Council of Evangelical Missions in Korea, pp.11~14.

Appenzeller, Alice R.(1935), "A Miracle and A Fairy Tale," *The Korea Mission Field: A Monthly Journal of Christian Progress,* Seoul: Federal Council of Evangelical Missions in Korea, Vol.29, No.7, pp.136~8.

Appenzeller, Alice R.(1939), "Two Friends of Korea," *The Korea Mission Field: A Monthly Journal of Christian Progress,* Seoul: Federal Council of Evangelical Missions in Korea, Vol.35, pp.237~9.

Appenzeller, Alice R.(1940), "The Dedication of a Home", *The Korea Mission Field: A Monthly Journal of Christian Progress,* Vol.3, No.12, Seoul: Federal Council of Evangelical Missions in Korea, p.45

Baird, Annie L. A.(1913), "Votes or Not for Married Women in Station and Mission," *The Korea Mission Field: A Monthly Journal of Christian Progress,* Seoul: Federal Council of Evangelical Missions in Korea, pp.35~7.

Baird, W. M.(1914), "Educational Mission Problems," *The Korea Mission Field: A Monthly Journal of Christian Progress,* Seoul: Federal Council of Evangelical Missions in Korea, Vol.10, No. 10, pp.296~9.

Baker, Catherine(1936), "The Fiftieth Anniversary of Ewha, May 28–31, 1936," *Woman's Missionary Friend*, Vol.69, No.10, pp.365~6.

Baker, Catherine(1940), "Dedication of the Ewha Colledge Residence", *The Korea Mission Field: A Monthly Journal of Christian Progress*, Vol.3, No.12, Seoul: Federal Council of Evangelical Missions in Korea, pp.45~46.

Baker, Catherine(1929), "Korean Youth and Music", *The Korea Mission Field: A Monthly Journal of Christian Progress*, Vol.25, No.5, Seoul: Federal Council of Evangelical Missions in Korea, pp.100~1.

Baker, Lois(1931), "An Interpreter of Korea's Spiritual Ideals," *The Korea Mission Field: A Monthly Journal of Christian Progress*, Seoul: Federal Council of Evangelical Missions in Korea, Vol.27, pp.46~49.

Baker, Margie S.(1906), "A School Exhibition," *The Korea Mission Field: A Monthly Journal of Christian Progress*, Vol.2, No.9, Seoul: Federal Council of Evangelical Missions in Korea, pp.161~2.

Barhart, B. P.(1920), "The Night School of Seoul", *The Korea Mission Field: A Monthly Journal of Christian Progress*, Vol.6, No.8, Seoul: Federal Council of Evangelical Missions in Korea, pp.164~7.

Bernheisel Chas F.(1914), "Meeting Other Religions and Heresies," *The Korea Mission Field: A Monthly Journal of Christian Progress*, Seoul: Federal Council of Evangelical Missions in Korea, Vol.10, No.4, pp.113~5.

Billings, B. W.(1929), " Korea's First Tuberculosis Sanatorium", *The Korea Mission Field: A Monthly Journal of Christian Progress*, Vol.25, No.2, Seoul: Federal Council of Evangelical Missions in Korea, p.30.

Billings, B. W.(1914), "How to Reach and Hold Young Men," *The Korea Mission Field: A Monthly Journal of Christian Progress*, Seoul: Federal Council of Evangelical Missions in Korea, Vol.10, No.4, pp.110~1.

Billings, B. W.(1914), "Self–Support in Evangelism," *The Korea Mission Field: A Monthly Journal of Christian Progress*, Seoul: Federal Council of Evangelical Missions in Korea, Vol.10, No.4, pp.107~9.

Billings, B. W.(1922), "Education–A Policy by Evolution," *The Korea Mission Field:*

A Monthly Journal of Christian Progress, Seoul: Federal Council of Evangelical Missions in Korea, Vol.18, pp.93~4.

Blair, Willam N.(1922), "Some Result of the Forward Movement Campaign of The Korean Presbyterian Church", *The Korea Mission Field: A Monthly Journal of Christian Progress*, Vol.18, No.12, Seoul: Federal Council of Evangelical Missions in Korea, pp.267~268.

Blair, William N.(1914), "How to Plant Churches in Unreached Districts," *The Korea Mission Field: A Monthly Journal of Christian Progress*, Seoul: Federal Council of Evangelical Missions in Korea, Vol.10, No.4, pp.95~7.

Bonwick, Catherine(1933), "Through the Eyes of a Missionary Mother," *The Korea Mission Field: A Monthly Journal of Christian Progress*, Seoul: Federal Council of Evangelical Missions in Korea, Vol.29, No.7, pp.143~4.

Bonwick, Frances(1933), "Christian Education for Korean Girls", *The Korea Mission Field: A Monthly Journal of Christian Progress*, Vol.29, No.9, Seoul: Federal Council of Evangelical Missions in Korea, pp.192~193.

Bonwick, Gerand(1931), "A Women's Knitting Class in the Missionary Home," *The Korea Mission Field: A Monthly Journal of Christian Progress*, Seoul: Federal Council of Evangelical Missions in Korea, Vol.27, pp.75.

Bording, M. P.(1928), Infant Welfare and Public Health Work in Kongju, *The Korea Mission Field: A Monthly Journal of Christian Progress*, Vol. 24, No.3, Seoul: Federal Council of Evangelical Missions in Korea, pp.52~3

Boreland, Frank T.(1933), "The Rural Problem in Korea and Some Ways in Which it is Being Faced," *The Korea Mission Field: A Monthly Journal of Christian Progress*, Seoul: Federal Council of Evangelical Missions in Korea, Vol.29, No.7, pp.133~35.

Boyce, Florence A.(1923), "The Missionary and the Home, " *The Korea Mission Field: A Monthly Journal of Christian Progress*, Seoul: Federal Council of Evangelical Missions in Korea, Vol.19, pp.179~82.

Brannan, L. C.(1925), "Prism Pages: A Bible Woman in Korea, *The Korea Mission Field: A Monthly Journal of Christian Progress*, Vol.21, No.9, Seoul: Federal

Council of Evangelical Missions in Korea, 1910, pp.187~8.

Bruce, G. F.(1933), "Present Day Educational Needs," *The Korea Mission Field: A Monthly Journal of Christian Progress*, Seoul: Federal Council of Evangelical Missions in Korea, Vol.29, No.1, pp.1~5.

Butts, Alice M.(1925), "The Training of Presbyterian Women for Service," *The Korea Mission Field: A Monthly Journal of Christian Progress*, Vol.21, No.3, Seoul: Federal Council of Evangelical Missions in Korea, pp.59~61.

Carter, J. T.(1920), "The Principal Mission Schools of Seoul," *The Korea Mission Field: A Monthly Journal of Christian Progress*, Seoul: Federal Council of Evangelical Missions in Korea, Vol.16, pp.159~62.

Catherine Baker(1936), The Fiftieth Anniversary of Ewha, *The Korea Mission Field: A Monthly Journal of Christian Progress*, Vol.32, No 8, Seoul: Federal Council of Evangelical Missions in Korea, pp.169~71.

Chaffin, Anna B.(1917), "Adequate Prayer, Our Greatest Need for Success," *The Korea Mission Field: A Monthly Journal of Christian Progress*, Seoul: Federal Council of Evangelical Missions in Korea, Vol.13, No.4, pp.99~101.

Chaffin, Anna B.(1917), "The Problem of Reaching with the Gospel the Japanese in Korea," *The Korea Mission Field: A Monthly Journal of Christian Progress*, Seoul: Federal Council of Evangelical Missions in Korea, Vol.13, No.10, pp.250~3.

Chaffin, Anna B.(1922), "The Union Methodist Woman's Bible Training School," *The Korea Mission Field: A Monthly Journal of Christian Progress*, Vol.18, No.11, Seoul: Federal Council of Evangelical Missions in Korea, pp.250~1.

Clark (1910), "Faith", *The Korea Mission Field: A Monthly Journal of Christian Progress*, V ol.6, No.9, Seoul: Federal Council of Evangelical Missions in Korea, pp.228~233.

Clark, W. M.(1924), "The Radically Different View—point of Oriental Pedagogy," *The Korea Mission Field: A Monthly Journal of Christian Progress*, Seoul: Federal Council of Evangelical Missions in Korea, Vol.20, pp.115~9.

Clark, W. M.(1926), "The Value of Christian Education in Korea," *The Korea Mission Field: A Monthly Journal of Christian Progress*, Seoul: Federal Council of

Evangelical Missions in Korea, Vol.22, No.7., pp.146~8.

Clark, W. M.(1926), "The Value of Christian Education in Korea," *The Korea Mission Field: A Monthly Journal of Christian Progress*, Vol.22, No.7, Seoul: Federal Council of Evangelical Missions in Korea, pp.146~8.

Coen, R. C.(1922), "Diagnosing Our Mission School:The Revelation of a Questionaire", *The Korea Mission Field: A Monthly Journal of Christian Progress*, Vol.18, Seoul: Federal Council of Evangelical Missions in Korea, pp.115~118.

Coen, R. C.(1923), "Higher Education for the Women of Korea: Perfecting the Pear Tree," *The Korea Mission Field: A Monthly Journal of Christian Progress*, Seoul: Federal Council of Evangelical Missions in Korea, Vol.19, pp.25~6.

Conrow, Marion L.(1923), "The Korea Woman's Conference of the Methodist Episcopal Church," *The Korea Mission Field: A Monthly Journal of Christian Progress*, Seoul: Federal Council of Evangelical Missions in Korea, Vol.19, No.8, pp.170~3.

Conrow, Marion L.(1923), "Vacation Service," *The Korea Mission Field: A Monthly Journal of Christian Progress*, Seoul: Federal Council of Evangelical Missions in Korea, Vol.19, No.11, pp.229~30.

Conrow, Marion L.(1930), "The Future of the Women's College," *The Korea Mission Field: A Monthly Journal of Christian Progress*, Seoul: Federal Council of Evangelical Missions in Korea, Vol.26, No.4, pp.76~7.

Conrow, Marion L.(1933), "High, Far—Seeing Places," *The Korea Mission Field: A Monthly Journal of Christian Progress*, Seoul: Federal Council of Evangelical Missions in Korea, Vol.29, No.1, pp.8~9.

Conrow, Marion Lane(1924), "Daily Vacation Bible Schools of 1924," *The Korea Mission Field: A Monthly Journal of Christian Progress*, Seoul: Federal Council of Evangelical Missions in Korea, Vol.20, No.12, pp.248~50.

Conrow, Marion Lane (1939), "Helen K. Kim, Ph. D. President of Ewha College," *The Korea Mission Field: A Monthly Journal of Christian Progress*, Seoul: Federal Council of Evangelical Missions in Korea, Vol.35, pp.119~20.

Conrow, Marion Lane(1939), "Helen K. Kim, Ph. D. President of Ewha college", *The Korea Mission Field: A Monthly Journal of Christian Progress*, Vol.35, No.6, Seoul: Federal Council of Evangelical Missions in Korea, pp.119~120.

Cooper, Kate(1926), "The Evangelism of Individuals," *The Korea Mission Field: A Monthly Journal of Christian Progress*, Vol.22, No.2, Seoul: Federal Council of Evangelical Missions in Korea, pp.23~5.

Cumming, D. J.(1920), "The Forward Movement in Education in the Southen Presbyterian Territory," *The Korea Mission Field: A Monthly Journal of Christian Progress*, Vol.16, No.7, Seoul: Federal Council of Evangelical Missions in Korea, pp.144~5.

Cynn, H. Heung－Wo(1914), "The College Question － From a Korean Standpoint," *The Korea Mission Field: A Monthly Journal of Christian Progress*, Seoul: Federal Council of Evangelical Missions in Korea, Vol.10, No. 10, pp.299~302.

Daniel, S. B.(1914), "Children's Corner," *The Korea Mission Field: A Monthly Journal of Christian Progress*, Seoul: Federal Council of Evangelical Missions in Korea, Vol.10, No.4, pp.120~1.

Daniel, S. B.(1916), "Founder's Day at Ewha Haktang, 1882－1926," *The Korea Mission Field: A Monthly Journal of Christian Progress*, Vol.16, No.7, Seoul: Federal Council of Evangelical Missions in Korea, pp.144~5.

Dean, L.(1918), "The Korean Woman and Changing Conditions," *The Korea Mission Field: A Monthly Journal of Christian Progress*, Vol.14, No.10, Seoul: Federal Council of Evangelical Missions in Korea, pp.207~210.

Demaree, E. W. et.al.(1936), "The New Missionary's Work in Korea," *The Korea Mission Field: A Monthly Journal of Christian Progress*, Vol.32, No.12, Seoul: Federal Council of Evangelical Missions in Korea, pp.246~54.

Douglas, W. A.(1923), "Digest of Writings of Henry George, Issued by the Department of Evangelism and Social Service of the Methodist Church, Canada," *The Korea Mission Field: A Monthly Journal of Christian Progress*, Seoul: Federal Council of Evangelical Missions in Korea, Vol.19, pp.41~4.

English, Marguerite G.(1923), "Why I Became a Missionary," *The Korea Mission Field:*

A Monthly Journal of Christian Progress, Seoul: Federal Council of Evangelical Missions in Korea, Vol.19, pp.130~1.

Erwin, Cordelia(1918), "Transition, A Korean Christian Wedding", *The Korea Mission Field: A Monthly Journal of Christian Progress*, Vol.19, No.4, Seoul: Federal Council of Evangelical Missions in Korea, pp.73~76.

Ewha College Girls(1933), "My Idea of an Ideal Korean Home," *The Korea Mission Field: A Monthly Journal of Christian Progress*, Seoul: Federal Council of Evangelical Missions in Korea, Vol.29, No.2, pp.35~6.

Fery(1910), "Higher education for Women in Korea", *The Korea Mission Field: A Monthly Journal of Christian Progress*, Vol.6, No.7, Seoul: Federal Council of Evangelical Missions in Korea, pp.178~181.

Fraser, E.J.O.(1925), "Religions Education on the Foreign Mission Field," *The Korea Mission Field: A Monthly Journal of Christian Progress*, Vol.21, No.1, Seoul: Federal Council of Evangelical Missions in Korea, pp.12~5.

Frey, Lulu E.(1914), "Higher Education for Korean Girls," *The Korea Mission Field: A Monthly Journal of Christian Progress*, Seoul: Federal Council of Evangelical Missions in Korea, Vol.10, No.10, pp.307~9.

Gaines, Nannie B.(1921), "Korea as seen by a Missionary from Japan," *The Korea Mission Field: A Monthly Journal of Christian Progress*, Vol.17, No.3, Seoul: Federal Council of Evangelical Missions in Korea, pp.54~6.

Gale, James S.(1914), "Bible Institutes," *The Korea Mission Field: A Monthly Journal of Christian Progress*, Seoul: Federal Council of Evangelical Missions in Korea, Vol.10, No.4, pp.115~7.

Genso, Mabel R. (1919), "Work with Korean Mothers," *The Korea Mission Field: A Monthly Journal of Christian Progress*, Seoul: Federal Council of Evangelical Missions in Korea, Vol.15, No.12, pp.263~4.

Gerdine, J. L.(1912), "How one Korean Woman Came to Christ", *The Korea Mission Field: A Monthly Journal of Christian Progress*, Vol.8, No.5, Seoul: Federal Council of Evangelical Missions in Korea, pp.142~143.

Girls Students of Ewha Haktang(1931), "More Essays in English," *The Korea Mission*

Field: A Monthly Journal of Christian Progress, Seoul: Federal Council of Evangelical Missions in Korea, Vol.27, pp.58~60.

Greenfield, M. Willis(1914), "The Evangelization of All Korea," The Korea Mission Field: A Monthly Journal of Christian Progress, Seoul: Federal Council of Evangelical Missions in Korea, Vol.10, No.4, pp.91~3.

Grove, Paul L.(1914), "A Missionary Evangelist," The Korea Mission Field: A Monthly Journal of Christian Progress, Seoul: Federal Council of Evangelical Missions in Korea, Vol.10, No.4, pp.103~5.

H. Namkung(1936), Does Korea Need More Missionaries?—3. Koreans Want More Missionaries (A Korean Veiw—point, The Korea Mission Field: A Monthly Journal of Christian Progress, Vol.32, No.11, Seoul: Federal Council of Evangelical Missions in Korea, p.226.

Hall, Rosetta Sherwood(1925), Women Physicians in the Orient, The Korea Mission Field: A Monthly Journal of Christian Progress, Vol. 21, No.2, Seoul: Federal Council of Evangelical Missions in Korea, pp.41~3.

Hall, Resetta Sherwood(1928), The Woman's Medical Training Institute—Ella Anthony Lewis' Memorial, Seoul, The Korea Mission Field: A Monthly Journal of Christian Progress, Vol 24, No.9, Seoul: Federal Council of Evangelical Missions in Korea, pp. 182~3.

Hall, Rosetta Sherwood(1931), "An Ideal First Aid Kit for the Itineration", The Korea Mission Field: A Monthly Journal of Christian Progress, Vol.5, No.9, Seoul: Federal Council of Evangelical Missions in Korea, pp.161~162.

Hall, Rosetta S.(1933), "Korean Foods for the Sick," The Korea Mission Field: A Monthly Journal of Christian Progress, Vol.29, No.9, Seoul: Federal Council of Evangelical Missions in Korea, pp.187~9.

Hall, Rosetta Sherwood(1936), the Use of White Clothes, the Year Round!, The Korea Mission Field: A Monthly Journal of Christian Progress, Vol. 32, No.12, Seoul: Federal Council of Evangelical Missions in Korea, pp.263~4.

Hall, Rosetta Sherwood(1927), "My Call to the Field", The Korea Mission Field: A Monthly Journal of Christian Progress, Vol.28, No11, Seoul: Federal Council of

Evangelical Missions in Korea, p.229.

Hall, Rosetta Sherwood(1931), "Women's Medical Education", *The Korea Mission Field: A Monthly Journal of Christian Progress*, Vol.27, No.8, Seoul: Federal Council of Evangelical Missions in Korea, pp.177~178.

Hall, Rostta S.(1933), "A Plea for White Clothes and the Retention of the Korean Costume", *The Korea Mission Field: A Monthly Journal of Christian Progress*, Vol.29, No.6, Seoul: Federal Council of Evangelical Missions in Korea, pp.127~129.

Harris, G.(1916), The Future of the Korean Trained Nurse, *The Korea Mission Field: A Monthly Journal of Christian Progress*, Vol. 24, No.2, Seoul: Federal Council of Evangelical Missions in Korea, pp.46~8.

Harrison, W. B.(1926), "The Problem of a Korean Bride," *The Korea Mission Field: A Monthly Journal of Christian Progress*, Vol.22, No.1, Seoul: Federal Council of Evangelical Missions in Korea, p.20.

Hartness, Marion G.(1926), "Travels with my Daugher in Korea," *The Korea Mission Field: A Monthly Journal of Christian Progress*, Seoul: Federal Council of Evangelical Missions in Korea, Vol.22, pp.261~3.

Heaslett, S.(1932), "Christian Education in Japan," *The Korea Mission Field: A Monthly Journal of Christian Progress*, Seoul: Federal Council of Evangelical Missions in Korea, Vol.28, pp.251~3.

Hess, M. I.(1925), "A Week's Log of the "Cincinnati,"" *The Korea Mission Field: A Monthly Journal of Christian Progress*, Vol.22, No.1, Seoul: Federal Council of Evangelical Missions in Korea, pp.268~9.

Hess, M. I.(1926), "A Week's Log of the "Cincinnati,"" *The Korea Mission Field: A Monthly Journal of Christian Progress*, Vol.22, No.1, Seoul: Federal Council of Evangelical Missions in Korea, pp.17~9.

Hess, Margaret(1918), "Island Itinerating by Motor—Boat," *The Korea Mission Field: A Monthly Journal of Christian Progress*, Vol.14, No.5, Seoul: Federal Council of Evangelical Missions in Korea, pp.95~7.

Hess, Margaret(1925), "With the Island Women of Chemulpo District," *The Korea*

Mission Field: A Monthly Journal of Christian Progress, Vol.21, No.5, Seoul: Federal Council of Evangelical Missions in Korea, pp.112~3.

Hess, Margaret(1929), "Among Korean Islands," *The Korea Mission Field: A Monthly Journal of Christian Progress*, Vol.25, No.4, Seoul: Federal Council of Evangelical Missions in Korea, pp.67~8.

Hess, Margaret(1930), "Among the Western Islands," *The Korea Mission Field: A Monthly Journal of Christian Progress*, Vol.26, No.1, Seoul: Federal Council of Evangelical Missions in Korea, pp.16~7.

Hess, Margaret(1922), "Moter Boat Itinerating", *The Korea Mission Field: A Monthly Journal of Christian Progress*, Vol.8, No.1, Seoul: Federal Council of Evangelical Missions in Korea, pp.14~15.

Hess, Margaret(1924), "The Undong", *The Korea Mission Field: A Monthly Journal of Christian Progress*, Vol.20, No.11, Seoul: Federal Council of Evangelical Missions in Korea, pp.227~8.

Hillman, Mary R.(1910), "Mrs. M. F. Scranton", *The Korea Mission Field: A Monthly Journal of Christian Progress*, Vol.6, No.1, Seoul: Federal Council of Evangelical Missions in Korea, pp.11~4.

Hillman, Mary R.(1925), "Kindergartens and Preachers in Korea," *Woman's Missionary Friend*, Vol.57, No.9, pp.315~7.

Hitch, J. W.(1923), "Contemporary Korean Thought", *The Korea Mission Field: A Monthly Journal of Christian Progress*, Seoul: Federal Council of Evangelical Missions in Korea, Vol.19, pp.121~5.

Hitch, J. W.(1926), "Present Tendencies in Korean Literature", *The Korea Mission Field: A Monthly Journal of Christian Progress*, Seoul: Federal Council of Evangelical Missions in Korea, Vol.22, No.6., pp.129~32.

Hobbs, Edna Vanfleet(1939), "Charlotte Brownlee: A Pioneer", *The Korea Mission Field: A Monthly Journal of Christian Progress*, Vol.35, No.12, Seoul: Federal Council of Evangelical Missions in Korea, pp.256~257.

Holdcroft, J. G.(1914), "The Sunday School as an Evangelistic Agency," *The Korea Mission Field: A Monthly Journal of Christian Progress*, Seoul: Federal Council of

Evangelical Missions in Korea, Vol.10, No.4, pp.97~9.

Jaquett, E.(1927), "The School for Deserted Wives & Widows, Pyengyang", *The Korea Mission Field: A Monthly Journal of Christian Progress*, Vol.28, No.11, Seoul: Federal Council of Evangelical Missions in Korea, pp.230~233.

Johnson, Olga C.(1937), "Are Marriages Made In Heaven?" *The Korea Mission Field: A Monthly Journal of Christian Progress*, Seoul: Federal Council of Evangelical Missions in Korea, Vol.33, pp.36~7.

Jung, Lion K.(1929), "An Angel —Mother", *The Korea Mission Field: A Monthly Journal of Christian Progress*, Vol.25, No.2, Seoul: Federal Council of Evangelical Missions in Korea, pp.24~25.

Katherine Wambold(1916), "Women's Class in seoul, Feb. 1916", *The Korea Mission Field: A Monthly Journal of Christian Progress*, Vol.12, No.4, Seoul: Federal Council of Evangelical Missions in Korea, pp.106~7.

Keith, Elizabeth and Elspet Keith Robertson Scott(1946), *Old Korea : the land of morning calm*, London : Hutchinson.

Kerr, C.(1921), "The Nihon Kirisuto Kyokai," *The Korea Mission Field: A Monthly Journal of Christian Progress*, Vol.17, No.3, Seoul: Federal Council of Evangelical Missions in Korea, pp.52~4.

Kerr, C.(1926), "Suggestions for Language Study: Drawn from Personal Experience," *The Korea Mission Field: A Monthly Journal of Christian Progress*, Vol.22, No.1, Seoul: Federal Council of Evangelical Missions in Korea, pp.21~2.

Kim, Helen(1918), "The Relation of Higher Education to the," *The Korea Mission Field: A Monthly Journal of Christian Progress*, Vol.14, No.6, Seoul: Federal Council of Evangelical Missions in Korea, pp.125~7.

Kim, Helen(1931), "Women's Share In the Reconstruction of Korea," *The Korea Mission Field: A Monthly Journal of Christian Progress*, Seoul: Federal Council of Evangelical Missions in Korea, Vol.27, pp.45~46.

Kim, Helen K.(1933), "Briding the Chasm," *The Korea Mission Field: A Monthly Journal of Christian Progress*, Vol.27, No. 8, Seoul: Federal Council of Evangelical Missions in Korea, pp.155~156.

Kim, Shinsil S.(1933), "Physical Education at Ewha College, Seoul," *The Korea Mission Field: A Monthly Journal of Christian Progress*, Seoul: Federal Council of Evangelical Missions in Korea, Vol.29, No.7, pp.138.

Kim, Kapsoon(1935), "She Smiled," *The Korea Mission Field: A Monthly Journal of Christian Progress*, Seoul: Federal Council of Evangelical Missions in Korea, Vol.31, No.4, pp.86~8.

Kohiyama, Rui Yazawa(1997), "Ambivalent Sympathizer: American Missionaries in Japan Facing the Annexation of Korea," *Journal of American Studies*, 29, No.2, pp.377~401.

L. George Paik(1980), *The history of Protestant Missions in Korea*, 1832~1910, 3rd ed., Seoul : Yonsei University Press.

L. George Paik(1936), Does Korea Need More Missionaries?—6. Six Observations on the Present Situation, *The Korea Mission Field: A Monthly Journal of Christian Progress*, Vol. 32, No.11, Seoul: Federal Council of Evangelical Missions in Korea, p.229.

L.H.U.(1913), "Women's Work in Korea," *The Korea Mission Field: A Monthly Journal of Christian Progress*, Seoul: Federal Council of Evangelical Missions in Korea, Vol.9, pp.94~6.

Lacy, J.V.(1922), "There are Schools and Schools," *The Korea Mission Field: A Monthly Journal of Christian Progress*, Seoul: Federal Council of Evangelical Missions in Korea, Vol.18, pp.94~6.

Lee, Duk—joo(1997), "An Understanding of Early Korean Christian Women's History," *Ewha Journal of Feminist Theology*, Vol.2, pp.11~51.

Lewis(1913), "Woman's Academy, Seoul," *The Korea Mission Field: A Monthly Journal of Christian Progress*, Seoul: Federal Council of Evangelical Missions in Korea, Vol.9, pp.229~31.

M. W. Noble(1935), Victorious lives of early Christians in Korea, Tokyo : 教文館.

MacDonald, D. A.(1926), "The Missionary's Place in Korea Today: A Discussion at Wonsan Beach," *The Korea Mission Field: A Monthly Journal of Christian Progress*, Seoul: Federal Council of Evangelical Missions in Korea, Vol.22, pp.266~8.

Maker, Jessie(1920), "Union Classes in Seoul", *The Korea Mission Field: A Monthly Journal of Christian Progress*, Vol.6, No.7, Seoul: Federal Council of Evangelical Missions in Korea, pp.145~146.

Margaret Hess(1936), Does Korea Need More Missionaries?—5. Yes for One More Generation, *The Korea Mission Field: A Monthly Journal of Christian Progress*, Vol. 32, No.11, Seoul: Federal Council of Evangelical Missions in Korea, p.228.

Marilyn J. WesterKamp(1999), Women and Religion in Early America, 1600—1850: The Puritan and Evagelical Traditions, London: Routledge.

Marker, Jessie(1920), "The Union Classes in Seoul," *The Korea Mission Field: A Monthly Journal of Christian Progress*, Vol.16, No.7, Seoul: Federal Council of Evangelical Missions in Korea, pp.145~6.

Marker, Jessie B.(1923), "An Upper Room Service", *The Korea Mission Field: A Monthly Journal of Christian Progress*, Vol.19, No.4, Seoul: Federal Council of Evangelical Missions in Korea, pp.77~80.

Marker, Jessie B.(1940), "The Prayer of Faith", *The Korea Mission Field: A Monthly Journal of Christian Progress*, Vol.36, No.9, Seoul: Federal Council of Evangelical Missions in Korea, pp.153~4.

Martin, S.H.(1935), "A Doctor's Daily Dilemma: Being a Plea for the Destitute Sick," *The Korea Mission Field: A Monthly Journal of Christian Progress*, Vol.31, No.5, Seoul: Federal Council of Evangelical Missions in Korea, pp.95~6.

Mauk, Mary Vic(1940), "After Thirteen Years," *The Korea Mission Field: A Monthly Journal of Christian Progress*, Seoul: Federal Council of Evangelical Missions in Korea, Vol.36, pp.65~7.

McCully, Louise H.(1921), "In Memoriam—Mrs. Robert Grierson," *The Korea Mission Field: A Monthly Journal of Christian Progress*, Vol.17, No.3, Seoul: Federal Council of Evangelical Missions in Korea, pp.57~8.

McCune, Kathherine(1910), "A Heathen Bride", *The Korea Mission Field: A Monthly Journal of Christian Progress*, Vol.6, No.9, Seoul: Federal Council of Evangelical

Missions in Korea, pp.221~224.

McDowell, Clotida Lyon(1919), "Forward from the Jubilee," *Woman's Missionary Friend*, Vol.51, pp.421~2.

McGary, Grace Harmon & M.E. North(1915), "Music in the School," *The Korea Mission Field: A Monthly Journal of Christian Progress*, Vol.11, No.4, Seoul: Federal Council of Evangelical Missions in Korea, pp.103~4.

McGary, Grace Harmon & M.E. North(1916), "Higher Education for Women in Korea," *The Korea Mission Field: A Monthly Journal of Christian Progress*, Vol.12, No.8, Seoul: Federal Council of Evangelical Missions in Korea, pp.214~6.

McLaren, C. I.(1923), "The Korean Woman's New Day," *The Korea Mission Field: A Monthly Journal of Christian Progress*, Seoul: Federal Council of Evangelical Missions in Korea, Vol.19, No.11, pp.236~9.

McLaren, C. I.(1923), "The Noble Woman", *The Korea Mission Field: A Monthly Journal of Christian Progress*, Vol.29, No.6, Seoul: Federal Council of Evangelical Missions in Korea, p.129.

Mead, Eleanor S.(1936), "World Citizenship Committee," *Woman's Missionary Friend*, Vol.69, No.4, pp.130~6.

Miller, F. S. & O. R. Avison(1916), Lady Kim, *The Korea Mission Field: A Monthly Journal of Christian Progress*, Vol.12, No.4, Seoul: Federal Council of Evangelical Missions in Korea, pp.95~8.

Miller, Lula A.(1924), "Ninety Newly Organized Missionary Societies—Where?" *The Korea Mission Field: A Monthly Journal of Christian Progress*, Vol.20, No.11, Seoul: Federal Council of Evangelical Missions in Korea, pp.228~9.

Miss Margie S. Baker(1906), "A School Exhibition", *The Korea Mission Field: A Monthly Journal of Christian Progress*, Vol.2, No 9, Seoul: Federal Council of Evangelical Missions in Korea, pp.161~2.

Miss. M. M. Albertson and Mrs. C. M. Cable(1916), Woman's Bible Training School, *The Korea Mission Field: A Monthly Journal of Christian Progress*, Vol.12, No.4, Seoul: Federal Council of Evangelical Missions in Korea, pp.107~10.

Moffett, Samuel A.(1914), "Individual Life of the Korean Christian," *The Korea Mission Field: A Monthly Journal of Christian Progress*, Seoul: Federal Council of Evangelical Missions in Korea, Vol.10, No.4, pp.93~5.

Moore, J. R.(1905), "The Story of the Life of a Korean Woman," *The Korea Mission Field: A Monthly Journal of Christian Progress*, Seoul: Federal Council of Evangelical Missions in Korea, Vol.2, pp.73~4.

Moore, S.(1928), The Korea Mother at School, *The Korea Mission Field: A Monthly Journal of Christian Progress*, Vol 24, No3, Seoul: Federal Council of Evangelical Missions in Korea, pp.55~6.

Morris, C. D.(1914), "How to Maintain and Develop the Evangelistic Spirit," *The Korea Mission Field: A Monthly Journal of Christian Progress*, Seoul: Federal Council of Evangelical Missions in Korea, Vol.10, No.4, pp.117~8.

Morris, Harriett P.(1940), "The Woman's Work Section," *The Korea Mission Field: A Monthly Journal of Christian Progress*, Seoul: Federal Council of Evangelical Missions in Korea, Vol.36, pp.182~4.

Mrs. A. M. Sharrocks(1916), "Influence of the Missionary's Home", *The Korea Mission Field: A Monthly Journal of Christian Progress*, Vol.12, No.4, Seoul: Federal Council of Evangelical Missions in Korea, pp.99~102.

Mrs. M. V. Scraton(1906), A Royal School, *The Korea Mission Field: A Monthly Journal of Christian Progress*, Vol. 2, No. 9, Seoul: Federal Council of Evangelical Missions in Korea, p.162.

Mrs. O. R. Avison(1916), "Founding and Developing a Christan Home; a missionary Mother to Korean Mother to Korean Mothers", *The Korea Mission Field: A Monthly Journal of Christian Progress*, Vol.12, No.4, Seoul: Federal Council of Evangelical Missions in Korea, pp.102~4.

Mrs. R. A. Sharp(1906), "Evangelistic Work of Chung Chung Province", *The Korea Mission Field: A Monthly Journal of Christian Progress*, Vol.2, No.9, Seoul: Federal Council of Evangelical Missions in Korea, pp.162~3.

Mrs. Thomas Hobbs(1929), "The Society for the Prevention of Cruelty to Animals: Annual Report," *The Korea Mission Field: A Monthly Journal of Christian*

Progress, Vol.25, No.12, Seoul: Federal Council of Evangelical Missions in
Korea, pp.258~60.

Mrs. W. G. Cram(1916), "An Encouraging Incident", The Korea Mission Field: A
Monthly Journal of Christian Progress, Vol.12, No.4, Seoul: Federal Council of
Evangelical Missions in Korea, p.106.

Mrs. W. L. Swinehart(1916), "Chungsey", The Korea Mission Field: A Monthly Journal
of Christian Progress, Vol.12, No.4, Seoul: Federal Council of Evangelical
Missions in Korea, p.105.

Mrs. W. M. Clark(1916), "Blessings in Disguise", The Korea Mission Field: A Monthly
Journal of Christian Progress, Vol.12, No.4, Seoul: Federal Council of Evangelical
Missions in Korea, pp.104~5.

Nakamura, K.(1921), "Work Among Japanese Residents in Korea, I. The Japanese
Methodist Church," The Korea Mission Field: A Monthly Journal of Christian
Progress, Vol.17, No.3, Seoul: Federal Council of Evangelical Missions in
Korea, pp.51~2.

Nash, W. L.(1924), "The Korean Daily Vacation Bible School Movement for 1924,"
The Korea Mission Field: A Monthly Journal of Christian Progress, Seoul: Federal
Council of Evangelical Missions in Korea, Vol.20, pp.113~5.

Noble, Mattie Wilcox(1931), "The Missionary Home," The Korea Mission Field: A
Monthly Journal of Christian Progress, Seoul: Federal Council of Evangelical
Missions in Korea, Vol.27, pp.75~7.

Noble, W. A.(1907), "Bible Woman Sadie Kim," The Korea Mission Field: A Monthly
Journal of Christian Progress, Vo.3, No. 6, Seoul: Federal Council of
Evangelical Missions in Korea, p.88.

Noble, W. A.(1922), "Evangelism—'By Their Fruits'," The Korea Mission Field: A
Monthly Journal of Christian Progress, Seoul: Federal Council of Evangelical
Missions in Korea, Vol.18, p.92.

Owens, H. T.(1920), "the Chosen Christian College", The Korea Mission Field: A
Monthly Journal of Christian Progress, Vol.6, No.8, Seoul: Federal Council of
Evangelical Missions in Korea, pp.155~6.

Paine, J. O.(1906), "Back at Ewa Haktang," *The Korea Mission Field: A Monthly Journal of Christian Progress*, Vol.2, No.9, Seoul: Federal Council of Evangelical Missions in Korea, pp.179~80.

Pak, Induk(1933), "Work Among Rural Women," *The Korea Mission Field: A Monthly Journal of Christian Progress*, Seoul: Federal Council of Evangelical Missions in Korea, Vol.29, No.7, pp.136~7.

Preston, Annie S. Wiley et.al.(1931), "Influence of the Missionary Home in the Community: A Symposium," *The Korea Mission Field: A Monthly Journal of Christian Progress*, Seoul: Federal Council of Evangelical Missions in Korea, Vol.27, pp.67~72.

Proctor, S.J.(1926), "Devolution in Mission Control," *The Korea Mission Field: A Monthly Journal of Christian Progress*, Seoul: Federal Council of Evangelical Missions in Korea, Vol.22, pp.184~5.

Rev. F. S. Miller(1916), A Woman with half an Eye, *The Korea Mission Field: A Monthly Journal of Christian Progress*, Vol.12, No.4, Seoul: Federal Council of Evangelical Missions in Korea, pp.98~9.

Robinson, Henrietta P.(1925), "The Growth of the Work for Methodist Women and Girls," *The Korea Mission Field: A Monthly Journal of Christian Progress*, Vol.21, No.3, Seoul: Federal Council of Evangelical Missions in Korea, pp.58~9.

Robinson, James Harvey(1923), "The Mind in the Making," *The Korea Mission Field: A Monthly Journal of Christian Progress*, Seoul: Federal Council of Evangelical Missions in Korea, Vol.19, pp.57~9.

Rothweiler, L. C.(1892), "What Shall We Teach in Our Girls' Schools?" *The Korean Repository*, F. Ohlinger (ed), Vol. I, pp.89~93.

Rowland, M. E.(1935), "Nursing in Korea and Its Rewards," *The Korea Mission Field: A Monthly Journal of Christian Progress*, Vol.31, No.5, Seoul: Federal Council of Evangelical Missions in Korea, pp.92~4.

Rui Kohiyama(2001c), "From Ecumenism to Internationalism: American Women's Cross—Pacific Endeavor to Promote Women's Colleges in the Orient," *Rediscovering America: American Studies in the New Century*, pp.265~77.

Sauer, Chas A.(1925), "The Relation of Educational Work to Evangelism," *The Korea Mission Field: A Monthly Journal of Christian Progress*, Vol.21, No.4, Seoul: Federal Council of Evangelical Missions in Korea, pp.90~2.

Sauer, Chas A.(1926), "The Essentials of a Mission School," *The Korea Mission Field: A Monthly Journal of Christian Progress*, Seoul: Federal Council of Evangelical Missions in Korea, Vol.22, pp.182~3.

Sauer, Chas A.(1930), "What shall We Do with Our High Schools?" *The Korea Mission Field: A Monthly Journal of Christian Progress*, Seoul: Federal Council of Evangelical Missions in Korea, Vol.26, Vo.4, pp.73~5.

Scott, W. M.(1922), "The Missionary Wife and Her Task", *The Korea Mission Field: A Monthly Journal of Christian Progress*, Vol.18, No.10, Seoul: Federal Council of Evangelical Missions in Korea, pp.219~223.

Scott, William(1926), ""Modern Education in Korea" : A review of H.H. Underwood's new book," *The Korea Mission Field: A Monthly Journal of Christian Progress*, Seoul: Federal Council of Evangelical Missions in Korea, Vol.22, pp.186~7.

Scranton, M. F.(1907), "Day Schools and Bible Women," *The Korea Mission Field: A Monthly Journal of Christian Progress*, Vol.3, No.4, Seoul: Federal Council of Evangelical Missions in Korea, pp.57~8.

Scranton, M. F.(1907), "Girl's Schools and Women's Instruction," *The Korea Mission Field: A Monthly Journal of Christian Progress*, Vol.3, No.7, Seoul: Federal Council of Evangelical Missions in Korea, pp.109~11.

Seo, Hyunsuns(1997), "Christianity, the Korean Women's Movement and the Issues of Education," *Ewha Journal of Feminist Theology*, Vol.2, pp.51~100.

Sharp, Charles E.(1914), "The Missionary Himself as an Evangelist," *The Korea Mission Field: A Monthly Journal of Christian Progress*, Seoul: Federal Council of Evangelical Missions in Korea, Vol.10, No.4, pp.101~3.

Sharrocks, A. M.(1905), "Work Among Korean Women," *The Korea Mission Field: A Monthly Journal of Christian Progress*, Seoul: Federal Council of Evangelical Missions in Korea, Vol.2, pp.33~5.

Shepping, E. J.(1928), "Korean High School Girls", *The Korea Mission Field: A Monthly Journal of Christian Progress*, Vol. 24, No3, Seoul: Federal Council of Evangelical Missions in Korea, pp.53~4.

Smith, S. McL.(1931), "The Missionary Mother as Teacher," *The Korea Mission Field: A Monthly Journal of Christian Progress*, Seoul: Federal Council of Evangelical Missions in Korea, Vol.27, pp.73~4.

Stokes, M. B.(1914), "Can We Have a Real Revival in Korea," *The Korea Mission Field: A Monthly Journal of Christian Progress*, Seoul: Federal Council of Evangelical Missions in Korea, Vol.10, No.4, pp.118~20.

Stover, Myrta(1929), "Why Athletics," *The Korea Mission Field: A Monthly Journal of Christian Progress*, Vol.25, No.5, Seoul: Federal Council of Evangelical Missions in Korea, pp.91~2.

Stover, Myrta(1934), "Pioneering in Physical Education," *The Korea Mission Field: A Monthly Journal of Christian Progress*, Seoul: Federal Council of Evangelical Missions in Korea, Vol.30, pp.62~3.

Swinehart, M. L.(1914), "Heathen Children in Sunday Schools," *The Korea Mission Field: A Monthly Journal of Christian Progress*, Seoul: Federal Council of Evangelical Missions in Korea, Vol.10, No.4, pp.99~101.

Sydney, Lloyd H.(1925), "Some Educational Advances," *The Korea Mission Field: A Monthly Journal of Christian Progress*, Vol.21, No.6, Seoul: Federal Council of Evangelical Missions in Korea, pp.125~7.

T. S. Soltau(1936), Does Korea Need More Missionaries?—1. Yes, for Several Reasons, *The Korea Mission Field: A Monthly Journal of Christian Progress*, Vol.32, No.11, Seoul: Federal Council of Evangelical Missions in Korea, p.224.

The editor(1928), World Dominion: A Review, *The Korea Mission Field: A Monthly Journal of Christian Progress*, Vol.24, No.11, Seoul: Federal Council of Evangelical Missions in Korea, p.242.

The Husband of One of Them(1920), "The Normal Life for the Married Woman Missionary," *The Korea Mission Field: A Monthly Journal of Christian Progress*,

Seoul: Federal Council of Evangelical Missions in Korea, Vol.27, pp.255~8.

Thomas, Mary(1926), "The Missionary Intellectual Morale," *The Korea Mission Field: A Monthly Journal of Christian Progress*, Vol.22, No.8, Seoul: Federal Council of Evangelical Missions in Korea, 1910, pp.157~8.

Thurston, Ester V.(1926), "The Three S's," *Woman's Missionary Friend*, Vol.58, No.3, pp.81~5.

Tinsley, Hortense(1913), "My First Itineracy in Korea," *The Korea Mission Field: A Monthly Journal of Christian Progress*, Seoul: Federal Council of Evangelical Missions in Korea, Vol.9, pp.82~3.

Townley, Susan M.(1921), "The Midyear Meeting of the Foreign Department," *Woman's Missionary Friend*, Vol.53, No.7, pp.239~41.

Troxel, Moneta(1926), "The Changing Relation of the Missionary to the Work," *The Korea Mission Field: A Monthly Journal of Christian Progress*, Vol.22, No.5, Seoul: Federal Council of Evangelical Missions in Korea, pp.89~91.

Troxel, Moneta(1928), "The Methodist Episcipal Annual Conference," *The Korea Mission Field: A Monthly Journal of Christian Progress*, Vol.24, No.12, Seoul: Federal Council of Evangelical Missions in Korea, pp.273~4.

Troxel, Moneta(1932), "Nature's Meaning to Korean College Students," *The Korea Mission Field: A Monthly Journal of Christian Progress*, Vol.28, No.12, Seoul: Federal Council of Evangelical Missions in Korea, pp.260~2.

Troxel, Moneta(1933), "As Workmen Unashamed," *The Korea Mission Field: A Monthly Journal of Christian Progress*, Vol.29, No.1, Seoul: Federal Council of Evangelical Missions in Korea, pp.13~4.

Troxel, Moneta(1935), "What is Christian Education," *The Korea Mission Field: A Monthly Journal of Christian Progress*, Vol.31, No.5, Seoul: Federal Council of Evangelical Missions in Korea, pp.97~102.

Tuttle, O. M.(1918), "Twenty−Fifth Anniversary of Miss E. Lulu Frey", *The Korea Mission Field: A Monthly Journal of Christian Progress*, Vol.14, No.12, Seoul: Federal Council of Evangelical Missions in Korea, p.267.

Tuttle, O. M.(1920), "The Educational Awakening of Woman," *The Korea Mission*

Field: A Monthly Journal of Christian Progress, Seoul: Federal Council of Evangelical Missions in Korea, Vol.16, pp.163~4.

Tuttle, O. M.(1921), "More Missionaries Needed: W.F.M.S. Methodist Episcopal Church," *The Korea Mission Field: A Monthly Journal of Christian Progress*, Vol.22, No.4, Seoul: Federal Council of Evangelical Missions in Korea, p.76.

Underwood, Horace H.(1926), *Modern Education in Korea*, [n.p.]: International Press.

Underwood, Horace H., Litt. D.(1940), "Twenty—Five Years of the Chosen Christian college", *The Korea Mission Field: A Monthly Journal of Christian Progress*, Vol.36, No.7, Seoul: Federal Council of Evangelical Missions in Korea, pp.110~112.

University Center for Women's Studies (ed.)(1996), *Women's Role in Philippine History: Selected Essays*, Quezon City: University of the Philippines.

Van Buskirk, J. D.(1925), "Respect for Personality," *The Korea Mission Field: A Monthly Journal of Christian Progress*, Vol.21, No.12, Seoul: Federal Council of Evangelical Missions in Korea, pp.257~8.

W. Arthur Noble(1906), Ewa : a tale of Korea, New York : Eaton & Mains.

Walter, Jeannette(1918), "Making the Most of the Playground," *The Korea 1Mission Field: A Monthly Journal of Christian Progress*, Vol.14, No.10, Seoul: Federal Council of Evangelical Missions in Korea, pp.219~21.

Walter, Jeannette(1926), "Physical Education for Girls," *The Korea Mission Field: A Monthly Journal of Christian Progress*, Vol.22, No.4, Seoul: Federal Council of Evangelical Missions in Korea, pp.71~3.

Walter, W.H. Murray et.al.(1932), "Christian Education in Japan," *The Korea Mission Field: A Monthly Journal of Christian Progress*, Vol.28, No.12, Seoul: Federal Council of Evangelical Missions in Korea, pp.251~3.

Watchs, Sylvia Allen(1915), "Teaching Music to Young School Children," *The Korea Mission Field: A Monthly Journal of Christian Progress*, Vol.11, No.4, Seoul: Federal Council of Evangelical Missions in Korea, pp.102~3.

Weems, Nancy A.(1922), "The Missionary Mother", *The Korea Mission Field: A*

Monthly Journal of Christian Progress, Vol.18, No.11, Seoul: Federal Council of Evangelical Missions in Korea, pp.246~249.

Welch, Herbert(1922), "Union or Fellowship?" *The Korea Mission Field: A Monthly Journal of Christian Progress*, Seoul: Federal Council of Evangelical Missions in Korea, Vol.18, pp.90~1.

Whittemore, Norman C.(1914), "The Training of Workers," *The Korea Mission Field: A Monthly Journal of Christian Progress*, Seoul: Federal Council of Evangelical Missions in Korea, Vol.10, No.4, pp.105~7.

William Scott(1936), Does Korea Need More Missionaries? — 7.Needed for Evangelism, counsel, etc, *The Korea Mission Field: A Monthly Journal of Christian Progress*, Vol.32, No.11, Seoul: Federal Council of Evangelical Missions in Korea, p.230.

Williams, F.E.C.(1913), "Seven Years of Educational Work in Kong Ju Districts," *The Korea Mission Field: A Monthly Journal of Christian Progress*, Vol.9, No.7, Seoul: Federal Council of Evangelical Missions in Korea, pp.192~5.

Williams, F.E.C.(1925), "Student Marriages," *The Korea Mission Field: A Monthly Journal of Christian Progress*, Vol.21, No.12, Seoul: Federal Council of Evangelical Missions in Korea, pp.259~60.

Willian E. Shaw(1936), Does Korea Need More Missionaries? — 2. For Evangelistic Work, Especially, *The Korea Mission Field: A Monthly Journal of Christian Progress*, Vol.32, No.11, Seoul: Federal Council of Evangelical Missions in Korea, p.225.

Winn, G. H.(1926), "Listening in At the Annual Meeting of the Federation of Women's Boards of Foreign Missions of North America," *The Korea Mission Field: A Monthly Journal of Christian Progress*, Vol.22, No.4, Seoul: Federal Council of Evangelical Missions in Korea, pp.74~5.

Woman's Foreign Missionary Society of Methodist Episcopal Church(1908), *Thirty — Ninth Annual Report*, Boston.

Woman's Foreign Missionary Society of Methodist Episcopal Church(1914), *Forty — Fifth Annual Report*, Boston.

Woman's Foreign Missionary Society of Methodist Episcopal Church(1922), *Year Book: Being the Fifty —Third Annual Report of the Society*, Boston.

Woman's Foreign Missionary Society of Methodist Episcopal Church(1926), *Year Book: Fifty —Seventh Annual Report of the Society*, Boston.

Woman's Foreign Missionary Society of Methodist Episcopal Church(1930), *Upward Together (Year Book), Annual Report of the Society*, Boston.

Woman's Foreign Missionary Society of Methodist Episcopal Church(1937), *Year Book: Annual Report of the Society*, Boston.

Woman's Foreign Missionary Society of the Methodist Episcopal Church(1938), *Fifty years of light*, Seoul: YMCA Press.

Wythe, K. Grace(1921), "Joy-of-My-Life," *Missionary Friend*, Vol. LIII, No.4, pp.11 7~119.

Y. S. Lee, M. D(1936), Does Korea Need More Missionaries?—4. Special Workers Needed, *The Korea Mission Field: A Monthly Journal of Christian Progress*, Vol.32, No.11, Seoul: Federal Council of Evangelical Missions in Korea, p.227.

Ye, Laura & Jeun, Alice & Kim, Helen & Appenzeller, Alice (1929), "Meet My Friends", *The Korea Mission Field: A Monthly Journal of Christian Progress*, Vol.25, No.2, Seoul: Federal Council of Evangelical Missions in Korea, pp.26~30.

Young, Mary E.(1938), "What the King Did not Know," *The Korea Mission Field: A Monthly Journal of Christian Progress*, Vol.34, No.4, Seoul: Federal Council of Evangelical Missions in Korea, pp.68~72.

4. 학교사

정신 100년사 출판위원회(1989), 『정신백년사』, 상/하권, 서울:정신 100주년 기념사업회.

배화여자중고등학교(1958), 『培花六十年史』, 〔서울〕: 배화여자중고등학교.

수피아 90년사편찬위원회(편)(1998), 『수피아九十年史 : 1908~1998』, 광주 :

광주수피아여자중고등학교.

숭의80년사 편찬위원회(1983), 『崇義八十年史』, 서울 : 숭의학원.

숭의90년사 편찬위원회(편)(1993), 『崇義九十年史 : 1903~1993』, 서울 : 숭의
학원.

숭의여자중고등학교(1963), 『숭의60년사』, 서울 : 숭의여자중고등학교.

이화100년사 편찬위원회(1994), 『이화100년사』, 서울: 이화여자대학교 출판부.

이화여자고등학교(편)(1994), 『梨花百年史: 1886~1986』, 서울 : 이화여자고등
학교.

好壽敦女子中高等學校(1999), 『好壽敦白年史』, 서울: 好壽敦女子中高等學校.

5. 문헌 연구 자료목록

가야트리 스피박 외(2001), 『탈식민페미니즘과 탈식민페미니스트들』, 유제분
(편), 김지영, 정혜욱, 유제분 (역), 서울: 현대미학사.

가지않은 길 편집부 엮음(1997), 『그 많던 여학생들은 어디로 갔는가』, 서울:
가지않은 길.

강남순(1998), 『페미니즘과 기독교 = Feminism & christianity』, 서울 : 대한기독
교서회.

姜公禮(1982), 『Letty M. Russell의 사상에 관한 연구: 여성 해방론과 기독교 교
육론을 중심으로』, 서울: 장로회신학대학 대학원 기독교 교육학과 석
사학위논문.

姜明淑.(1991), 『1920년대 조선기독교의 사회주의 인식에 관한 연구』, 서울:
이화여자대학교 대학원 사학과.

거다 러너(1993), 『역사 속의 페미니스트: 중세에서 1870년까지』, 김인성(역),
서울: 평민사, 1998.

게일, J.S. (1909), 『전환기의 조선』, 신복룡(역주), 〔재판〕, 서울: 집문당, 1999.

고갑희(1999), "여성주의적 주체 생산을 위한 이론 1: 성계급과 성의 정치학에
대하여," 『여/성이론』, 여성문화이론연구소 〔편〕, 통권 제1호, 서울:
여이연, 18~47쪽.

權賢珠(1992), 『중국 근대여자교육제도 성립에 관한 연구』, 서울: 이화여자대

학교 대학원 사학과 석사학위 논문.

權賢珠(1992), 『中國 近代女子教育制度 成立에 關한 研究』, 서울: 이화여자대학교 대학원 사학과 석사학위논문.

길모어, G. W.(1892), 『서울풍물지』, 신복룡(역주), 서울 : 집문당, 1999.

김경애(1984), 『동학, 천도교의 남녀평등 사상에 관한 연구: 경건, 역사서, 기관지를 중심으로』, 서울 : 이화여자대학교 대학원 여성학과.

金璟熙(1971), 『韓國女性教育의 展開過程에 關한 研究』, 서울: 건국대학교 행정대학원 석사학위논문.

김선경(1995), 『19세기 전반 중국 개명인사와 서양 개신교 선교사간의 지적 교류』, 서울: 이화여자대학교 사학과 박사학위논문.

김성은(1991), 『1930년대 조선여성교육의 사회적 성격』, 서울: 이화여자대학교 대학원 사학과 석사학위논문.

김성은(1996), "1930년대 조선여성교육의 사회적 성격", 『梨大史苑』, 제29집, 서울: 이화여자대학교 문리대학 사학회, pp.83~120.

金純子(1965), 『한국의 여성고등교육 발달에 관한 일연구 : 역사적 변천을 중심으로』, 서울: 숙명여자대학교 대학원 교육학과 석사학위논문.

김승태(1997), 한말 일제침략기 일제와 선교사의 관계에 대한 연구(1894~1910), 『한국기독교와 역사』, 제 6호, 65~100쪽.

김승태, 박혜진(편)(1994), 『내한 선교사 총람: 1884~1984』, 서울: 한국기독교 역사연구소.

김영재(1997), 세계선교 동향과 한국에 대한 선교정책, 『한국기독교와 역사』, 제 6호, 5~26쪽.

김왕배(1999), "'은둔의 왕국': 한국학의 맹아와 선구자들", 『정신문화연구』, 제22권 제3호, 5~28쪽.

김은실(2000). "식민지-근대와 김활란의 여성교육: 여성해방적 관점에서", 『21세기 여성고등교육의 새로운 패러다임-김활란 박사 탄생 100주년 기념 학술세미나 논문집』, 이화 여자대학교 한국여성연구원 (편). (발간 예정)

金銀珠(1985), 『한국교회 여성교육의 역사와 문제에 대한 연구: 감리교회 여성교육을 중심으로』, 서울: 이화여자대학교 교육대학원 교육학전공 종교교육분야.

김재인(1992), "여성 고등교육과 진로전문화", 『한국여성고등교육의 회고와 전망: 김정한교수정년기념논문집』, 김정한교수정년기념논문집편집위원회 (편), (미간행), 93~144쪽.

김재인, 양애경, 허현란, 유현옥(2000), 『한국 여성교육의 변천과정 연구』, 서울: 한국여성개발원.

김정강(1971), 『개화기의 여성교육』, 고려대학교 교육대학원 석사학위논문(미간행)

김정숙(1992), "여성의 정치 의식과 교육", 『한국여성고등교육의 회고와 전망: 김정한교수정년기념논문집』, 김정한교수정년기념논문집편집위원회 (편), (미간행), 63~92쪽.

김정한(1992), "한국여자대학(교)의 교육목표", 『한국여성고등교육의 회고와 전망: 김정한교수정년기념논문집』, 김정한교수정년기념논문집편집위원회 (편), (미간행), 3~62쪽.

金鍾喆 (1979), 『韓國高等敎育硏究』, 서울: 배영사.

金鍾喆 외(1989), 『韓國 高等敎育의 歷史的 變遷에 관한 硏究』, 서울: 한국대학교육협의회.

김진복(1995), 『한국 장로교회사』, 서울: 쿰란출판사.

김진송(1999), 『현대성의 형성: 서울에 딴스홀을 許하라』, 서울: 현실문화연구, 1999

김초강 외(1998), 『이화 기숙사 110년 이야기』, 서울: 이화여자대학교 출판부.

金洪大(1972), 『韓國近代學校와 女性敎育에 關한 硏究(1885~1910)』, 서울: 연세대학교 교육대학원 중등교육행정전공.

류대영(2001), 『초기미국선교사연구:1884~1910』, 서울:한국기독교역사연구회.

리타 펠스키(1998), 『근대성과 페미니즘』, 김영찬, 심진경(역), 서울: 거름.

마서 헌트리(1985), 『한국 개신교 초기의 선교와 교회 성장』, 차종순(역), 서울: 목양사.

馬越 徹(1997), 『한국 근대대학의 성립과 전개: 대학 모델의 전파연구』, 한용진(역), 서울: 도서출판 교육과학사 2000.

문옥표(1990), "일제의 식민지 문화정책: '동화주의'의 허구", 『한국의 사회와 문화』, 제 14집, 한국정신문화연구원.

박광용(1999), "조선후기 여성의 사회적 지위에 대한 시론," 『성평등연구 = Journal of gender equality studies』, 가톨릭대학교 성평등연구소 (편), 제3집, 부천: 가톨릭대학교 성평등연구소, 135~152쪽.

朴大憲 (1996), 『西洋人이 본 朝鮮 : 朝鮮關係 西洋書誌 = Western books on Korea: 1655~1949』, 서울: 壺山房.

박마리아(1999), "기독교와 한국여성 40년사," 『한국 여성 문화 논총』, 김활란 박사교직 근속40주년 기념논문집 편집위원회(편), 제2판, 서울: 이화여자대학교 출판부, 15~55쪽.

朴容玉(1975), 『韓國近代女性史』, 서울: 정음사.

朴容玉(1980), 여성 3·1운동의 전개, 『한국여성독립운동사』, 31여성동지회 문화부(편), 서울: 31여성동지회, 178~234쪽.

박용옥(1985), 기독교와 여성의 개화, 『여성 깨어날 지어다, 일어날지어다, 노래할지어다: 韓國基督教女性百年史 』, 한국 기독교 100주년 기념사업 협의회 여성분과위원회(편), 서울 : 대한기독교출판사, 73~110쪽.

박용옥(2001), 『한국 여성 근대화의 역사적 맥락』, 서울: 지식산업사.

박은혜(1999), "한국 여성 교육 40년," 『한국 여성 문화 논총』, 김활란박사교직 근속40주년 기념논문집 편집위원회(편), 제2판, 서울: 발행사항 서울: 이화여자대학교 출판부, 56~75쪽.

박지향(1988), "일제하 여성고등교육의 사회적 성격," 『사회비평』, 창간호, 서울: 나남출판, 254~88쪽.

사라 M. 에번스(1989), 『자유를 위한 탄생 : 미국 여성의 역사』, 조지형 (역), 서울: 이화여자대학교출판부, 1998.

서광선(1972), "한국여성과 종교," 』韓國女性史』, 제II권, 이화여자대학교. 한국 여성사편찬위원회 (편), 서울: 이화여자대학교 출판부, 425~531쪽.

小檜山ルイ(1992), 『アメリカ婦人宣教師-日本の背景とその影響』, Tokyo: Tokyo University Press.

손인수(1969), '우민'에서 '황민'으로- 일제하의 교육, 『한국현대사』 5, 서울: 신구문화사.

孫仁銖(1977), 『韓國女性教育史』, 서울: 연세대학교 출판부.

孫直銖(1991), "朝鮮時代 女性敎育內容의 現代的 意義,"『韓國敎育의 省察: 靑坡 李學撤敎授停年退職紀念論叢』, 서울: 청파이학철교수정년최직기념 논총간행위원회, 188~203쪽.

송인자(1995), "개화기 여성교육론의 의의와 한계,"『한국교육사학』, 제17집, 서울: 한국교육학회 교육사 연구회.

淑明女子大學校五十年史 編纂委員會(1989),『淑大五十年史: 淑明創學 82周年』, 서울: 숙명여자대학교.

沈在慶(1985),『韓國開化期의 女性敎育에 關한 硏究 : 1876~1910년을 중심으로』, 서울 : 건국대학교 교육대학원 교육학과 교육행정전공 석사학위 논문.

알렌, H.N.(1999),『조선견문기』, 신복룡 (역주), 서울 : 집문당.

양미강(1992), "초기전도부인의 신앙과 활동,"『한국기독교와 역사』, 제12호, 서울: 기독교문사, 91~108쪽.

언더우드, H. G.(1989),『韓國改新敎受容史』, 李光麟 (譯), 서울: 일조각.

언더우드 L. H.(1990),『언더우드 : 한국에 온 첫 선교사』, 이만열(역), 서울 : 기독교문사.

에드워드 사이드, "문화와 제국주의", 김성곤(역),『외국문학』, 1995년 봄호, 서울: 외국문학, 278~298쪽.

에드워드 사이드(2001),『도전받는 오리엔탈리즘』, 성일권(편역). 서울 : 김영사.

여성사 연구모임 길밖세상(2001),『20세기 여성사건사: 근대여성교육의 시작에서 사이버 페미니즘까지』, 서울: 여성신문사.

연세대학교 백년사 편찬위원회(편)(1985),『연세대학교백년사:1885-1985』, 第1卷: 연세통사, 상, 서울: 연세대학교 출판부.

유부순(1976),『개화기 여성교육 및 사회운동에 관한 연구』, 중앙대학교 사회개발대학원.

兪善泰(1990),『개화기 여성교육과 여성의 근대의식 형성: 1890년대를 중심으로』, 대전: 충남대학교 교육대학원 사회교육전공 석사학위논문.

윤춘병(2001),『한국 감리교회 외국인 선교사』, 서울:한국 감리교회 사학회.

윤후정(2001),『이화와 더불어 한국여성을 바꾸어온 오십년』, 서울: 이화여자대학교출판부.

李吉相(1991), "일제하 미국인 선교교육의 역사적 의미," 『韓國敎育의 省察: 靑坡 李學撤敎授停年退職紀念論叢』, 서울: 청파이학철교수정년최직기념논총간행위원회, 281~301쪽.

이덕주(1990), 『한국그리스도인들의 개종이야기』, 서울:展望社.

이덕주(1991), 『한국 감리교 여선교회의 역사: 1897~1990』, 서울: 기독교 대한 감리회 여선교회 전국연합회.

이덕주(1995), 『초기한국기독교사연구』, 서울:한국기독교역사연구소.

李萬烈(1990), "基督敎收容의 形態와 傳統社會와의 葛藤", 『19世紀에 있어서 外來思想과 傳統의 葛藤 : 第4次 韓, 日 合同學術會議』, 서울 : 한일 문화교류기금.

이만열(1990). 초기 매서인의 역할과 문서선교, 『기독교사상』, 제 378호, 서울: 대한기독교서회, 56~74쪽.

이만열(편)(1985), 『아펜젤러 : 한국에 온 첫 선교사』, 서울 : 연세대학교 출판부.

이만열(1998), 『한국 기독교 수용사 연구』, 서울 : 두레시대.

李美英(1988), 『미션계 여학교의 한국여성교육에 관한 연구 : 1886년~1945년』, 서울 : 성균관대학교 교육대학원 교육학과 역사교육전공 석사학위논문.

이배용(1994), "한국 근대 여성의식 변화의 흐름: 개화기에서 일제시기까지," 『한국사 시민강좌』, 제 15집, 서울: 일조각, 125~148쪽.

李培鎔(1999), "개화기 일제시기 결혼관의 변화와 여성의 지위", 『한국근현대사연구』, 10집, pp.214~45.

이사벨라 버드 비숍(1994), 『한국과 그 이웃나라들 : 백년 전 한국의 모든 것』, 이인화 (역), 서울 : 살림.

李相珍(1984), 『≪독립신문≫에 나타난 女性敎育論議』, 서울 : 한양대학교 교육대학원 역사교육전공 석사학위논문.

이순구(1996), "조선초기 여성의 신앙생활," 『歷史學報』, 제 150집, 서울:역사학회, 41쪽.

이연옥(1998), 『(대한예수교장로회) 여전도회100년사』, 서울 : 신앙과지성사.

李英信(1986), 『韓國開化期의 近代女性教育에 關한 研究』, 서울 : 건국대학교 대학원 교육학과 석사학위논문.

이영춘(1998), 『임윤지당: 국역 윤지당유고』, 서울: 혜안.

李愚貞(1985), 『한국 기독교 女性百年의 발자취』, 서울 : 민중사.

이윤희(1995), 『韓國民族主義와 女性運動』, 서울: 新書苑.

李鍾遠(1982), 『일제 하 한국 신여성의 역할갈등에 관한 연구 : 1920년대를 중심으로』, 성남 : 한국정신문화연구원 한국학대학원 한국사회전공 석사학위논문.

李春蘭(1974), "美國監理教 朝鮮宣教部의 宗教教育運動(1885~1930)", 『한국문화연구원 논총』, 제23집, 서울: 이화여자대학교 한국문화연구원, 99~136쪽.

이혜석(1990), "우리역사 바로알자 한말 미국 선교사들은 무엇을 전파하였나," 『역사비평』, 제 9호, 서울: 역사문제연구소, 252~257쪽.

이화여자대학교 학술회의준비위원회〔編〕(1987), 『한국의 여성 고등교육과 미래의 세계 : 이화 창립100주년기념 학술대회』, 서울 : 이화여자대학교출판부.

이효재(1985), 한국 교회 여성 100년사: 개관과 전망, 『여성 깨어날 지어다, 일어날지어다, 노래할지어다: 韓國基督教女性百年史』, 한국 기독교 100주년 기념사업 협의회 여성분과위원회(편), 서울 : 대한기독교출판사, 13~72쪽.

이효재(1996), 『한국의 여성운동: 어제와 오늘』, 서울: 正宇社.

임선희(1992), "여성 고등교육의 이해와 반성", 『한국여성고등교육의 회고와 전망: 김정한교수정년기념논문집』, 김정한교수정년기념논문집편집위원회 (편), (미간행), 145~172쪽.

張炳旭(1979), 『韓國監理教女性史 : 1885~1945』, 서울 : 성광문화사.

장수진(2000), 『한말 개신교 선교사의 한국문화에 대한 이해와 그 활동 : 언더우드와 아펜젤러를 중심으로』, 이화여자대학교 대학원 석사학위논문, 서울 : 이화여자대학교.

장필화(2002), "여성주의 연구와 교수법", 『여성학 관련 연구와 교과과정 발전을 위한 교수 Workshop』, 이화여자대학교 한국여성연구원 (편), (미간행), 3~12쪽.

재거, 앨리슨 M.(1983), 『여성해방론과 인간본성』, 공미혜, 이한옥(역), 서울: 이론과 실천, 1992.

田允鎭(1967), 『韓國 女性敎育의 史的 考察』, 서울: 성균관대학교 대학원 교육학과 석사학위논문.

丁暻淑(1989), 『대한제국말기 여성운동의 성격연구』, 서울: 이화여자대학교 대학원 사학과 박사학위논문.

정석기(1995), 『韓國基督敎 女性人物史』, 서울 : 쿰란출판사.

정현경(1994), 『다시 태양이 되기 위하여 : 아시아 여성신학의 현재와 미래』, 박재순 (역), 왜관 : 분도출판사.발행사항

조 은(1999), "가부장제와 근대를 넘어서는 새 여성상,"『변화하는 세계와 여성고등교육: 김활란 박사 탄생 100주년 기념학술대회』, 이화여대 한국여성연구원 (편), 93~112쪽.

조 은, 윤택림(1995), "일제하 '신여성'과 가부장제,"『광복 50주년 기념 학술논문집』, 서울: 한국학술진흥재단.

조영열(1987), "일제의 대선교사정책",『사학연구』, 39호, 299~324쪽, 한국사학회.

조주현(1996), "여성정체성의 정치학: 80~90년대 한국의 여성운동을 중심으로,"『한국여성학』, Vo.12, pp.138~77.

조 형(2000). "여성고등교육의 새로운 패러다임"『변화하는 세계와 여성고등교육: 김활란 박사 탄생 100주년 기념학술대회』, 이화 여자대학교 한국여성연구원 (미간행), 113~6쪽.

조혜정(1998), 『성찰적 근대성과 페미니즘』, 서울: 또하나의 문화.

차성환(1991), "한국 초기 개신교 선교사들의 종교성과 근대적 삶의 형성-종교사회학의 고전 테제의 재해석,"『신학사상』, 제 73집, 서울: 한국신학연구소, 420~452쪽.

千和淑(2000), 『한국 여성기독교사회운동사』, 서울:혜안.

崔淑卿(1983), "韓末 女性解放 理論의 展開와 그 限界點",『한국문화연구원 논총』, 서울: 이화여자대학교 한국문화연구원, 제43집, 195~226쪽.

최숙경(1994), "한국 여성사 연구의 성립과 과제,"『한국사시민강좌』, 제15집,

서울: 일조각, 1~19쪽.

최숙경, 이배용, 신영숙, 안연선(1993), "한국여성사 정립을 위한 여성인물 유형연구 Ⅲ",『여성학논집』, 서울: 이화여자대학교 한국여성연구소, 제10집, 11~139쪽.

崔淑卿, 鄭世華 (1976), "開化期 韓國女性의 近代意識의 形成,",『한국문화연구원 논총』, 서울: 이화여자대학교 한국문화연구원, 제28집, 329~76쪽.

최운실(1992), "여성 사회교육의 변화 양상과 주요 쟁점",『한국여성고등교육의 회고와 전망: 김정한교수정년기념논문집』, 김정한교수정년기념논문집편집위원회 (편), (미간행), 173~214쪽.

태혜숙(2001),『탈식민주의 페미니즘』, 서울: 여이연.

태혜숙(1999), "성적 주체와 제3세계 여성 문제,",『여/성이론』, 여성문화이론연구소〔편〕, 통권 제1호, 서울 : 여이연, 94~120쪽.

통, 로즈마리(1989),『페미니즘 사상 : 종합적 접근』, 이소영(역), 서울 : 한신문화사, 1995.

펠스키, R.(1998),『근대성과 페미니즘: 페미니즘으로 다시 읽는 근대』, 김영찬, 심진경 (공역), 서울: 거름.

프란츠 파농(1978),『자기의 땅에서 유배당한 者들』, 김남주 (역), 서울: 청사.

프랑츠 파농(1979),『大地의 저주받은 者들』, 박종렬 (역), 서울: 광민사.

프란츠 파농(1998),『검은 피부, 하얀 가면』, 이석호(역), 서울: 인간사랑.

한국 기독교 100주년 기념사업 협의회 여성분과위원회 편,『여성! 깨어날 지어다, 일어날지어다, 노래할지어다』, 대한기독교출판사.

한국기독교백주년기념사업협의회 여성분과위원회(편)(1985),『여성 깰지어다 일어날지어다 노래할지어다: 韓國基督敎女性百年史』, 서울: 대한기독교출판사.

한국기독교역사연구소 여성사연구회(1999),『한국교회 전도부인 자료집』, 서울: 한국기독교역사연구소.

한국기독교역사학회(2002),『한국기독교와 역사』, 16호, 서울:한국기독교역사연구소.

한국기독교장로회 총회(1998),『한 소망 안에서: 한국카나다교회 선교협력 100주년 기념문집』, 서울: 한국기독교장로회 출판사.

한국여성개발원(1998), 『한국 역사 속의 여성인물』, 상, 서울: 한국여성개발원.
한국여성연구회 여성사분과(1994), "한국여성사의 연구동향과 과제-근대편," 『여성과 사회』, Vol.5, 서울: 한국여성연구소.
한국여성연구회 여성사분과 (편)(1992), 『한국여성사』, 서울: 풀빛.
韓國女子醫師會編纂委員會 (編)(1986), 『韓國女子醫師90年』, 〔서울〕: 한국여자 의사회.
許 芳(1984), 『韓國開化期의 基督敎系 女學校의 女性敎育에 관한 考察』, 서 울: 성균관대학교 교육대학원 교육학과 윤리교육전공 석사학위논문.
洪淳淑 (1985), 『舊韓末 女性敎育官界 設立者의 敎育觀에 關한 硏究: 1880년 부터 1910년까지』, 서울: 이화여자대학교 교육대학원 교육학전공 교 육행정분야 석사학위논문.
Belenky, Mary, Blythe Chinchy, Nancy Goldberger, and Jill Mattock Tarule (1986), *Women's Ways Of Knowing: The Development Of Self, Voice, and Mind*, New York: Basic Books.
Bella Brodzki, Celeste Schenck (ed)(1988), *Life/Lines: Theorizing Women's Autobiography*, Ithaca, New York: Cornell University Press.
Blom, Ida(1995), "International Trends—Feminism and nationalism in the Early Twentieth Century: A Cross—Cultural Perspective," *Journal of Women's History*, Vo.7, No.7, pp.82~94.
Blunt, Alison(1994), *Travel, Gender and Imperialism, Mary Kingsley and West Africa*, New York: The Guilford Press.
Blunt, Alison and Gillian Rose (eds.)(1994), *Writing Women And Space: Colonial and Postcolonial Geographies*, New York, London: The Guilford Press.
Bose, Christine, Roslyn Feldberg and Natalie Sokoloff; with the Women and Work Research Group(1987), *Hidden aspects of women's work*, New York: Praeger.
Bowie, Fiona, Deborah Kirkwood, Shirley Ardener (eds.)(1993), *Women and Missions: Past and Present*, Oxford: Berg Publishers.
Boyd, Lois A. & Douglas Brackenridge(1983), *Presbyterian Women in America: Two Centuries of a Quest for Status*, Westport, Conn.: Greenwood Press.

Brouwer(1990), *New Women for God: Canadian Presbyterian Women and India Missions, 1876~1914*, Toronto: University of Toronto Press.

Brouwer, Ruth C.(2002), *Modern Women Modernizing Men: The Changing Missions of Three Professional Women*, Univ. of British Columbia.

Brown, Phillip & Hugh Lauder(1997), "Education, Globalization, and Economic Development," *Education: Culture, Economy, and Society*, A. H. HALSEY, HUGH LAUDER, PHILLIP BROWN, and AMY STUART WELLS (eds.), Oxford: Oxford University Press, pp.172~92.

Bunch, Charlotte, and Sandra Pollack(1983), *Learning Our Way: Essays in Feminist Education*. Trumansburg, N.Y.: The Crossing Press.

Butler, F. A.(1912), *History of the woman's foreign missionary society*, Nashville: Smith & Lamar.

Chamberlain, Mary E. A.(1925), *Fifty Years in Foreign Fields ~China, Japan, India, Arabia. A History of Five Decades of the Women's Board of Foreign Missions, Reformed Church in America*, New York: The Board.

Chandra Talpade Mohanty(1996), "Under Western Eyes: Feminist Scholarship and Colonial Discourses," *Contemporary Postcolonial Theory: A Reader*, Padmini Mongia, New York: St. Martin's Press.

Charles A. Sauer (ed)(1934), *Within the gate*, Seoul: Korea Methodist News Service.

Chaudhuri, Nupur & Margaret Strobel (ed)(1992), *Western women and imperialism: complicity and resistance*, Bloomington: Indiana University Press.

Clandinin, D. Jean & F. Michael Connelly(1994), "Personal Experience Methods," *Handbook of Qualitative Research*, ed. Norman K. Denzin, Yvonna S. Lincoln, California: Sage Publications, No.26.

Clark, Allen D.(1987), *Protestant missionaries in Korea, 1893~1983*, Seoul: Christian Literature Society of Korea.

Code, Lorraine(1991), *What Can She Know*, Ithaca: Cornell University Press.

Code, Lorraine, Sheila Mullett, and Christine Overall(ed)(c1988), *Feminist perspectives : philosophical essays on method and morals*, Toronto ; Buffalo : University of Toronto Press.

Conway, Jill Ker & Susan C. Bourque (eds)(1993), *The Politics of Women's Education: Perspectives from Asia, African and Latin America,* Ann Arbor: The University of Michigan Press.

Cramer, Janet Muriel(1999), *Cross Purposes: Gender and Nation in the Women's Missionary Press, 1880 ~ 1905,* Doctoral Dissertation, University of Minnesota.

Criswold, W.(1994). *Culture and Societies in a Changing World,* London: Peie Forge Press.

Culley, Margo, and Catherine Portuges (eds.)(1985), *Gendered Subjects: The Dynamics of Feminist Teaching.* London: Routledge & Kegan Paul.

Davis, Barbara Hillyer(1981). "Teaching the Feminist Minority" *Women's Studies Quarterly* 9, No.4 (winter), pp.7~9.

Denise Riley(1988), "Am I That Name?", *Feminism and the Category of "Women" in History,* Minneapolis: University of Minnesota, No.

Donaldson, Laura E. & Kwok Pui—Lan(eds.)(2002), *Postcolonialism, Feminism & Religious Discourse,* New York, London: Routledge.

Donovan, Mary Sudman(1986), *A Different Call: Women's Ministries in the Episcopal Church 1850 ~1920,* Wilton, Conn.: Morehouse—Barlow.

Douglas, Ann(1988), *The Feminization of American Culture,* New York: Knopf.

Dublin, Thomas(1979), *Women at work : the transformation of work and community in Lowell, Massachusetts, 1826 ~1860,* New York : Columbia University Press.

Elizabeth M. King & M. Anne Hill (eds.)(1993), *Women's Education in Developing Countries: Barriers, Benefits, and Policies,* Baltimore: The Johns Hopkins University Press.

Ferguson, Ann(1991), *Sexual Democracy: Women, Oppression, and Revolution,* Roulder, San Francisco, Oxford: Westview Press.

Flemming, Leslie A. (ed)(1989), *Women's Work for Women: Missionaries and Social Change in Asia,* Col.: Westview Press.

Florence Howe (ed)(2000), *The Politics of Women's Studies: Testimony From 30*

Founding Mothers, Feminist Press at the City University of New York.

Fowler—Willing, Jennie & Mrs. George Heber Jones (n.t), *The Lure of Korea*, Boston: Woman's Foreign Missionary Society, Methodist Episcopal Church.

Fraser, Mariam(1999), *Identity without Selfhood: Simone de Beauvoir and Bisexuality*, Cambridge: Cambridge University Press.

Freire, Paulo. *The Pedagogy of the Oppressed*. New York: Continuum, 1970.

Fujimura—Fanselow, Kumiko(2000), "The Future of Women's Colleges in Japan," *A Learning Community with Feminist Values*, Seoul: Korea Culture Research Institute, Ewha Womans University.

George Lachmann(1985), "Introduction: Nationalism and Respectability," *Nationalism and Sexuality*, New York, pp. 1~22.

Greaves, Richard L.(1985), *Triumph Over Silence: Women in Protestant History*, Westport, Conn.: Greenwood Press.

Gross, Rita M.(1996), *Feminism & Religion: An Introduction*, Boston: Beacon Press.

Hall, Catherine(1992), *White, Male, and Middle Class: Explorations in Feminism and History*, New York: Routeledge.

Harding, Sandra(1987), *Feminism and Methodology*, Bloomington: Indiana University Press.

Harding, Sandra(1991), *Whose Science? Whose Knowledge?*, Cornell University Press.

Horowitz, Helen Lefkowitz(1993), *Alma Mater: Design and Experience in the Women's Colleges from Their Nineteenth—Century Beginnings to the 1930s*, 2nd ed., rev., Amherst: University of Massachusetts Press.

Hulbert, Kathleen Day, & Schuster, Diane Tickton (eds.)(c1993), *Women's lives through time : educated American women of the twentieth century*, San Francisco : Jossey-Bass.

Hunter, Jane(1984), *The gospel of gentility: American women missionaries in turn-of-the-century China*, New Haven: Yale University Press.

Huntley, Martha(1984), *Caring, growing, changing: a history of the Protestant Mission in Korea*, New York: Friendship Press.

Huntley, Martha(1987), *The start a work: the foundations of protestant mission in Korea (1884~1919)*, Seoul: Presbyterian Church of Korea.

Hutchinson, William R.(1974), Modernism and Missions: The Liveral Search for an Exportable Christianity, 1875~1935, *The Missionary Enterprise in China and America*, ed. Fairbank, John K. Cambridge : Harvard University Press, pp.110~134.

Jacques Hamel(1998), "The positions of Pierre Bourdieu and Alain Touraine respecting qualitative methods," *British Journal of Sociology*, London: No.49 (1), pp. 3~17.

James, Janet(1980), *Women in American Religion*, Philadelphia: University of Pennsylvania Press.

Jeyaraj, Nirmala (ed.)(1998), *Higher Education: Vision and Mission for Twenty—First Century*, Madurai: Lady Doak College.

John Mack Faragher and Florence Howe (eds)(1988), *Women and higher education in American history: essays from the Mount Holyoke College Sesquicentennial Symposia*, New York: Norton.

Kelly—Gadol, Joan(1976), The Social Relation of the Sexes: Methodological Implications of Women's History, *Signs*, Vol.1, No.4, pp.809~23.

Kelly, Gail P. & Sheila Laughter (eds.)(1991), *Women's Higher Education in Comparative Perspective*, Dordrecht: Kluwer Academic Publishes.

Kessler—Harris, Alice(1981), *Women have always worked : a historical overview*, Old Westbury : Feminist Press.

Kleinberg, S. Jay (ed)(1988), *Retrieving Women's History: Changing Perceptions of the Role of Women in Politics and Society*, Oxford and Paris: Berg and Unesco.

Korean Women's Institute, Ewha Womans University(1995), *The 1st International Conference on Feminism in Asia*, sponsored by Ewha Womans University, Korea Research Foundation, United Board for Christian Higher Education in Asia, [Seoul]: Korean Women's Institute, Ewha Womans University, 1995.

Leonardi, Susan J.(1989), *Dangerous by Degrees: Women at Oxford and the Somerville*

College Novelists, New Brunswick and London: Rutgers University Press.

Lerner, Gerda(1993), *The Creation of Feminist Consciousness: From the Middle Ages to Eighteen —seventy*, New York and Oxford: Oxford University Press.

Lewis, Reina(1996), *Gendering Orientalism: Race, Femininity and Representation*, Routledge.

Linda Shopes(1994), "Book Review—When Women Interview Women—And Then Publish It: Reflections on Oral History, Women's History, and Public History," *Journal of Women's History*, No.6.

Lois McNay(1999), "Gender, Habitus and the Field: Pierre Bourdieu and the Limits of Reflexivity," *Theory, Culture & society*, Lon, Thousand Oaks and New Delhi: Sage, No.16 (1), pp.95~117.

Lois McNay(1999), "Subject, Psyche and Agency: The Work of Judith Butler," *Theory, Culture & society*, Lon, Thousand Oaks and New Delhi: Sage, No.16 (2), pp.175~93.

Lois McNay(1999), Gender, Habitus and the Field: Pierre Bourdieu and the Limits of Reflexivity, *Theory, Culture & Society*, Vol.16, No.1, pp. 95~117.

M. Elizabeth Tidball et al.(1999), *Taking women seriously: lessons and legacies for educating the majority*, Phoenix, Ariz.: Oryx Press.

MacHaffie, Barbara J.(1986), *Her Story: Women in the Christian Tradition*, Philadelphia: Fortress.

Magdoff, Harry(1978), *Imperialism: from the colonial age to the present*, New York : Monthly Review Press.

Mary Isham(1936), *Valorous ventures : a record of sixty and six years of the Woman's Foreign Missionary Society*, Methodist Episcopal Church, Boston : Woman's Foreign Missionary Society.

Mills, Sara(1993), *Discourses of Difference: An Analysis of Women's Travel Writing and Colonialism*, London and New York: Routledge.

Mohanty, Chandra Talpade(1988), "Under Western Eyes: Feminist Scholarship and Colonial Discourse," *Feminist Review* 30.

Mongomery, Helen Barett(1910), *Western Women in Eastern Lands: An Outline Study of Fifty Years of Woman's Work in Foreign Missions*, New York: The MacMillan Company.

Norman K. Denzin(1994), "The Art and Politics of Interpretation," *Handbook of Qualitative Research*, Norman K. Denzin, Yvonna S. Lincoln (eds.), California:Sage Publications, No.31.

Norman K. Denzin, Yvonna S. Lincoln(1994), "Introduction: Entering the Field of Qualitative Research" *Handbook of Qualitative Research*, Norman K. Denzin, Yvonna S. Lincoln (eds.), California: Sage Publications, No.1.

Patricia R. Hill(1985), *The world their household: the American woman's foreign mission movement and cultural transformation, 1870 ～1920*, Ann Arbor: University of Michigan Press.

Philip G. Altbach & Viswanathan Selvaratnam(1989), *From Dependence to Autonomy － The Development of Asian Universities,* Kluwer Academic Publishers.

Pierson, Ruth Roach and Jane Rendall (eds)(1991), *Writing Women's History: International Perspectives*, Bloomingtone: Indiana University Press.

Reverby, Susan R. & Susan M. Reverby(1992), "Introduction: Converging on History," *Gendered Domains: Rethinking Public and Private in Women's History*, ed. Dorothy O. Helly and Susan M. Revervy, Ithaca and London: Cornell University press.

Rhodes, Harry A. (ed)[n.d.], *History of the Korea mission : Presbyterian Church, U. S. A., 1884 ～1934* , Seoul : Chosen Mission Presbyterian Church.

Richard Harker, Cheleen Mahar, and Chris Wilkes (ed)(1990), *An Introduction to the work of Pierre Bourdieu : the practice of theory*, New York : St. Martin's Press.

Richard Harker, Stphen A. May(1993), "Code and Habitus: comparing the accounts of Bernstein and Bourdieu," *British Journal of Sociology of Education*, No.14, pp.169.

Roces, Mina(2000), Negotiating modernities: Filipino women 1970～2000, *Women in Asia: Tradition, modernity and globalization*, eds. Louise Edwards &

Mina Roces, Ann Arbor: The University of Michigan Press, pp.112~38.

Rotella, Elyce J.(1981), *From home to office: U. S. women at work, 1870~1930*, Ann Arbor : UMI Research Press.

Ruether, Rosemary and Rosemary Keller(1981), *Women and Religion in America*, vol. 1, San Francisco: Harper and Row.

Ryu, Dae Young(1998), American Protestant Missionaries in Korea, 1882~1910: A Critical Study of Missionaries and Their Involvement in Korean— American Relations and Korean Politics, Unpublished Doctoral Dissertation, Vanderbilt Univ.

Sharpe, Jenny(1993), *Allegories of Empire*, Minneapolis: University of Minnesota Press.

Singh, Maina Chawla(2000), "Gender, Religion, and Heathen Lands": American Missionary Women in South Asia (1860s~1940s), New York & London: Garland Publishing, Inc.

Smith, Ralph E. (ed),(1979), *The subtle revolution: women at work*, Washington, D.C. : Urban Institute.

Solomon, Barbara Miller(1985), In the Company of Educated Women: A History of Women and Higher Education in America, New Haven: Yale University Press.

Statham, Anne, Eleanor M. Miller, and Hans O. Mauksch(eds)(c1988), *The Worth of women's work : a qualitative synthesis*, Albany : State University of New York Press.

Stoler, Ann Laura(1989), "Rethinking Colonial Categories: European Communities and the Boundaries of Rule," *Comparative Studies in Society and History*, Vol. 31, No. 1. Pp.134~161.

Strauss, Anselm & Juliet Corbin(c1990), *Basics of qualitative research: grounded theory procedures and techniques*, Newbury Park, Calif.: Sage Publications.

Hall, Stuart & Paul du Gay (eds)(1996). *Questions of Cultural Identity*, London: Sage.

Taylor, Sadra C.(1979), "The Sisterhood of Salvation and the Sunrise Kingdom:

Congregational Missionaries in Meiji Japan," *Pacific Historical Review.*

Tita Malita and Marilyn Porter (to be published in 2003), "The Stepping Stones Project: A Methodological Approach to Capture the Development of Feminism in a Group of Women's Studies Lecturers," *Indonesian Women in a Changing Society*, ed. Kristi Poerwandari, Saparinah Sadli and Tita Marlita, Seoul, Ewha Womans University Press/ Asian Center for Women's Studies.

Valerie J. Janesick(1994), "The Dance of Qualitative Research Design: Metaphor, Methodolatry, and Meaning," *Handbook of Qualitative Research*, Norman K. Denzin, Yvonna S. Lincoln (eds.), California: Sage Publications, No.12, pp..

Verdesi, Elizabeth Howell(1976), *In But Still Out: Women in the Church*, Philadelphia: Westminster.

Vicinus, Martha (1985), Independent Women: Work and Community for Single Women 1850~1920, Chicago: University of Chicago Press.

Viswanathan, Gauri (1989), *Masks of Conquest*, New York: Columbia University Press.

Weiner, Gaby(1997), "Feminisms and Education," *Education: Culture, Economy, and Society*, A. H. HALSEY, HUGH LAUDER, PHILLIP BROWN, and AMY STUART WELLS (eds.), Oxford: Oxford University Press, pp.144~53.

Yoko Okuyama(1989), *Helen Kim's Life and Thought Under the Japanese Colonialism: 1918~1945*, Unpublished Master's Dissertation, Graduate School of International Studies, Yonsei University.

Yung—Hee Kim(1995), "Under the Mandate of Nationalism: Development of Feminist Enterprises in Modern Korea, 1860~1910," *Journal of Women's History*, No.7, pp.

부록
여선교사들 관련 주요 자료

본 연구에 사용된 1차 자료들 중에는 처음 공개적으로 소개된 것도 있고, 사적인 채널을 통해 여선교사의 친지로부터 처음 입수한 것도 있어 특별한 소개가 필요하다고 판단된다. 이런 1차 자료들과 그 입수 경로 등을 아래에 요약 소개한다.

1. 편지, 일기 사본

- Alice R. Appenzeller의 편지들 (1935~1950) 32점

이 자료들은 지난 2002년 6월초 한국에 온 첫 개신교 선교사이자 정동
제일교회와 배재학당 설립자인 헨리 G. 아펜젤러 사후 100주년을 기념하
여 내한했던 아펜젤러의 친족들 중에서 수소문하여 만났던 엘리스 아펜젤
러의 여동생 Mary Appenzeller의 손녀 딸 Emily Crom Lyons의 도움으로 필
자가 직접 입수한 것이다.

한국에서 헨리 G. 아펜젤러 사후 100주년을 기념한 행사는 근 한 달에
걸쳐 다양하게 펼쳐졌다.[1] 그러나 이 행사를 알리는 많은 신문 기사들 중

---

1) 헨리 G. 아펜젤러(1858~1902)는 1902년 6월 11일 목포에서 열리는 성서번역자
   회의에 참석하기 위해 배를 타고 가던 중 해상 충돌사고로 순직했다. 그의 기
   념행사는 지난 5월 22~24일 정동제일교회에서 가진 특별성회로 시작하였다. 근
   한달간에 걸친 행사에는 기념전시회, 추모예식, 추모음악제, 추모강연회, 추모예
   배, 그를 기념하는 기념교회 헌당식, 시공식 등으로 이루어 졌다.. 이러한 기사
   를 실었던 2002년도 5, 6월의 동아, 조선, 경향, 문화, 국민일보 등의 기사에서
   엘리스 아펜젤러의 이름은 한번도 등장하지 않았다. 다만 경향신문 2002년 6월
   3일자만이 그의 장녀가 이화학당 교장으로 봉직하다 한국 땅에 묻혔다고 적고
   있을 뿐이다.

에서 그의 큰 딸이 한국에서 태어난 첫 백인 아이였으며 죽는 순간까지 한국의 여성교육을 위해 애쓴 엘리스 아펜젤러였다는 사실을 인지하는 기사는 없었다.

그런데 지난 2002년 6월 한국을 방문했던 그의 후손들 중에는 자신의 이모 할머니를 기억한 Emily가 있었으며, 그녀는 '만약을 대비해서' 엘리스 아펜젤러의 모교였던 웰슬리 여자대학에 문의하여 엘리스가 웰슬리 동창생 저널에 기고했던 원고들의 사본을 가져 왔다. 그녀는 그저 소용이 닿을지도 모른다는 생각이었다고 했다. 필자가 면접을 요청했을 때 에밀리는 자신에게도 이미 먼 조상이 된 이모 할머니에 대한 질문들에 대해 새롭게 관심을 보이며, 선뜻 자신이 가져온 자료들을 내놓고 연구를 독려해 주었다. 그리고 당시 함께 왔던 가족 방문단 모두에게 수소문하여, 방문단의 한 사람이자 가족 및 교회사학자인 Dr. Robert Grim Rufe에게 본 연구의 취지를 알리고 그가 소장하고 있었던 엘리스의 타이핑으로 된 사적, 공적 편지들의 사본을 수집하여 전달해 주었다. 이렇게 받은 자료들은 총 32점이었다.

Alice Rebecca Appenzeller는 1885년 11월 9일 내한했던 Henry G. Appenzeller의 첫딸이자 한국에서 태어난 최초의 백인 아이였으며, 1902년 아버지의 불의의 사망 후 미국에 건너가 학업을 마치고 1915년 교육 전문 여선교사로 내한하여 이화학당 교사로 부임, 1920년에는 이화학당 당장 서리가 되었으며, 1921년 10월 이화학당장에 취임하였다. 이후 1925년에는 이화여전 초대 교장으로 취임하여 현재 이화여대 신촌캠퍼스의 부지마련과 건축에 지대한 공을 세운 선교사이다. 그녀는 1940년 일제에 의해 강제출국 당하였다가 해방 후 1946년에 다시 내한하여 1950년 2월 20일 학교 채플에서 설교도중에 뇌일혈로 타계하여 양화진에 안장되었다.

- Lulu Frey의 영문 편지 (1893. 9. 27   1910. 10. 20 / 1919. 1. 9.)—113통 Lulu Frey의 일기 (1919~1921)

그녀의 편지와 일기는 이화여대 이화역사자료실에서 보관되어 왔던 필기체 자료들로서 방문 및 면담을 통해 그 존재를 확인하고 어렵게 사용허락을 받고 지난 7월 초에 입수하여 캐나다에 온 Chris Riehl의 도움으로 컴퓨터에 입력하였다. 이 자료들은 그녀가 어머니, 아버지, 여동생 Georgia에게 보냈던 총 113통의 편지들과 1920년 위암으로 통원 치료를 받으며 썼던 최후의 일기로 구성되어 있다.

Lulu E. Frey는 1893년 미감리교회 교육전문 선교사로 내한 이화학당 교사로 부임하였다. 1907년 제 4대 이화학당의 당장이 되었으며 1910년 한국 여성고등교육의 시초가 되는 이화학당 대학과를 설치하였다. 1919년 3·1운동시 학생의 보호와 석방을 위해 노력하다가 1920년 안식년 휴가로 귀국, 1921년 위암으로 미국 보스턴 병원에서 사망하였다.

- 한국기독교역사연구소 (1993), *The Journals of Mattie Wilcox Noble: 1892—1934*, 서울: 한국기독교역사연구소.

엘리스 아펜젤러와 사돈관계였던 노블 여사의 일기가 있다는 사실을 아세요? 이선희(Sonia   Reid Strawn, 1967~현재) 선교사가 이렇게 물었을 때, "아 한국기독교역사연구소에 있던 그 책이었구나!" 하고 무릎을 쳤다. Mattie Wilcox Noble의 일기는 이렇게 찾을 수 있었다. 다양한 영어 이름에 익숙하지 않은 연구자에게 이 책이 여선교사의 것이라는 사실은 쉽게 인지할 수 없는 것이었다. '고문서와 남성저자'에 대한 익숙한 가정이 바로 이러한 자료들을 눈여겨보지 못하게 만드는 큰 요인이었다.

이 책은 1892년부터 1934년까지 William Arthur Noble과 함께 서울과 평양에서 감리교 선교사로 일했던 주부선교사 Mattie Wilcox Noble 부인의 일기와 일지를 수록한 것이다. 그녀는 1896년부터 평양에서 여자아이들을 모아 여성교육분야를 개척하였으며 (이 학교는 정진, 정의학교로 발전하였다), 1900년 평양 남산현 교회에 사범반을 설치, 주일학교 교사를 양성하였으며, 1903년에는 유년주일학교를 처음 시작하였다. 그녀는 현재 많은 기독교 사가들이 자주 인용하고 있는 초기 17명의 남녀 기독교 신자들의 생애사를 영문과 한글로 편집하고 수록한 『승리의 생활』[2]을 낸 저자이기도 하다.

42년이나 되는 기간에 걸친 총 6권으로 된 그녀의 기록은 본래 연필이나 펜 등을 사용한 필사본이었지만, 1986년 막내 며느리 Martha Houser Noble에 의해 타이프라이터로 옮겨졌으며 여러 경로를 거쳐 타자상태 그대로 1993년 한국기독교역사연구소에서 한정판으로 간행되었다.

- **Jeannette Walter.(n.d.),** *Aunt Jean,* **Boulder : Johnson.**

이 책은 Walter 선교사 자신이 1967년 가족들의 요청으로 저술하기 시작하여 1969년에 작업을 끝낸 자서전이다. 이 책은 가족과 일부 친지들을 위한 한정본으로 출판된 것으로 이화역사 자료실에 보관되어 있는 희귀본이다. 만일 그녀가 이화에 파송되었던 선교사가 아니었더라면 대단히 구하기 어려웠을 자료이다.

Jeannette Althea Walter는 1911년 미감리교회 교육전문 여선교사로 내한하여 이화학당에서 체육, 서양사, 수학 등을 교수하였으며 1920-21년에는 이화학당장 서리로 봉직했다. 1921년 제5대 당장에 취임하였으나 1923년 Alice Appenzeller에게 당장직을 넘기고 이화의 재정과 건축을 담당하다가, 부모의 요청으로 1923년부터 25년까지 특별 휴가를 보낸 후 1925년 재내한하여 정의 여학교에서 영어교사로 봉직하였으며, 1926년 아버지의 암발명 소식을 듣고 귀국하였다.

---

2) Noble, Mattie Wilcox (1935), *Victorious lives of early Christians in Korea,* Tokyo : 敎文館, 1935.

2. 여선교사의 실화소설, 회고록, 자서전

지난 봄 박대헌(1996)의 『西洋人이 본 朝鮮: 朝鮮關係 西洋書誌 = Western books on Korea: 1655~1949』을 한국기독교역사연구소에서 발견한 것은 정말 행운이었다. 1999년 강원도 <영월책박물관>을 열고 관장으로 있는 그의 희귀한 고서를 수집하는 취미와 서지학적 연구의 안내가 아니었더라면, 이미 주류 역사가들의 분류체계 속에서 실체를 알아 볼 수 없게 된 이 자료들의 존재를 확인하기란 쉽지 않았을 것이기 때문이다. 그러나 상하권으로 된 이 두꺼운 책을 탐색하면서 여선교사들의 책을 찾아내는 작업은 설마 그 시기에 서양 여성들이 한국에 대해 쓴 글이 있을까? 시간낭비가 아닐까? 하는 의심을 넘어서야만 가능한 것이었다. 박대헌의 서론이나 결론에서 특별히 '여선교사'들이 남긴 책에 대한 언급을 찾을 수 없기 때문이다.

이러한 언급은 이러한 책들을 아는 사람들이 전혀 없었다는 이야기가 아니다. 이 중 일부의 책들은 이미 한국어로 번역되어 출판된 것이었다. 그러나 이러한 책들의 경우, 일부 기독교사에 관심을 갖는 전문 학자들이 아니고서는 여선교사들에 관한, 혹은 여선교사들에 의한 책이라는 사실을 알 수 있는 단서가 전혀 없었다는 것이다. 그리고 그 책의 번역 및 출간 의도는 여선교사들의 역사적 의미를 밝히고자 하는 것과는 거리가 먼 것이었다.

• 언더우드, L.(1904), 「언더우드 부인의 조선생활」, 김 철(역), 서울: 뿌리깊은 나무, 1984.

이 책은 Lillias H. Underwood (1904), *Fifteen Years among the Top-Knots or Life in Korea*, Boston: American Tract Society를 번역한 책이다. 개신교 선교 백돌이 되는 1984년에 번역출판된 '언더우드 부인' Lillias Horton Underwood의 이 책은 아마도 여선교사의 저서로서는 유일하게 대중을 위한 책으로 번역된 출판물이었던 것 같다.

그러나 '저자의 강대국 국민다운 우월감'을 강조한 이 번역서는 여성을 제국주의를 대표하는 상징으로 삼는 성의 정치학을 보여주는 전형으로, 원전도 밝히기 않고 저자에 대한 제대로 된 소개도 없이 그 내용도 역자 임의로 발췌하여 번역한 책이었다. 역자가 그 서문에서 냉정하게 말하면 이 책에는 이 나라에 대해 편협한 조각 지식조차 없었던 한 외국 여자의 체험이, 그것도 완벽하게 기독교로 무장되어 그 종교의 전파에 이로운 것이라면 어떤 일도 긍정적으로 받아들이려 했던 한 서양 선교사의 체험(위 책, 6쪽)으로 폄하한 이 책이 제대로 된 고증과 적절한 저자 소개문을 갖춘 모습으로 재출현하는 데는 다시 15년을 기다려야 했다.

- 언더우드, L. H.(1904), 『상투의 나라』, 신복룡, 최수근(공역/주), 서울 : 집문당, 1999.

이 책은 위의 책을 1999년 건국대 정치외교학과 교수 신복룡이 완역하여 내 놓은 것이다. 이 책은 비교적 널리 알려져 있었기 때문에 비교적 쉽게 찾을 수 있었다.

이 책의 저자Lillias Stirling Horton은 1888년 미국의 장로교 여선교회(Women's Board of Foreign Mission of the Presbyterian Church in America)에서 파견했던 간호사 자격을 가진 의료선교사로서 명성왕후의 시의였다. 1889년 한국 최초의 장로교 선교사 Horace Grant Underwood와 결혼하여 이름이 Mrs. Lillias Horton Underwood로 바뀌었다. 그녀는 Horace G. Underwood 2세의 어머니이며, 1921년 서울에서 타계하기까지 한국의 여성의료사업에 헌신하였다.

- 애니 베어드 (1909), 「먼동이 틀 무렵」, 유정순(譯), 서울 : 대한기독교서회, 1981.

이 번역서는 박대헌이 소개한 영어책을 이화여대 도서관에서 검색하는 과정에서 찾을 수 있었다. Annie Laurie Adams Baird(베어드, 安愛理, 생몰연도:1864~1916, 선교봉사기간:1891~1914)의 이 책은 1909년 *Daybreak in Korea*, New York: Fleming H. Revell Company를 대한기독교서회에서 현대의 종교적 의미를 추구하기 위해 번역·출판한 <현대신서> 시리즈의 하나였다. 그러나 이 번역서는 책의 의도를 두 문단 정도로 간략하게 소개한 저자의 초기 서문 외에 그 어떠한 정보도 없고 역자서문도 없는 문자 그대로 단순한 번역 상태로 되어 있었다.

애니 베어드는 1883년 옥스퍼드의 피보이 여자신학원, 하노버대학에서 수학하였으며 1884년 위시번 대학을 졸업하였다. 그후 미국 캔자스 YMCA 간사로 활동하며, '학생자원선교활동'에 참여하였다가 1890년 William Martyne Baird와 결혼하여 1891년 북장로교 선교사로 내한하여 남편의 부산, 대구 개척선교 사업에 동행하였다. 그녀의 여성교육활동은 매우 다양한 데, 자세한 연도를 밝힐 수는 없지만 평양 숭실학당 설립시 초창기 교사로 봉직하였으며, 평양을 중심으로 교육, 전도사업에 헌신하였다. 그녀의 다채로운 여성교육활동은 평양 외국인학교, 여자성경학교, 숭의 여학교 교사 혹은 교장역임과 물리학, 동물학, 식물학 등에 대한 교과서, 한국어 교재도 편찬 활동에서 확인된다. 이 밖에도 그녀는 찬송가공의회 임원으로 찬송가 사업에도 관여하였다고 한다. 그녀는 1914년 귀국하여 노드필드에 거주하다가, 암이 재발하자 평양에 귀환하여 1916년 타계하였다(김승태, 박혜진(편), 1994: 149쪽 참조).

- *Ellasue Canter Wagner* (1909), *Kim Su Bang, and other stories of Korea*, Nashville : M. E. Church.

이 책은 박대헌이 소개한 책을 이화여대 도서관에서 원서 그대로 발견한 경우이다. 한국어로 번역하면 『김서방』이 되는 이 책은 선교사들의 저서들을 모아 놓은 서가에 있었는데, 이것이 여선교사의 책이고 그녀의 선교일지를 소설화한 것이라는 박대헌의 안내가 없었다면 결코 그 내용을 짐작할 수 없었을 책이다.

Ellasue Wagner(와그너, 王來, 생몰년도: 1881.8.4.~?, 선교봉사기간:1904~1940)는 미남감리교회 여선교회에서 파견했던 교육전문 여선교사였다. 미국 버지니아 주 출신이고, 1899년 버지니아주 마리온 대학과 1903년 스카렛 신학교를 졸업했다. 1904년 11월 4일 내한, 개성지방에서 1920년까지 종사. 이곳에서 여선교사 Arrena Carroll과 함께 여아 12명을 모집하여 한옥에서 학교를 시작했다. 이것이 개성여학교 두을라(두을라) 학당이다(이 학교는 1922년 2월에 호스톤 여자고등보통학교로 승격했다). 그 후 3년간 어머니의 건강관계로 귀국하였다가 다시 내한하여 미리흠여학교에서 일하면서 1922년 5월 개관된 고려여자관을 통해 전도, 교육, 사회복지사업에도 기여하였다. 1926~1927년 루씨여학교 제9대 교장으로 취임, 1927~1934년 『The Korea Mission Field』의 주필로 활약했다. 1931년 조선감리회 제 1회 연합연회에서 목사 안수를 받고 1926~1933년에는 태화여자관 사업과 1933년까지 34년간 『긔독신보』~장무이사로 근무하였다. 1935년 귀국하였다가 1937년 다시 내한, 1938년에는 호스톤여고 교장 및 호스톤여자보통학교 교장직을 겸임하면서 여성교육에 헌신하다가 1940년 말 일제에 의해 강제귀국 당하였다. 그 후의 생에 대해서는 알려진 바 없다(윤춘병, 2001:130~1, 김승태, 박혜진 편; 512~3 참조).

3. 편지모음, 추모집, 전기

• 許吉來 선생님을 사랑하는 사람들의 모임(1996), 『유아교육의 선구자 허길래: Miss Clara Howard』, 서울:良書院. (자서전＋제자들의 추모문＋생전의 원고)

• Mary L. Dodson(1952), *Half a lifetime in Korea*, San Antonio : Naylor(편지 모음)

이 두 권의 책은 이화여대 도서관에서 서고를 뒤지던 중 우연히 발견하였다. '허길래'라는 한글이름과 'Miss Clara Howard'라는 영어로 된 여성의 이름이 같이 병행될 경우 선교사일 가능성이 있다거나, 또 'Mary'라는 여성의 이름과 'Korea'에 대한 책이 연관되면 십중팔구 여선교사의 책이라는 패턴이 인지될 때까지 여선교사 관련 자료 찾기는 수많은 공전의 시간을 거듭해야 했다.

본명이 Annie Clara Howard였던 허길래 선교사가 1974년에 쓴 *An Answer to a Mother's Prayer*라는 자서전의 번역문과 제자들의 추모문, 그녀의 생전의 원고 등으로 이뤄진 이 책은 이화여대 도서관 여성학 관련 도서 전기류를 모아 놓은 서가를 뒤지다가 우연히 발견한 것이다. Mary L. Dodson의 위 책은 이대 도서관에서 'Missions－Korea'라는 키워드로 검색할 수 있는 자료였다. 그러나 이 책이 한 여선교사의 선교경험에 관한 편지를 모아 놓은 사적 자료라는 것을 알기 위해서는 많은 시간이 필요했다.

Annie Clara Howard(1895.8.19～1995.2.17, 선교봉사기간: 1923～1940, 1946～1964)는 미국 북감리회 여선교회에서 파송한 교육전문 여선교사였다. 1916년 앤드류 전문학교, 개렛신학교, 피바디대학 등을 졸업하고 1923년 9

월 7일 한국 선교사로 내한하여 개성 호스톤여학교에서 가르치는 한편 개성시내에 유치원을 설립하고 지도하는 데 성공하게 되자 그녀는 새롭게 만주에까지 102개소의 유치원을 설립, 아동교육에 많은 노력을 기울였다. 제 2차 대전으로 미국에서 6년간 지낸 후 1946년 다시 내한, 이화여대 아동학교 교수. 서울 유치원장직을 겸임 시무하다 1955년 4월 26일 대전보육대학 설립, 학장에 취임하여 유치원 보모 양성에 힘썼다. 그 후 보육대학은 1977년 배제대학과 합병하여 유아교육과로 오늘에 이르고 있다. 하워드는 1964년 3월 은퇴, 1966년 5월 이화여대에서 명예 문학박사 학위를 받은 후 귀국, 노스캐롤라이나 내슈빌 소재 The Brooks Howell Home에서 여생을 보내다가 1995년 12월 17일 별세했다. 그는 1961년 한국 정부로부터 교육공로자상을 수상하였고, 1966년에는 앤드류 초급대학에서 명예 박사 학위를 받았다(윤춘병, 2001:193).

Mary Lucy Dodson(생몰연도: 1885~?, 선교봉사기간: 1912~1942, 1947~1950)은 1912년 남장로회 여선교회에서 파견되었던 전문직 여선교사였으며, 그녀보다 앞서 1911년 내한했던 남선교사 Samuel K. Dodson의 여동생이었다. 그녀는 1942년 일본에 의해 강제 출국 당할 때까지 광주지역에서 활동하다가 1947년에 재내한 1950년 한국 전쟁이 터지자 귀국하였다. 여기에 수록된 편지문들은 Atlanta Georgia에 있는 그녀의 자매들과 조카가 보관해 왔던 것을 그대로 모아 출판한 것으로, 그녀가 교장 서리를 맡거나 교장으로 있었던 학교명들이 명기되어 있지 않아서 그녀의 자세한 경력을 알 수가 없는 상태이다. 그녀의 경력에 관한 유일한 기록은 『내한선교사총람』, 235쪽에 나와 있는 것이 전부였는데, 여기에는 그녀의 입국 년도도 다르거니와 단지 순천 매산학교의 교장으로 봉직했다는 기록이 있을 뿐이다(김승태, 박혜진(편), 1994:235).

• 백춘성(1996), 『天國에서 만납시다 : 韓國女性 開花에 바친 看護員 宣敎師 徐舒平 一代記 = Let's meet in heaven』, 增補版, 서울 : 大韓看護協會 出版部. (전기＋제자친지들의 추모문)

이 책은 이화여대 도서관에서 여성학 관련 도서 여성전기관련 서가에서 찾았다. '선교사'를 검색어로 할 경우 떠오르는 백 여권의 책들 중에서 '여성'과 연관되었던 유일한 책이었다. 이 책은 독일계 미국인으로 1912년 미국 남장로회의 의료선교사로 내한하여 1934년에 타계한 Elizabeth Johanna Shepping(셰핑, 서서평, 생몰연도: 1880~1934, 선교봉사기간:1912~1934)의 탄생 100주년을 기념하여 저자 자신이 1980년에 일차 집필했던 전기와 추도문에 그 후 저자가 입수한 자료들을 보완하여 1996년에 새로 발간한 책이었다. 80년 전기 출간 이후 썼던 그녀에 관한 저자의 수필체 형식의 글들을 모아 덧붙인 이 책은 한정된 친지들을 위한 사적 성격이 짙은 책이었다. 따라서 저자에 대한 약력이 생략되어 있고, 책의 구성 또한 엄격한 전거를 달며 객관성을 유지하고자 한 생애사가 아니라 작가의 신앙인의 눈으로 본 여선교사의 생을 진솔하게 정리한 것이기 때문에 별다른 참고문헌도 없는 책이었다.

이 책의 저자 백춘성은 1996년 당시 84세의 남성 장로였다. 그는 1920년대 서서평 여선교사의 광주 확장 주일학교운동 당시 신안교회 주일학생이었으며 신안교회 초대(1951. 11) 장로였다. 인터넷의 신안교회 홈페이지 페미니스트 의식[3]은 그가 남자 교인으로서는 매우 드문 신앙인이며 믿지 않는 동네 사람들과 선교부의 선교사 직원들은 물론 광주에 있는 교회관계의 목사, 장로, 집사분들과 두터운 인간관계를 유지함으로 모르는 분이 거의 없었다고 소개하고 있다. 그는 1950년 제 2대 국회의원 후보로 출마

---

3) 위 책에는 저자에 관한 어떠한 약력도 제대로 소개되어 있지 않았다. 그에 관한 기록은 인터넷 검색을 통해 찾은 신안교회 홈페이지에 실려 있는 '신안 교회 발자취:1925~1945까지'라는 글에서 찾을 수 있었다(http://publish.shinan.or.kr/j002/10p_c.htm, 검색일자:2002년 12월 1일).

한 바 있는 호남 굴지의 기업인으로서, 1925년부터 1970년대 이르기까지 신안교회의 장로로 교회를 관리하며 신안교회 모든 역사를 기록 관리하여 온 인물이다. 그는 한국문인협회 회원으로, 자신의 신앙생활과 관련한 많은 저서를 낸 작가이기도 하다.

이 책이 주목을 끄는 이유는 여선교사의 생을 가까이 대할 수 있었던 한 한국인에 의해 쓰여진 유일한 전기형식의 책이라는 점 때문이다. 그리고 작가는 셰핑이 타계한 1934년 당시 동아일보는 '재생한 예수'라고 대서 특필했고, 죠지 T. 브라운 박사는 '신화적인 존재'라고 『한국선교사』에다 기록했으며, D.J. 커밍 목사는 '천국 사업에는 그를 따를 만한 자 없다'라고 미 본국에 보고했는가 하면 양딸인 이홍효는 '작은 예수'라 칭하였다(255)는 사실을 알만큼 그녀를 잘 알고 있었다. 그 때문에 그의 숭고한 인품과 공로가 그토록 훌륭했다면 그가 서거한 지 반세기가 되도록 한국에서는 그에 대한 전기 한 편 비치지 않았느냐(203)는 물음에 어떠한 책임감을 느낄 수 있었던 것 같다. 이 책은 광범위한 면담과 문서고증을 거쳐 쓰여진 것으로 저자는 이 책을 쓰기 위해 3년 동안은 [⋯] 전기 자료 얻는데 미쳐 헤맸다고 한다 (204~5). 1980년 첫 책에서 그가 적은 후기에는 당시 미국에 대한 한국인들의 반감을 반영하듯, 그의 노력을 곡해하며 면담요청을 기피하던 셰핑의 양녀, 양자들과 당시 교인들에 대한 이야기들이 실려 있었다(203~5). 그의 글은 여선교사들에 대한 기억을 억압해 온 우리 사회의 많은 사회·문화적 힘들을 실감하게 해 주었다.

Elisabeth Johanna Shepping은 미국 남장로교 여선교부에서 파견했던 의료전문 여선교사였다. 그녀는 1880년 9월 26일 독일에서 출생하여 일찍이 아버지를 여의었다. 1883년 겨우 세 살에 아버지를 여의였는데, 어머니마저 미국으로 가버리고 할머니에게 양육을 받았다. 1891년 할머니가 별세하자 어머니가 있는 미국으로 건너가 에리스섬에서 8년만에 재회하였다. 1901년 뉴욕시립병원에서 간호학을 전공하고, 1908년 뉴욕 부룩크린 유이슈 병원에서 수간호원으로 근무하다가 사임, 1912년 뉴욕 시립성서사범학교를 졸업하고 1912년 2월 20일 내한하여 광주 제중병원에서 근무하였다. 1916년 군산 구암예수교 병원, 1917년 서울 세브란스 병원, 1919년부터 다시 광주 제중병원간호원장으로 봉직하면서 고아사업 및 나환자 간호사업 등을 전개하였으며, 1922년에는 불우한 기혼 여성을 대상으로 하는 이일학교를 건립하고 초대 교장으로 취임하여 1934년 병으로 타계할 때까지 여성교육에 힘썼다. 한편 1923년에는 한국간호협회를 창립하여 초대 회장으로 피선되었다. 이 밖에도 그녀는 부인보조회(1922년 조직, 이후 1927년 부인전도회로 개칭) 활동, 한국여자기독교절제연맹창립 등의 업적을 남겼으며, 검소하고 절제된 생활을 통해 가난한 학생들을 돌보고 이웃에게 자선을 베풀어 많은 여성들의 정신적 '어머니'였다.

찾아보기

ㅂ

한국의 근대 초기 페미니즘 연구

2005년 5월 20일 인쇄
2005년 5월 30일 발행

지은이 • 강 선 미
펴낸이 • 한 봉 숙
펴낸곳 • 푸른사상사

등록일 • 1999.8.7 제2-2876호
서울시 중구 을지로3가 296-10 장양B/D 701호
전화 02) 2268-8706(7) Fax 02) 2268-8708
이메일 prun21c@yahoo.co.kr / prun21c@hanmail.net
홈페이지 //www.prun21c.com
편집/디자인 • 김수정 / 송경란 / 심효정, 기획/영업 • 김두천 / 한신규 / 지순이

ⓒ 2005, 강선미
ISBN 89-5640-328-7-03330

값 22,000원

*저자와의 합의 하에 인지 생략함